MÉMOIRES D'UN PÈRE A SES ENFANTS

UNE
FAMILLE VENDÉENNE
PENDANT LA GRANDE GUERRE
(1793-1795)

PAR

M. BOUTILLIER DE SAINT-ANDRÉ

AVEC

INTRODUCTION, NOTES, NOTICES ET PIÈCES JUSTIFICATIVES

PAR M. L'ABBÉ Eugène BOSSARD

DOCTEUR ÈS LETTRES

PARIS
LIBRAIRIE PLON

E. PLON, NOURRIT ET Cie, IMPRIMEURS-ÉDITEURS

RUE GARANCIÈRE, 10

1896

Tous droits réservés

UNE

FAMILLE VENDÉENNE

PENDANT LA GRANDE GUERRE

L'auteur et les éditeurs déclarent réserver leurs droits de reproduction et de traduction en France et dans tous les pays étrangers, y compris la Suède et la Norvège.

Ce volume a été déposé au ministère de l'intérieur (section de la librairie) en juin 1896.

MÉMOIRES D'UN PÈRE A SES ENFANTS

UNE
FAMILLE VENDÉENNE
PENDANT LA GRANDE GUERRE
(1793-1795)

PAR

BOUTILLIER DE SAINT-ANDRÉ

AVEC

INTRODUCTION, NOTES, NOTICES ET PIÈCES JUSTIFICATIVES

Par M. l'Abbé Eugène BOSSARD

DOCTEUR ÈS LETTRES

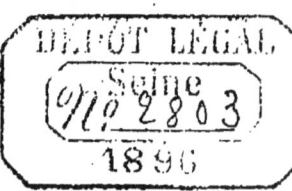

PARIS

LIBRAIRIE PLON

E. PLON, NOURRIT et Cie, IMPRIMEURS-ÉDITEURS

10, RUE GARANCIÈRE

—

1896

Tous droits réservés

INTRODUCTION

A Monsieur le marquis d'Elbée.

Environ un mois et demi après le soulèvement de la Vendée (12 mars 1793), quand, dans les derniers jours de mai, fut organisé le Conseil supérieur à Châtillon, les généraux vendéens, et surtout d'Elbée, sollicitèrent vivement un ancien sénéchal de Mortagne, plus tard président du tribunal du district de Cholet, d'y entrer en qualité d'avocat général : M. Marin-Jacques Boutillier de Saint-André avait tout pour remplir cette difficile fonction : une honnêteté rigide, une « grande connaissance des affaires », une « élocution facile et brillante ». Cependant, malgré ses sentiments royalistes, pour différents motifs, il refusa : « Il n'aspirait plus qu'au repos; il pressentait déjà sa fin prochaine et voulait consacrer ses derniers instants à sa famille. » Toutefois, d'Elbée, préoccupé dès le début de la guerre d'attirer à l'insurrection toutes les forces vives et honnêtes du pays, voulut mettre un ami, qu'il connaissait et estimait depuis longtemps, à même « de faire servir ses talents à la cause royale » et lui demanda de défendre au moins par la plume ce qu'il ne pouvait défendre par les armes : il « l'engagea si vivement à écrire l'histoire de la Vendée » que M. Boutillier de Saint-André accepta.

Cette charge d'historiographe officiel « le laissait au milieu de sa famille, ménageait sa santé et convenait à ses goûts studieux et sédentaires : il se mit aussitôt à l'œuvre, malgré une grande défiance de ses moyens, car il avait une modestie égale à son mérite » ; mais avec courage, car il ne cessa d'y travailler jusqu'au 15 octobre 1793. A cette époque, son œuvre, écrite au jour le jour et suivant le cours des événements, d'après les documents les plus officiels, ses conversations avec les généraux, avec Cathelineau et d'Elbée en particulier, avec les nouveaux administrateurs du pays et une foule de personnes qui, de près ou de loin, étaient mêlées à la lutte, d'après surtout ses renseignements personnels, son œuvre, dis-je, formait deux forts volumes manuscrits.

I

Marin-Jacques Boutillier de Saint-André était issu d'une vieille famille du pays, fort nombreuse et très honorable. Il était fils de Jacques-Grégoire Boutillier du Coin, notaire et procureur fiscal à Mortagne, sénéchal de la Séguinière et marquisat de Beauvau, et de Marie Soulard de la Roche, fille d'un sénéchal de la châtellenie de Chambretaud, notaire et procureur de la cour de Mortagne. Il était le second de sept enfants, dont plusieurs ont joué un rôle important dans la guerre de Vendée. Il naquit à Mortagne-sur-Sèvre, le 1er septembre 1746. Marin-Jacques fit de bonnes études au collège de Beaupréau, dont un homme de grande valeur, M. Darondeau, venait de prendre la direction. Ce collège était, avant la Révolution, la plus riche, sinon l'unique pépinière du clergé vendéen, et, par là, son influence sur la Vendée religieuse et par conséquent politique a été immense et n'est pas assez connue. C'était, en outre, le principal foyer intellectuel du pays, où les meilleures familles, nobles et bourgeoises, envoyaient leurs fils. Là, Marin-Jacques connut nombre d'hommes remarquables ou célèbres depuis, entre autres Larévellière-Lépeaux. Bachelier en droit canonique et civil à la Faculté de Poitiers, le 8 juin 1768, licencié à la même Faculté le 10 juin 1769, il y fut reçu capable pour la jurisprudence française le 1er août de la même année. De Poitiers, il alla à Paris, où il fut nommé avocat au Parlement, sur la présentation de Legouvé, père de l'auteur du *Mérite des femmes*, avocat célèbre, avec qui il était lié d'une étroite amitié. Leur intimité dura environ deux ans; mais l'amitié qui les unissait ne fut rompue que par la mort.

En 1772, Marin-Jacques revint en Poitou, où le rappelaient de graves intérêts de famille. Un de ses oncles maternels, Louis Bourasseau de la Renollière, avocat au Parlement, venait de se démettre de sa charge de sénéchal de la baronnie de Mortagne : le duc de Villeroy, baron de Mortagne, y nomma pour lui succéder Marin-Jacques Boutillier de Saint-André, le 18 mars 1772. Le 12 mai suivant, il était également nommé sénéchal de la terre et seigneurie de la Grande-Plissonnière et, le 10 juin, juge-sénéchal de la juridiction de la commanderie de Mauléon (1), de l'ordre de Malte. En 1787, lors des assemblées provinciales, il fut élu procureur-syndic de l'assemblée siégeant à l'élection de Châtillon; enfin, le 11 mars 1789, il fit partie de l'assemblée du Tiers État de la sénéchaussée du Poitou. Il avait épousé, le 17 juillet 1780, sa cousine germaine, Marie-Renée Boutillier de la Chèze, dont il eut quatre enfants, deux fils et deux filles.

La Révolution, en détruisant les anciennes juridictions, lui enleva ses titres et ses charges : il s'y résigna sans murmures et attendit que le nouvel ordre de choses lui permît de mettre ses talents au service du bien public. Il n'attendit pas longtemps : il avait trop l' « estime universelle » de ses concitoyens pour n'en avoir pas les faveurs. Il fut élu maire de Mortagne en 1790; bientôt après, un de ses amis lui annonça, à sa grande surprise, qu'il venait d'être nommé par les suffrages du peuple président du tribunal du district de Cholet. Comme tant d'autres hommes en Vendée,

---

(1) Nom ancien de Châtillon-sur-Sèvre.

on peut même dire, comme l'immense majorité de ses compatriotes, il avait salué avec enthousiasme le mouvement de réformes de 1789 : ses idées, bien connues, étaient sages et libérales; le peuple, encore sain, ne pouvait choisir un magistrat plus intègre. Tout en demeurant à Mortagne, il remplit les fonctions de sa charge nouvelle avec exactitude. Mais les séjours forcés qu'il faisait dans Cholet le mirent nécessairement en relations habituelles avec les fortes têtes du cru, qui l'entraînèrent malgré lui dans des lieux où ses convictions religieuses et royalistes furent mises à de rudes épreuves.

Déjà, dans les petites villes de province comme dans Paris, les énergumènes dominaient et préludaient, par des discours « patriotiques » et des motions violentes, aux fureurs du jacobinisme. Cholet eut naturellement son club, qui se réunissait dans l'ancien couvent des Cordeliers; là, les « patriotes » s'échauffaient à qui mieux mieux en s'excitant mutuellement à l'amour de la liberté par la haine des tyrans. Personne n'ignore qu'il n'y eut rien de pire dans la Révolution que ces assemblées de village, où la sottise en sabots n'était surpassée que par la suffisance en perruque, et qui furent des foyers d'intolérance, de jalousies, de dénonciations à jet continu, et bientôt de proscriptions, de vexations de toutes sortes, de passions « patriotiques » et irréligieuses d'une implacable férocité : source principale des colères qui soulevèrent la Vendée. M. Boutillier de Saint-André assistait généralement aux réunions du club des Cordeliers ; il y menait même quelquefois son fils aîné, âgé de onze ans ; mais les modérés comme lui n'y furent pas longtemps écoutés : comme toujours, les violents l'emportèrent bientôt, renchérissant chaque jour sur les mesures vexatoires prises en haut lieu contre les nobles et les prêtres, et provoquant, devançant même sans interruption, par leurs paroles et par leurs actes, des mesures plus intolérantes encore. M. Boutillier de Saint-André était bien éloigné de pareilles fureurs : il était discret, prudent, ne faisant rien qui pût le compromettre ; mais il fut réduit à garder le silence, et ce silence lui attira la méfiance d'abord et bientôt la haine des enragés ; il fut regardé comme « un improbateur » indirect, accusé d'incivisme, traité d'aristocrate et finalement destitué. Quelques mois plus tard, sa réserve l'eût conduit à la prison et à l'échafaud : à ce moment encore, il lui fut permis de se retirer près de sa famille, attendant dans une retraite inquiète la fin de la tempête qui se déchaînait.

Cette retraite fut bientôt troublée, et les événements, qui se précipitaient, vinrent le solliciter d'en sortir : la Vendée se souleva le 12 mars 1793. Boutillier de Saint-André, par tempérament, par crainte de l'avenir, par timidité naturelle aussi peut-être, crut bon de chercher à garder la neutralité, sans réfléchir que si le neutre est étranger à notre langue, c'est qu'il répugne encore plus au caractère français. S'il ne condamna pas une insurrection trop justifiée par ses causes, il fut loin de s'en réjouir, prévoyant les malheurs qui la suivraient, si elle ne réussissait pas. Comme Mortagne était mal noté parmi les insurgés à cause de l'exaltation républicaine de ses habitants, il craignit leur colère indiscrète, et son premier mouvement fut de se cacher avec sa famille ; mais, quand il fut témoin de la modération des Vendéens, il ne tarda pas à reparaître au milieu d'eux. Il en était connu et estimé ; aussi certains « patauds », plus compromis que les autres, durent la vie à ses démarches en leur faveur ; car, nous le verrons dans ces *Mémoires,* cet homme, pusillanime quand il s'agissait de lui-même, se ressaisissait bien vite quand il s'agissait des autres et, pour les arracher au danger, n'hésitait pas à risquer ses jours.

M. de Sapinaud de la Verrie, qui commandait dans cette partie du pays soulevé, organisa aussitôt « un Conseil royal pour administrer Mortagne, distribuer les billets de logement, tenir les registres civils ». Il y voulut faire entrer M. Boutillier de Saint-André : celui-ci refusa ; c'eût été prendre part à l'insurrection, et il voulait se garantir contre un retour possible de l'ancien état de choses : jeu éminemment dangereux, où l'on risque encore plus de s'aliéner l'affection de ses amis que de s'attirer les sympathies de ses adversaires. M. de Sapinaud ordonna alors « que toutes les personnes en place sous l'ancienne monarchie reprissent leurs fonctions » ; il écrivit en particulier à M. Boutillier de Saint-André « de continuer sa charge de sénéchal comme par le passé, de rendre la justice au nom de Louis XVII et de faire replacer les armes du Roi et de M. de Mortagne, seigneur de cette ville et baronnie, aux lieux où elles avaient coutume de se voir ». Malgré la netteté de cet ordre, M. Boutillier de Saint-André, craignant encore de se compromettre, répondit « qu'il ne pouvait reprendre ses fonctions par défaut des anciens officiers qui composaient le siège de la juridiction seigneuriale, et qu'il ne pouvait faire placer les armes aux lieux ordinaires, ne sachant ce qu'elles étaient devenues ». M. de Sapinaud insista ; M. de Saint-André s'entêta dans son refus ; d'autres préoccupations plus graves survinrent, et les choses en restèrent là.

Je n'ai parlé de cet épisode que pour marquer au vif l'un des traits du caractère de M. Boutillier de Saint-André. Il n'est pas républicain, bien s'en faut ; mais son royalisme ne va pas, comme celui de ses frères, MM. Boutillier du Retail et Boutillier des Hommelles, jusqu'à lui faire prendre son fusil. Il n'a qu'une pensée : en légiste habile, se faufiler entre les partis comme entre des textes de loi, et échapper à toutes compromissions. L'esprit prudent du magistrat ne prévoit pas que, louvoyant ainsi, il mécontentera royalistes et patriotes. Pendant toute la guerre, il n'aura pas d'autre souci. En vain les généraux vendéens, ses amis, essayeront de l'entraîner dans le parti des armes ; en vain son frère des Hommelles lui criera qu'il n'a rien à attendre ni de la justice ni de la pitié des républicains ; « que, dans les temps de guerre civile, il n'y a point à délibérer, qu'il faut bien se garder d'une neutralité dangereuse, qu'il faut nécessairement embrasser un parti » ; en vain il lui apportera l'autorité de Solon, qui condamnait « à mort tout citoyen qui, dans les troubles civils, ne prend pas un parti quelconque... » ; rien ne pourra vaincre sa peur de compromettre sa femme et ses enfants... et peut-être lui-même : l'ancien bretteur de Poitiers, à la main prompte et vive, avait fait place à l'homme de loi, en qui l'habitude du pour et du contre avait développé cette réserve prudente, dont s'arrangent si mal les révolutions.

Cette réserve, qu'il croyait politique, n'était en effet, comme le disait son frère, que « dangereuse », et pas n'était nécessaire de recourir à l'autorité de Solon pour s'en apercevoir. A se cacher, dans les premiers jours du soulèvement, parmi les rochers de la Sèvre, avec les patriotes de Mortagne, il s'était rendu suspect aux Vendéens soupçonneux, avec qui il était de cœur. Un jour que le tocsin sonnait, il faillit être assommé par une foule exaspérée de ses tergiversations. Nul ne doutait pourtant ni de son honnêteté, ni de ses vrais sentiments, et les chefs vendéens encore moins que la foule. Tant que Mortagne fut en leurs mains, il vécut avec eux sur le pied de l'intimité, il les reçut en amis et il en fut aimé ; il en profita souvent pour rendre aux patriotes de la ville et surtout aux prisonniers, fort nombreux à Mortagne, les services les plus signalés. Il obtint des généraux, comme une faveur, de recevoir chez lui des prisonniers de marque qu'il traita plus en amis malheureux qu'en adversaires politiques. Belle conduite, mais vaines précautions contre les fureurs révolutionnaires! On lui fit un crime de son humanité, et quand il rappela, devant le tribunal révolutionnaire de Nantes, qu'il avait sauvé la vie à bien des prisonniers des Vendéens et en particulier à son accusateur : « Tu m'as sauvé la vie, repartit « celui-ci..... Eh bien, c'est là que je t'attendais. Tu « m'as sauvé la vie! Cela prouve que tu étais royaliste, « puisque c'est à ta sollicitation que les royalistes « m'ont fait grâce. » Ce n'était pas par la logique que péchait ce raisonnement. M. Boutillier de Saint-André baissa la tête et se couvrit les yeux de ses mains : peut-être se rappelait-il les paroles prophétiques de son frère des Hommelles...

Cette prudence, toutefois, n'était ni peur ni lâcheté. Quand la rapidité des événements mettait en défaut les calculs du légiste, cet homme timoré était naturellement brave. En plus d'une circonstance, on le verra dans ces *Mémoires*, lui qui, au milieu du soulèvement vendéen, s'enfuit se cacher dans les rochers les plus abrupts de la Sèvre; qui, au centre de la bataille de la Tremblaye, pendant que sa femme marchait seule avec deux de ses petits enfants et leur gouvernante au-devant du général Leschelle pour obtenir la grâce de son mari, se blottit dans les branches d'un arbre touffu, au plus fourré du bois de Clénet, — il sut, quand le devoir l'exigea et quand il s'agit des autres, même des républicains, risquer son repos et sa vie pour les sauver.

Lisez cette belle page, où son fils nous le représente luttant jusqu'à la mort pour arracher aux mains des paysans surexcités trente patriotes de Mortagne, prisonniers au couvent des Bénédictins; lisez cette autre page encore, où il nous le montre tenant tête pendant plusieurs heures, sans faiblir, à toute une foule hurlante, au milieu de dangers de toutes sortes, pour sauver un officier républicain, Tribert, qui demeurait chez lui et dont les provocations imprudentes avaient ameuté les Vendéens : vous y verrez qu'en l'homme de loi battait un cœur de héros. Ne lui fallait-il pas encore de l'audace, et beaucoup d'audace, quand, en pleine Terreur, à Nantes, il osa, lui le proscrit vendéen, aborder l'un des successeurs de Carrier et le força à écouter sa justification, l'étonnant au point que le représentant, chose inouïe, lui permit de se retirer en liberté (1)?

Sa dernière action fut un acte de générosité courageuse, rare en ce temps malheureux, où la peur rendit souvent férocement égoïste. La garnison républicaine de Mortagne, ennemie de Turreau et de ses cruels lieutenants, ayant été, de ce fait, abandonnée sans ressource et sans secours au centre du pays de nou-

---

(1) L'auteur dit Carrier; mais ce terrible proconsul avait déjà quitté Nantes (15 février 1794). Il ne peut être question que de l'un des représentants alors présents à Nantes, ou Garreau, ou Francastel, ou Prieur de la Marne, ou quelque autre, vendus à Turreau et presque aussi redoutables que Carrier lui-même. La Terreur continua longtemps encore après son départ; mais l'émotion d'épouvante qu'il avait causée a été telle que le souvenir des autres représentants en mission s'est perdu, ou, pour mieux dire, s'est fondu dans le souvenir de Carrier. L'erreur sur le nom ne me paraît donc pas entraîner l'erreur sur le fait.

veau insurgé, fut contrainte, le 25 mars 1794, d'évacuer son poste et de se réfugier à Nantes. Elle y fut accusée de lâcheté et de trahison devant l'ennemi : M. Boutillier de Saint-André, qui lui avait des obligations et qui l'avait accompagnée dans cette retraite, n'écoutant que son grand cœur, porta sa défense devant la Société populaire de Vincent-la-Montagne et prononça en sa faveur un éloquent discours; quelques jours après, il reçut sa récompense : on se ressouvint qu'il était suspect, il fut arrêté, jugé et condamné à mort. Par une ironie cruelle, il fut précisément condamné pour des faits qu'il avait mis toute son habileté opiniâtre à éviter : « Boutillier, dit Saint-André, « Jacques, âgé de quarante-huit ans, ci-devant sénéchal « de la baronnie de Mortagne et président du tribunal « du district de Cholet, a pris part aux révoltes des « brigands; a volontairement fait partie de leur Comité « à Mortagne; instigateur, condamné *à mort* (1). » Il fut guillotiné sur la place du Bouffay, le 11 avril 1794. Un témoin oculaire rapporta qu'il monta à l'échafaud comme on monte les degrés d'un escalier d'honneur, tête découverte, tenant son chapeau d'une main et donnant l'autre à une vieille dame, qui avait quelque peine à gravir les marches de l'échafaud.

L'indépendance de M. Boutillier de Saint-André à l'égard des deux partis, et aussi cette liberté d'action vis-à-vis d'eux qui le mena ainsi jusqu'au péril de mort,

---

(1) Registre d'écrou du Bouffay, 21 germinal an II (10 avril). Communiqué par M. Alfred Lallié.

faisaient de lui l'homme le mieux organisé pour remplir la tâche que lui avait confiée d'Elbée, et nous sont un sûr garant de son impartialité : aussi souscrivons-nous sans hésiter à ces paroles de son fils : « Personne ne convenait mieux que lui aux fonctions « d'historiographe. Il possédait toutes les qualités « nécessaires à ce genre d'écrire. Il joignait les principes « les plus sûrs en politique, les opinions les plus « pures, les plus modérées, une impartialité trop rare « en ces temps d'exaltation, des vues saines, des « réflexions profondes, une critique saine, et surtout « un grand amour de la vérité et de la justice. Exempt « de préjugés, sans passions, sans enthousiasme, froid « et réfléchi, plein de respect et d'estime pour la Religion « et la Monarchie, mais incapable de flatter et de « consacrer une erreur volontaire, il aurait tout sacrifié « au premier devoir de l'historien : celui de dire la « vérité tout entière, de louer le bien et de blâmer le « mal. » Il écrivait d'ailleurs avec facilité, dans une langue pure, correcte et simple. Ajoutez qu'il « avait « toutes sortes de moyens pour connaître et rapporter « les faits qu'il avait entrepris d'écrire. Il était témoin « et contemporain des événements ; il habitait le centre « du pays militant ; en relations journalières avec les « chefs de l'armée vendéenne, il apprenait de leur « bouche tout ce qu'offrait de plus intéressant cette « guerre héroïque. Il fit à ce sujet un voyage de huit « jours, pendant lesquels il prenait des renseignements « certains, chez M. d'Elbée, qui se faisait un plaisir de

« les lui communiquer. Il rédigea chez ce général un
« grand nombre de notes qui devaient lui servir de
« matériaux pour son histoire. Il écrivit à Cathelineau
« pour lui demander aussi des documents semblables.
« Dans cette lettre, qui fut trouvée par les Républi-
« cains, mon père donnait à ce général les éloges que
« méritait son courage et l'invitait à venir nous voir
« pour nous raconter les faits d'armes qui devaient
« figurer dans l'histoire de la Vendée. » — « Mon
« père, dit-il encore ailleurs, qui lui avait écrit plu-
« sieurs fois pour avoir des notes sur les combats où il
« avait pris tant de part et qui l'admirait aussi comme
« doué du plus beau caractère, le regretta vivement et
« ne nous en parlait qu'avec une véritable vénération. »

Hélas ! ces deux volumes manuscrits, ces notes plus
précieuses encore peut-être, ont péri, le 15 ou le
16 octobre 1793, dans l'incendie de la maison de
M. Boutillier de Saint-André, où ils avaient été pourtant bien cachés, et cette perte est irréparable pour la
Vendée : vous la sentirez plus vivement que personne.
« Combien j'ai regret à la perte de ces manuscrits,
« *qu'il me faisait copier chaque jour!* » dit son fils. « De
« quels secours ne seraient-ils pas à celui qui entre-
« prendrait aujourd'hui d'écrire cette histoire dont les
« détails ne seront jamais bien connus et dont les rela-
« tions seront toujours empreintes de l'esprit de parti ! »
« — Que n'ai-je conservé ces manuscrits, mes chers
« enfants ! » dit-il encore. « Vous les liriez avec grand
« intérêt. Ils étaient composés dans un si bon esprit,

« ils étaient écrits avec tant de sensibilité, qu'ils étaient
« dignes de fixer l'attention de tous ceux qui conser-
« vent encore dans leur cœur l'amour de la Religion et
« de la Monarchie, et qui préfèrent *la vérité sévère aux
« flatteries et aux passions de l'esprit de parti.* »

La perte de ces manuscrits fut si sensible à leur auteur qu'il ne put se résoudre à recommencer son œuvre : pourtant il est demeuré dans sa maison aux trois quarts détruite, au fond d'une cachette habilement dissimulée, jusqu'à la fin de mars 1794. Mais d'autres préoccupations, plus personnelles et plus graves, le tenaient tout entier. Proscrit, malade, il eut la douleur de voir sa femme arrêtée comme suspecte, emmenée à Cholet et conduite enfin dans les prisons d'Angers où elle devait mourir. Dès lors, il n'eut plus qu'une pensée : prouver son innocence et celle de sa femme, et la prouver par l'exposé de leur conduite depuis le commencement de la guerre. Ses longues journées, au fond de sa cachette, furent employées à la rédaction de *Mémoires* justificatifs, destinés au département de Maine-et-Loire. Illusion d'honnête homme, dont les événements n'avaient pas dessillé les yeux : il comptait toujours, âme naïve et droite, sur la justice dans un temps où le crime le moins pardonné était d'être innocent. Pour perdre ses tenaces espérances, il lui fallut entendre le tribunal révolutionnaire le condamner à mort pour avoir osé rappeler qu'il avait sauvé la vie à des patriotes prisonniers : ses funestes illusions ne tombèrent qu'avec sa tête.

La perte de ses *Mémoires* est donc irréparable..... et pourtant, dans une certaine mesure, elle a été réparée. De ses travaux, il nous reste un écho, qui n'est qu'un écho sans doute, mais fidèle et qu'il est intéressant d'écouter. Boutillier de Saint-André avait quatre enfants, dont l'aîné, âgé de douze à treize ans, devint de bonne heure, par suite de ces temps malheureux, son confident intime et son collaborateur : il l'associa ainsi à ses travaux, à ses pensées, et imbiba, si je puis ainsi parler, sa mémoire de ses propres souvenirs et de ses jugements. C'était un enfant, mais presque un jeune homme, car il était d'une taille élancée, d'une intelligence très ouverte et d'une mémoire merveilleuse. On en trouvera des preuves indéniables dans ces *Mémoires*. Il servait de copiste à son père et s'imprégnait ainsi des meilleurs souvenirs de la Vendée. Ainsi, en l'écoutant, c'est la parole sans doute lointaine, mais la parole encore des d'Elbée, des Cathelineau, des généraux vendéens et de leur confident, que nous entendons. Aussi, indépendamment des autres qualités que présentent ces *Mémoires* du fils, leur principal mérite vient d'être le supplément des *Mémoires* du père.

II

Marin-Jacques-Narcisse Boutillier de Saint-André naquit à Mortagne et y fut baptisé le 23 avril 1781.

Une enfance maladive, « un physique tardif et pesant », développèrent de bonne heure chez lui le goût du repos, mais d'un repos fécond, où, si le corps demeurait tranquille, l'esprit était toujours actif. Son goût pour la lecture devint très vif et développa sa curiosité native, toujours en éveil; sa mémoire surtout, naturellement heureuse, devint étonnante. Son père fut son premier maître et, même quand il le confia à un vieil ami, l'abbé Renou, son meilleur instituteur : quand vinrent les mauvais jours, sa principale occupation, dans sa retraite, fut encore de travailler à l'éducation de ce fils, qui faisait naître de si belles espérances. Les événements et aussi le malheur mûrirent rapidement son esprit et son caractère, à tel point que cet enfant de douze ans devint bientôt l'ami le plus intime, l'appui et souvent le conseil de son père. Après la mort de ses parents, ruiné, sans ressource aucune comme son frère et ses sœurs, il fut recueilli à Poitiers par quelques parents charitables et traversa la fin de la Révolution sans trop de secousses; mais les anciennes avaient été trop fortes, et sa sensibilité, une sensibilité intense, qui était le fond de sa nature, garda, des émotions terribles qu'il avait éprouvées enfant, une surexcitation presque maladive. Il acheva comme il put ses études classiques. Il suivit ensuite pendant quatre ans, de 1801 à 1805, les cours de l'École de médecine d'Angers, puis ceux de droit, qu'il vint continuer à Paris en 1808. Ses goûts d'ailleurs ne s'arrêtaient à la médecine et au droit : les arts, et particulièrement la littérature, la poésie et la musique; les sciences, et surtout l'histoire naturelle; les langues enfin, le passionnaient : il connaissait l'italien, l'allemand et l'espagnol. Il revint à Cholet en 1808, où il s'établit comme notaire; en 1825, il fut nommé président de la Chambre des notaires. Mais ses affaires personnelles et les affaires d'autrui ne l'enlevèrent ni à ses études ni à la charité : il fut de toutes les œuvres de bienfaisance. Sa vie, dont les commencements furent si troublés, finit dans la tranquille paix de la vie de famille, entre sa femme et ses enfants, et fut celle d'un sage et d'un chrétien : il mourut à Cholet, le 17 septembre 1836, à l'âge de cinquante-cinq ans.

Il a beaucoup écrit : discours, lettres, poésies, œuvres musicales; mais aucune de ses œuvres n'a été éditée. La plus importante est, sans contredit, les deux volumes de *Mémoires* qu'il a laissés sur la Vendée, bien connue sous le titre qu'il leur a donné lui-même : *Mémoires d'un père à ses enfants*. Ce sont ces *Mémoires* qu'on publie (1). M. Boutillier de Saint-André les a écrits sans doute vers la fin de sa carrière, au moins en

---

(1) Les *Mémoires d'un père à ses enfants* forment deux volumes manuscrits, reliés fortement, le premier (in-12) en carton à coins et à dos de basane rouge; le second (petit in-8°) en mouton. Le premier volume contient 201 pages et s'arrête au recto de la 201ᵉ. Le second n'est rempli qu'aux deux tiers : il comprend 121 pages de texte, suivies de 17 pages de notes écrites en 1865, de la main de M. Charles Boutillier de Saint-André, fils de l'auteur. Il y a vingt-sept notes. La dernière est ainsi conçue : « Les *Mémoires* de notre père n'ont jamais été terminés. Cependant, il existait sur des feuilles séparées, qui se sont perdues, une suite comprenant le séjour de Poitiers et le commencement du séjour à Angers chez l'oncle et la tante Cesbron de la Roche. »

Le manuscrit est d'une écriture facile, soignée, mais rapide, sans presque aucune rature ni surcharge.

majeure partie, et la mort seule les a interrompus. Les documents royalistes sur la Vendée sont si rares, et l'on est obligé si souvent d'en raconter les faits d'après les dires de ses pires ennemis, que c'est toujours une bonne fortune d'éditer un document nouveau. Ici le document est d'importance, plein d'intérêt ; d'un seul mot, j'en donnerai le principal caractère : c'est la guerre de Vendée vue au travers d'une âme d'enfant.

M. Boutillier de Saint-André a loué dans son père, comme nous l'avons vu plus haut, les qualités les plus nécessaires à l'historien : l'exactitude et surtout l'impartialité ; il en parle avec trop d'éloges pour n'avoir pas cherché à les avoir lui-même, et, de fait, il les possède dans un degré remarquable.

Il fut admirablement servi par sa mémoire le jour où il voulut écrire. Il a dit lui-même : « J'étais doué « de la mémoire la plus sûre et je l'ai conservée dans « son intégrité, surtout pour les faits de mes jeunes « années. » Il n'était pas besoin de cette affirmation pour savoir combien, à quarante ans de distance, les événements accomplis sous ses yeux et surtout les faits auxquels il avait été mêlé, avaient laissé des traces nettes et profondes dans son esprit. On en trouvera cent preuves dans le cours de ces *Mémoires* : il a encore les faits, pour ainsi dire, dans les yeux. Si, dans le récit des événements généraux de cette guerre compliquée et complexe, qu'il n'a connus que vaguement quand ils s'étaient passés au loin, ou tard quand le bruit immédiat n'en était pas venu jusqu'à lui ; si, dans le récit de ces faits, il est vague, incomplet, erroné même quelquefois, ce récit tient fort peu de place dans ses *Mémoires* : la suite de ces événements ne lui sert, pour ainsi dire, que de trame à ses souvenirs personnels : toute son attention se concentre sur les choses qu'il a vues de ses propres yeux ou qu'il connaît par des témoins certains; et là, il est net, précis, très catégorique, même quand il a contre lui des opinions contraires, généralement admises. En combien d'endroits j'ai été étonné de voir sa narration, très circonstanciée, confirmée par des documents officiels du temps, publiés naguère et dont il n'a certainement pas soupçonné l'existence! Sur la prise de Saumur, sur les batailles de Châtillon, sur les épisodes du siège de Mortagne et l'évacuation de cette ville, sur vingt faits encore, il y a plaisir à contrôler son récit par les documents républicains publiés dans ces derniers temps par M. Chassin. Toutefois, s'il n'est pas très rare qu'on prenne sa mémoire en défaut, l'on ne saurait citer un seul événement où l'on puisse faire échec à son impartialité (1).

Cette impartialité, si rare chez les hommes qui ont souffert des guerres civiles, est son meilleur titre à nos éloges : elle est toujours entière. Sans doute ce Vendéen est de cœur avec les Vendéens insurgés :

---

(1) Je désire qu'on comprenne bien exactement ma pensée. Elle n'est pas que tout est vrai dans ces *Mémoires*, parce qu'on y trouve généralement l'exactitude, pas plus qu'elle n'est que tout est faux dans d'autres *Mémoires*, parce qu'on y rencontre des erreurs : la preuve en est dans les notes, où l'on trouvera la plupart des erreurs ou des défaillances de mémoire signalées, à mesure qu'elles se présenteront dans le récit.

il a vu leur désintéressement, leur bravoure, leur héroïsme à défendre leur Dieu et leur Roi. Car on aura beau dire, les déclamations n'y feront rien : ce fut un grand spectacle que celui de ce peuple, non de *brigands,* comme il plaisait à leurs cruels ennemis de les nommer, mais d'humbles et braves gens, donnant leur sang pour leurs convictions religieuses et politiques et mourant pour l'idée catholique comme d'autres pour l'idée républicaine. Religion pour religion, l'ancienne valait bien la nouvelle, et l'on se demanderait vainement en quoi étaient moins éclairés, ou plus fanatiques, les Vendéens qui luttaient pour leur Dieu, que les patriotes qui combattaient pour la République. Mais il est sans colère, sans passions troublantes; il a horreur de l'esprit de parti; il est incapable de flatter et de consacrer une erreur volontaire; « il sacrifie tout au premier devoir de l'historien : celui de dire la vérité tout entière ». Il ne cache ni les belles actions des Bleus, ni les crimes des Blancs : seulement, il n'y a pas de sa faute si les forfaits des Blancs sont moins nombreux encore que les belles actions des Bleus, et, pour pratiquer l'impartialité, il ne saurait bleuir les premiers ni blanchir les seconds. La proportion entre les crimes des deux partis lui est fournie par les faits, et ce n'est pas lui qui mettrait le doigt sur le plateau royaliste de la balance pour établir un équilibre qui n'existe pas.

S'il nous a montré, dans cette ville de Mortagne, centre et cœur de la Vendée insurrectionnelle, le spectacle inouï de milliers de prisonniers patriotes entretenus, nourris, protégés, vivant familièrement avec leurs vainqueurs, relâchés enfin, il ne nous dérobe pas non plus ni les fureurs de la foule exaspérée qui demande parfois leur mort, ni les massacres commis par les soldats de Marigny et de Stofflet, quand ils rentrèrent dans la ville évacuée. Il ne reconnaît plus en eux les généreux soldats de d'Elbée et de Cathelineau, et, tout en faisant une juste part à la fureur des paysans si cruellement traités par les colonnes infernales, il met aussi bas que leurs persécuteurs ceux que la colère aveugle et que la vengeance anime. Il s'émeut aussi facilement du sort des patriotes que de celui des royalistes, et l'on se demande parfois de quel parti il est; mais il n'est d'aucun, et il ne sait pas plus calomnier les uns que flatter les autres. Ainsi, après avoir flétri en termes énergiques Turreau, Cordelier, Huchet, Grignon, Moulin, et leurs colonnes dévastatrices, il sait nous faire estimer la vaillante garnison de Mortagne et les officiers, braves gens au fond, quoique sans-culottes, qui les commandent. Ceux qui ont l'habitude des documents vendéens, républicains ou royalistes, savent combien est rare cet esprit de justice, dont la plus belle forme est l'impartialité.

L'exactitude et l'impartialité s'allient d'ailleurs à l'intérêt pittoresque dans ces *Mémoires*. Lorsqu'on parle de la Vendée, pas n'est besoin de recourir à la fantaisie pour piquer la curiosité de son lecteur; les faits parlent assez d'eux-mêmes, et le narrateur le plus plat ne saurait l'être tant qu'il ne leur emprunte encore un grand attrait. Par cet attrait, les *Mémoires* de Boutillier de Saint-André doivent être placés, ce me semble, entre ceux de Mme de la Rochejaquelein et de Poirier de Beauvais, et ceux de Mmes de Sapinaud, de Bonchamps et de la Bouëre, mais plus près cependant des premiers que des seconds. Généralement, il est vrai, ils n'ont pas la beauté simple, ni surtout le grand art de composition qui se cache sous cette simplicité, des *Mémoires* de Mme de la Rochejaquelein, ni la valeur militaire de ceux de Poirier de Beauvais; néanmoins, l'ensemble et les épisodes nous offrent de cette guerre une peinture émouvante, d'une rare vérité de couleurs. Boutillier de Saint-André est par excellence le peintre de cette bourgeoisie honnête, mais timide; ouverte aux idées libérales, mais effrayée des excès de la licence; courageuse dans l'occasion, mais sachant fort mauvais gré aux partis de venir troubler sa sécurité; de cette bourgeoisie des petites villes vendéennes, qui ne voulut prendre fait et cause pour aucun parti et souffrit cruellement des deux.

L'histoire de la ville de Mortagne, où les Vendéens avaient concentré leurs forces, dirigé de tous les points de la lutte leurs prisonniers, établi leurs magasins, leur artillerie, leurs poudreries, est racontée dans ces pages avec un grand charme. C'est sur elle que, le 6 septembre 1793, sur sept lignes d'invasion, les armées républicaines, avec des généraux comme

Marceau, Kléber, Beaupuy, se portent pour frapper la Vendée au cœur. C'est autour d'elle que se livrent les grandes batailles : Châtillon, Torfou, la Tremblaye, Cholet. Là nous voyons, au vif, le tableau de toutes ces petites villes de Vendée, si calmes dans les années qui précédèrent 1789, si divisées dans les années qui suivirent, livrées enfin à toutes les fureurs des partis, tour à tour prises et reprises par les Blancs et les Bleus, victimes toujours de leurs passions royalistes ou républicaines. Émouvante vision de toutes les nôtres que celle de cette famille vendéenne à la fin du dix-huitième siècle, passant tout à coup de la tranquille vie de province, si calme, à l'agitation politique d'abord, puis aux horreurs de la guerre civile ! Les craintes continues, les angoisses des heures décisives, la mort des uns, la dispersion et l'exil des autres, le malheur pour tous ; les alternatives incessantes de la victoire et de la défaite, les espoirs et les désespoirs successifs, les cris de triomphe et les clameurs vengeresses, les violences qui suivirent le passage de la Loire dans tout le pays livré sans défense aux patriotes, les arrestations, les menaces et les embûches journalières ; le nid, naguère si tranquille et si chaud, violemment détruit et les petits emportés çà et là par la tourmente..... tout cela, se déroulant entre les fêtes naïves et familiales des grands-parents, de *Noël* et des *Rois*, qui commencent le récit, et une leçon inattendue de piquet qui le termine, donnée au coin du feu, par une soirée calme, à un pauvre enfant orphelin par un vieillard proscrit et indulgent, tout cela, dis-je, fera vivre chez nous ce récit d'un père à ses enfants.

Et voyez, de-ci de-là, combien de détails charmants ou terribles! Sans vouloir rien exagérer, je sais peu de pages d'une émotion plus pénétrante que les longs récits de cette mère angoissée, cherchant dans ses souvenirs des histoires pour endormir son enfant, quand, au dehors, gémit la voix du tocsin et retentit le cri terrible aux mères : « Aux armes! » N'est-ce pas un trait de cruauté digne des tyrans de Padoue que la fantaisie du général Huchet, prenant le soir comme domestique l'enfant d'un Vendéen qu'il a fait fusiller le matin sous les yeux du fils? N'est-ce pas une scène du *Petit Poucet*, mais une scène d'un réalisme effrayant, que celle où notre auteur, enfant, est forcé de passer la nuit, sur un lit de sangle, dans l'alcôve du salon où cet ogre, que la terreur précède, cuve son vin « *cum eructationibus et bombis* », s'agite, blasphème et pousse des cris de mort, devant cet enfant aux yeux effarés et qui tremble comme une feuille de bouleau? Piquantes pages enfin, où passent tour à tour, ici des soldats suisses et allemands, perdus au fond du Bocage dont ils font retentir les échos, entre deux combats, par les symphonies du pays de Mozart; là, des prisonniers venant s'asseoir à la table du vainqueur et payant en vers médiocres, mais émus, leur écot à la maîtresse de la maison; plus loin enfin, royalistes et républicains, s'injuriant à la façon des Troyens et des Grecs, du haut des murs de Mortagne et des coteaux qui les dominent.

Je les donne, ces pages, toutes et tout entières, sans écouter la prière qu'on m'a faite de les émonder, de les corriger au besoin : ce serait les altérer que d'y rien changer (1). Je les donne donc avec leurs imperfections, leurs négligences et leurs longueurs :

..... *quandoque bonus dormitat Homerus.*

J'y respecte jusqu'aux scories de l'orthographe et du style : on doit traiter les documents anciens, comme les vieillards, avec un religieux respect : honni soit qui mal pense de leurs rides et de leur allure! Les taches d'ailleurs y sont assez rares : s'il règne dans les réflexions un ton de sermonnaire quelquefois déplaisant, quoique compréhensible dans la bouche d'un père parlant à ses enfants pour les former à la vertu, il s'y trouve aussi un ton de bonhomie charmante, qui plaît. Le récit, souvent vif et coloré, est généralement assez bien mené, et, en plus d'un endroit, le style, ici et là légèrement solennel, est des meilleurs. Voyez les portraits des chefs vendéens et dites-moi s'il était possible de les graver d'une pointe plus fine et plus délicate. Ce sont des médaillons de bon style, et quelques-uns, celui de d'Elbée par exemple, sont des œuvres d'art en même temps que de vérité.

Ainsi ces *Mémoires*, sans posséder la valeur totale

---

(1) Je me suis permis cependant de multiplier les chapitres d'après les besoins du récit, en coupant en plusieurs le troisième chapitre qui contient plus de 200 pages du manuscrit. La lecture en aurait été insupportable.

qu'aurait eue l'œuvre perdue du père, nous en apportent au moins l'écho et, dans une certaine mesure, réalisent la pensée de d'Elbée. Aussi, précieux pour tous, ils le sont surtout pour vous, et c'est pourquoi j'ai inscrit son nom, en mettant le vôtre, en tête de cette étude qui les précède.

III

Ajouterai-je que, pendant que j'en préparais la publication, mes regards se sont souvent portés sur cette figure de d'Elbée, dont notre auteur a gravé une si belle image, bien différente de celle qu'on est habitué de voir partout, dessinée d'après Mme de la Rochejaquelein? Dans ces *Mémoires*, je trouve de d'Elbée, au lieu de cette figure effacée et poussée au noir que vous connaissez, un portrait aux lignes si nettes et si claires; au lieu du rôle amoindri qu'on lui prête, une action si prépondérante; au lieu enfin de sentiments communs et bas, des pensers si élevés et si nobles, que je me défiai d'abord de l'admiration peut-être exagérée de notre auteur. « M. d'Elbée, « dit-il, dans la maturité de l'âge, joignait un grand « courage, de grands sentiments de religion et d'hu- « manité; plein de confiance en Dieu, attendant tout « de la Providence, on l'accusait d'être trop peu « prévoyant : on l'appelait pour cela *le général la Pro-*

« *vidence*. On l'avait vu combattre à Chemillé, avec
« six cents hommes armés de piques, une colonne de
« quatre mille républicains, se prosterner le front
« contre terre, prier avec ferveur Celui qui tient entre
« ses mains la victoire, commander avec un sang-
« froid admirable sans suspendre sa prière et ne cesser
« que pour charger l'ennemi à la tête de ses braves.
« Cette piété, jointe à tant de valeur, lui avait mérité
« l'amour et la confiance des Vendéens. » Ici, Boutillier
de Saint-André, dont la confiance en la Providence
revient à chaque pas sous sa plume, relève un surnom
déplacé, dont on faisait injure à d'Elbée, mais qui, en
réalité, était pour la foule, pour les *paysans*, son
meilleur titre à leur confiance et à leur affection.

Manifestement, il est préoccupé de rétablir la vérité
altérée sur d'Elbée. Quelques pages plus loin, il le lave
d'une autre accusation, celle d'intrigues et d'ambition,
portée contre lui par les *historiens* : « Après sa mort
« (de Cathelineau), dit-il, M. d'Elbée fut élu généra-
« lissime, *sans avoir brigué cette place éminente*, car il
« était aussi modeste, aussi désintéressé que brave et
« généreux. » Et, comme si ce n'était pas assez de
cette incidente pourtant si intentionnelle, il prend la
calomnie corps à corps, avec une indépendance de
jugement qu'on n'avait pas accoutumé de rencontrer
vers 1830. « C'est donc *bien injustement*, ajoute-t-il,
« qu'un historien, dont l'ouvrage se distingue autant
« par l'élégance du style que par l'esprit qui l'anime,
« a peint ce général comme ambitieux et jaloux de

« l'autorité. M. d'Elbée était au-dessus de ces préten-
« tions indignes de la cause qu'il défendait : il avait
« trop de religion, trop de vertu, pour leur donner
« accès dans son âme. *Je puis assurer cette vérité.* Il
« était celui des généraux vendéens avec lequel mon
« père avait le plus de relations, et *jamais je ne me
« suis aperçu, ni n'ai entendu dire qu'il ait intrigué pour
« se faire nommer à la première place de l'armée.* Il ne
« faut pas que le désir de faire un héros exclusif de
« Bonchamps, dont je suis, au surplus, le premier à
« reconnaître les talents et les services, nous rende
« *injustes* envers M. d'Elbée, *qui vécut en sage, com-
« manda en héros et mourut en martyr.* »

Ce dernier mot ne paraît que juste, quand on songe que d'Elbée, comme la plupart des autres chefs vendéens, sacrifia sa fortune, sa jeune famille et sa vie à la cause qu'il défendait, sans espérance de la voir triompher : « MM. d'Elbée, de la Verrie, de Lescure,
« mais surtout M. d'Elbée, pensaient avec raison que
« leur cause, tant juste et sainte qu'elle pût être,
« aurait bien de la peine à triompher. Ce dernier sur-
« tout, plein de foi et de résignation, croyait que la
« vérité, que la vertu, n'ont guère d'appui sur la terre,
« parce que c'est dans le ciel qu'elles ont leur véri-
« table patrie; aussi il avait fait le sacrifice de son
« existence. Il voulait mourir pour la Religion et pour
« le Roi, qu'il avait résolu de défendre, mais sans
« espérer le succès final. Je tiens tous ces faits, tous
« ces détails, de mon père, qui avait passé huit jours

« de suite chez ce brave et pieux général, qui en revint
« édifié, mais bien rempli de tristes pressentiments. »
Avec de pareils sentiments, faut-il s'étonner encore
que d'Elbée, comptant si peu sur les hommes, ait mis
toute sa confiance en Dieu, sans pourtant que cette
confiance lui fît négliger d'employer toutes les ressources que lui offrait la terre? Son grand cœur avait
deviné que Dieu ne nous commande pas de vaincre,
mais de combattre.

Et plus loin encore, avec une insistance évidente,
Boutillier de Saint-André ajoute une quatrième fois :
« La mort du généralissime laissait la première place
« de l'armée vacante : on songea à le remplacer. *Tous*
« *les vœux, tous les suffrages*, qu'on recueillit à Châtillon
« dans une convocation des chefs de toutes les armées,
« se portèrent sur d'Elbée, *qui unissait au courage le*
« *plus brillant toutes les vertus du chrétien.* » Voilà les
titres de d'Elbée : son courage et ses vertus.

Qui parle ainsi, le fils ou le père, qu'un commerce
intime unissait à d'Elbée, mais qui gardait pourtant
vis-à-vis de lui une grande indépendance? N'en doutez
pas : vous avez, dans ces paroles, la pensée de celui
que d'Elbée avait chargé d'écrire l'histoire de la
Vendée et qui n'aurait pas été moins surpris que son
fils des atteintes portées au caractère du généralissime.
« *Jamais je ne me suis aperçu ni n'ai entendu dire qu'il ait*
« *intrigué* », dit le fils; soyez sûr que le père, dont ce
fils copiait chaque jour les *Mémoires*, n'en avait pas
entendu parler davantage; il l'eût répété, « car il était

« incapable de flatter et de consacrer une erreur
« volontaire ; il sacrifiait tout au premier devoir de
« l'historien : celui de dire la vérité, de louer le bien
« et de blâmer le mal ».

A quel « historien injuste » Boutillier de Saint-André porte-t-il ce coup droit et sans réplique ? Est-ce à Chauveau, l'auteur de la *Vie de Bonchamps* (1) ? Est-ce à Mme de Genlis, qui avait rédigé les *Mémoires* de sa veuve (2) ? ou bien, quoique indirectement, ne serait-ce pas plutôt à Mme de la Rochejaquelein ? Dans une page de ses *Mémoires*, il a jugé les principaux historiens qui ont écrit sur la Vendée : de Beauchamp, dont « de graves erreurs déparent les grandes qualités » ; Bourniseaux de Thouars, qui écrit « lourdement » et « sans intérêt » ; Savary, dont le tort est d'écouter trop les seuls documents républicains. « Je n'ai vu, dit-il, que les *Mémoires* de Mme de la Rochejaquelein qui m'aient paru véridiques. » Or, il n'ignore pas que c'est dans ces *Mémoires* que d'Elbée est devenu, *pour la première fois, l'imprévoyant général la Providence*, qu'il venge plus haut en six beaux termes, et, bien avant Chauveau, est accusé d'intrigue et d'ambition. C'est donc elle surtout qu'atteint, par ricochet, la virulente riposte à l'« historien », qui, par désir de faire de son mari et de son cousin « des héros exclu-

---

(1) *Vie de Charles-Melchior Artus, marquis de Bonchamps, général vendéen, suivie de l'éloge prononcé sur sa tombe et ornée de son portrait.* — Paris, 1817.

(2) *Mémoires de Mme la marquise de Bonchamps, rédigés par Mme la comtesse de Genlis, suivis de Pièces justificatives.* — Paris, 1823.

sifs », a été si injuste envers d'Elbée. Sans avoir été direct, le coup porté aux *Mémoires* de Mme de la Rochejaquelein, dès au moins 1830, a été courageux; car, à cette époque, l'œuvre de la célèbre marquise était encore et pour longtemps l'arche sacro-sainte, qu'une main profane n'avait encore touchée.

Cette indépendance de jugement, sous la plume de Boutillier de Saint-André, malgré ma réserve soupçonneuse et inquiète, me prédisposait, je l'avoue, à embrasser son opinion. C'est alors que parurent les *Mémoires* de Poirier de Beauvais, désormais célèbres. En beaucoup de choses, mais en particulier sur d'Elbée, ces *Mémoires* venaient contredire nettement le récit de Mme de la Rochejaquelein. Chose curieuse! Sur ce point, ils s'accordaient avec ceux de M. Boutillier de Saint-André, qui, certainement, ne les a jamais connus. Ainsi les deux amis intimes de d'Elbée, — je puis donner ce nom à M. de Boutillier de Saint-André à cause de son père qui l'inspire, — nous parlaient de d'Elbée comme de l'homme le plus désintéressé de la Vendée. Je remarquais en même temps que Poirier de Beauvais avait écrit avant Mme de la Rochejaquelein, dès 1796, et que, par conséquent, il n'avait pu subir l'influence des célèbres *Mémoires*. Une fois sur cette piste, ma curiosité piquée s'enquit de ce qu'on avait pu écrire sur d'Elbée avant Mme de la Rochejaquelein, et je fus bien surpris de voir son principal ennemi, Turreau, parler de lui, dans ses *Mémoires*, comme ses meilleurs amis, Boutillier de Saint-

André et Beauvais. C'était plus qu'il n'en fallait pour dresser une oreille ombrageuse au récit de Mme de la Rochejaquelein et des historiens qu'a inspirés son récit.

Diverses autres publications, étudiées de plus près, venaient bientôt me confirmer dans l'opinion qu'il y a, pour rendre au portrait et au rôle de d'Elbée leur vérité primitive, beaucoup de retouches à faire au rôle et au portrait qu'en a tracés Mme de la Rochejaquelein. Ce furent d'abord les études de M. de Gourcuff sur le généralissime, certaines appréciations très nettes de M. de la Chanonie et de mon excellent ami M. Baguenier Desormeaux, dont la science historique, en ce qui concerne la Vendée, est si sûre et si franche; ce fut enfin, plus tard, votre *Lettre à M. l'abbé Deniau*, si ferme et si courtoise, et surtout vos conversations et vos études. J'allais omettre, — Dieu me garde! — la *Vendée angevine* et la *Légende de Cathelineau* de M. Célestin Port, si remarquables par certains endroits, et l'œuvre entière de M. Chassin, plus importante encore, d'où se dégage tant de lumière sur le rôle prépondérant de d'Elbée et de la Vendée angevine. De toutes ces études, de tous ces ouvrages ressort nettement qu'une œuvre de réaction et de justice s'opère peu à peu, remettant à la seconde place plusieurs qui avaient été poussés subrepticement à la première, rendant la première à ceux qui avaient été relégués à la seconde, et, d'accord avec la vérité des faits, redonnant à la Vendée angevine, à sa Grande Armée, à Bonchamps et à d'Elbée enfin, qui en fut, même sous

Cathelineau (1), l'âme directrice, le rang qu'ils eurent dans cette guerre et qu'ils doivent occuper désormais dans l'histoire.

De là à rechercher les causes de l'effacement de la Vendée angevine, de la Grande Armée et de ses chefs, d'Elbée et Bonchamps, chez tous les historiens qui ont écrit depuis la publication des *Mémoires* de Mme de la Rochejaquelein, il n'y avait pas loin, et j'y ai été entraîné. Ce qu'on découvre, dans cette recherche, sur l'habileté profonde des uns et la prodigieuse moutonnerie des autres, est stupéfiant : on conviendra quelque jour qu'il n'y a rien d'exagéré dans ces expressions, froidement choisies. J'en dirai ici quelques mots seulement et j'en parlerai sans passion; mais je pense avec vous et avec tant de bons esprits, chercheurs et amis de la vérité, que je peux, à leur exemple, prendre la légende à bras-le-corps et la combattre, quelle qu'elle soit et de quelque source qu'elle vienne, pour lui substituer l'histoire, — l'histoire fût-elle inférieure à la légende, et ce n'est pas le cas. Ce que racontent la plupart des historiens sur la Vendée angevine, la Grande Armée et ses chefs, est le plus souvent légendaire. Quelle en est la source? Pour la découvrir, la voie la plus sûre est d'en relever les premières traces. Or, il est impossible d'en rencontrer dans les premiers ouvrages sur la Vendée.

---

(1) Même après son élévation au généralat en chef, nous dit Boutillier de Saint-André, Cathelineau « se faisait un devoir, dans tout ce qui surpas-
« sait son intelligence, de consulter les autres chefs et *surtout M. d'Elbée,
qu'il regardait toujours comme son maître* ».

IV

Je ne cite que pour mémoire les pamphlets et plaidoyers de Choudieu, de Vial, de Philippeaux, de Lequinio, et les comptes rendus du *Moniteur* et des autres journaux du temps : si intéressants qu'ils soient pour la question qui nous occupe, la vérité, quand elle s'y trouve, y est divisée, fragmentaire. J'arrive de suite au premier ouvrage important, qui nous donne de la guerre une vue d'ensemble : ce sont les *Mémoires pour servir à l'histoire de la guerre de la Vendée,* par le général Turreau (1). Ils parurent en 1795, au moment où la lutte durait encore. « Il faut reconnaître, dit M. de « Lescure, que le général Turreau est un des chefs répu- « blicains qui firent le mieux, moralité des moyens à « part, la difficile guerre de la Vendée, et celui qui en « parle et la juge le mieux (2). » Ce jugement sur l'œuvre de Turreau, systématiquement dépréciée par nos historiens, laisse de côté, remarquons-le, la « moralité des moyens » et ne porte que sur la valeur militaire de l'ouvrage. Turreau fut un abominable gredin; il a été barbare jusqu'à la férocité et porte justement le sur-

---

(1) *Mémoires pour servir à l'histoire de la guerre de la Vendée.* — Paris, 1795, in-8°.
(2) *Bibliothèque des Mémoires relatifs à l'histoire de France pendant le XVIIIe siècle.* — Nouvelle série, avec introduction, notices et notes, par M. DE LESCURE; Paris, Firmin Didot, 1877, t. XXXI; Introduction, p. 13.

nom de *bourreau de la Vendée*. Mais on a eu le tort grave d'englober dans une même réprobation l'exécuteur des basses œuvres de la Convention et l'écrivain militaire. Les hommes les plus sévères pour les autres, Jomini, Roguet, Kléber surtout, rendent tous justice à ses connaissances techniques et à ses talents de critique militaire. Les fausses imputations sur les mobiles de l'insurrection, les insinuations perfides sur l'esprit du parti royaliste, les calomnies intéressées sur les excès des Vendéens, n'entraînent pas nécessairement la fausseté de ses jugements sur les armées, leurs chefs, leur importance, leurs succès ou leurs revers.

Il avait été envoyé en juillet 1793 comme adjudant général à l'armée des côtes de la Rochelle; il y fut nommé général de brigade le 30 du même mois, et plus tard, du 22 novembre 1793 au 13 mai 1794, il commanda en chef l'armée de l'Ouest. Ses souvenirs étaient donc encore tout frais quand il écrivit ses *Mémoires* dès la seconde moitié de 1794, puisqu'ils parurent en 1795. Il est difficile, dès lors, de ne pas tenir compte de ses jugements, quand il parle de ses adversaires, classe les généraux royalistes et détermine le rôle des diverses armées de la Vendée. A quels motifs aurait-il obéi, pour fausser sciemment l'histoire sur ces points? On comprend que, lorsqu'il entreprend de justifier les excès des armées républicaines et les siens propres, il calomnie ses ennemis. Mais, quand il avoue les défaites de son parti, quand il confesse ses propres fautes, quand il reconnaît la supériorité de ses adversaires et leur accorde des éloges, quelle raison peut-on avoir de mettre en doute ses paroles? Je n'en vois aucune. Or, qu'on le lise, et l'on verra quelle place il fait à la Grande Armée angevine et à ses chefs. Dans son récit, la Grande Armée angevine a la prépondérance, et Bonchamps et d'Elbée, d'Elbée surtout, qui ne la quitta jamais depuis les premiers jours jusqu'à la défaite de Cholet, tiennent le premier rang parmi les généraux vendéens. Il me paraît évident que nous avons là non seulement l'opinion personnelle de Turreau, mais encore celle de tout le parti militaire républicain.

Mais Turreau, sans le prévoir, a fait mieux que nous donner l'appréciation d'un républicain sur les hommes et les armées de la Vendée : il a provoqué l'opinion d'un homme mêlé, comme lui, de très près à cette guerre, mais dans le camp opposé ; or, cette riposte d'un royaliste, qui le contredit vertement en bien des choses, sur le point qui nous occupe, concorde entièrement avec son récit.

Les *Mémoires* de Turreau causèrent, cela se comprend, parmi les acteurs du drame vendéen, une vive émotion : la preuve en est dans la réfutation qu'en fit Poirier de Beauvais. Ses *Mémoires*, publiés seulement en 1893 (1), sont de 1796 : ils ont donc la valeur d'un document contemporain de la guerre. C'est une œuvre

---

(1) *Mémoires inédits de Bertrand Poirier de Beauvais, commandant général de l'artillerie des armées de la Vendée*, publiés par Mme DE LA BOUËRE. Paris, Plon et Nourrit, in-8°. 1893.

de réaction, qui serre de près le récit de Turreau et le réfute; mais c'est une œuvre de bonne foi. Poirier de Beauvais est un calme et un modéré; il ne connaît ni les rancunes, ni les animosités de parti; quand il se prononce sur les faits et sur les personnes, il les juge sans passion, avec une sérénité tranquille; mais sa franchise froide est impitoyable : sur combien de points obscurs, parce qu'ils ont été obscurcis, ne porte-t-il pas la lumière? Or, en tout ce qui touche au rôle prépondérant de la Grande Armée angevine et de ses chefs dans la guerre d'indépendance, il n'a pas un mot pour réfuter Turreau; au contraire, il renchérit sur lui et vient ainsi apporter au récit du républicain le poids de l'opinion royaliste. Là, rien encore des accusations futures contre d'Elbée et Bonchamps; là, tous les chefs sont à leur vraie place; là, aucune substitution encore d'acteurs dans les rôles du drame.

Six ans après, en 1802, Bourniseaux de Thouars fait paraître son *Précis historique sur la guerre civile* (1). Étrange *précis*, écrit, d'après son auteur, « sur les rapports officiels, républicains et vendéens, et les témoignages de quelques amis éclairés », et où tout est placé dans un vague si confus qu'on s'aperçoit, en effet, en le lisant, que l'auteur a dû entendre parler de la Vendée. Il ignore, — et il l'avoue ingénument — ce qui s'est passé en Anjou et en basse Vendée; il ne sait rien

---

(1) *Précis historique de la guerre civile de la Vendée, depuis son origine jusqu'à la pacification de la Jaunaie, avec tableau politique de cette contrée avant et pendant la guerre, des notices sur les plus célèbres généraux des deux partis.* — Paris, Buisson, 1802, in-8º avec une planche.

même de Thouars, sa ville natale, et il porte sur les généraux mêlés à cette guerre des jugements flous qui ne font en rien prévoir les dessins durs et crus de la seconde édition de cet ouvrage, dix-sept ans plus tard. Donc, jusqu'à cette époque, rien n'a paru encore, je ne dis pas, rien n'a été écrit, qui porte atteinte à la Vendée angevine et à ses chefs.

Mais l'évolution historique se prépare sous une influence occulte, dont l'action bientôt décisive se fait déjà sentir. En 1806, Alphonse de Beauchamp publie la première édition de son *Histoire de la guerre de Vendée et des Chouans* (1), dont il donne presque immédiatement une deuxième édition, en 1807. C'est une œuvre de réelle valeur. Savary, d'un côté, et Mme de la Rochejaquelein, de l'autre, c'est-à-dire les deux partis opposés, lui ont rendu justice; mais nul ne l'a mieux jugée que le regretté M. de la Sicotière : « Il est devenu « de mode, dit-il, même parmi ceux qui l'ont le plus « consulté, suivi et copié, de dénigrer Beauchamp. « Cependant, il était allé aux sources; il avait dépouillé « les Archives de la guerre et celles de la police, dans « les bureaux de laquelle il était employé (2). » Il avait demandé des notes, des mémoires aux témoins, aux acteurs, et a résumé avec impartialité les nombreux documents qu'il avait recueillis. Quiconque a serré de

---

(1) *Histoire de la guerre de Vendée et des Chouans depuis son origine jusqu'à la pacification de 1801*. Paris, Giquet et Michaud. 1806, 3 vol. in-8º avec carte des opérations.

(2) *Louis de Frotté et les insurrections normandes*, etc.; Paris, Plon, 1889. *Introduction*, p. vi.

près les faits de la guerre de Vendée souscrira à ce jugement. Nul mieux que Beauchamp ne connaît son terrain : il est rare qu'il soit mis en échec par les documents nouveaux. Combien d'autres n'ont pas eu la même bonne fortune ! S'il se trompe quelquefois, c'est qu'il a d'abord été induit en erreur et que, sur tel ou tel point, il lui a manqué d'avoir sous la main les documents contradictoires, nécessaires pour épurer la source où il va puiser. L'accusation d'intrigues et d'ambition, en particulier, inconnue avant lui, est portée dans son livre, pour la première fois *publiquement*, contre le généralissime, et ceux qui écriront, ou paraîtront écrire après lui, sembleront la lui emprunter, même quand ils la lui auront fournie. En réalité, où l'avait-il puisée? A sa source, dans les *Mémoires manuscrits* de Mme de la Rochejaquelein.

La preuve est facile : elle est fournie par les dates suivantes. Mme de la Rochejaquelein commença ses *Mémoires* en 1798 et les termina en 1803. Or, elle nous dit elle-même : « M. Alphonse de Beauchamp avait lu, même avant M. de Barante, mon manuscrit (1). » M. de Barante ayant été nommé sous-préfet de Bressuire en 1807, il devient clair comme le jour qu'Alphonse de Beauchamp avait lu les fameux *Mémoires* avant 1807, date de la deuxième édition de son *Histoire de la Vendée*, et avant 1806, date de la première, dont la seconde n'est que la reproduction. D'ailleurs, l'influence de ces *Mémoires* y est visible. Sur le point particulier de l'élec-

---

(1) *Édition originale.* Paris, 1889. Avant-propos, p. 13.

tion du 19 juillet 1793, l'accusation d'intrigues est formelle : ce passage, jusque dans les expressions de l'auteur, révèle la source troublée, d'où découle l'accusation originelle. Sa science historique n'a pu le mettre en garde contre elle, car il était dépourvu de tout moyen de contrôle. Elle l'a mieux servi en d'autres occasions, où elle lui a permis d'échapper à l'erreur. Ainsi, il conserve à la Vendée angevine, si sacrifiée dans les *Mémoires* de Mme de la Rochejaquelein, toute la suprématie du nombre des services et des talents, et, malgré des accusations contre les grands chefs angevins, dont le fond et la forme décèlent nettement l'origine, il donne à d'Elbée et à Bonchamps leur vraie place : ne les a-t-il pas appelés, dans son enthousiasme peut-être un peu emphatique, les *colosses* de la Vendée?

Par contre, Alphonse de Beauchamp, malgré les éloges que Mme de la Rochejaquelein a donnés à Charette, l'ami de Lescure, a été pour le célèbre partisan d'une sévérité cruelle : preuve qu'il savait garder son indépendance d'esprit, quand il avait pour asseoir ses jugements autre chose qu'un émouvant récit, je veux dire, quand il avait la connaissance de faits publics, indéniables. Or, l'esprit de particularisme de Charette, son isolement coupable dans les moments les plus critiques de la Vendée, sa défection après Torfou, où l'entraînèrent très probablement Lescure et Henri de la Rochejaquelein, lieutenants de d'Elbée, lui imposaient le devoir d'être sévère, et il le fut.

Mais il suscita une apologie violente dans la *Réfuta-*

tion des calomnies contre Charette, de Lebouvier-Desmortiers, parue en 1809 (1); œuvre de passions et de colères, que Beauchamp a justement méprisée. Lebouvier-Desmortiers ne justifie pas Charette : il attaque ses rivaux qu'il prend pour ses ennemis. Dans cette œuvre, Bonchamps passe pour un traître, d'Elbée pour un intrigant jaloux; la Grande Armée angevine est amoindrie, rabaissée; l'auteur accuse, déchire : c'est une mauvaise œuvre et une vilaine action.

On peut croire que Mme de la Rochejaquelein s'intéressait à cette polémique et marquait les coups : rien de ce qui avait été publié sur la Vendée ne lui était inconnu, et elle avait même lu beaucoup d'œuvres manuscrites. Ainsi, nous savons par les *Souvenirs* de Bara de Barante, publiés en 1890, qu'elle était en correspondance avec Allard, la Ville-Baugé, Jagault et bien d'autres, qui avaient été mêlés à la guerre de Vendée; qu'elle avait eu une copie des *Mémoires* manuscrits de Beauvais, dont les marges sont couvertes d'annotations de sa main; qu'elle avait annoté également un volume de la première édition de Beauchamp : précieux documents qui se trouvent sans doute dans les archives de Clisson et que la piété éclairée de son petit-fils, à qui nous devons déjà l'édition originale des *Mémoires*, publiera, il faut l'espérer, quelque jour, avec les *Mémoires* de Mme de Donnissan, son arrière-grand'mère. Mais, sûrement, ce n'est pas de ces polé-

---

(1) *Réfutation des calomnies publiées contre le général Charette*, ou, sous un autre titre : *Vie de Charette*. Paris, 1809, 3 vol. in-8º.

miques que sont nés les accusations qu'elle dresse elle-même contre d'Elbée, ses insinuations contre Bonchamps, son dénigrement perpétuel de la Vendée angevine ; car tout cela se trouve déjà dans les *Mémoires* primitifs, écrits de 1798 à 1803, à une époque où elle n'avait lu encore que les *Mémoires* publiés de Turreau et les *Mémoires* manuscrits de Beauvais. Ainsi, l'esprit de dénigrement qui, contenu encore dans Beauchamp, passionné et furieux dans Lebouvier-Desmortiers, circule partout dans la première édition de 1814, donnée par M. de Barante, ne s'y est pas glissé du dehors : c'est un esprit domestique ; il est sorti de la maison et, comme l'esprit de Dieu, qui, au commencement, reposait sur les eaux pour les féconder, il a plané sur toute notre histoire vendéenne.

Mais comment, dans ces *Mémoires* primitifs, après avoir lu Turreau, surtout après avoir lu Beauvais, Mme de la Rochejaquelein a-t-elle osé reléguer la Grande Armée angevine au second plan, la Grande Armée angevine qui lui avait apporté le salut à elle et aux siens, et n'a cessé de promener sa générosité oublieuse de l'est à l'ouest et du nord au sud de la Vendée ; la Grande Armée angevine à laquelle le haut Poitou vint joindre tardivement son contingent, précieux sans doute, mais relativement faible (1) ? Comment a-t-elle osé accuser d'Elbée d'intrigues et d'am-

---

(1) Mme de la Rochejaquelein nous dit [(*Mémoires*, p. 227) que le contingent poitevin de la Grande Armée, sous le commandement de Lescure, « était aussi fort que chacun des trois autres (environ vingt mille hommes...) ». — M. de Donnissan était originaire de Gascogne.

bition, rabaisser son caractère et ses talents, lui dont le désintéressement et la modestie n'avaient d'égales que l'intelligence et la valeur, au dire de Beauvais, si du moins elle n'en voulait pas croire Turreau? Mme de la Rochejaquelein avait un grand amour de la famille; mais cet amour l'a entraînée trop loin, et j'ai peur qu'en somme il n'ait été funeste aux siens... et à elle-même.

Car voici que l'édition de 1814 paraît, et tous les rôles sont renversés. Le rôle de la Vendée poitevine, qui jusque-là, tout honorable qu'il fût, avait été secondaire, devient principal; ses chefs, Lescure, la Rochejaquelein, Donnissan, qui avaient été des subalternes, des lieutenants, deviennent les grands chefs de la Vendée. La Vendée angevine s'efface; Bonchamps et d'Elbée passent au second plan; d'Elbée n'est plus qu' « un homme de paille »; Bonchamps, presque toujours éloigné de l'armée par ses blessures, n'est plus guère qu'un général en retraite, dont on parle surtout pour signaler son absence. Henri, par la bataille des Aubiers, sauvera l'armée d'Anjou qui, depuis plus d'un mois, tient tête à toutes les forces républicaines; Lescure gagnera désormais toutes les batailles, même celles où il ne sera pas; Donnissan, qui fut toujours un mortel embarras pour l'état-major, deviendra le conseil de l'armée : hélas! il le fut en un jour de désarroi, quand, au milieu des défaites de Cholet, de concert avec Talmont, il trama en secret le lamentable passage de la Loire, à propos duquel a été prononcé un mot si dur que je veux encore le croire injuste. Les Poitevins enfin sont partout, combattent partout, triomphent partout; et la vérité est — les hommes versés dans cette histoire le savent aujourd'hui — que le contingent poitevin fut toujours insuffisant à lui-même et, quand il s'isola, toujours battu. La vérité est que la Grande Armée angevine, sous Bonchamps et d'Elbée, a été l'âme et la force de la guerre d'indépendance. C'est d'Elbée surtout que Mme de la Rochejaquelein amoindrit, parce que c'est lui qui a tenu le premier rôle dans cette armée : le croyant est ridiculisé, le politique écarté, le général déprécié : il n'est plus, en fait, qu'un lieutenant de Donnissan et de Lescure, tout trouvé pour endosser la responsabilité de la défaite, sans presque jamais bénéficier de l'honneur de la victoire. La vérité est pourtant qu'il fut le généralissime librement élu de toutes les armées, mais contre Donnissan, et, avec Bonchamps, le meilleur stratégiste de la guerre.

Pour citer des exemples, parlerai-je de cette défaite de Luçon, dont tout le poids pèse encore sur la mémoire de d'Elbée et qui fut perdue, parce que Lescure en vint aux mains avec l'ennemi avant l'heure convenue; parce que Henri de la Rochejaquelein resta l'arme au pied, spectateur impassible du combat, sans tirer un seul coup de fusil; parce que Marigny prit honteusement la fuite? Rappellerai-je la mission de Tinténiac, qui, d'après Mme de la Rochejaquelein, n'aurait pu voir, au château de la Boulaye, que Lescure, Donnissan, Henri et quelques membres du Conseil supérieur, parce que le temps lui manquait de prendre l'avis de Bonchamps et de d'Elbée, éloignés de Châtillon? Le moyen d'en douter? Mme de la Rochejaquelein avait assisté, disait-elle, aux conférences de l'envoyé du cabinet de Saint-James et des généraux; elle-même avait été chargée de la « copie » des réponses confiées à l'envoyé du ministère anglais, et, parmi les noms des généraux présents qui les avaient signées, elle n'avait pas vu celui de d'Elbée, alors occupé, du côté de Landebaudière, à faire un rassemblement. Mais voici qu' « elle n'est plus la seule personne qui existe connaissant les détails et les réponses qu'on fit » : en 1878, Dom Chamard retrouve et publie les papiers confiés à Tinténiac, conservés au *British Museum*, dans le fonds Puisaye; or, toutes ces pièces sont datées de *Châtillon*, et non du château de la Boulaye, et d'Elbée les a toutes signées comme président du Conseil et généralissime des armées vendéennes. — Il y a cent passages de cette valeur, qu'il est intéressant et profitable de serrer de près.

Tout cela pourtant a été accepté de confiance, répété sans vergogne, copié et recopié jusqu'à nos jours sans aucun scrupule du sens critique. C'est que le succès de ces *Mémoires* fut immense. L'habileté de l'écrivain avait été extrême; il s'était bien gardé de se lancer dans la réfutation directe; il avait compris qu'en matière historique, rien ne vaut l'affirmation pure et simple : aussi nous conte-t-il *son histoire* de la Vendée comme si nul n'en avait parlé avant lui; il ne prononce pas le nom de Turreau et ne fait pas même une allusion lointaine au manuscrit de Beauvais. Le livre, d'ailleurs, véracité à part, explique l'enthousiasme qui l'accueillit : par l'entrain qui l'anime, par l'art de la composition, par la simplicité antique du style, par l'émotion poignante qui y règne, il a primé et primera tous les autres ouvrages sur la Vendée; c'est une page incomparable, une œuvre immortelle. Pourquoi n'est-il souvent que la légende de la Vendée? On voudrait pouvoir le louer sans restriction : il est si beau! — et la vérité oblige à constater qu'il n'est souvent pas vrai. L'illustre femme a trop écouté son cœur, et son cœur l'a mal conseillée. A quoi sert de voiler la vérité? Tôt ou tard, même momentanément obscurcie, elle finit toujours par dissiper les nuages accumulés autour d'elle.

Pourtant, dès l'origine, des réclamations timides s'élevèrent : autant en emporta le vent du succès. Encore la plupart ne s'adressaient qu'à M. de Barante, qui n'était pas en cause. Il s'était chargé de donner la forme littéraire à ces *Mémoires;* pour le reste, il ne pouvait guère, sans une suprême inconvenance, critiquer, sans la soupçonner, l'autorité de la marquise, qui avait vécu en plein drame. C'est à lui cependant que M. de la Roche-Barnaud, se faisant, dès 1819 (1), l'écho de plaintes anciennes, demandait raison « de « certains portraits qui affligent les royalistes et qu'on

---

(1) *Mémoires sur l'expédition de Quiberon.* Paris, Lenormand, 1819 et 1824. — Préface de l'édition de 1819 et de 1824.

« voudrait voir disparaître » ; c'est à lui qu'il se permettait de demander, après toutes sortes de circonlocutions respectueuses à l'égard de la marquise, « s'il a « cru bien nécessaire de mettre, parfois, en scène des « caricatures, des niais, des poltrons... *à moins qu'il* « *n'ait eu l'intention de jeter du ridicule sur le royalisme* ». Sylvanecte (Mme Graux) réveille dans ses *Profils vendéens* (1), en 1886, des souvenirs d'antan tout semblables et rappelle qu'à l'apparition des *Mémoires* « il y eut contre eux un *tolle* général au faubourg ». Savary lui-même, en 1824, relevant certaines erreurs communes aux historiens royalistes, n'incrimine que le « rédacteur des *Mémoires* de cette dame » et reconnaît que Bourniseaux et de Beauchamp, qui les ont répétées, « ont « leur excuse toute prête, puisqu'ils n'ont été que les « échos de Mme de la Rochejaquelein, dont ils ont « enchéri (*sic*) le récit, chacun à sa manière ». Chauveau, dans sa *Vie de Bonchamps*, tentera une réclamation en faveur de ce général et demandera une rectification, qui d'ailleurs lui sera refusée. M. de Saint-André relèvera vivement le reproche d'intrigues et d'ambition fait à d'Elbée, mais contre Chauveau probablement, et après avoir déclaré quelques pages plus haut « que les *Mémoires* de Mme de la Rochejaquelein sont les seuls qui lui aient paru véridiques ». Jomini se méfie et proteste par une courte réflexion aussi judicieuse qu'inaperçue..... Mais ces critiques un peu timides se per-

---

(1) *Profils vendéens*, *Préface* de Jules Simon. — Paris, Plon, Nourrit et Cⁱᵉ, 1886, in-12. Voir pages 80 et suivantes.

dirent dans le bruit des approbations, dont la forme la plus délicate fut, pendant près de quatre-vingts ans, de répéter les fameux *Mémoires*.

L' « Évangile vendéen », selon votre heureuse expression, devient la nourriture ordinaire de tous les moutons dont Pantagruel vit chez Panurge — (en Poitou, soyez-en sûr) — de si beaux spécimens. Le chef de file fut Bourniseaux : son *Précis* de 1803 paraît, en 1819, considérablement grossi en trois volumes, « à l'aide des auteurs qui ont écrit sur le même sujet ». C'est une amplification des *Mémoires* de 1814 et une amplification de copiste, c'est-à-dire le plus souvent maladroite. Tout ce qui peut déprécier la Vendée angevine, son armée, ses chefs, est accepté, affirmé avec une telle inconscience, qu'on est tenté, par pitié, de lui pardonner sa moutonnerie. C'est à d'Elbée surtout, en qui le parti poitevin vit toujours l'obstacle, qu'il s'en prend : il nous donne du généralissime jusqu'à trois portraits successifs, dont le dénigrement en *crescendo* ne permet pas le moindre doute sur l'intention du caricaturiste : intrigues, ambition, ridicules, faiblesses morales, tout s'y trouve, avec des phrases entières des *Mémoires* de 1814, dont il n'a pas même la pudeur d'indiquer la source. Et voilà que soudain, suprême maladresse ! comme troublé par un remords tardif, il ajoute ces mots stupéfiants, que je vous prie de peser : « On accusa d'Elbée d'ambition ; « mais cette accusation, *dans la bouche de ses rivaux,* « *parut, dans le temps, suspecte à tous les hommes impartiaux.*

« *Elle paraît aujourd'hui plus que jamais sans fondement.*
« Sa mort fut héroïque, comme sa vie, etc. » Ses rivaux! on sait qui ils furent..... Le brave homme! il n'a rien laissé à faire à ceux qui voudront plus tard défendre d'Elbée contre lui.

Quant au troupeau, Muret, Mortonval, Johannet, Crétineau-Joly — « l'Homère de la Vendée », selon l'expression malheureuse, si elle n'est ironique, de Mme de la Rochejaquelein — Eugène Loudun, Eugène Veuillot, Edmond Stofflet, de Brem, etc., etc., ils auront la foi du charbonnier : erreurs, vérités, contradictions, absurdités, appréciations mensongères, faits controuvés, sont acceptés comme paroles d'Évangile, sans aucun réveil du sens critique, amplifiés sans scrupules, présentés pêle-mêle, dans un fouillis inextricable, « labyrinthe », dont Crétineau-Joly dira qu'il n'a jamais pu sortir. Et, puisque le nom de Crétineau-Joly revient ici sous ma plume, je ne puis taire le regret que j'ai de voir rééditer son méchant livre. J'en parle d'autant plus aisément que la part personnelle de l'éditeur est très remarquable. Mais je crains que la partie artistique de l'ouvrage, précisément par son mérite, ne lui donne une valeur que le fond n'a pas et ne serve à une nouvelle diffusion de tant d'erreurs accumulées! Pourquoi le Père Drochon, qui pouvait si bien gréer sa propre nef, s'est-il embarqué sur cette galère vermoulue, qui fait eau de toutes parts?

Mais revenons à nos moutons.

La réaction nécessaire contre eux a été tardive :

elle n'a commencé que vers 1877. A cette époque, M. de Lescure, dans son *Introduction* à la réédition des *Mémoires* sur la Vendée, signale « la déposition calculée et, sur certains points, plus politique qu'il ne semble », de Mme de la Rochejaquelein. En 1878, l'abbé Deniau, troublé par l'incohérence des récits, les contradictions qui existent entre les faits et les appréciations, laisse percer un vague sentiment d'inquiétude, mais se contente de poser le problème, en laissant à d'autres le soin de le résoudre. Quelques années plus tard, en 1886, dans son ouvrage qui tient autant du roman que de l'histoire, Sylvanecte accentue la protestation et, à propos de Bonchamps et de d'Elbée, mène la charge contre la femme que son tact féminin devine. En 1890, Mme de la Bouëre, dont les « Souve- « nirs (1) sont encore imbibés des opinions de sa « chère camarade », constate pourtant, dans l'*Avant-propos*, que Mme de la Rochejaquelein n'a écrit, en somme, que l'histoire de la guerre dans le Poitou, que l'Anjou lui est bien moins connu, ainsi que le nom de plusieurs chefs qui s'y sont distingués.

Enfin M. Célestin Port paraît et publie sa *Vendée angevine* (2), dont le titre seul annonce une révolution dans l'histoire de la Vendée : champ d'une culture

---

(1) *Souvenirs de la comtesse de la Bouëre.* — *Guerre de la Vendée, 1793-1796 ; Mémoires inédits*, publiés par Mme la comtesse DE LA BOUËRE, belle-fille de l'auteur. Préface par M. le marquis Costa de Beauregard. — Paris, Plon et Nourrit, 1890, in-8°.

(2) *La Vendée angevine, les origines, l'insurrection* (janvier 1789 — 31 mars 1793), *d'après des documents inédits et inconnus*, par C. PORT, membre de l'Institut, archiviste de Maine-et-Loire. Paris, Hachette, 1888, 2 vol. in-8°.

étrange, où l'ivraie, qui n'est pas rare, n'a pas étouffé le bon grain, qui abonde. Avec M. Port, le document original rentre en faveur et, grâce à lui, la Vendée *angevine* reprend dans l'histoire la place qu'elle avait occupée dans la guerre. Après lui, M. de Gourcuff, par sa *Biographie de d'Elbée*, publiée dans l'*Album* des Nouhes; par son étude, *D'Elbée libéral, son rôle politique en Anjou*, parue en 1892, et par une autre brochure, en 1893, *le Siège de Nantes*; par ses recherches enfin sur *l'Élection de d'Elbée*, publiée en 1893-1894 dans la *Revue du bas Poitou*, continua l'œuvre de la réhabilitation de la Grande Armée angevine et de ses chefs : sans réticences, sans timidité, avec un beau dédain des traditions légendaires, il s'inscrivit en faux contre les célèbres *Mémoires*. Des esprits plus modérés, mais tout aussi indépendants, des documentaires par excellence, M. de la Chanonie et surtout M. Baguenier Desormeaux, comme je l'ai déjà dit, ne lui ont pas ménagé les éloges. Aujourd'hui, l'historien, dégagé d'entraves supportées trop longtemps, a recouvré sa liberté.....

V

Dire tout cela, serait-ce dénigrer à son tour? et, parce qu'on est sincère, courrait-on le risque d'être traité de Zoïle? La pensée n'en viendra à personne, et moins aux descendants de la célèbre marquise qu'à tous autres. C'est, en effet, M. le marquis de la Rochejaquelein, son petit-fils, qui, en 1889, nous a donné le meilleur exemple d'une indépendance difficile : par *l'édition originale* des *Mémoires* de sa grand'mère, il a fait beaucoup pour l'œuvre réparatrice. Aucune publication, en effet, n'a porté aux *Mémoires* de 1814 un coup plus droit. Dans ces *Mémoires* avant la lettre, des appréciations trop vives ont été atténuées, des erreurs corrigées, les convenances mieux gardées et des réclamations légitimes satisfaites. L'œuvre est incomplète encore; mais l'on se dit que le petit-fils ne pouvait guère faire davantage. Seulement la voie est ouverte; d'autres peuvent y entrer sans remords, comme ils iront jusqu'au bout sans crainte. Nul, d'ailleurs, ne demandera, comme de certain autre, *ce que je viens faire en Vendée*. J'y suis chez moi; les miens étaient parmi les meilleurs, les simples, étrangers, eux, à toutes rivalités funestes et qui donnèrent leur sang, sans autre espoir que de voir triompher la cause qu'ils défendaient : je suis des vôtres, hommes du pays, immortels Paysans! En écrivant ces lignes, j'aurais voulu ne toucher qu'à des œuvres : pourquoi faut-il qu'on ne puisse pas toujours juger un ouvrage sans atteindre l'auteur? La première et la plus juste peine de quiconque ne dit pas la vérité, est qu'on ne puisse la rétablir sans qu'il en pâtisse : mais nul autre, s'il a de la générosité dans l'âme, n'en doit souffrir; car il n'y a rien au monde que nous devions tant aimer que la vérité, « *à laquelle le premier devoir de l'historien,* selon le mot de M. Boutillier de Saint-André, *est de tout sacrifier* ».

Ainsi donc, la Vendée *angevine* et ses chefs reprendront dans l'histoire la place qui leur est due ; la Vendée *poitevine* et ses chefs rentreront dans le rang, qu'on aurait dû leur garder. Leur part, d'ailleurs, sera belle encore ; car l'histoire les mettra à la suite, mais très près des d'Elbée et des Bonchamps, et ils sont assurés, grâce à une œuvre de génie, d'avoir toujours la première place dans la légende, — la légende qui, mieux que l'histoire, rend les hommes immortels (1).

Eug. BOSSARD.

Paris, 1er janvier 1896.

---

(1) L'œuvre de justice ne se bornera pas à rendre ce qui est dû à la Vendée angevine : l'armée du Centre aussi a été sacrifiée, et Royrand presque aussi maltraité que d'Elbée et Bonchamps. Mais déjà M. de la Boutetière, dans son livre sur le *Chevalier de Sapinaud*, et M. Chassin, dans la *Préparation de la guerre de la Vendée* (t. III, p. 327 et suivantes), nous ont fait entrevoir la part d'erreurs répandues sur leur rôle, en réalité très important. Il s'en faut toutefois que tout soit dit sur ce sujet ; mais tout vient à point à qui sait attendre.

MES CHERS ENFANTS,

Vous faites l'espérance de ma vie.

C'est en vous que je mets toute ma joie, toute ma consolation Devenez bons, justes, honnêtes, pieux. Soyez un jour de braves gens; éclairez votre esprit, formez votre raison, acquérez des connaissances solides, vivez unis, rendez-vous utiles à vos semblables... Alors vous serez heureux; vous goûterez le bonheur pur et sans mélange, qui est le partage et le prix de la vertu, et qui, dès cette vie, devient sa plus douce récompense.

Ce qu'il y a de plus nécessaire à l'homme, ce qui lui donne, pour ainsi dire, sa seconde existence, c'est l'éducation. C'est elle qui forme les mœurs et inspire le goût des choses honnêtes. Elle rectifie les mauvais penchants, fortifie les inclinations droites, prépare pour toute la vie de doux passe-temps et des sentiments estimables, de précieux souvenirs, et devient ainsi la source des vrais plaisirs, de ceux qui ne coûtent ni dégoûts, ni regrets.

Aussi, mes chers enfants, ce que je désire le plus, c'est de vivre assez pour vous élever moi-même. Je demande à Dieu de me conserver afin de pouvoir veiller et présider à votre instruction. C'était aussi le vœu le plus cher de mon père, et j'ai été assez malheureux pour le perdre, à l'âge où j'aurais eu le plus besoin de ses conseils et de ses exemples. Dès l'âge de douze ans, j'ai vu mourir mon père et ma mère, presque tous deux en même temps, victimes de leur tendresse et de leur dévouement réciproques, tous deux immolés à la fureur des Vandales, qui ont inondé notre patrie de sang et de larmes. Depuis cette perte affreuse, je les ai toujours regrettés. Je n'oublierai jamais leurs tendres soins. Il me semble encore les voir dans l'intérieur de leur maison, avec leurs enfants et leurs domestiques, réglant tout, dirigeant tout, avec cet esprit d'ordre et de raison et avec cette bonté et cette indulgence qui faisaient le fond de leur caractère. Attentions affectueuses, complaisances aimables, amour sincère, douce prévenance, confiance naturelle, voilà les sentiments qui réglaient leur conduite envers eux-mêmes et leurs enfants.

Mon père se flattait de pouvoir présider à notre éducation. C'était à moi surtout qu'il destinait ses soins, parce que j'étais l'aîné et que j'annonçais d'heureuses dispositions : il a été privé de cet avantage. Ne sachant point si je vivrai assez pour jouir de ce bonheur, j'ai voulu, mes enfants, vous rapporter les principaux événements de ma vie, ceux qui m'ont le plus frappé. J'ai passé bien des jours mauvais, et mes jeunes et plus belles années se sont écoulées dans les larmes. Vous verrez, dans ces Mémoires que j'écris pour vous, combien j'ai souffert. Ils vous surprendront en bien des points et rectifieront vos idées en bien des choses. Ils vous apprendront surtout combien notre famille a été malheureuse; mais surtout, ils vous apprendront combien votre père vous aime, combien il s'est occupé de vous; vous y verrez, mes chers enfants, que c'est vous qui remplissez tout mon cœur.

Ne m'oubliez pas, mes chers enfants. Souvenez-vous de moi, non pour le bien que je vous aurai fait, mais pour celui que je voulais vous faire. Rappelez-vous ce pauvre père qui n'a désiré que votre bonheur et qui mit dans vous seuls sa consolation et ses espérances. Souvenez-vous de lui et priez souvent notre Père commun, qui est dans les Cieux, pour qu'il daigne un jour nous réunir tous ensemble dans la bienheureuse éternité.

Amen.

UNE

FAMILLE VENDÉENNE

PENDANT LA GRANDE GUERRE

UNE
FAMILLE VENDÉENNE
PENDANT LA GRANDE GUERRE
(1793-1795)

CHAPITRE PREMIER

DEPUIS MA NAISSANCE JUSQU'A LA RÉVOLUTION (1)

Les deux maisons dont je suis issu étaient des premières de Mortagne (2), d'abord à cause de la considération dont elles jouissaient, et ensuite par leurs richesses, par le ton honnête qui régnait dans leur intérieur, les charges qu'elles occupaient, les alliances qu'elles avaient honorablement formées et l'union aimable qui régnait parmi les membres nombreux de notre famille. Tout allait bien, tout prospérait; mais cette prospérité même excita la jalousie de plusieurs envieux qui calomnièrent mes ayeux. Ceux-ci ne s'en vengèrent que par le

(1) Les premières pages de ces *Mémoires* contiennent une généalogie des *Boutillier* très complexe, dont l'étude ralentit la marche du récit; c'est pourquoi nous les avons rejetées en Appendice, en y ajoutant un tableau destiné à y porter la lumière.
(2) Mortagne-sur-Sèvre, petite ville, chef-lieu de canton, arrondissement de la Roche-sur-Yon (Vendée).

silence ; mais la haine veillait, et les calomniateurs, qui se crurent méprisés, devinrent tout à fait nos ennemis (1).

Mon père, Marin-Jacques Boutillier de Saint-André, était né avec les dispositions les plus heureuses. Il avait reçu de la nature de l'esprit, de la grâce, de la facilité, le goût de l'instruction, un caractère aimable, un cœur bon, sensible, généreux, l'amour des arts et une gaieté, une douceur et une franchise qui le faisaient aimer dès le premier abord. Il fit ses études au collège de Poitiers et y obtint de grands succès. Il y fit aussi son droit, mais il était arrivé à cet âge critique pour la jeunesse, où le goût des plaisirs et les passions se développent avec les facultés du corps et de l'esprit. Il négligea un peu ses études sérieuses et s'appliqua avec plus d'ardeur aux arts d'agrément. Il se donna à la musique, à la danse, à l'escrime surtout, où il devint très fort. Il fut choisi pour prévôt de l'École de droit et s'acquitta de cette charge à la satisfaction de tous ses camarades, dont il était chéri et estimé. Le prévôt devait veiller à l'honneur et à la discipline du corps; il portait l'épée, répondait pour tous et devait prendre la défense de ceux qui ne pouvaient se battre.

Mon père était vif, mais point querelleur; brave, mais poli; incapable de souffrir une injure, mais honnête et prévenant. Il avait l'abord le plus gracieux, le sourire le plus doux, le regard expressif, l'élocution facile, le son de voix flatteur. Il avait avec ses amis cette franche gaieté, l'âme de tous les plaisirs, et, dans la société, cette politesse exquise qui distinguait alors les jeunes gens de bonne compagnie. Sa figure était agréable, quoique fortement marquée de petite vérole; les traces de cette cruelle

---

(1) Nous ignorons à quels faits l'auteur des *Mémoires* fait ici allusion. Mais il est évident que c'est à ces jalousies et à ces haines, si implacables dans les guerres civiles, que les deux familles durent d'être si âprement persécutées pendant la Terreur vendéenne.

maladie n'ayant rien ôté à la régularité de ses traits et à cette physionomie avenante qui attire la bienveillance et qui plaît toujours parce qu'elle charme le cœur.

J'ai dit qu'il était brave et fort sur l'escrime. Ceci me rappelle une anecdote que m'a racontée mon grand-oncle Soullard (1), chez lequel mon père a presque toujours demeuré à Poitiers pendant ses études de droit. Un jour, mon père demanda à son oncle la permission de cueillir quelques bouquets dans le parterre pour aller souhaiter une fête. M. Soullard le lui permit; mais, se défiant de quelque aventure, il le fit suivre par Jean, son domestique, en lui recommandant de ne pas le perdre de vue. Mon père sortit sur les neuf heures du soir et s'achemina vers Sainte-Radegonde. En passant dans une rue étroite, comme il marchait très vite, il coudoya fortement un jeune homme qui marchait devant lui. Ce jeune homme le traita très mal et lui reprocha durement sa maladresse. Mon père lui fit ses excuses; mais, ne pouvant réussir à le calmer, il fut obligé d'accepter le combat. Il place son bouquet sur une borne, tire son épée et se met en garde : « Dépêchons-nous, monsieur, dit-il à son adversaire, car je suis pressé, et votre mauvaise humeur me fait perdre de précieux instants. » L'autre lui répond en lui portant quelques bottes qui furent parées avec autant d'adresse que de sang-froid; il reçoit bientôt une légère blessure et cesse un combat trop inégal. Mon père essuie son arme, la remet dans le fourreau, reprend son bouquet et continue son chemin. Bientôt la vivacité de sa course le fait perdre de vue au domestique qui avait été bien étonné de ce qui venait de se passer si rapidement

---

(1) Frère de sa grand'mère paternelle; il était fils de *Guy* Soullard *de la* Roche, sénéchal de la châtellenie de Chambretaud, notaire et procureur de la cour de Mortagne.

sous ses yeux et qui fut tout raconter à mon oncle. Mon père rentra un peu plus tard qu'à l'ordinaire et ne laissa voir aucune émotion.

Le lendemain, les parents du jeune homme blessé se plaignirent à l'intendant et menacèrent de dénoncer mon père. Ils parlèrent même à mon oncle; mais celui-ci répondit qu'il savait comment l'affaire s'était passée et assura que tout le tort venait du jeune homme qui avait été l'agresseur. Cependant il fit à mon père une sévère réprimande et lui recommanda surtout de ne plus courir si fort à l'avenir, afin de ne pas heurter les passants.

La vivacité de l'âge et le goût des plaisirs nuisirent pendant quelques années à son avancement; mais avec autant de facilité qu'il en avait, il eut bientôt réparé le temps perdu. A vingt ans (1), il fut à Paris continuer ses études, suivit le barreau avec assiduité et fréquenta surtout les audiences du Parlement. C'était le temps où le fameux Gerbier (2) brillait par son éloquence et faisait presque oublier Cochin (3). Il se lia particulièrement avec M. Legouvé (4), père du poète aimable à qui nous devons le *Mérite des femmes*, la *Mort d'Abel* et divers ouvrages estimables. M. Legouvé était avocat au Parlement et plus âgé que mon père de sept à huit ans (5). Cette différence d'âge ne fut point un obstacle à leur amitié, et M. Legouvé, plein d'esprit et de connaissances, jouissant de la considération la plus distinguée, voulut bien servir

---

(1) Marin-Jacques, étant né en 1746, vint à Paris en 1766.
(2) Gerbier (*Pierre-Jean-Baptiste*), avocat au Parlement de Paris, né à Rennes, en 1725, mort en 1788; il avait été le rival de Cochin dont il est parlé plus bas.
(3) Cochin (*Henri*), avocat célèbre du Parlement de Paris, né dans cette ville en 1687, mort en 1747.
(4) Legouvé (*Jean-Baptiste*), né à Montbrison, en 1730, mort en 1782, avocat d'un tel renom qu'il ne fut pas éclipsé par Gerbier lui-même.
(5) Exactement seize ans.

de présentateur à mon père, quand il se fit recevoir avocat au Parlement de Paris (1).

Bientôt il occupa diverses charges dans la magistrature. Il fut nommé juge sénéchal de la ville et baronnie de Mortagne, et vint habiter cette petite ville où il exerça ses fonctions jusqu'à l'époque de la Révolution. Il mérita et s'acquit dans cette place l'estime et l'affection de ses compatriotes qui lui en donnèrent des témoignages en le nommant successivement député à l'Assemblée législative et président au tribunal de Cholet (2). Il conserva cette dernière place jusqu'en 1792, où il fut écarté des fonctions qu'il exerçait pour cause d'incivisme. Depuis son éloignement des affaires publiques jusqu'à l'époque de la guerre de la Vendée, il vécut retiré dans sa famille, s'occupant d'études religieuses et littéraires et donnant tous ses soins à mon éducation qu'il avait prise fortement à cœur. J'avais alors douze ans; j'étais très formé pour mon âge et j'avais beaucoup de goût pour le travail. Je profitais assez bien de ses leçons; il me les donnait avec tant de douceur, il avait une façon d'enseigner si aimable, que ses leçons m'étaient plus chères que mes plaisirs, ou plutôt, c'étaient pour moi des plaisirs véritables.

Mais je dois rétrograder un peu et parler de mes premières années.

Je suis né le 23 avril 1781. On me donna les noms de

(1) Parmi tant de choses que j'ai perdues, j'ai eu le bonheur de conserver les lettres de réception de mon père, qui sont de l'année 1770. Ces lettres, qui attestent l'intimité qui existait entre lui et M. Legouvé, sont pour moi bien précieuses et un témoignage honorable des succès qu'il avait obtenus et des sentiments d'estime et de bienveillance qu'il avait su inspirer à l'un des hommes les plus honorables du barreau de Paris. (*Note de l'auteur.*)

(2) L'auteur a sans doute voulu dire que son père fut nommé procureur-syndic à l'Assemblée provinciale de Châtillon, membre de l'Assemblée du Tiers État de la sénéchaussée de Poitou, en 1789. Nous n'avons trouvé nulle part qu'il ait été élu, même comme membre suppléant, à l'Assemblée législative.

Marin-Jacques-Narcisse. Ce dernier, qu'on pourrait prendre maintenant pour une épigramme, me fut attribué parce qu'on me trouva plus joli que ne sont ordinairement les enfants qui viennent de naître. (*Quantum mutatus ab illo!*) On voulait aussi me donner le nom de Georges, étant né le jour de la fête de ce saint; mais mon père s'y opposa et dit que ce nom pourrait m'attirer des désagréments au collège, parce que mes camarades ne manqueraient pas d'y accoler celui de *Dandin*, qui s'y joint naturellement depuis Molière.

J'étais très faible, et ma mère m'avait donné le jour avec de grands déchirements d'entrailles, ce qui l'empêcha de me nourrir. Je fus mis dans une petite maison de campagne à une demi-lieue de Mortagne, la Touche, et l'on me confia aux soins d'une femme pauvre, mais d'une forte constitution et qui me nourrit de son lait. On l'avait choisie pour m'élever à cause de sa gaieté, de sa bonne humeur et de son attachement à notre famille. Mes parents croyaient avec raison que les enfants contractent de la ressemblance avec le caractère de leur nourrice. *La Piard* (1), c'était le nom de cette bonne femme, vit encore, et, quoique âgée de plus de soixante-douze ans, elle conserve un air de force et de fraîcheur, de douceur et de gaieté très remarquable. L'éclat de son teint, la vivacité de ses yeux, sa taille grande et droite, me charment encore toutes les fois que je la vois. Cette faiblesse que j'avais apportée en naissant ne m'a quitté qu'à dix-huit ans; jusqu'à cet âge, on ne croyait pas que j'eusse vécu. J'avais quatre ans que je ne marchais pas encore. J'étais timide et maladif, sans cesse entre les

---

(1) De son nom exact, femme *Péard*. *La Piard* est une dénomination essentiellement vendéenne; il est rare, en Vendée, qu'on désigne autrement une femme que par le nom de son mari avec l'article devant : *la Martin*, *la Cosset*, etc.

mains des médecins, j'avalais force remèdes, et ma santé n'en devenait pas meilleure. En 1785, la découverte de l'inoculation (*du vaccin*) fit grand bruit à Nantes, et les hommes de l'art employèrent ce moyen avec succès. On jugea qu'il fallait m'inoculer, la petite vérole ayant fait de grands ravages dans notre famille. On tint conseil, et mon père se décida pour cette légère opération, malgré l'opinion de mes grand'mères, qui prétendaient qu'il n'était pas permis de faire un petit mal pour en éviter un grand (1). Je fus donc inoculé, et j'en fus quitte pour un abcès qui me vint au bras gauche, et je n'eus point d'autre mal qu'une faiblesse à l'œil qui me dura un an.

Mais si mon physique était tardif et pesant, mes facultés morales se développèrent avec une activité étonnante. J'étais appliqué, avide d'instruction, et, dès que je sus lire, ce qui m'arriva de si bonne heure que j'en ai perdu la mémoire, je dévorais les ouvrages qui me tombaient sous la main. Je ne manquais point de livres; mon père, qui comptait beaucoup sur ma précocité et mes dispositions naturelles, m'avait donné les œuvres de Berquin, le *Comte de Valmont*, *Robinson Crusoë*, les *Fables* de La Fontaine, de Florian, les ouvrages de Mme de Genlis, et autres proportionnés à mon âge. Je lisais sans cesse et je préférais ce plaisir à la promenade, aux jeux de balle, de volant, etc.; j'avais une mémoire heureuse, je profitais de mes lectures, et tous les soirs je rapportais à mon père et à ma mère ce que j'avais lu dans la journée.

Je comptais alors sept ans. Ma mère, qui m'avait appris à lire, se chargea seule de mon instruction jusqu'à neuf ans. Dans cet intervalle, elle me faisait apprendre par cœur l'abrégé de l'*Histoire de France* par Le Ragois, la

---

(1) Principe excellent en morale, mais funeste en médecine.

Géographie de Buffier, l'abrégé de l'*Histoire naturelle* par Coste et la *Mythologie*. La plupart de ces études me fatiguaient beaucoup : je préférais la lecture de l'*Ami des enfants*, mon livre chéri.

Jusqu'ici, je n'ai point encore parlé de ma mère. Il est temps de vous faire connaître, mes chers enfants, cette sage et bonne institutrice, cette tendre mère, cette femme forte et vertueuse, dont le souvenir ne s'effacera jamais de mon cœur.

Marie-Renée Boutillier de la Chèze (1) se maria à l'âge de trente ans. Depuis longtemps, un penchant secret et mutuel l'unissait à mon père qui en avait alors trente-quatre. Ils semblaient, en effet, créés l'un pour l'autre. Ils avaient les mêmes goûts, les mêmes penchants, quoique avec un différent caractère. Mon père possédait cette douceur inaltérable qui semblerait le partage des anges. Ma mère, douée de beaucoup d'esprit et d'une sensibilité extrême, avait moins d'empire sur elle-même, et se laissait aller parfois à sa vivacité naturelle; mais ces éclats ne duraient qu'un instant, et ses bonnes qualités reparaissaient bien vite. Avec un cœur excellent, une âme noble et généreuse, elle possédait cet ascendant que donne la supériorité, et ce courage qui appartient à la vertu et qui est le partage des consciences pures et tranquilles. Pieuse et tendre, sincère et discrète, elle avait un ton parfait, un grand tact des convenances et la dignité d'une vertueuse mère de famille. Ce ton et cette dignité, elle les avait pris dans la haute société à Paris et à Poitiers, où son père l'avait produite; car elle ne quitta mon ayeul maternel qu'à l'époque de son mariage.

---

(1) *Marie-Renée* Boutillier *de la* Chèze était fille de *Marin* Boutillier *de la* Chèze *et de Renée-Simone* Bourasseau *de la Pignollerie*. Elle était cousine germaine de son mari. Elle était née le 29 août 1752; elle mourut le 22 ventôse an II (12 mars 1794) au château d'Angers.

En voyant ma mère, on sentait pour elle, au premier abord, plus de respect que d'inclination; mais on éprouvait bientôt pour elle la confiance et l'attachement. Elle possédait une instruction beaucoup plus soignée que les femmes de son temps n'en recevaient, et joignait à toutes ces qualités estimables le plus vif amour pour son mari et ses enfants, quoique avec beaucoup de fermeté envers nous.

Elle était d'une taille grande et élancée; son port était celui d'une reine. Elle avait dans la pose, le regard et la parole une dignité extraordinaire. D'un caractère très gai, elle était facile à émouvoir. Son cœur, enclin à la compassion, s'ouvrait à toutes les impressions de la sensibilité; sa candeur égalait son courage, et son esprit était aussi aimable que son caractère était noble et généreux.

Les années que j'ai passées, pour ainsi dire, sous les ailes de ma mère ont été les plus douces de ma vie. Elles ont coulé dans l'innocence et la paix, sous les yeux de la plus tendre des institutrices. Cependant son caractère un peu vif me causait souvent de petits chagrins, par l'habitude qu'elle avait de me gronder et de me punir quand je ne savais pas bien mes leçons. Un jour, il lui arriva de me donner un soufflet sur le nez avec tant de violence, que le sang jaillit aussitôt. Je me mis à pleurer, et ma mère en eut tant de regret, qu'elle se mit à pleurer aussi. Cet emportement et cette impatience étaient les seuls défauts que je lui connusse. Elle avait d'ailleurs tant de vertus et de qualités estimables que j'oubliais bien vite ses vivacités.

Je vivais très heureux à Mortagne sous l'égide des bons parents dont le ciel m'avait fait naître. J'étais très aimé d'eux, ainsi que de mes ayeux paternels et maternels, et oncles et tantes. J'étais surtout bien accueilli de mon grand-père maternel de la Chèze, chez lequel j'allais tous les samedis soir réciter mes leçons de la semaine, et, quand je m'en souvenais bien, j'obtenais pour récompense de dîner avec lui le dimanche.

Quel bonheur je goûtais avec ces chers parents que je voyais chéris et respectés de tout le monde à cause de leurs vertus, de leur piété et surtout de leur charité, qui ne s'est jamais refroidie! Je n'avais que de bons exemples sous les yeux relativement à la religion, et j'ose dire que je n'y fus pas insensible alors, car je devins d'une piété très fervente. Je priais Dieu presque sans cesse, et mon plus grand plaisir était de servir la messe et d'assister aux offices de l'Église. Je me plaçais pour mieux voir les cérémonies, que j'appelais les *politesses* à cause des profonds saluts qu'on se faisait en les célébrant, dans le banc particulier de mon ayeulle de la Chèze, près du grand autel, et là je dévorais des yeux tout ce qui s'offrait à mes regards. Je priais aussi le bon Dieu avec grande ferveur, excité par la piété tendre de ma grand'mère, qui édifiait tout le monde. Mais sa charité la distinguait surtout; c'était elle-même qui distribuait ses aumônes et envoyait chaque jour aux pauvres malades des aliments et des secours.

Ces exemples de piété que j'avais à chaque instant sous les yeux m'avaient, dès mon plus jeune âge, inspiré le désir de devenir prêtre; je préludais à cette inclination sainte par un goût très vif pour servir des messes et pour les chants de l'Église que je savais par cœur. J'avais construit une chapelle et j'y simulais des offices, imitant de mon mieux les cérémonies que j'avais vu célébrer, et me revêtant d'aubes, de surplis et de rabats comme les clercs de l'Église. C'étaient mes seuls plaisirs, mes seuls délassements. Je les préférais aux jeux des enfants de mon âge. Je chantais sans cesse des hymnes et des cantiques; j'avais la voix juste et flexible et apprenais avec une extrême facilité tout ce que j'avais entendu. Mes chants troublaient souvent les travaux sérieux de mon père, au point que souvent il me priait de les cesser ou, du moins, de les faire entendre plus loin de lui. Un jour, je lui dis : « Mais, mon papa, tu n'as donc point de religion, puisque tu me déranges dans mes offices! » Il se prit à rire avec douceur et me laissa continuer mes chants avec patience, malgré l'ennui qu'ils lui causaient souvent.

Ce goût pour la piété était entretenu chez moi par les bontés et l'amitié qu'avait, pour le petit Marin, un excellent frère de ma mère, prêtre et curé de Bourgon (1), paroisse située dans le diocèse du Mans, près de Vitré. Ce bon oncle m'affectionnait beaucoup, prenait plaisir à me faire servir la messe chaque jour. J'étais bien joyeux et tout fier de remplir ce saint ministère. J'étais si faible alors que je n'avais pas la force de me tenir à genoux; il fallait que je m'appuyasse sur les mains. Un jour je voulus tourner le pupitre; mais, n'ayant pas la force de le porter, je me laissai tomber avec lui sur les marches de l'autel, ce qui fit un grand bruit et troubla le saint sacrifice et le recueillement du pieux ministre qui eut la peine de venir me ramasser, et moi, et le livre et le pupitre. Depuis, il ne me le laissa plus porter. Mon oncle était bien content de me voir remplir auprès de lui le ministère des anges. Je le voyais prier avec une grande ferveur, et je pensais avec raison qu'il n'oubliait point dans ses

---

(1) *René-Marin-Jacques* Boutillier *de la* Chèze, baptisé à Mortagne le 16 juin 1750, devint en 1778 vicaire dans cette ville, puis curé de Bourgon, près Vitré, s'exila pendant la tourmente révolutionnaire et mourut en 1801, en revenant de Jersey.

prières son petit clerc, comme il aimait à me nommer.

Ce bon parent fut exilé en 1791, ayant refusé de prêter serment à la constitution civile du clergé; il préféra le bannissement au parjure. Il se retira à l'île de Jersey et y demeura jusqu'en 1801. A cette époque, il revint avec ses autres compagnons d'exil; mais à peine eut-il revu les côtes de France qu'il mourut. Je fis une grande perte dans ce cher oncle, qui, s'il eût vécu, m'aurait adopté et servi de protecteur. Mon oncle avait une piété tendre, une foi vive, beaucoup de bonté et de douceur. Il était très attaché à mon père, à ma mère et à moi.

Le second frère de ma mère, Marin Boutillier de la Chèze (1), habitait tantôt Roussay, tantôt Mortagne; il occupait à Nantes la place honorable et anoblissante de maître à la Chambre des comptes de Bretagne.

Le troisième frère, Charles de la Coussaye (2), ne ressemblait nullement à mes autres parents. Les mauvaises compagnies qu'il eut le malheur de fréquenter l'entraînèrent à des opinions républicaines très exaltées, et il s'engagea malgré sa famille, dès 1790, dans les premiers bataillons des volontaires.

Ma mère avait quatre sœurs; la plus âgée avait épousé M. Baudry-Duplessy (3), procureur ducal de la pairie de Châtillon; les trois autres demeurèrent avec leurs parents. L'aînée de ces dernières, Mlle de la Cous-

---

(1) *Marin-Jean-Baptiste* Boutillier *de la* Chèze, baptisé à Mortagne le 29 octobre 1754, conseiller-maître en la Chambre des comptes de Bretagne, marié à Roussay, le 15 novembre 1780, à *Marie* Jamin, décédée le 24 juillet 1824; il mourut le 17 mai 1828, à Cholet.

(2) *Charles-Jacques* Boutillier *de la* Coussaye s'engagea dans les volontaires, fut lieutenant du 1er bataillon d'élite, 2e compagnie, le 3 octobre 1794, et mourut à l'hospice militaire ambulant de la Rochelle, le 12 vendémiaire an III (3 octobre 1794).

(3) *Renée-Charlotte* Boutillier, que notre auteur nomme *Magdeleine*, baptisée à Mortagne et mariée dans cette ville, le 10 mai 1784, à *Alexandre-Pierre-Marie* Baudry-Duplessy, de Châtillon, morte sans postérité.

saye (1), douée du caractère le plus doux, du cœur le plus sensible, épousa, en 1793, mon oncle du Coteau; la seconde, Mlle Desbarroires (2), avait beaucoup d'amabilité, d'esprit et de finesse; elle épousa, en 1795, mon oncle des Hommelles; la plus jeune, Mlle des Granges (3), épousa, en 1797, M. Hullin, médecin à Mortagne.

Mon père avait deux sœurs et quatre frères. L'aînée des premières, Marie Boutillier, épousa, en 1770, M. Cesbron de la Roche (4), et habitait Cholet. C'est à cette bonne tante, mes enfants, que je dois tout; c'est elle qui a remplacé ma mère. Vous la connaîtrez plus tard. La plus jeune, Pélagie, avait épousé, en 1771, M. Morland (5), président à l'élection (ou plutôt au grenier à sel), à Châtillon.

L'aîné des frères de mon père, Boutillier du Coin (6), avait épousé, en 1775, sa cousine, Louise Boutillier, de Clisson; il habitait Mortagne et y occupait la place de

---

(1) *Marie-Victoire*, demoiselle *de la* Coussaye, baptisée à Mortagne le 29 juin 1757, mariée dans cette ville, en 1793, à son cousin germain, *Charles* Boutillier *du* Coteau; décédée à Burguet en 1825.

(2) *Renée-Rosalie*, demoiselle *des* Barroires, baptisée à Mortagne, le 8 juillet 1758, mariée en 1795 à son cousin Boutillier *des* Hommelles; décédée à la Verrie le 21 septembre 1822.

(3) *Marguerite-Rosalie* Boutillier, demoiselle *des* Granges, baptisée le 3 mars 1760, mariée en 1797 à *Jean-Baptiste* Hullin *du* Guéraphin, docteur-médecin, maire de Mortagne, chevalier de la Légion d'honneur, décédée le 9 septembre 1843.

(4) *Marie* Boutillier, née le 27 février 1744, mariée à Mortagne, le 1er juin 1767, à *Mathurin-Michel* Cesbron *de la* Roche, né à Jallais, négociant à Cholet; tous deux sont morts à Angers vers 1820.

(5) *Françoise-Pélagie* Boutillier, née le 4 mars 1745, mariée à Mortagne, le 28 janvier 1771, à *René* Merland, conseiller du Roi, président du grenier à sel de Châtillon, exécuté à Poitiers en 1794. Sa femme mourut à la Verrie, le 8 mars 1827. Ils perdirent un fils et une fille en 1793 ou 1794. Le dernier de leurs enfants est mort à la Verrie le 8 juillet 1824.

(6) *François-Marie* Boutillier *du* Coin, né à Mortagne le 5 juillet 1742, mort dans cette ville le 4 juillet 1789, contrôleur, notaire royal, procureur fiscal à Mortagne, marié à sa cousine *Louise-Perrine* Boutillier *de la* Surbalière. Il eut plusieurs enfants qui moururent en bas âge, à l'exception d'une fille, *Adélaïde-Pélagie du* Coin, née à Mortagne le 24 mai 1781, mariée à *J.-B.* Bureau, né à Clisson et mort à Mortagne le 30 juin 1866.

contrôleur. Le second, M. du Retail (1), avait épousé, en 1776, Mlle Mallet, de Poitiers. Il habitait cette dernière ville et y remplissait la charge de commissaire aux saisies réelles. Le troisième, du Coteau (2), était garde de la porte de Monsieur, frère du Roi. Enfin, le dernier, des Hommelles (3), distingué par ses talents et son goût pour les arts d'agrément, occupait la place de conseiller à l'élection de Châtillon. Aussi estimé par l'élévation de ses sentiments que par son dévouement à la cause du Roi, il fut un des membres les plus distingués du Conseil supérieur des Vendéens.

Les personnes que nous voyions le plus étaient, d'abord, nos grands-parents, qui tenaient une excellente maison, surtout mon grand-père de la Chèze, qui recevait presque tous les soirs. Ensuite, c'étaient Mmes de la Tremblaye (4), qui habitaient le château de Mortagne; aussi vertueuses qu'aimables et bonnes en société, elles n'ont vécu que pour faire le bien, et ont été massacrées, au Mans, à la suite de l'armée vendéenne, dont elles avaient suivi les destins, après le désastre que suivit l'affreux combat du Mans. Nous voyions aussi beaucoup

(1) *Charles-Candide* BOUTILLIER *du* RETAIL, né le 16 février 1748, conseiller du Roi, commissaire aux saisies réelles à Poitiers ; officier vendéen, fusillé près Blois en 1794, marié, le 19 septembre 1774, à Poitiers, avec *Marie-Louise du* PONT, guillotinée le 14 nivôse an II (3 janvier 1794) à Poitiers.

(2) *Louis-Charles* BOUTILLIER *du* COTEAU, né le 20 janvier 1752, mort à Saint-Hilaire de Mortagne en 1825, garde de la porte de MONSIEUR, frère du Roi, marié : 1° à *Augustine* CHAUVIÈRE *de la* PAGERIE, morte en couche d'un enfant qui n'a pas vécu, le 30 juillet 1788; 2° à sa cousine *Marie-Victoire* BOUTILLIER *de la* CHÈZE, dite *de la* COUSSAYE, morte à Burguet, près Mortagne, en 1825.

(3) *Jacques-François* BOUTILLIER *des* HOMMELLES, né le 12 avril 1754, conseiller du Roi en l'élection de Châtillon, membre du Conseil supérieur des Vendéens, décédé à Mortagne le 26 août 1800, marié en août 1795 à sa cousine, *Renée-Marie* BOUTILLIER *de la* CHÈZE, dite *des* BARROIRES, morte à la Verrie en 1822.

(4) *Marguerite* DELÉAGE *de* RIVAU, mère du chevalier de Robin et du marquis de la Tremblaye, seigneur de Mortagne, et Mlle *de* PAROI, femme de ce dernier.

Mme de Sapinaud de Bois-Huguet (1), mère de deux braves officiers, dont le plus jeune, M. Jules, encore existant, est l'auteur de la traduction en vers des Psaumes, et enfin Mme de Vaugiraud (2), notre parente.

Je dois vous parler aussi, mes enfants, de la communauté des religieux Bénédictins (3). Cette abbaye, riche et charitable, dont le souvenir est encore en grande vénération, était habitée par six moines, dont trois étaient nos amis particuliers. C'étaient dom Petit (4), prieur, dom Mioche, sous-prieur, et dom Masson, procureur. Ces bons Pères, que nous voyions tous les jours, nous donnaient, en toute circonstance, des témoignages bien touchants de leur estime et de leur affection. Lors de l'appel aux dons patriotiques, ils se dépouillèrent sans murmures des superbes ornements et vases d'or et d'argent qui décoraient leur église, pour en faire l'offre à la patrie (langage alors en usage); mais cette spoliation ne suffisait pas à leurs ennemis. Le décret de suppression arriva; il fallut s'exiler ou prêter le serment requis. Ils préférèrent le bannissement et furent déportés en Espa-

(1) Mme de Sapinaud, femme de SAPINAUD de BOIS-HUGUET, plus connu sous le nom de SAPINAUD de la VERRIE, chef vendéen, né près de Mortagne, en 1736, mort en 1793.

(2) Probablement *Marie-Jacqueline* BOUTILLIER, fille de *Jacques* BOUTILLIER, sieur de Belleville, et de *Renée* PINEAU, veuve PINSONNEAU, et qui épousa, le 13 janvier 1747, *Jean-Gabriel de* VAUGIRAUD, capitaine au régiment de Vermandois-infanterie, écuyer, assassiné par un mari jaloux et inhumé à Mortagne le 9 janvier 1765, dans la chapelle Saint-Louis, au cimetière.

(3) L'abbaye de Mortagne dépendait de l'abbaye célèbre de Saint-Michel-en-l'Herm.

(4) Dom *Jean-Baptiste* PETIT ou LE PETIT fut embarqué aux Sables, à bord du *Jeune-Aimé*, le 15 septembre 1792. (*Registre des Sables*.)

Dom *Pierre-François* LE MASSON partit pour l'Espagne avec son confrère dom Le Petit. Au retour de l'exil, il fut vicaire à la Verrie, où il mourut en 1822.

Nous ne savons rien de plus sur dom Mioche.

Parmi les religieux, trois sur *sept* prêtèrent le serment : dom Maurin, dom Bruel, dom Dumont.

gne. Leurs biens furent confisqués et vendus nationalement, leur communauté fut dépouillée et bientôt après brûlée et presque entièrement démolie. Il n'est resté plus que des ruines, dont les larges murs, les croisées vastes et nombreuses, et les voûtes encore bien conservées, attestent depuis quarante ans l'ancienne beauté. Je vis partir avec bien du regret ces religieux si bons, si sociables, si charitables. Hélas! dès avant l'exil, l'impiété exhalait contre eux ses mépris. C'étaient leurs richesses, dont ils faisaient pourtant un si bon usage, qui excitaient l'envie et la jalousie. La calomnie aiguisait aussi sur eux sa langue envenimée. On donnait le nom de *Pain perdu* à la cloche de leur couvent, qui les appelait au réfectoire, et, quand elle sonnait pour leur repas, on prétendait qu'elle disait : *Pain perdu, Pain perdu,* voulant faire entendre que le pain mangé par ces Pères était vraiment perdu.

Ces bons religieux recevaient les étrangers avec beaucoup de bonté. Les habitants notables de Mortagne étaient surtout l'objet de leur affection. Leur réfectoire était grand et beau, et ils y donnaient souvent des repas. La Saint-Benoît, jour de la fête du patron de leur ordre, réunissait chez eux le plus de monde. J'ai eu l'honneur, quoique bien jeune, d'assister avec mes parents à ces réceptions, où il régnait une grande cordialité et un ton parfait de convenances et de politesse. La compagnie, composée d'hommes seulement, y était brillante et choisie, et les pauvres, à la fin du repas, n'y étaient pas oubliés. Un des Pères leur distribuait avec joie *la part à Dieu.*

J'ai vu le prieur, accompagné de tous les frères, faire la cérémonie du *Lavement des pieds,* le jour du vendredi saint, chaque année. Cette touchante solennité, nommée

Mandatum, attendrissait mon cœur, et le souvenir m'en est toujours présent. On me plaçait avec soin, afin que je pusse voir mieux, et j'examinais avec grand intérêt le bon Père laver les pieds à treize petits pauvres tenus dans les bras de leurs mères, tout étonnés de l'humilité des religieux et des secours qu'on leur donnait. Chacun d'eux recevait un pain, des harengs et de l'argent. Nos rois se faisaient aussi un devoir de remplir ce saint ministère, à l'exemple du Roi du ciel qui fut leur modèle sur la terre. Hélas! ce temps n'est plus où le pauvre et l'affligé recevaient de ces pieuses consolations! En détruisant la religion, on a fait cesser ces charitables coutumes, qui rappelaient les temps antiques où régnaient la piété et la charité, pour y substituer l'égoïsme et l'indifférence.

Les deux maisons de nos ayeux donnaient souvent des repas, principalement dans le carnaval. C'était cependant le jour des Rois qui était la fête de famille. Nous nous réunissions tous et nous étions en grand nombre. On apportait le gâteau et l'on distribuait les parts. Celui qui tombait à la fève était proclamé roi de la fête; il choisissait sa reine : quand il buvait, tout le monde devait boire, et l'on ne pouvait le faire sans en demander la permission à Sa Majesté. On chantait en chœur :

> Le Roi boit (*ter*).
> Amis, buvons aussi;
> Car de boire après lui
> Nous avons tous le droit
> Le Roi boit (*ter*).

C'était M. Thoreil, de Nantes, excellent musicien et notre parent, qui avait mis ce couplet en musique.

Une fois, je fus proclamé roi de la fête et je choisis pour reine ma bonne maman de la Chèze, ma marraine, à laquelle je devais tant d'amour et de reconnaissance : heureuse souveraineté qui ne coûtait ni soins, ni peines, ne faisant ni envieux ni ingrats. Mes frères et moi désirions longtemps à l'avance ce jour fortuné et demandions plus d'un mois à l'avance quand arriverait cette fête, objet de tous nos vœux.

Nous célébrions aussi la fête de nos grands-parents chaque année : c'étaient les jours de Saint-René, Saint-Jacques et l'Assomption. C'était moi, avec ma cousine du Coin, qui débitais les compliments dont mon père était l'auteur. Le soir d'avant la fête, on nous donnait nos plus beaux habits, nous faisions force bouquets et nous nous rendions chez nos bons ayeux, qui recevaient avec une grande sensibilité nos vœux sincères. Leurs larmes coulaient, et ils nous donnaient leur bénédiction du meilleur de leur cœur. Le jour de l'an était aussi une bonne fête pour nous; nous allions offrir nos vœux à nos parents qui les recevaient avec joie et nous souhaitaient aussi toutes sortes de prospérités.

Nos compliments de bonne fête consistaient en petits dialogues pastoraux entremêlés de couplets. Je me souviens encore de quelques-uns de ces derniers que je vous transcris, non pour la beauté des vers, que mon père composait très vite et sans prétention, mais pour vous donner une idée de la tendresse et de la naïveté qui régnaient entre nous tous :

> Marie (1), à l'âge de quinze ans,
> Était si belle et raisonnable
> Qu'elle eût fixé tous les amans;
> Mais un seul lui parut aimable.
> Bientôt l'hymen mit tout d'accord.
> Ce souvenir leur plaît encor.

C'était le nom de mon ayeule paternelle. (*Note de l'auteur.*)

Depuis ce moment enchanteur,
La paix règne dans leur ménage,
Sept enfants ont fait leur bonheur :
En suivant leurs leçons si sages,
Tâchons d'avoir leurs sentiments :
Nous sommes leurs petits enfants.
O vous tous qui nous entourez,
Unissez vos bouquets aux nôtres ;
Nos bons parents sont enchantés
De recevoir aussi les vôtres.
Quel plaisir, de voir réunis
Ses chers enfants et ses amis !
Moutons, paissez sur ce rivage,
Mais épargnez toutes les fleurs ;
Nous voulons avoir l'avantage
D'en cueillir de toutes couleurs.
Surtout n'oublions pas les roses,
Ajoutons-y le réséda ;
Nos cœurs et tout plein de choses
Feront le *bouquet* de papa.

C'était en 1788, mes chers enfants, que je chantais ces couplets. J'avais alors sept ans, et j'ai éprouvé depuis bien des vicissitudes ; mais je les ai toujours gardés gravés dans mon cœur bien plus que dans ma mémoire. Voilà pourquoi je ne les ai pas oubliés.

O jours heureux de mon enfance ! Temps fortuné, qu'êtes-vous devenus ? Hélas ! vous êtes passés comme l'aurore d'une fraîche matinée, suivie d'orages et de tempêtes. Chère petite ville de Mortagne, que j'ai vue si florissante, et qui est maintenant si triste, si abandonnée, le souvenir du bonheur que j'ai goûté dans son sein, avec mes bons parents, ne s'effacera jamais de mon cœur !

Asile obscur de mon heureuse enfance,
Lieux toujours chers et toujours regrettés,
De vous revoir n'ai-je plus l'espérance,
Et pour jamais vous aurais-je quittés ?
Un père tendre, une mère chérie
Me préparaient le plus doux avenir,
Tout concourait au charme de ma vie,
Ils ne sont plus ! Que vais-je devenir ?

> Au sein d'un monde insensible et frivole,
> Dans ma douleur, où trouver un appui?
> Où rencontrer la pitié qui console?
> Dans le malheur il n'est pas un ami.

Les mêmes sentiments, les souvenirs d'un bonheur passé, avaient inspiré à l'un de mes cousins les vers suivants sur l'infortune et la ruine totale de Mortagne :

> Avais-tu donc mérité tes malheurs?
>   Tu m'as donné dans ma jeunesse
> Des plaisirs purs et remplis de douceurs ;
>   Ils ont fait place à la tristesse.
> Tes fils joyeux t'animaient par leurs chants ;
>   On se rassemblait pour la danse.
> Je n'entends plus que de plaintifs accents...
>   Quel deuil et quelle différence!
> Jadis l'encens fumait sur tes autels ;
>   On s'unissait pour la prière.
> Ce temps n'est plus : de coupables mortels
>   Ont désolé le sanctuaire.

J'ai dit qu'il régnait un ton de politesse et de convenances bien remarquable dans notre famille; mais c'est surtout ma mère qui le possédait à un haut degré. Parmi les exemples que j'en ai eus, je citerai celui-ci. Un jour, elle se trouvait avec Mlles de La Tremblaye, sœurs de M. le marquis de Mortagne, du chevalier de Robin (1), etc., à la porte de son père. Elle céda le pas à ces dames, qui le refusèrent; elle insista : ces dames refusèrent encore;

---

(1) *Charles-Eugène* ROBIN, le plus jeune fils de *Henri-René* ROBIN *de la* TREMBLAYE et d'*Anne-Marguerite* DELÉAGE *de* RIVAU, portait le nom de marquis de Mortagne, dont il avait acquis la terre du duc de Villeroy, en 1775. Il était parti jeune en Amérique, où il avait épousé successivement deux créoles, qui lui avaient apporté une fortune immense; il se maria en troisièmes noces à Mlle de Paroi. Il fut tué en 1792, par les nègres révoltés.

Son frère aîné, *Amable* ROBIN, connu sous le nom de *chevalier de Robin*, né en 1739, fut un lettré et un poète distingué. Chevalier de Malte, il fut ami de Voltaire avec qui il eut un commerce de lettres et de petits vers. Il voyagea beaucoup et publia des relations intéressantes de ses voyages. Enthousiaste d'abord de la Révolution, il fut arrêté et enfermé aux *Oiseaux*, et faillit périr sous la Terreur; il mourut à Paris en 1807, à l'âge de soixante-huit ans.

ma mère, alors, s'inclinant profondément, leur dit : « Mesdames, nous ne passerons pas; nous savons trop ce que nous vous devons. » Elles s'inclinèrent alors et passèrent. Cette circonstance est peu de chose et n'a de prix à mes yeux que par le ton de dignité dont je fus témoin tant de la part de Mmes de La Tremblaye que de ma mère. Ce ton régnait alors dans la société; mais nous en sommes bien éloignés, depuis le système de liberté et d'égalité que la Révolution a propagé.

Mon père, qui, à cette époque, remplissait les fonctions de juge sénéchal, était l'objet de la considération publique dans notre ville. Tous les officiers de justice, les employés royaux et seigneuriaux lui rendaient beaucoup d'honneurs; il en était de même des ecclésiastiques. Le peuple surtout le respectait beaucoup : ils ne le nommaient que *M. le Sénéchal;* ils appelaient ma mère *Mme la Sénéchale;* il n'y avait pas jusqu'à moi qui recevais par contre-coup les reflets des honneurs qu'on rendait à mon père. Ceci me rappelle une anecdote que je veux vous raconter.

Un jour, c'était la fête de saint Pierre, patron de notre église, les bedeaux, sacristains, enfants de chœur, vinrent en grande cérémonie m'apporter un bouquet et demandèrent à me conduire solennellement à l'église. Ma mère y consentit entraînée par l'éloquence presque martiale de M. Renaudier, suisse de la paroisse, armé de sa hallebarde, l'épée au côté, et revêtu de ses habits rouges, de son chapeau à plumes et de tous les insignes de sa dignité.

On m'habille à la hâte, on me couvre la tête de mon chapeau de satin blanc avec plumes de même couleur; on me ceint ma petite épée, qui était très jolie, mais qui avait l'inconvénient de ne pouvoir se dégainer, et je marche à l'église précédé du suisse, plus fier que César, et suivi de son cortège, chacun revêtu de son costume.

A quelques pas de la maison, nous fûmes rejoints par le sieur Bahuaud, premier garde-chasse de la baronnie, suivi de ses subordonnés, tous en habits de parade et le fusil sur l'épaule. Plusieurs jeunes gens de bonne mine et en grande tenue nous suivirent aussi. Je reçus encore le renfort d'une troupe d'enfants curieux, de femmes alertes et de gens désœuvrés, qui nous accompagnèrent jusqu'à l'église. J'étais fier de mon cortége, et, en effet, il y avait de quoi, car, s'il n'était pas brillant par la qualité de ceux qui le composaient, je puis dire qu'il l'était par la quantité; j'étais escorté par plus de cent cinquante personnes et je me rengorgeais beaucoup de me voir très accompagné.

Arrivé à l'église, on me hisse jusqu'aux statues de saint Pierre et de saint Paul, et je leur attache le bouquet avec gravité, au bruit de sept coups de fusil que tiraient les gardes. Je retournai à la maison avec le cortège qui m'avait conduit; mais, devant la porte de l'église, j'aperçus un may (1) planté sur la place, entouré de fagots destinés à un feu de joie. M. Renaudier m'invita à y mettre le feu; je m'avançai comme un triomphateur romain; on me présenta une allumette brûlante et une liée de paille; j'y mis le feu et la mis sous les fagots, et dans un instant le may fut embrasé. Il jetait des flammes superbes, une lumière ravissante, et bientôt les fusils tirèrent à son sommet. Ce dernier jeu me déplaisait beaucoup, car j'ai toujours eu peur des armes à feu; mais c'était le cas de faire bonne contenance; je la fis et je puis dire que je ne compromis nullement la dignité de mon caractère; au contraire, je levai mon chapeau avec beaucoup de grâce aux

---

(1) *May*, arbre dépouillé de ses branches, environné de fagots jusqu'au sommet, qu'on allume en Vendée encore aujourd'hui en signe de réjouissance.

cris de : *Vive le Roi!* que je répétai avec tout le monde qui remplissait la place.

Le feu s'étant éteint, on me reconduisit à la maison et l'on me remit à ma mère qui ne pouvait s'empêcher de rire en voyant le nombreux cortège dont j'étais accompagné, les soins empressés dont j'étais l'objet, et la grave contenance que j'avais prise au milieu de tant d'honneurs. Mais son envie de rire augmenta bien plus encore quand M. Renaudier, le suisse orateur qui avait prononcé la première harangue, se rengorgea, et, prenant un air capable, lui fit un discours à peu près dans ces termes :

« Madame, nous vous rendons le fils que vous nous avez confié; nous le remettons dans vos mains maternelles et tendres. Il est digne de ses parents illustres, et j'ose prédire qu'il possédera un jour toutes les vertus, surtout les guerrières, car il marchait au pas comme moi, qui ai servi vingt ans même sous M. de Catinat. Il sera grand homme de guerre, et je vous annonce qu'il deviendra un jour... maréchal de France. »

A ces derniers mots qui me flattaient au dernier point, ma mère ne put retenir ses rires; elle éclata d'abord, mais reprenant bientôt sa gravité, elle répondit :

« Monsieur Renaudier, je suis très reconnaissante des honneurs extraordinaires que vous avez, ainsi que votre compagnie, rendus à mon fils; j'accepte de grand cœur vos présages glorieux, et j'espère qu'il se rendra digne de les voir réalisés. En attendant, veuillez accepter cette légère marque de ma vive gratitude (elle lui glissa quelques pièces d'argent dans la main) et allez boire à la santé du Roi, de M. de Catinat et du futur maréchal de France. »

Il était temps que cette scène comique finît; ma mère n'en pouvait plus du besoin de rire. La harangue du suisse, sa réponse grotesque, l'avaient tellement excitée par le ridicule qu'elle y trouvait, qu'elle se mit à se pâmer de rire quand mon cortège eut vidé l'appartement. Elle éclata longtemps et de bon cœur.

J'étais tout stupéfait de la voir ainsi se dilater; je ne concevais rien de grotesque et de risible dans tout ce que j'avais vu; aussi j'attribuai les rires de ma mère à son excès de joie de me voir l'objet de tant d'honneur et de si belles cérémonies. Elle se garda de me tirer d'erreur et de détruire une persuasion qui flattait ma crédulité et le contentement de moi-même. En effet, Paul-Émile lui-même, quand il triompha de Persée, ne porta pas au Capitole un air plus noble et plus satisfait.

Quelque temps après (1), nous eûmes le chagrin de perdre mon ayeul Boutillier (2), qui mourut d'une colique d'entrailles. C'était mon parrain, et il prenait plaisir à jouer avec moi, jetant pour me divertir des noisettes sur le carreau, qu'il se plaisait à me voir ramasser avec mes frères et sœurs, et riant de tout son cœur de ce doux passe-temps.

C'était la première mort que je voyais dans ma famille, aussi j'y fus très sensible; ce qui m'affligeait surtout, c'était de voir mon père pleurer amèrement la perte qu'il venait de faire; je partageais sa douleur bien vivement. Dans la même année, nous perdions aussi mon oncle du Coin, frère aîné de mon père, qui mourut presque subi-

---

(1) Le 11 décembre 1789.
(2) *Jacques-Grégoire* Boutillier *du* Coin fut notaire et procureur fiscal à Mortagne, sénéchal de la Séguinière et marquisat de Beauveau, receveur des domaines du Roi, fermier général de l'abbaye de la Haye. Il naquit en 1717 et mourut à Mortagne le 11 décembre 1789. Il avait épousé à Mortagne, le 30 mai 1740, *Marie* Soulard *de la* Roche, née à Mortagne en 1726, décédée à Nantes le 22 messidor an II (10 juillet 1794), fille de *Guy* Soulard *de la* Roche, sénéchal de la châtellenie de Chambretaud, notaire et procureur de la cour de Mortagne, et de *Marie* Guérin. Il en eut sept enfants, qui presque tous ont joué un rôle dans ces *Mémoires*.

tement à peu près de la même maladie que son ayeul (1).

Nous étions au commencement de l'année 1789. J'avais alors huit ans, et les leçons de ma mère ne pouvaient plus me suffire. Il fallait apprendre le latin, et mon père engagea un vertueux et savant ecclésiastique, son ami, M. l'abbé Renou, à venir s'établir à Mortagne et à y élever un collège (2).

À peine ce digne prêtre fut-il arrivé, qu'on me confia à ses soins. Il eut d'abord un grand nombre d'élèves qu'il instruisait avec un intérêt tout consciencieux. Il possédait une méthode excellente et toute particulière pour enseigner la jeunesse. Il lui fallait que très peu d'années pour conduire un enfant à la fin de ses études. Je devins l'objet de son affection spéciale ; il me poussait activement et me donna de si bonnes leçons qu'il me mit en quatrième au bout de trois années. Mais il me faisait travailler avec tant d'ardeur, qu'il ne me laissait aucun délassement, et, si j'eusse continué, il m'aurait fait mourir, ou du moins rendu idiot par l'excès d'études dont il m'accablait. M. Renou était d'une grande sévérité, très scrupuleux, esclave de ses devoirs, rigoureux et exigeant envers moi. Mais son tendre attachement pour moi, l'intérêt qu'il prenait à mon avancement me le rendaient respectable et cher. Je le craignais beaucoup, et malgré tous les chagrins et les fatigues qu'il me causait, je sentais que je l'aimais autant que je l'estimais. Je m'aperçus principalement de la sincérité de mon attachement pour lui quand il me quitta pour l'exil, comme je le raconterai bientôt.

---

(1) Le 4 juillet 1789.
(2) Nous n'avons rien trouvé de plus sur l'abbé Renou que ce qui est contenu dans ces *Mémoires*. Peut-être cet ecclésiastique est-il le même que Pierre-Charles *Renaud*, prêtre, instituteur à Mortagne, et qui s'embarqua le 15 septembre 1792 pour l'Espagne, en compagnie des religieux bénédictins. (*Registre des Sables*.)

CHAPITRE II

DEPUIS LA RÉVOLUTION JUSQU'A LA GUERRE DE LA VENDÉE

La faiblesse du monarque avait rassemblé les Etats généraux. Quelques difficultés dans les finances avaient été le prétexte dont on s'était servi auprès de lui pour l'amener à cette mesure qui était très imprudente et dangereuse dans l'état où étaient les esprits et les opinions, gâtés, pervertis par les nombreux ouvrages des ennemis de la religion et de la monarchie. Le véritable motif fut de changer le gouvernement de la France; mais il n'y avait que les adeptes, les chefs de la franc-maçonnerie, qui fussent initiés dans (sic) le mystère; les autres, et c'était le plus grand nombre, croyaient qu'il ne s'agissait seulement que de détruire quelques abus et de rétablir l'ordre dans les finances de l'État. L'orgueil et la jalousie des parlements achevèrent de perdre la monarchie, et nous étions destinés à voir démolir le superbe et antique édifice de la noble dynastie des Bourbons.

Dès les premiers mois, mes parents, qui étaient très attachés au Roi et à la Religion, jugèrent les événements et prévirent les malheurs dont nous étions menacés. Ils ne se trompèrent pas dans leurs pressentiments, et bientôt nous éprouvâmes tous les maux que la Révolution entraîne après elle, et dont notre pays et surtout notre famille furent victimes. Hélas! n'accusons que nous de nos malheurs; la Providence, dont les desseins sont impénétrables, a voulu nous châtier; puisse-t-elle ne s'être servie de la méchanceté des impies que pour la sanctification des élus; puisse sa vengeance être apaisée par le sang et les larmes qui, depuis quarante-cinq ans, ont coulé dans notre malheureuse patrie!...

Le temps était venu où les hommes ambitieux et méchants, qui voulaient renverser un gouvernement qui depuis quatorze cents ans faisait la gloire et le bonheur de la France, pour élever sur les débris du trône de nos rois l'édifice monstrueux de la République, commençaient les intrigues et excitaient les troubles qui devaient amener les plus terribles catastrophes. Ces hommes, à la tête desquels Mirabeau semblait planer par son génie entreprenant et ses talents oratoires, avaient senti qu'ils ne pouvaient arriver à la désorganisation entière du corps social, sans la préparer par un de ces coups audacieux de politique, qui signalent les événements décisifs pour les empires; sans l'intervention d'une force active et prépondérante qui pût saper dans ses fondements les bases de notre antique monarchie, en changeant les mœurs et les institutions.

La force qu'ils voulurent opposer consistait dans la masse du peuple; celle destinée à combattre l'influence du clergé fut cette fausse philosophie que les sectateurs de Voltaire, Rousseau et autres prétendus esprits forts de la fin du dernier siècle, avaient répandue dans toutes les classes de la société. La licence, le libertinage germèrent bientôt dans tous les cœurs; l'orgueil, la haine du pouvoir entraînèrent sous les pas des novateurs une foule imprudente, ignorante et légère. Avec les mots de liberté, d'égalité, on égara les masses faciles à émouvoir. Les imaginations ardentes, les esprits fougueux s'enrôlèrent les premiers sous les drapeaux de la révolte, et la jeunesse, séduite par de fallacieuses espérances, se laissa prendre au charme d'un enthousiasme qu'on lui inspirait à dessein. Les plus heureuses destinées devaient résulter de la réforme générale.

Pour parvenir à s'aider du peuple, il fallait lui faire connaître sa force, le soulever, l'armer, l'organiser, l'ameuter contre le pouvoir établi, exciter sa haine contre le Roi et la noblesse ; il fallait enfin lui imprimer un mouvement d'énergie qu'il ne pouvait prendre de lui-même. Mais, pour en venir à ces fins, il ne suffisait pas de lui offrir des doctrines, des projets, des constitutions, des systèmes politiques, des utopies, des déclarations de ses droits, de proclamer sa souveraineté, de l'appeler à briser ses chaînes, à se ruer sur les tyrans. Les principes philosophiques auraient produit peu d'effet sur ses sens grossiers et matériels ; il était plus expédient de l'ébranler par une secousse soudaine, et de lui mettre les armes à la main sous un prétexte plausible, celui de sa défense personnelle, à la vue d'un grand et imminent danger, afin d'exercer subitement un pouvoir général sur les esprits et de faire agir tous les bras à la fois.

Ce mouvement extraordinaire, cet ébranlement soudain, préparé d'avance avec soin et dans le secret, avait été transmis d'avance et confidemment aux adeptes de chaque province ; il était imprimé de Paris par le grand conseil révolutionnaire à la tête duquel le duc d'Orléans s'était placé dans l'espoir de s'emparer du trône. Mirabeau, La Fayette et quelques autres membres très influents des États généraux et par suite de l'Assemblée constituante, le secondaient de toute la force de leurs volontés et de leurs talents. Il éclata le jour de la Magdeleine, 22 juillet 1789. Le prétexte dont on se servit fut la nouvelle répandue dans toute la France, le même jour, de l'arrivée des Anglais, qui mettaient tout à feu et à sang sur leur passage.

Une nouvelle aussi absurde portait avec elle un tel caractère d'invraisemblance qu'il ne fallait que le plus simple bon sens pour en sentir toute la fausseté ; mais les esprits furent tellement aveuglés, les yeux tellement fascinés que personne ne découvrit la fraude, ou du moins tous les Français parurent dupes de cette grossière mystification. Comment, en effet, une flotte anglaise eût-elle pu déposer à l'improviste sur nos côtes une armée assez forte pour porter, en tous lieux, à la fois, la mort et l'incendie? La marche de cette armée était donc plus vive que l'haleine des vents, puisqu'on la disait à Paris avant d'avoir abordé nos rivages ! Mais la réflexion qui devait dissiper la terreur répandue par cette absurde nouvelle ne se présenta pas même aux plus clairvoyants. Comment le peuple aurait-il pu la faire (1)?

Je me rappellerai toute ma vie ce jour funeste, où tous les Français se levèrent à la fois et s'armèrent dociles à l'impulsion de la révolte, pour servir d'instrument aux projets des factieux. Ce jour, fatal à jamais parmi ceux consacrés par l'histoire des révolutions, prépara la chute du trône et la mort du Roi juste, mais trop faible et trop crédule, auquel ses ennemis, même les plus cruels, n'ont pu reprocher aucun crime.

Nous étions ce jour-là restés en famille dans le cabinet

---

(1) Nous n'abuserons pas des rapprochements que suggère la lecture de ces *Mémoires*. Nous ferons ici une exception. Il est curieux de voir M. Boutillier de Saint-André d'accord avec le général de Marbot (*Mémoires*, t. I, p. 9) sur la terreur subitement répandue dans la France entière pour armer les milices nationales.

de mon père; il était neuf heures du soir, et ma mère, suivant un ancien et pieux usage, faisait à haute voix la prière. Nous repétions après elle dans un grand recueillement. Nous fûmes tirés de notre contention religieuse et nos voix furent interrompues par un grand coup que l'on frappa dans le contrevent. Il faisait un grand orage et nous crûmes que la foudre venait d'éclater. Les coups redoublèrent : surpris de ce bruit imprévu, les domestiques ouvrent avec précaution. C'était Champagne, le palefrenier de mon oncle de la Chèze, que son maître envoyait de Roussay nous prévenir de l'arrivée prochaine des Anglais.

Cette absurde nouvelle fut bientôt répandue dans toute la ville. Chacun y crut. On sonna le tocsin et tous les hommes s'armèrent, les uns de fusils, les autres de piques, de fourches, de faux; on illumina toutes les fenêtres. Nous ne nous couchâmes point et nous attendîmes avec une grande anxiété la revenue du jour. Mon père était alors maire et reçut sur les minuit deux députés du Cholet, qui venaient demander des secours. J'étais présent à leur réception et j'entendis mon père leur répondre que Mortagne n'avait point assez de forces pour secourir Cholet, et que le peu d'hommes dont il pouvait disposer resteraient dans leurs foyers pour les défendre.

Ces députés étaient armés jusque dans les dents. Ils portaient déjà des cocardes tricolores; ils faisaient de grands gestes, soutenaient que les Anglais arrivaient, qu'ils n'étaient plus qu'à quelques lieues de Cholet et assuraient très positivement qu'ils massacraient sans pitié les hommes, les femmes et les enfants : je tremblais de toutes mes forces; je me croyais déjà mort; il me vint dans l'idée que ces messieurs étaient peut-être des Anglais eux-mêmes, et je fus me cacher. Cependant je réfléchis qu'ils ne pouvaient être des Anglais, étant faits et habillés comme nous. On m'avait fait une telle peur des Anglais que je me les figurais d'une nature tout extraordinaire et différente de la nôtre.

Quand ils se furent retirés, j'étais encore très effrayé et je dis à mon père : « Je voudrais que tu fusses mort. — Et pourquoi donc, mon fils? me dit-il. — Parce que je n'aurais pas le chagrin de te voir massacrer sous mes yeux par les Anglais. » Cependant on fit des patrouilles, on boucha les portes de la ville, on garda tous les passages. Mon père ordonnait et surveillait tous les moyens de défense possibles.

J'étais resté seul avec ma mère, qui voulait me faire coucher; mais j'étais trop effrayé pour dormir. Je la priai de me conter des histoires, dont j'étais très avide et qu'elle racontait très bien, pour me distraire et me consoler; elle y consentit, et, s'étant assise auprès de mon lit, elle me dit ces deux histoires qu'elle m'a répétées plusieurs fois depuis et que je n'ai point oubliées :

« J'ai fait plusieurs voyages à Paris, avec mon père; nous descendions chez M. de Chaumont, intendant de M. le duc de Villeroy. Nous y voyions très souvent ce seigneur de la cour et nous fréquentions la haute société. On trouvait que je n'y aurais pas été tout à fait déplacée sans un défaut de prononciation que j'avais contracté dès l'enfance et que l'habitude m'avait conservé. Je prononçais la syllabe *ch* comme *s*, de sorte que je ne disais pas un *chat*, mais un *sat*; pour *chant*, je disais *sant*. Ce vice de langage me rendait maussade et faisait souvent rire à mes dépens. J'étais tout affligée de me voir ridiculisée et j'aurais donné tout au monde pour perdre une habitude qui me rendait l'objet des plaisanteries de toute la maison. M. de Chaumont, ami de mon père, était pour moi rempli d'égards et de complaisances. Quoique âgé de soixante ans, il possédait encore les plus belles manières; il nous menait à l'Opéra où il avait une loge, et c'est là que j'ai vu plusieurs pièces où les décorations, la danse et la musique enchantaient à la fois tous mes sens. Je me souviens du ballet des *Éléments* et d'*Andromède*. Figure-toi, mon fils, la réunion de tout ce qui peut charmer l'oreille et les yeux, et tu n'auras encore qu'une faible idée de ce qui frappait mes regards dans ce pays de féerie et de merveilles. Tantôt je voyais un palais magnifique, transformé tout à coup en un jardin délicieux, en une forêt enchantée, en désert sombre et sauvage; tantôt des divinités fabuleuses, comme Apollon, Mars, Vénus, Minerve, descendre dans des nuages d'or et dans les costumes riches et précieux que la mythologie leur attribue et les divers emblèmes avec lesquels on les représente. Mais les chants et la danse étaient encore au-dessus de tout.

« M. de Chaumont entreprit de me faire passer ma mauvaise prononciation. Aussi, tous les matins, dans son grand salon, il me tenait pendant plusieurs heures me faisant répéter jusqu'à satiété ces mots : « Quand j'étais petite, je disais un *sat;* mais maintenant, je dis un *chat*. Ma sœur dit bien *sat*, mais moi je prononce un *chat*. » A force de répéter cette leçon, je parvins à prononcer parfaitement cette syllabe qui m'avait tant tourmentée. »

Je trouvai cette histoire beaucoup trop courte et je priai instamment ma bonne mère de m'en raconter encore une autre, et elle y consentit avec sa bonté ordinaire.

« Dans la première année de mon mariage, me dit-elle, j'avais beaucoup de moments de loisir. Comme je voulais devenir l'institutrice de mes enfants, je désirais faire mon apprentissage sérieusement et me mettre à même de vous apprendre à lire, sans sortir de ma maison. Pour cela, il fallait devenir maîtresse d'école, et je n'hésitai pas à me soumettre à cette expérience de patience. L'occasion se présenta bientôt. Au commencement de l'hiver de 1781, à cette époque de l'année où nous voyons arriver cette troupe noire de ramoneurs, qui viennent en mendiant des montagnes de l'Auvergne pour exercer leur industrie sous la conduite de maîtres durs et barbares, il entra chez moi un de ces enfants de l'Auvergne, presque nu, transi de froid, à demi mort de faim, qui me demanda à nettoyer mes cheminées. Je n'avais pas besoin de ses travaux. Alors il me demanda un petit morceau de pain. J'examinai cet enfant avec intérêt. Il avait huit ans. Ses traits étaient réguliers; ses yeux charmants coupés en amande, ses dents blanches comme de l'émail, qui ressortaient sur la suie dont sa figure était empreinte, le rendaient très remarquable. Je le fis entrer. Il se réchauffa auprès du feu, et je causai avec lui. A travers beaucoup de naïvetés qu'il me débita sur son pays et sa famille, il me laissa entrevoir une finesse qui annonçait une grande facilité et de l'esprit.

« Je lui dis de revenir me voir; il n'y manqua pas, et tous les matins il venait se chauffer et déjeuner. Je lui demandai un jour s'il voulait que je lui apprisse à lire. « Oh! madame, je le veux bien, me dit-il, mais il faut,
« pour cela, que mon maître y consente; car c'est un mé-
« chant homme que mon maître; il me donne plus de
« coups de pied au cul que de morceaux de pain. Il faut
« que je travaille tout le jour, que je me nourrisse et en-
« core que je lui apporte du pain pour qu'il se nourrisse
« aussi. — Eh bien! lui dis-je, amène-moi ton maître, je
« lui demanderai la permission de t'apprendre à lire, et,
« s'il la donne, tu recevras tous les matins une leçon de

« moi cet hiver, auprès de mon feu et après déjeuner. » Cet enfant se montra bien reconnaissant, il se mit à mes pieds et me demanda de se laver la figure pour me baiser la main. Je lui fis donner un morceau de pain ; avant de le manger, il en mit la moitié dans sa poche. Je lui en demandai la raison : « Il faut bien, me dit-il, que « je pense à mon maître ; car, tout méchant qu'il soit, il « est de mon devoir de le nourrir. » J'admirai le bon cœur de cet enfant, qui prenait soin de son maître, dont il était si souvent battu.

« Le lendemain, il revint avec son patron : c'était un homme de quarante ans, à l'air dur, au regard tranchant. « Quoi ! madame, me dit-il, vous voulez entreprendre « d'apprendre à lire à ce vaurien ? Ce n'est pas une petite « tâche, je vous prie, et vous ne parviendrez à l'instruire « qu'à force de coups de bâton ; c'est le moyen que j'ai « employé et le seul qui m'ait réussi. Et puis, je vous « préviens que c'est un petit *friponnier*, qui est porté beau- « coup sur sa bouche. Ne lui donnez que de l'eau à boire « et que du pain à manger ; sinon, vous le gâterez, je « vous en avertis. » Je lui promis de ne point affriander l'enfant et je commençai, dès le jour même, à lui donner des leçons. Sa facilité était grande, son intelligence peu commune ; il fit, en peu de temps, des progrès auxquels j'étais loin de m'attendre quand j'entrepris la tâche que je m'étais imposée. Je ne manquai pas de lui faire donner chaque jour un morceau de pain sec et un verre d'eau qu'il avalait auprès du feu. Un jour, son maître entra ; l'enfant ne l'aperçut pas, mais je fus bien étonnée en entendant le maître jurer et furieux contre le ramoneur : « Ah ! petit friponnier, lui disait-il en colère, je « t'en donnerai : je t'ai vu tremper ton pain dans ton « eau. Monsieur le dégoûté ! il ne peut pas manger son

« pain sec ! il faut qu'il se régale et qu'il trempe son pain
« dans son eau ! Madame, je vous le disais bien, que
« c'était un petit friand à qui il fallait des sauces et des
« ragoûts. Ah ! petit drôle ! petit friponnier ! Je t'en don-
« nerai de tremper ton pain dans ton eau ! » Et, là-dessus,
il s'apprêtait à le battre. Je l'en empêchai avec bien de la
peine, et je ne l'apaisai qu'en lui promettant que l'enfant
se corrigerait de sa gourmandise. Je riais pourtant de bon
cœur de voir la colère de son maître occasionnée par la
prétendue friandise de l'enfant. L'Auvergnat s'en fut
tout furieux et répétant toujours : « Ah ! petit fripon-
« nier ! je t'en donnerai de tremper ton pain dans ton
eau !... »

Je trouvai cette histoire charmante et je fus bien content de l'avoir apprise.

Cependant le jour reparut. Mon père revint; chacun
rentra chez soi, bien rassuré. On eut honte de s'être laissé
effrayer par une fausse nouvelle. Mais le coup était fait,
le peuple était armé et tout se disposait à la Révolution
que l'on voulait opérer. Aussi la prise de la Bastille et
le massacre de M. de Foulon et de M. de Berthier sui-
virent-ils de près cet événement fatal (1).

Vers cette époque, M. de Mortagne et M. de la Tremblaye, chevaliers de Malte, vinrent passer quelque temps
au château de la Tremblaye (2), à moitié chemin de Cholet
à Mortagne. J'allais souvent à cette demeure charmante
avec mon père. Cette habitation délicieuse se faisait
remarquer par l'élégance de ses jardins ornés d'une foule

(1) Contradiction surprenante avec ce qui est dit plus haut, à savoir
que la panique dont il est ici question arriva le 22 juillet 1789, jour de la
Madeleine. La panique dont il est ici question a suivi et non précédé la
prise de la Bastille. MM. de Foulon et de Berthier furent massacrés le
22 juillet. — Cette nuit s'appelle encore, en Vendée, *la nuit de la peur*.

(2) Le château de la Tremblaye, célèbre par la bataille qui s'y livra
le 15 octobre 1793 et qui fut un grand désastre pour les Vendéens.

d'arbustes et de fleurs, par ses promenades où régnait une fraîcheur continuelle. Une rivière artificielle qui alimentait un grand étang, dont les douves entouraient les bâtiments, rendait ce château un des plus agréables qu'il fût possible de voir. L'ameublement de l'intérieur était riche et somptueux : les parquets étaient en acajou, les tapis d'une finesse extraordinaire. Il y avait un très beau billard, une bibliothèque nombreuse et bien choisie et un cabinet d'histoire naturelle rempli des objets les plus curieux dans les trois règnes. Je prenais bien du plaisir à me promener dans cet heureux séjour, que le luxe et l'élégance réunis semblaient embellir à l'envi. J'aimais surtout à m'y promener en bateau poussé par une brise légère qu'une rame délicate aidait à mouvoir.

M. le marquis de Mortagne fut à Saint-Dominique, où il périt en 1793, victime de sa confiance dans les nègres. Et son frère, M. le chevalier de la Tremblaye, retourna à Paris où il vécut isolé. Il fut bientôt mis en prison et n'en sortit qu'au 9 thermidor avec une foule de ses compagnons de captivité. Je l'ai vu mourir à Paris en 1807.

La Révolution faisait de grands progrès. Une foule de voleurs et d'assassins, soit mis en branle par le parti révolutionnaire, soit enhardis par le silence des lois et la faiblesse de la police, parcourait les campagnes, commettant mille crimes. Ces assassins ne prenaient plus la peine de se cacher. Ils vinrent jusqu'aux portes de Mortagne exercer leurs affreux brigandages, et notamment au Courtison (1), où ils égorgèrent tous les habitants, en leur faisant souffrir les plus grandes cruautés.

La terreur qu'ils inspiraient était à son comble ; on

---

(1) Aujourd'hui ferme de la commune de Saint-Christophe-du-Bois Maine-et-Loire), située à une demi-lieue environ de Mortagne.

n'osait plus sortir, surtout le soir. Les voyages étaient devenus très dangereux.

On organisa une garde nationale à Mortagne, à l'instar de toutes les villes de France. M. de Vaugiraud (1) fut nommé colonel; mon oncle Du Coteau, lieutenant-colonel; et M. Le Sueur, commandant. Mon oncle de la Chèze fut capitaine des chasseurs, et M. Dauge, des grenadiers.

On monta la garde dans la ville toutes les nuits et l'on nous envoya une compagnie du régiment de Rohan-Soubise pour augmenter nos moyens de défense. Cette compagnie, qui était commandée par M. de la Brousse, était, dès 1790, imbue des idées révolutionnaires.

Un événement bien remarquable me frappa dès l'année 1791, et je crois devoir le rappeler ici, puisque ces *Mémoires* sont destinés à comprendre tout ce qui peut vous intéresser, mes chers enfants, et servir à votre instruction. L'Assemblée nationale avait, au mépris de nos mœurs et de notre religion, autorisé et sanctionné le divorce. Le lien du mariage, ce nœud sacré, consacré par les premiers législateurs pour perpétuer la famille, ennobli et rendu indissoluble par Dieu lui-même, avait paru aux novateurs devoir céder à l'empire des sens, même à l'incompatibilité des humeurs; on en fit le jouet des caprices, et, comme au temps de la décadence de

---

(1) M. de VAUGIRAUD, qui avait épousé *Marie-Jacqueline* BOUTILLIER, avait trois fils :

1º *Pierre-Eusèbe de* VAUGIRAUD, baptisé à Mortagne le 15 décembre 1749, mort célibataire à Paris en 1814. C'est de lui probablement qu'il s'agit ici.

2º *Auguste de* VAUGIRAUD, baptisé à Mortagne le 25 septembre 1751, mort sans postérité. Il fut, je crois, major général de Charette en 1795, major général de Suzannet en 1799 et 1815.

3º *Jean-Aimé-Jacques de* VAUGIRAUD, le dernier d'entre eux, baptisé à Mortagne le 4 janvier 1753, mort également sans postérité, officier supérieur de l'armée du Centre sous Royrand; il passa la Loire, rejoignit plus tard Charette en 1794; il fut tué par un gendarme à Locminé, en Bretagne, où il était passé.

Rome, où, suivant Juvénal, l'on pouvait compter les années des femmes par le nombre de leurs divorces, il suffisait de ne plus s'aimer pour secouer le joug auquel un époux volage voulait se soustraire.

Mlle de Rangot, issue d'une famille noble, avait été mise très jeune dans un couvent, à Poitiers. Née avec beaucoup d'esprit et avec le goût de la dissipation et des plaisirs, elle souffrit avec impatience les ennuis et les privations du cloître, quand ses penchants la portaient au milieu du monde et de ses fêtes. Elle eut l'occasion de connaître M. Dauge dont la naissance, les mœurs et l'éducation devaient lui inspirer plus de dégoût que d'inclination. Mais que ne peut le désir de recouvrer la liberté? M. Dauge la demanda en mariage, et Mlle de Rangot sans éprouver pour lui un sentiment bien vif, accepta ses hommages, mue seulement par le désir de sortir du couvent. Sa famille lui refusa son consentement; mais elle se fit enlever et suivit avec joie, mais sans amour, son ravisseur.

Ces époux vinrent habiter Mortagne, où ils devaient donner le premier et unique exemple des malheurs qui suivent toujours une union formée sans réflexion et sans l'aveu des parents.

Bientôt M. Dauge, sans délicatesse et sans éducation, découvrit à son épouse toute l'inconséquence de son caractère et toute la noirceur de son âme. Jaloux à l'excès, violent et vindicatif, il finit par lui rendre la vie commune insupportable. Ses mœurs étaient grossières, ses goûts vils, ses penchants vicieux. Un luxe mal entendu et des dépenses folles compromirent bientôt la fortune de son épouse, et la gêne vint bientôt mêler ses amertumes au dégoût du ménage. De son côté, Mlle de Rangot, aimable, jolie, spirituelle, n'était pas exempte de coquetterie, quoique cependant sa réputation n'ait jamais reçu aucune atteinte sous le rapport des mœurs. Faite pour plaire, amie du plaisir, elle aspirait à séduire et y réussissait toujours. Cette disposition excitait encore les soupçons jaloux de son mari. Devenu odieux à son épouse par les outrages, les querelles, les emportements auxquels il se livrait sans cesse, M. Dauge ne lui inspirait plus que du mépris, et sa femme, s'autorisant de la loi, demanda le divorce.

Elle prit mon père pour son conseil et le chargea de ses intérêts. Elle quitta secrètement sa maison et choisit la nôtre pour son refuge, se mettant sous la protection de mes parents qui lui donnèrent, en cette occasion, de bons conseils et les marques d'un véritable intérêt. Mon père employa tous les moyens pour rétablir la concorde entre les époux; il leur parla des enfants, de la sainteté du nœud qui les avait unis; mais rien ne put déterminer la femme à retourner avec son mari et à renoncer à son projet de divorce. M. Dauge, qui restait sans ressource, aurait volontiers renoué un joug qui devrait être éternel, et il fit tout ce qu'il put pour y parvenir, mais inutilement.

Une entrevue eut lieu chez nous et devant moi, mon père, qui voulait me donner une grande leçon, ayant exigé que j'y fusse présent. M. Dauge, depuis le procès, avait fait bien des réflexions, il regrettait amèrement d'avoir eu si peu d'égards pour une femme dont il tenait toute sa fortune. Il se voyait réduit à la misère par sa faute, et cette situation lui causait des remords tardifs, mais accablants. Il maudissait sa jalousie, ses mauvais traitements, ses dépenses ruineuses, son inconduite; mais il était trop tard : son épouse, inflexible, persista dans sa demande de divorce.

Quand mon père lui laissa espérer de revoir son épouse : « Où est-elle ? s'écria M. Dauge, que je la voie une fois, que je me précipite à ses pieds ; je veux qu'elle soit témoin de mes regrets, de mon désespoir. — Modérez-vous, lui dit mon père ; si vous me promettez de ne faire aucune scène, de ne vous livrer à aucune violence, je vais vous conduire auprès d'elle. » M. Dauge le lui promit avec serment. Alors nous le fîmes entrer dans la chambre qu'occupait son épouse. Nous restâmes discrètement à la porte, placés de manière à tout voir, à tout entendre et à pouvoir nous opposer aux mouvements de violence dont nous craignions les éclats. A son arrivée, il se jette aux genoux de sa femme : il poussait des cris perçants, pleurait à chaudes larmes ; il baisait ses mains, lui prodiguait les noms les plus tendres, les protestations les plus touchantes, les regrets les plus amers. Tout fut inutile : Mme Dauge connaissait son mari ; elle avait vu trop de fois de pareilles démonstrations ; son caractère aigri, sa patience lassée par tant de souffrances, la rendirent inexorable. Alors M. Dauge la regarde avec fureur, se répand en imprécations, et, changeant tout à coup de ton et de manières, l'accable d'injures et d'outrages, lui reproche sa conduite, ses défauts, et, sans notre présence qui lui en imposa, il se serait livré à tous les mouvements de sa rage. Mon père l'entraîna avec force et parvint à le calmer un peu.

Quand il fut sorti, mon père s'enferma dans une chambre avec ma mère et moi, et, d'un ton très ému, il me dit : « Que la scène dont vous venez d'être témoin ne sorte jamais de votre mémoire. Qu'elle vous rappelle à quels maux vous expose le défaut de mœurs et d'éducation ; quels chagrins prépare une union mal assortie. Souvenez-vous surtout qu'un mariage contracté sans l'aveu des parents ne peut jamais procurer un bonheur durable, et qu'on ne saurait être heureux dans le ménage lorsque les passions et l'inconséquence ont seules présidé au choix des époux. »

Depuis quelque temps, l'ordre judiciaire ayant été tout changé en France, mon père avait cessé d'exercer à Mortagne les fonctions de juge sénéchal. Il quitta ce siège où il présidait avec tant de dignité et où il rendait la justice avec tant d'impartialité, assis sur les lis et ayant sur la tête l'image auguste du juge suprême et éternel, qui doit un jour juger le monde. Il s'était acquis l'estime universelle, et on eut la bonté de lui témoigner de la reconnaissance et des regrets.

Les charges de la judicature avaient été mises à la nomination du peuple. Il fut établi un tribunal à Cholet; ce fut lui qui en fut nommé le président. Nous ne nous doutions nullement de cet événement : nous étions tous, en hiver, réunis dans notre salon auprès du feu, quand un de nos amis, M. Poidras, vint nous annoncer cette nouvelle en embrassant mon père avec de grandes démonstrations de tendresse et de joie. Bientôt après, un autre ami, M. Martineau, nous envoya son neveu avec un billet nous annoncer la même chose.

Mon père, qui aimait le travail et qui se sentait la capacité de remplir les fonctions auxquelles il était appelé, accepta la place de président, qu'il remplit quelque temps avec beaucoup d'honneur. Il venait chez ma bonne tante La Roche, sa sœur, qui l'aimait beaucoup, où il avait une chambre et il retournait auprès de nous quand ses occupations le lui permettaient. Il me menait quelquefois avec lui; je fus témoin une fois d'une séance de club qui se tenait dans le couvent des Cordeliers. C'est là que j'entendis pour la première fois des discours, des motions prétendues patriotiques, et lire de ces journaux incendiaires qui faisaient la pâture ordinaire de ces sortes de réunions, et qui, en faussant les opinions et en exaltant les esprits, préparaient les fureurs du jacobinisme. Bientôt, en effet, les dénonciations, les proscriptions, furent à l'ordre du jour; les emprisonnements et les massacres suivirent, et tous ces malheurs furent le résultat de cette licence effrénée de la presse, qui pervertit les esprits et tous les cœurs.

Mon père était très discret, très prudent, et ne disait rien, ne faisait rien qui pût le compromettre; mais aussi il n'applaudissait point aux vexations de toute espèce qu'on exerçait alors contre les prêtres, les nobles et généralement contre tous ceux que l'on nommait *aristocrates*. Ce silence, cet air triste qu'avait adopté mon père fut regardé comme une improbation indirecte des actes de civisme de l'époque; on le traita de contre-révolutionnaire, et il n'en fallut pas davantage pour le faire destituer. Il rentra dans la vie privée et revint au sein de sa famille, où il s'occupa de nous exclusivement. Jusqu'à cette époque, M. Renou avait continué ses cours; mais ce digne prêtre ayant refusé le serment, son école fut fermée, et, poursuivi avec fureur, il fut obligé de se cacher, jusqu'à ce que la *faveur de l'exil* lui eût été accordée. La persécution s'établit plus furieuse, plus terrible que sous les Maximien et les Dioclétien. Un grand nombre de prêtres, qui furent découverts, furent mis à mort; ceux qui avaient plus de soixante-dix ans furent jetés dans les prisons et y restèrent bien longtemps, et la plupart y trouvèrent la mort, ou plutôt le martyre, pour récompense de leur attachement à la religion.

Mon père, qui était très attaché à M. Renou, le voyait avec peine exposé à tous les périls, et son humanité lui inspira un projet pour lequel il fallait tout le dévouement de l'amitié. Un jour, que j'avais été plus sage qu'à l'ordinaire et qu'il causait familièrement avec moi, il me prit sur ses genoux, et me dit d'un ton si pénétré que les larmes m'en vinrent aux yeux : « Mon fils, je ne te regarde plus comme un enfant. Je veux te donner une grande marque de ma confiance, mais il te faut une grande discrétion. J'ai un secret important à te confier... Si tu allais me trahir et le divulguer, tu m'exposerais au plus terrible danger, à la mort même. Ce secret n'est connu que de ta mère; tu y seras admis en tiers. Songe qu'en me confiant à toi, je te dépose ce que j'ai de plus cher, de plus sacré. Me promets-tu de garder un silence absolu sur ce que je vais te dire? Tu y es bien intéressé toi-même. »

Je promis solennellement à mon père, en l'embrassant, de garder fidèlement le secret qu'il avait à me confier. « Eh bien donc, me dit-il, je me livre à toi. Écoute : ce pauvre abbé Renou est sans place, sans asile, contraint de fuir, de se cacher; il n'a de ressources que dans les âmes sensibles et compatissantes. Sa position m'a fait pitié : je lui ai offert ma maison; j'y ferai pratiquer une cache; il y sera sous la garde de l'amitié... Je sais tous les risques que je vais courir; mais je serais indigne de l'affection qu'il me témoigna toujours si je l'abandonnais dans son malheur. »

Le courage et le dévouement de mon père, la confiance qu'il me montrait, la marque d'estime qu'il venait de me donner me causèrent une émotion que je ne saurais exprimer. Je ne pus lui répondre que par des larmes et des caresses : « Il te continuera ses leçons, reprit-il, tu recevras ses conseils, et quels avantages tu retireras de ses soins, si tu veux en profiter! » Je réitérai à mon père la promesse d'une discrétion inviolable.

L'abbé Renou vint s'établir chez nous, et je gardai fidèlement le secret que j'avais promis. Je prenais ses leçons assidûment; il célébrait même la messe dans sa chambre, et c'était moi qui la lui servais. Il n'y assistait que mon père, ma mère et un domestique de confiance qui faisait sa chambre en secret. Tout semblait seconder nos projets, quand un accident dont je fus la cause involontaire vint troubler notre sécurité.

Un jour que je jouais avec mon frère dans notre cour sous la fenêtre de mon précepteur, Casimir me donna un grand coup sur l'os de la jambe; la douleur fut vive, et je jetai un cri perçant. L'abbé, qui avait reconnu ma voix et qui m'aimait comme son fils, ne put s'empêcher de regarder par la fenêtre. Il fut aperçu alors par plusieurs personnes étrangères. A partir de ce jour, on ne le crut plus en sûreté chez nous. Mon père lui chercha un autre asile, il y resta peu de temps, et bientôt après il fut déporté. Il vint nous voir pour la dernière fois. Nos adieux furent touchants. Quoiqu'il fût d'un caractère inflexible et très exigeant, je connaissais sa tendre amitié pour moi et j'étais tellement persuadé qu'il n'était si dur que par le grand intérêt qu'il prenait à mon avancement, que je ne pus m'empêcher de pleurer et de le regretter sincèrement. Je me retirai dans ma chambre après l'avoir quitté; je me couchai et je passai la nuit dans la plus vive affliction.

En partant, il me donna de bons conseils, il me recommanda de garder mon cœur à Dieu, de ne jamais oublier ma religion, de rester toujours soumis et docile à mes parents, et me fit promettre de lui écrire. Peu de temps après, je reçus une lettre de lui, écrite en latin très pur, datée de Palentia. Il me rappelait tout ce qu'il m'avait dit, me renouvelait l'assurance de sa tendre amitié. Aidé de mon père, je lui répondis aussi en latin. Il m'écrivait de temps en temps, et je lui écrivais de même. Ce petit commerce épistolaire avait pour moi beaucoup de charmes : il dura jusqu'à la révolution de 1793.

Au retour des prêtres de notre pays, j'espérais le revoir. Quel secours n'eussé-je pas trouvé dans ses conseils, dans son amitié ! Mais, hélas ! j'appris alors qu'il était mort à Saint-Jacques, en Galice, où il avait été chargé de l'éducation d'un jeune gentilhomme espagnol. Ainsi le ciel, qui me priva de mon père, de ma mère et de presque tous mes parents, ne m'a pas laissé l'ami, le protecteur de mon enfance pour me consoler dans mes malheurs et me guider dans les sentiers difficiles de la vie.

Après l'exil de mon cher précepteur, mon père s'occupa exclusivement de mon éducation jusqu'à l'époque de la guerre de la Vendée. Je me souviens encore d'un sujet de mes thèmes qu'il me donna, l'esprit préoccupé sans doute des tristes pressentiments que lui inspirait l'état de la France : « La boîte de Pandore, m'avait-il écrit sur mes cahiers, renfermait tous les maux qui pouvaient affliger la terre ; mais les dieux avaient mis au fond l'espérance, seule consolatrice des malheureux mortels... » Sans doute il pensait aux calamités qui nous menaçaient en écrivant cette phrase ; mais, hélas ! plus à plaindre que les hommes de Prométhée, nous n'avons pas même conservé l'espérance ! Nous touchions alors, sans le savoir, aux malheurs qui ont accablé notre pays et qui en ont fait un monceau de cendres et de ruines.

CHAPITRE III

DEPUIS LA GUERRE DE LA VENDÉE JUSQU'A
L'ORGANISATION DE L'INSURRECTION

Louis XVI venait de perdre la vie. Cet infortuné monarque, trop faible, trop confiant pour les temps où il vivait, était tombé avec les débris de la monarchie. Aussi courageux sur l'échafaud que timide sur le trône, il avait présenté sa tête à ses bourreaux en leur pardonnant. La religion avait vu fermer ses temples et détruire ses autels. Les ministres du Seigneur était spoliés, dispersés ou égorgés. Une persécution affreuse s'étendait sur tout ce qui était vertueux, savant ou riche. Une classe entière d'hommes, jadis puissants, voués à la proscription, avait déserté la France, ne pouvant sauver le Roi malgré lui-même et contrainte de fuir une terre inhospitalière où elle ne trouvait plus que la mort. Cette mort planait sur toutes les têtes ; une guerre cruelle et générale au dehors, une terrible anarchie au dedans, des factions puissantes, des soulèvements partiels, des émeutes, des massacres, des incendies, une banqueroute consommée, une disette de vivres effrayante, des entreprises folles et audacieuses, un système faux et destructeur, une immoralité affreuse répandue dans toutes les classes de la société, une férocité sans exemple... Tel est le spectacle effrayant que présentait la France au commencement de l'année 1793.

Notre pays, très attaché à ses rois et à sa religion, avait vu avec autant de douleur que d'étonnement la révolution qui s'était faite dans les mœurs et le gouvernement de la France. Les peuples du bas Anjou, du bas Poitou et de la Bretagne, froissés dans leurs opinions, contrariés dans leurs sympathies, souffraient avec impatience le joug des tyrans révolutionnaires. En lui ôtant la religion et ses ministres, on avait enlevé au pays le seul frein qui pût l'arrêter, la seule consolation qui lui restât. Il n'aspirait qu'à se venger et qu'à briser des chaînes que ses mœurs et ses affections lui rendaient insupportables.

Telle était la disposition des esprits, quand les gardes nationales, excitées par des principes impies et démagogiques, abattent les croix, frappent, emprisonnent tous ceux qui fréquentent les églises, dispersent les processions. Les têtes exaltées par tant de vexations n'aspirent qu'à se venger. On raconte des choses étonnantes, miraculeuses ; la nature s'émeut, le ciel indigné se déclare. Près de Chaudron, on dit que la sainte Vierge se montre, à certaines heures, au sommet d'un chêne, tenant son fils dans ses bras. A Châtillon, une croix a tourné sur sa base. Ailleurs, divers phénomènes paraissent et épouvantent la multitude. On se rassemble, on veut voir ces miracles, qui annoncent mille présages sinistres. La terreur, le mécontentement sont à leur comble.

Enfin la levée des hommes, depuis vingt ans jusqu'à quarante ans, est ordonnée, et l'on procède à l'enrôlement. Le Vendéen a toujours été très attaché à son sol natal, et il lui eût été très pénible d'aller servir un gouvernement qui ne lui inspirait que de la haine et du mépris. A la nouvelle d'une telle levée en masse, les têtes se montent, les esprits s'échauffent, et divers mouvements éclatent dès le mois de novembre 1792 à Bressuire (1). Mais ils sont bientôt réprimés. C'étaient, néanmoins, des étincelles qui devaient produire un grand et terrible incendie.

Le moment du départ étant arrivé, depuis le Pont-de-Cé, d'une part, jusqu'à Sainte-Hermine, et depuis Parthenay jusqu'aux portes de Nantes, de l'autre, un cri général se fait entendre : « Il faut partir et aller verser notre sang aux frontières pour la défense d'un gouvernement qui nous est odieux et insupportable ; nous préférons mourir pour notre Religion et notre Roi, sans sortir de nos foyers. »

A ce cri, toutes les campagnes et les bourgs se levèrent en masse, sans distinction et à la fois. Le nombre des insurgés fut immense. Il se composa de tous les individus mâles depuis seize ans jusqu'à soixante. Nos communes étaient très peuplées, et pas un seul homme ne resta neutre. Les uns partirent de bonne volonté; un très grand nombre furent forcés de marcher. Les premiers jours, toute cette population ne fut armée que de bâtons, de piques, de fourches, de faux; bientôt après je la vis armée de fusils, de munitions, de baïonnettes, de sabres; elle eut aussi un grand nombre de canons, caissons, mortiers, etc., qu'elle enleva aux républicains qui ne savaient pas les reprendre. Si, à cette époque, un prince, brave et expérimenté, se fût mis à la tête de la masse innombrable qui venait de se lever comme un seul homme, il fût resté vainqueur de la République, tant les Vendéens avaient alors de valeur et de dévouement! Mais un chef de sang royal leur manqua, et, malgré les

---

(1) Il y a ici une confusion ; ce n'est pas au mois de novembre, mais à la fin du mois d'août 1792 qu'eut lieu l'échauffourée de Bressuire, et ces mouvements ne furent pas provoqués par la levée de 300,000 hommes, qui eut lieu en mars 1793.

traits d'héroïsme et les victoires qu'ils remportèrent, il leur fallut succomber devant les forces toujours croissantes de leurs ennemis (1).

La guerre de la Vendée ayant frappé mes sens dès ma première jeunesse et étant encore toute présente à mes souvenirs, j'ai cru devoir entrer dans quelques détails sur les événements qui ont, pendant quatre années, influencé, d'un manière si directe, sur mon existence, en me privant de mes chers parents qui faisaient le bonheur de ma vie, et en m'exposant, ainsi que mes frères et sœurs, aux plus grands dangers que jamais enfants de notre âge aient pu courir.

Je me rappellerai toujours les journées des 14, 15 et 16 mars 1793. Le tocsin se faisait entendre de toutes parts. Toutes les paroisses voisines de Mortagne, la Verrie, Chambretaud, Saint-Laurent, Saint-Hilaire, Évrunes, Le Puy-Saint-Bonnet, la Tessonalle, Saint-Christophe, rassemblées chacune dans leurs bourgades respectives, menaçaient les petites villes voisines, Cholet, Châtillon, Chemillé, les Herbiers, Clisson, etc., qui n'avaient point pris part à la levée en masse. Cette population sans chef se porta tout de suite chez les hommes les plus connus pour leurs opinions royalistes et les força de se mettre à leur tête. M. d'Elbée (2) fut investi

---

(1) Réflexion trop juste pour n'être pas signalée. Un prince du sang, par son courage, eût rendu ces soldats improvisés invincibles; par son autorité incontestée, il eût étouffé dans leur germe les divisions prochaines et funestes des chefs jaloux l'un de l'autre. Mais, au début, les princes français comptaient trop sur les brillants émigrés des bords du Rhin pour songer aux obscurs paysans de la Vendée; et, lorsqu'ils comprirent enfin les avantages qu'ils auraient pu retirer de tels auxiliaires, leur courage douteux ne leur inspira que de belles paroles et de déshonorantes timidités.

(2) *Maurice-Joseph-Louis* Gigot d'Elbée naquit à Dresde, en Saxe, le 22 mars 1752. Son père était naturalisé Français. Lieutenant aux chevau-légers, il vivait au château de la Loge, en la paroisse de Saint-Martin de Beaupréau. Il devint l'un des chefs les plus influents de l'armée d'Anjou;

dans sa maison, près de Beaupréau, et contraint, malgré lui, de marcher à la tête d'une troupe de paysans sans armes et en sabots. M. de la Verrie (1) fut aussi forcé de marcher après avoir résisté pendant plus de deux jours pour empêcher de sonner le tocsin, ayant été menacé vingt fois de la mort. Il en fut ainsi des autres chefs, à l'exception de Cathelineau (2) et de Stofflet (3), qui se

ses talents militaires lui valurent d'être nommé généralissime de toutes les armées vendéennes, après la mort de Cathelineau, le 19 juillet 1793. Blessé à la bataille de Cholet, le 17 octobre 1793, il fut transporté par Pierre Cathelineau à Noirmoutiers, où il fut fait prisonnier et fusillé le 9 janvier 1794.

Le fait que rapporte ici M. Boutillier de Saint-André, quoiqu'il ait été nié par quelques historiens révolutionnaires, en particulier par M. Célestin Port, dans sa *Vendée angevine*, et surtout dans sa *Légende de Cathelineau*, n'en est pas moins absolument certain. Cette certitude trouve un nouvel appui dans le témoignage de notre auteur, que ses relations personnelles, et surtout celles de son père, avec d'Elbée mettent à l'abri de toute erreur sur ce point. Mais nous sera-t-il permis de rappeler que nous l'avons nettement prouvé, contre M. C. Port, pour Bonchamps, Dommaigné et d'Elbée, dans notre *Cathelineau généralissime de la grande armée catholique et royale*, p. 39 et suivantes? (Paris, Lamulle et Poisson, 14, rue de Beaune; Niort, L. Clouzot, 22, rue des Halles, in-8°, 1893).

(1) Mme de Sapinaud, à la première page de ses *Mémoires* (*Bibliothèque des Mémoires relatifs à l'histoire de France pendant le dix-huitième siècle*, nouvelle série, avec Introduction, notices et notes par M. DE LESCURE, t. XXIII, p. 78 et 79), nous raconte, en termes touchants, la démarche des paysans, les hésitations de M. de Sapinaud, ses objections; comment il céda enfin à leurs prières; comment enfin les paysans, en passant par la Verrie, forcèrent un de ses neveux, M. de Sapinaud de la Verrie, de marcher sous les ordres de son oncle. Mais elle ne nous apprend pas que les paysans allèrent jusqu'à le menacer de mort, s'il refusait de se mettre à leur tête. Ce détail mérite d'être signalé.

Le chevalier Sapinaud de Bois-Huguet, plus connu sous le nom de *la Verrie*, était né en 1738 et avait servi vingt-cinq ans dans les gardes du corps. Il battit plus d'une fois les républicains à Tiffauges, aux Herbiers, à Chantonay, et mena une vigoureuse campagne contre eux avec de Royrand; il fut tué au combat de Luçon, le 14 août 1793.

(2) *Jacques* CATHELINEAU, marchand colporteur, né au Pin-en-Mauges, le 5 janvier 1759, se mit à la tête des jeunes gens de sa paroisse le 13 mars 1793, et prit successivement Jallais, Chemillé et Cholet; combattit au Bois-Grolleau, à Thouars, à la Châtaigneraie, à Fontenay, à Concourson, fut nommé généralissime de la grande armée catholique et royale à Saumur, le 12 juin; blessé mortellement au siège de Nantes le 29, il mourut à Saint-Florent-le-Vieil le 14 juillet 1793. Trois mois lui ont suffi pour acquérir une gloire très pure qui vivra aussi longtemps que le nom de la Vendée.

(3) *Jean-Nicolas* STOFFLET naquit à Barthelémont-lez-Bauzemont, en

mirent volontairement à la tête des Vendéens du voisinage.

A la vue de cette masse indisciplinée, dont à peine connaissait-on le but déterminé, sans armes et sans moyens de défense, nous nous crûmes tous perdus, pensant avec raison que notre pays, tout brave et dévoué qu'il pût être, ne saurait résister à la France entière, à moins que les étrangers, mus par le sentiment de leur propre conservation, ne nous aidassent, par une forte et prompte diversion, à renverser le gouvernement révolutionnaire. Les gens sensés, même les plus royalistes, refusèrent tant qu'ils purent de prendre part à l'insurrection; même ils sollicitaient les paysans à rester tranquilles, pour ne pas attirer sur nos malheureuses provinces les malheurs d'une guerre civile. Mais les Vendéens étaient trop exaspérés pour écouter et suivre de si sages avis; loin de là, ils persistèrent à forcer les nobles et les bourgeois de marcher à leur tête. Je dois dire aussi, pour rendre hommage à la vérité, qu'on ne vit aucun prêtre, à l'exception d'un seul, prendre part au soulèvement. Tous étaient cachés ou exilés; et, parmi le petit nombre de ceux qui étaient restés parmi nous pour nous consoler et nous aider, malgré tous les dangers possibles, du secours de leur ministère, tous étaient déterminés à souffrir les persécutions et la mort même, à l'imitation des confesseurs de la primitive Église. Ils fuyaient les tyrans, mais ils condamnaient la révolte. Ils ne savaient que prier, souffrir et pardonner. C'est donc bien faussement, bien injustement, que les ennemis de la religion et de la mo-

---

Lorraine, le 3 février 1753; ancien militaire, il était venu au château de Maulévrier, deux ans avant l'insurrection, comme garde-chasse. Il a joué un des premiers rôles dans la guerre de la Vendée. Il fut pris par trahison à la Saugrenière, près Jallais; condamné à mort et fusillé à Angers, le 25 février 1796.

narchie ont accusé les nobles et les prêtres d'avoir fomenté et allumé la guerre qui a désolé nos provinces. Quand vous lirez ces atroces calomnies dans les ouvrages et les *Mémoires* du temps, gardez-vous, mes chers enfants, d'y ajouter aucune créance. La calomnie a toujours été le grand moyen dont les novateurs se sont servis dans la Révolution.

On a dit aussi que les Anglais et les émigrés avaient des relations dans notre pays, entretenaient des correspondances, répandaient des proclamations, versaient de l'argent. Rien n'est plus faux à l'époque du soulèvement. Plus tard, en 1795, l'Angleterre procura sur les côtes du Poitou quelques débarquements d'armes; mais il n'était plus temps (1); la Vendée était subjuguée pour toujours, et les funestes secours qu'elle reçut et qui entretinrent quelque temps la guerre, ne servirent qu'à la ruiner entièrement et à faire périr les deux derniers chefs, MM. de Charette (2) et Stofflet, qui se battirent en désespoir de cause.

Les causes de la guerre de la Vendée furent d'abord le mécontentement général produit par les entreprises contre la religion et ses ministres, le changement de gouverne-

---

(1) Il est certain que les Vendéens se sont soulevés spontanément et pendant plusieurs mois combattirent isolés du reste de la France et surtout de l'Europe. Dès le 6 avril 1793, d'Elbée, préoccupé de trouver des armes et surtout de la poudre, chercha à s'en procurer en Espagne ou en Angleterre; mais ce n'est qu'au mois d'août qu'ils s'abouchèrent avec l'Angleterre par M. de Tinténiac; les deux lettres qu'ils écrivirent à cette occasion au comte d'Artois et au baron de Gilliers sont du 18 août 1793. (Publiées pour la première fois dans la *Correspondance inédite*, par DOM CHAMARD. Angers, 1880.) Les Vendéens reçurent de l'Angleterre beaucoup d'encouragements et point de secours, jusqu'au jour où, selon la forte expression de Fox, « l'honneur anglais coula à flots » dans la baie de Quiberon, quand l'Angleterre, par un guet-apens digne de sa politique égoïste, couronna sa longue trahison vis-à-vis de la Vendée.

(2) *François-Athanase* CHARETTE *de la* CONTRIE, né à Couffé, près Ancenis, le 21 avril 1763. Ancien officier de marine, il s'est rendu célèbre dans les guerres de la Vendée. Il fut fait prisonnier le 23 mars 1796, et fusillé à Nantes, le 29 mars suivant.

ment, la mort effroyable du Roi, et surtout la levée extraordinaire de tous les hommes depuis vingt ans jusqu'à quarante ans. Ce dernier motif fut le principal moteur du soulèvement, et même je crois que sans cette mesure extraordinaire, l'insurrection, que la *Déclaration des droits de l'homme* avait proclamée le plus saint des devoirs, n'aurait pas eu lieu; car nos peuples avaient vu mourir leur Roi et fermer leurs églises sans remuer, quoique avec bien de la douleur, mais ils ont mieux aimé se lever et mourir que de marcher aux frontières (1). Il en sera ainsi toutes les fois que le gouvernement voudra prendre toute une classe d'hommes au même instant. Aussi j'ai toujours regardé l'invention de la conscription par Bonaparte comme très adroite, parce que ne levant qu'une classe à la fois, ceux qui sont hors de l'atteinte ne sont pas portés à se soustraire à l'exécution de la loi. J'ai la conviction intime, enfin, que c'est la levée des 300,000 hommes qui a causé la guerre de la Vendée, et, si l'expérience que j'ai acquise ne suffisait pas, j'aurais acquis cette certitude par les discours d'un de mes parents, qui ont été plus à même que personne de juger cette guerre funeste dont ils ont été les victimes, sans y avoir pris une part volontaire.

Le Vendéen a toujours été très attaché à ses foyers. Avant la Révolution, le gouvernement ne levait que très peu d'hommes pour la milice; il se contentait d'un sur quarante et même sur cinquante; mais le tirage au sort ne se faisait point sans des rixes plus ou moins graves. Mon grand-oncle, Soullard de la Roche (2), occupait alors la place de subdélégué à l'élection de Châtillon, fonction

---

(1) L'auteur résume ici admirablement les causes de l'insurrection.
(2) Frère de *Marie Soulard de la* Roche, femme de *Jacques-Grégoire* Boutillier *du* Coin, grand-père de l'auteur.

qui ressemblait beaucoup à celle de nos sous-préfets. C'était lui qui procédait au tirage de la milice. Il avait la peine de se faire accompagner par toute la maréchaussée, et il survenait toujours des émeutes plus ou moins sérieuses. Quand un homme tombait au sort, il se mettait à pleurer, s'arrachait les cheveux et donnait les marques du plus violent désespoir. Et pourtant, de quoi s'agissait-il alors? D'aller à Rochefort ou à la Rochelle faire l'exercice pendant quelques mois, au bout duquel temps le milicien était renvoyé chez lui; les enrôlements volontaires suffisaient alors pour alimenter les armées.

Avec une telle répugnance pour le service militaire et les dispositions que je viens de signaler, on jugera de l'effet que produisit tout à coup la levée des hommes depuis dix-huit ans jusqu'à quarante (1). Nous étions tous réunis à Mortagne en famille; mon père se reposait de ses fatigues et donnait des regrets sincères aux malheurs du Roi; il nous avait lu peu de temps auparavant le testament du martyr au milieu de ses larmes et des nôtres, et nos cœurs étaient pénétrés de la plus vive douleur, de l'indignation la plus grande, quand soudain nous apprîmes que toutes les campagnes étaient soulevées, que le tocsin sonnait de toutes parts et que les paysans forçaient tous les hommes à marcher avec eux. A cette nouvelle, nous fûmes pénétrés d'effroi. On rassembla la garde nationale, on coupa le pont sur la Sèvre et l'on prit tous les moyens de défense possibles, bien inutilement sans doute, car Mortagne ne pouvait opposer aucun obstacle à l'insurrection. Les habitants effrayés se livraient aux plus vives inquiétudes. Ce jour même, le district de

---

(1) « Ce fut un soulèvement d'horreur », dit M. Célestin PORT. (*Vendée ang.*, t. II, p. 64.) — « Plutôt que de quitter ses bœufs, sa haie, son enclos, dit MICHELET (*Histoire de la Révolution française*, t. V, p. 402), le Vendéen eût fait la guerre au Roi. »

Montaigu, menacé par les campagnes environnantes, fit demander du secours. Mortagne fit partir trente-sept hommes, la plupart pères de famille, sous la conduite de M. De Douhet, capitaine de hussards, un des hommes les plus beaux et les plus braves qu'il fût possible de voir, qui s'offrit à les commander.

Cette petite troupe, rendue entre le Longeron (1) et Tiffauges (2), fut tout à coup entourée par un nombre considérable de paysans, armés de piques, de mauvais fusils et de bâtons. M. De Douhet harangua les insurgés, les conjura de rentrer chez eux ou du moins de le laisser passer, lui et ses hommes, sains et saufs. La belle taille, l'air martial, la voix sonore de cet officier en imposèrent aux paysans, qui le laissèrent passer avec la petite troupe (3). Après avoir passé Tiffauges et près du château de M. Baudry d'Asson (4), une bande beaucoup plus considérable que la première entoura ce faible détachement; mais, plus méchante que l'autre, elle ne se laissa pas toucher par les représentations qu'on lui adressa. Elle venait de piller M. Baudry, qu'elle conduisait prisonnier.

(1) Le Longeron, bourg sur la Sèvre, canton de Montfaucon (Maine-et-Loire).
(2) Tiffauges, sur la Sèvre, canton de Mortagne-sur-Sèvre (Vendée).
(3) Guy Guerry, dans son *Journal*, publié par Benjamin Fillon dans les *Pièces contre-révolutionnaires du commencement de l'insurrection* (1847), raconte différemment les faits. D'après lui, de Douhet avec vingt-cinq de ses hommes aurait été fait prisonnier à Tiffauges par les paysans, conduits avec eux à Montaigu et fusillés pour avoir cherché à s'échapper pendant le combat entre les paysans et les patriotes. M. Ch. Chassin adopte cette opinion (*la Préparation à la guerre de la Vendée*, t. III, p. 315). Les détails que M. Boutillier de Saint-André donne sur ce massacre sont tellement précis qu'on ne peut guère les rejeter. Il est vraisemblable que les malheureux habitants de Mortagne, si cruellement éprouvés par la mort de trente-quatre des leurs, ont été bien informés des circonstances de leur mort par les deux survivants qui vinrent leur en apporter la nouvelle.
(4) Esprit Baudry d'Asson, son beau-frère, Servanteau de l'Échasserie, et le baron de Douhet étaient à peu près les seuls nobles du district de Montaigu qui eussent embrassé le parti de la Révolution. (Ch.-L. Chassin, *la Préparation de la guerre de Vendée*, t. III, p. 315, note. Paris, 1892.)

Elle désarma les habitants de Mortagne et les força de la suivre. En vain M. De Douhet réclama auprès de ces hommes indiciplinés la liberté de poursuivre sa route; en vain il fit valoir le sauf-conduit qu'il avait obtenu de la première bande; en vain il se jeta à genoux et les pria de renvoyer au moins à Mortagne les gens qu'il commandait : lui et sa troupe furent aussitôt désarmés. Cette mesure lui sembla d'un très mauvais présage; enfin il élève la voix, et d'un ton noble et généreux il adresse ces paroles aux insurgés :

« Messieurs, je le vois, il faut mourir, nous sommes faibles et en votre pouvoir, vous êtes les maîtres de notre sort, vous pouvez abuser de votre force et répandre notre sang. Si j'étais seul, je saurais braver la mort; je l'ai vue de près dans les combats et je l'ai vue sans trembler, mais j'accompagne ici trente-sept pères de famille que Mortagne m'a confiés. C'est pour eux seuls que je crains : je vous offre ma vie, prenez-la, messieurs, je vous l'abandonne. Je mourrai sans regret, si mon sang vous suffit et si je puis sauver les malheureux qui m'ont suivi. Ah! de grâce, épargnez ces hommes innocents : de quels remords ne seriez-vous pas accablés si vous leur ôtiez la vie! Que deviendraient alors leurs femmes, leurs enfants? Que répondriez-vous à ces veuves, à ces orphelins, quand ils vous redemanderaient leurs maris et leurs pères? Leur direz-vous : « Nous les avons lâchement assassinés?... » Laissez-vous fléchir, tournez vos coups contre moi seul, et épargnez les hommes pour lesquels je me dévoue. »

Les insurgés, sans se montrer sensibles à ces prières, lièrent deux à deux M. De Douhet et sa troupe et les placèrent au milieu de leur colonne mal alignée. Bientôt après, arrivés vis-à-vis d'une grande prairie, ils les fusillèrent tous. Deux seuls s'échappèrent, n'ayant pas été atteints par les balles des paysans, et accoururent, demi-morts de terreur et de fatigue, apporter cette affreuse nouvelle à Mortagne. M. De Douhet reçut trois coups de fusil sans tomber de cheval; au quatrième, il fut renversé, porta la main à son cœur et mourut en regardant le ciel. Ce fut le premier échec que la malheureuse ville de Mortagne reçut dans cette guerre atroce; ce fut le premier des assassinats de ses infortunés habitants et comme le prélude de sa dépopulation entière.

On rapporte que les insurgés ne se portèrent à cette horrible exécution que parce qu'un prisonnier, ayant rompu sa chaîne, s'était enfui en criant : « Sauve qui peut ! » Je n'ai pu vérifier ce fait, les deux hommes qui s'échappèrent de cette boucherie ayant été depuis assassinés.

A la nouvelle de cette effroyable événement, Mortagne retentit de cris de rage et de désespoir. Les femmes, les enfants de ces malheureuses victimes parcouraient les rues en demandant partout leurs parents assassinés. La douleur était à son comble, l'indignation dans tous les cœurs. Mais quels moyens de vengeance et de défense? Que pouvaient douze cents pauvres habitants, dans une petite ville sans murs, entourée d'une troupe immense de révoltés? On tint conseil et l'on décida que, la place n'étant pas tenable, chacun chercherait comme bon lui semblerait le moyen de se sauver.

Les uns, au nombre d'environ soixante, se retirèrent à Cholet, où beaucoup de monde avait déjà été chercher un asile et qui, par sa population et les canons qu'elle possédait, offrait au moins un point de résistance; les autres furent chercher un refuge dans les lieux écartés. Mon père fut du nombre de ces derniers, ainsi que mes oncles et cousins. Il se déguisa, emporta son fusil, de la poudre et des balles, et promit de vendre chèrement sa vie à toute espèce d'agresseurs. Il se fut cacher dans les rochers de la Sèvre, près de la Martinière (1). Ma mère, pleine de courage, resta dans notre maison, s'attendant et se soumettant à tous les événements. Mes frères, mes tantes et moi, ainsi que toutes les femmes qui composaient notre famille, nous nous rendîmes aux Granges (2) où nous nous cachâmes dans les chambres hautes. J'étais alors très grand pour mon âge, et, comme on craignait que les paysans ne me forçassent à marcher, on me fit déguiser en fille.

La journée du 13 mars se passa dans de grandes inquiétudes. Tous les hommes capables de marcher furent contraints de se rendre aux rassemblements, sous peine de mort. Tous, le scapulaire sur le cœur et le bâton ou la pique à la main, suivaient les longues files, qui cheminaient sans ordre dans les routes tortueuses de leurs villages, en récitant le chapelet et chantant des cantiques, déclarant à haute voix qu'ils s'étaient armés pour Dieu et le Roi, protestant vouloir combattre et mourir pour cette cause sacrée.

Un de mes oncles se rendit à Cholet et s'en revint ce même jour, 13 mars. Il nous raconta qu'il avait vu pendant l'obscurité un grand fantôme blanc se lever près de lui, barrer le chemin, jeter des flammes par la bouche et les yeux, et s'évanouir ensuite en fumée. Son cheval, aussi effrayé que lui, s'était cabré, et il s'éloigna au galop de cette vision terrible qu'il prit pour un avertissement du Ciel, qui le détournait de revenir à Cholet. Il a eu lieu

---

(1) *La Martinière*, ferme située sur la rive gauche de la Sèvre, en face de la ville, dans la commune de la Verrie.

(2) *Les Granges*, ferme située à quelque distance de la ville, près du petit bourg d'Évrunes, sur la rive droite de la Sèvre, dans la commune de Saint-Christophe-du-Bois.

depuis de se féliciter de n'avoir pas été sourd à cet avertissement, car presque tous ceux qui s'étaient retirés à Cholet y trouvèrent la mort quelques jours après.

Les habitants des bords de la Loire se portèrent sur Saint-Florent (1), battirent et désarmèrent la garde nationale, et, sous le commandement de Cathelineau, simple marchand de fil au Pin-en-Mauges (2), mais né avec le génie d'un grand militaire, se rendirent à Jallais (3), où ils battirent encore les gardes nationales de Chalonnes et leur prirent une longue couleuvrine en fer qu'on nommait le *Missionnaire* (4). Cette pièce d'artillerie a joué depuis un rôle important dans l'armée vendéenne par la confiance qu'elle inspira.

Après cette expédition, les insurgés, au nombre d'environ 15,000 hommes, mais sans armes, se portèrent sur Chemillé. Les habitants résolurent de se défendre, mais leur résistance fut inutile : tous ceux qui ne cherchèrent pas leur salut dans la fuite périrent victimes de leur imprudence, ou furent faits prisonniers. Parmi ces derniers fut M. Briaudeau (5), cousin de ma femme, que les Vendéens envoyèrent à Cholet pour engager cette ville à se rendre, promettant de n'y faire aucun mal. Cette commission lui devint funeste ; car M. Briaudeau, se trouvant

---

(1) Saint-Florent-le-Vieil, sur la rive gauche de la Loire, chef-lieu de canton, arrondissement de Cholet.

(2) Le Pin-en-Mauges, canton de Beaupréau, arrondissement de Cholet (Maine-et-Loire).

(3) Jallais, canton de Beaupréau, arrondissement de Cholet (Maine-et-Loire).

(4) Le *Missionnaire*, ainsi nommé par la garde nationale de Chalonnes qui venait faire, disait-elle, la *Mission* dans les Mauges. (*Notes inédites* de Jean-Aimé Soyer, major général de l'armée vendéenne, et *Mémoires* de Mme de La Bouëre.)

(5) Briaudeau (*Briandeau*, d'après C. Port), fils de Tristan Briaudeau, administrateur du district, mourut à trente-deux ans. Sa veuve épousa Lin-Laud-Loup-Luc Barré, qui joua un rôle important dans la pacification de la Vendée, et mourut en 1834.

à Cholet au moment du combat, y reçut la mort, n'ayant pu se réfugier assez vite dans la cour de ma belle-mère, qui eut la douleur de le voir tomber sous ses yeux, dans la rue, à quelques pas de sa porte.

Cholet était, à cette époque difficile, sous la conduite de M. de Beauveau (1), procureur de la commune, et Balard (2), commis négociant, républicain plus par forfanterie que par conviction, ardent, mais sans méchanceté noire. Cette petite ville pouvait compter 1,000 hommes capables de porter les armes, en y comprenant une compagnie du régiment de Roussillon-dragons, commandée par Boisard (3).

A l'arrivée de M. Briaudeau et surtout de la proposition qu'il leur fit de se rendre, n'étant pas de force à résister aux royalistes, les chefs de la garde nationale de Cholet s'emportèrent, indignés à la seule pensée de céder à des insurgés, et résolurent non seulement de se défendre, mais encore de marcher au-devant de l'ennemi. L'occasion s'en présenta bientôt. Sur les deux heures du soir, on annonça l'arrivée de l'armée vendéenne, qui débouchait de Nuaillé (4) sur la route de Saumur. Elle pouvait compter dans ses rangs au moins 18,000 hommes com-

(1) *Charles-Louis-Jean-Vincent de* BEAUVEAU, marquis, né en 1744, se rendit tristement célèbre avant la Révolution par ses scandales; bigame, il fut enfermé au Mont-Saint-Michel, s'échappa, fut repris, interné à Vincennes, puis à la Bastille, où il demeura six ans; puis il fut interdit comme « furieux, imbécile et prodigue ». Il se jeta dans la Révolution et fut procureur-syndic du district de Cholet, et comme tel, l'un des plus fougueux ennemis des prêtres et des nobles.

(2) BALARD, jeune commerçant âgé de vingt-cinq ans, de Montpellier, tenait une maison à Cholet en 1793. C. Port dit qu'il offrit 12,000 livres pour les pauvres en échange de sa vie. (Voir SAVARY, t. I. — GELLUSSEAU, *Histoire de Cholet*, t. II, p. 223.)

(3) *Charles* BOISARD, né à Saumur, ancien sergent au régiment de Neustrie, prit part à l'expédition de Bressuire (août 1792). Nommé colonel par Leigonyer, en mars 1793, il prit une part active à la guerre dès les débuts et défendit Saumur le 9 juin. Il mourut aux environs de Saumur vers 1816.

(4) *Nuaillé*, canton et arrondissement de Cholet.

mandés par Cathelineau et Stofflet, mal armés, mais décidés à vaincre et remplis d'un enthousiasme incroyable. M. Barbotin (1), vicaire de Saint-Georges (2), était en qualité d'aumônier au milieu de cette troupe indisciplinée, prêchant, haranguant, priant à haute voix le Dieu des armées, le Dieu qui fit vaincre le jeune David pour le salut d'Israël. On voyait à la tête de cette armée le fameux canon *le Missionnaire*, servi par Six-Sous, forçat libéré (3), homme couvert de crimes et indigne de servir la cause qu'il défendait et qu'il trahit bientôt. Ce misérable était d'une adresse et d'une vigueur remarquables : seul, il chargeait, il pointait sa pièce, y mettait le feu et la rechargeait encore avec une promptitude extraordinaire. Ses coups portaient presque toujours, et il faisait à lui seul le service de huit canonniers.

Les Choletais, auxquels s'étaient réunis un grand nombre de réfugiés, marchèrent en bon ordre contre les Vendéens, conduisant trois canons en tête, qu'ils avaient pris au château de Maulévrier. Ces pièces portaient les armes de Venise et avaient été données à M. de Colbert (4), père du comte actuellement vivant, par cette République, pendant qu'il y était ambassadeur. Le drapeau était porté au centre, et les cavaliers formaient la

---

(1) *Louis-Prosper* BARBOTIN, né à Fontenay-le-Comte, vicaire à Saint-Georges-du-Puy-de-la-Garde, refusa le serment, rejoignit avec Stofflet Cathelineau, le 14 mars au plus tard, et prit part à la guerre jusqu'en l'an III. Condamné à la déportation le 22 brumaire an VI, arrêté seulement en l'an XI et transféré à Turin et à Rimini, il rentra en France et mourut à l'âge de quatre-vingt-cinq ans environ, à Saint-Gemme (Deux-Sèvres).

(2) Saint-Georges-du-Puy-de-la-Garde, canton de Chemillé, arrondissement de Cholet.

(3) BRUNEAU, dit *Six-Sous*, né au May, échappé des galères, dit-on ; se fit mépriser par ses violences et ses brigandages. Traître à son parti, à Chemillé, il fut condamné à mort et fusillé par derrière ; il mourut comme un lâche.

(4) *Édouard-Charles-Victorin*, d'abord chevalier, puis comte *de* COLBERT *de* MAULÉVRIER, né en 1758, mort en 1820.

réserve et devaient protéger la retraite en cas de déroute.

Cette colonne avança sur la grande route jusqu'au lieu nommé les Paganes, espèce de lande assez étendue, couverte d'eau, de joncs, et entourée de haies épaisses et près le bois de Vezins, dont les derniers arbres n'en sont séparés que par quelques champs. C'était là que Cholet devait perdre dans ce malheureux jour une grande partie de ses enfants. On fit en vain de sages représentations à MM. de Beauveau et Balard, sur la mauvaise position où ils s'étaient placés ; ils y furent insensibles, et quand ils voulurent en sortir, il n'était plus temps.

On vit bientôt toute l'armée vendéenne se répandre dans les champs des deux côtés du grand chemin, environner et cerner la colonne choletaise, et s'avancer à grands pas aux cris de : « Vive le Roi ! » La fusillade s'engage, le canon des royalistes tonne et porte dans les rangs républicains l'épouvante et la mort. Le premier coup blessa M. de Beauveau et plusieurs gardes nationaux. Les Choletais essayent de riposter ; mais un second coup part comme l'éclair et cause aussitôt le même ravage.

Les royalistes se précipitent avec fureur sur leurs ennemis ; le combat s'établit ; les Choletais se maintiennent un instant, on ordonne aux Roussillons de charger ; mais ces cavaliers, effrayés du nombre infini des assaillants qui les enveloppaient déjà et les dépassaient sur leurs derrières, reculent et passent sur le corps des fantassins désorganisés par cette fuite aussi lâche qu'imprévue. Les Choletais rompent les rangs, l'épouvante se répand de tous côtés, tous se débandent et chacun cherche son salut dans la fuite.

Les paysans, qui avaient continué de cerner la colonne républicaine, finissent par l'envelopper tout entière. Il lui fallut se faire jour à travers les Vendéens pour rentrer à

Cholet. Ce n'était plus qu'une boucherie. Les malheureux Choletais mouraient sans défense : un grand nombre fut tué dans le trajet qu'il leur fallut faire pour rentrer en ville.

La consternation se répandit bientôt parmi les habitants, en voyant l'arrivée d'hommes en pleine déroute, la plupart épuisés de fatigue et dont les rangs en désordre étaient éclaircis de moitié. M. de Beauveau fut tué vis-à-vis le Bois-Grolleau, et les fuyards, poursuivis jusque dans les rues, périrent à coups de pique et de fourche sous les yeux de leurs parents consternés. Les moins poursuivis se rallièrent au château qui occupait alors l'emplacement de la nouvelle promenade. Ils y sont aussitôt investis ; on se fusille par les fenêtres. Un nommé Prince, habile chasseur presque sûr de ses coups, aidé de plusieurs autres qui lui chargeaient ses armes, renverse plusieurs insurgés. Mais ceux-ci mettent le feu au château ; l'incendie fait en un instant des ravages terribles. Les Choletais étouffent dans la fumée ; ils placent une échelle, descendent au chemin de Livet, qui n'était pas encore occupé, et fuient à travers champs. Ceux qui ne purent s'échapper se rendirent sur la promesse d'avoir la vie sauve.

Quelques habitants, signalés par leur républicanisme, furent emprisonnés, et quelques jours après, liés et conduits à la tête de l'armée vendéenne, à l'encontre d'une colonne d'Angevins qui venait attaquer les Vendéens. Cette masse d'hommes, levés par force dans un rayon de dix lieues à la ronde, commandés par M. de Soland (1), s'arrêta sur les montagnes escarpées qui bordent les rives du Layon ; position très militaire et qui offrait les moyens

---

(1) *Guillaume-Anselme-Philibert de* Soland, ancien soldat de la légion des Flandres, établi en 1787 à Angers, mort le 15 novembre 1794, avec le grade de général commandant l'armée du Nord.

de vaincre des hommes indisciplinés et mal armés. Plus de 40,000 hommes étaient postés dans ces gorges inaccessibles; mais qui pouvait résister à la bravoure et à l'impétuosité des Vendéens? Une partie de ces derniers se jette à la nage dans le Layon, pendant qu'une autre plus considérable passe cette rivière du côté de Rablé (1) et vient prendre les républicains en flanc. Ces derniers, cernés, effrayés, s'ébranlent, se débandent; rien ne peut les retenir, ni les gorges inaccessibles où ils sont placés, ni les cris de leurs chefs. Les Vendéens en firent un carnage épouvantable. Dans ce jour fatal, la ville d'Angers perdit seule plus de huit cents pères de famille. Un nombre considérable furent pris et renvoyés quelques jours après. Cette masse fut détruite par plus de 10,000 hommes sans armes, sans discipline et sans chefs; mais c'étaient, à cette époque, des héros. Funeste résultat de ces mesures révolutionnaires qui, ne calculant ni les suites, ni les dangers, excitées seulement par la haine et la vengeance, exposèrent des milliers d'hommes, contraints par la force de marcher, à la fureur de paysans pleins d'enthousiasme et d'énergie, qui les détruisirent dès les premières charges. On vit à Thouars (2), quelques semaines après, plus de 60,000 hommes, levés en masse dans les plaines, battus et détruits par moins de 15,000 Vendéens.

Les prisonniers restés à Cholet étaient menacés de la mort par quelques misérables qui entouraient la maison d'arrêt et qui faisaient entendre des cris féroces; ils eussent été massacrés sans le généreux courage de MM. de La Renollière, Moricet, de La Roche, Genet et Duchêne (3)..., qui employèrent tous leurs efforts pour les

---

(1) Rablai, canton de Thouarcé, arrondissement d'Angers.
(2) Thouars, chef-lieu de canton, arrondissement de Bressuire.
(3) Nous regrettons de n'avoir pu recueillir aucun autre renseignement

sauver ; mais ces messieurs n'obtinrent la grâce de leurs concitoyens que sous la condition que trois des solliciteurs se rendraient à Saumur sommer la ville de se rendre.

Malgré le danger d'une telle mission, MM. Moricet, Duchêne et Genet se dévouèrent pour le salut des prisonniers. Ils se rendirent à Vihiers (1), où ils furent arrêtés par les républicains qui les conduisirent à Saumur. En arrivant dans cette ville, on répandit la nouvelle qu'on y amenait des brigands de la Vendée, car c'était ainsi qu'on appelait les royalistes de notre pays. A cette nouvelle, la population exaltée se porte à leur rencontre, les accompagne avec des vociférations jusqu'à la place de la Billange, écarte leurs gardes qui eurent la lâcheté de n'opposer aucune résistance, s'arme de pierres et de couteaux, se jette impitoyablement sur eux et les massacre en poussant des cris de rage. M. Moricet reçoit plusieurs coups de couteau et meurt sans une seule plainte, en protestant de son innocence, en pardonnant à ses bourreaux et en offrant à Dieu sa vie : ce saint homme, si renommé pour sa charité, acheva ainsi son sacrifice. M. Genet, ancien sénéchal de Cholet, âgé de quarante-deux ans, père de famille, attaché à la vie par de puissants motifs, élevait la voix, haranguait le peuple, exposait avec force la pureté de ses intentions et demandait grâce au nom de sa femme et de ses enfants. Fortement constitué et doué d'une très grande force, il parait avec vigueur les coups qu'on lui portait ; il lutta quelque temps contre les assassins et mourut dans de longues et cruelles souffrances.

Généreux défenseurs de vos concitoyens, glorieux mar-

---

sur ces généreux citoyens ; ce qu'en dit notre auteur doit sauver leurs noms de l'oubli.

(1) Vihiers, chef-lieu de canton, arrondissement de Saumur (Maine-et-Loire).

tyrs de l'humanité, recevez ici l'hommage de mon admiration et de mes regrets. Votre sang a coulé sous les mains d'une populace effrénée, pour la plus noble cause; vous êtes morts pour sauver vos semblables. La religion, l'humanité ont agréé votre sacrifice, et votre mémoire sera toujours chère aux cœurs sensibles et reconnaissants.

On craignit beaucoup que les Vendéens, usant d'une cruelle représaille, ne fissent périr les prisonniers qu'ils avaient à Cholet; mais il n'en fut pas ainsi : des chefs, aussi distingués par leur clémence que par leur valeur, étaient à leur tête, et il n'y eut que Balard qui fût mis à mort de la manière que je vais dire et qui fut blâmée par tout le monde, son assassin ayant été condamné à mort quelque temps après.

En revenant du combat livré au Pont-Barré (1), sur les bords du Layon, dont je viens de parler, *Six-Sous*, ce canonnier qui servait si bien le *Missionnaire*, ayant découvert à Cholet la retraite où Balard s'était caché, l'arracha de son repaire, le força de se confesser et le conduisit sur la place du Château pour le fusiller au pied de l'arbre de la liberté, qui avait été abattu à l'arrivée des Vendéens. On vit avec peine une semblable action; mais la ville ne possédait aucun magistrat, les commandants étaient absents, et Six-Sous inspirait une telle terreur que personne n'osa s'opposer à sa cruelle action. Il faut dire aussi que Balard s'était attiré la haine générale et le mépris de tout le monde par son républicanisme extravagant et les vexations de toutes espèces qu'il avait exercées depuis plus d'une année. Ce jeune homme, qui n'avait que vingt-cinq ans et qui avait été plus étourdi que méchant, était à la tête d'une maison de Montpellier en qualité de

---

(1) Le Pont-Barré, pont sur le Layon, entre Angers et Saint-Lambert, à un kilomètre à peine de ce bourg.

premier commis. Il demanda la vie et offrit de donner 120,000 francs pour les pauvres, si l'on voulait lui faire grâce ; mais Six-Sous n'écouta rien et lui brûla la cervelle d'un coup de pistolet, avec un sang-froid qui annonçait qu'il était familier avec de pareilles actions (1). Après cet horrible assassinat, qui fut son dernier crime, il retourna à Chemillé. M. d'Elbée, qui venait d'être reconnu général de l'armée d'Anjou, signala son premier acte d'autorité par la condamnation de ce scélérat dont il délivra le pays. Ce fut un arrêt plein de justice, auquel tout le monde applaudit. Six-Sous demanda à mourir d'un coup de son canon ; on le mit à l'embouchure de la pièce, et le boulet lui passa à travers le corps. Ainsi finit ce misérable, qui s'était jeté dans les Vendéens pour échapper au glaive des lois et qui déshonorait par ses forfaits la cause sacrée où il était venu si indignement s'associer (2).

Pendant les événements que je viens de rapporter,

(1) « Je ne veux point approuver la mort de Balard ; cependant il faut dire qu'il avait tout fait pour exaspérer contre lui les populations religieuses et les prêtres de la Vendée. Lui qui était étranger au pays et que les difficultés regardaient moins, avait affiché une exaltation folle, passant ses journées à pérorer sur les places et dans les clubs. Il avait pris part à toutes les vexations exercées contre le clergé non assermenté et la religion. Peu de temps avant sa mort, il avait arrêté dans la campagne et amené à Cholet un vieux prêtre et l'avait promené sur un âne, la figure tournée du côté de la queue, cherchant à le livrer à la risée de quelques imbéciles dont il y avait malheureusement trop dans la ville. Dès 1791, il avait pris part à toutes les expéditions contre les nobles et les châteaux et les prêtres non assermentés. Ainsi, il était allé à Maulévrier prendre les canons du château ; il était allé à Bégrolles prendre dans le sanctuaire la Vierge noire en qui les populations avaient une foi vive ; il était allé à la Séguinière arrêter le curé, M. Laurent Pasquier ; peu de jours après, à Maulévrier, arrêter M. Charreau, curé, et M. Pillou, vicaire ; ceux-ci échappèrent ; mais en se sauvant, ils essuyèrent de nombreux coups de fusil de leurs persécuteurs. Toutes les expéditions étaient commandées par Balard, qui emmenait avec lui tout ce qu'il avait de plus mauvais dans la population. Les hommes honnêtes, même les républicains, désapprouvaient et détestaient Balard. C'était un fou furieux, digne de servir la république de 1793 et d'être l'acolyte du misérable de Beauveau, qui, longtemps avant la Révolution, avait commis toutes sortes de crimes et de lâches assassinats. » (*Note de Charles* Boutillier de Saint-André.)

(2) M. Baguenier-Désormeaux raconte qu'il fut condamné par Stofflet et

j'étais resté aux Granges avec mes parents. Mon père était caché, et ma mère était demeurée dans notre maison. Les Vendéens vinrent de la Verrie (1), où ils avaient établi leur quartier général. Leur premier soin fut d'abattre l'arbre de la liberté. J'entendis de notre retraite les coups qu'on lui portait, et, quoique je redoutasse beaucoup les suites de la guerre entreprise par notre pays, je ne pouvais m'empêcher de ressentir une douce joie de voir tomber ce symbole de révolte et d'impiété. Ils arborèrent aussi un drapeau blanc sur le clocher et rendirent notre église au culte catholique. Ils ne firent aucun mal; cependant ils déclarèrent aux femmes, qui seules étaient restées, que si, dans les vingt-quatre heures, les habitants ne rendaient pas leurs armes à la Verrie, ils reviendraient tout mettre à feu et à sang.

Effrayées de ces menaces, les femmes coururent chercher leurs maris, et tous les habitants furent le lendemain livrer leurs armes. Mon père y fut comme les autres; il trouva à la Verrie M. de Sapinaud (2), que les Vendéens avaient fait leur général malgré lui, et une très grande quantité de paysans, la plupart exaspérés contre les *Patauds* : c'est ainsi qu'ils nommaient les partisans de la Révolution. Il ne fut pourtant commis aucun attentat; on en fut quitte pour des menaces. Ce fut aux sollicitations de mon père, de mes oncles et d'autres braves gens, que les hommes ainsi menacés durent la vie.

---

ses officiers et fusillé par derrière, les yeux bandés, sur le champ de foire de Chemillé. (Voir *les Débuts de l'insurrection à Chemillé*. Vannes, 1893, p. 39.)

(1) La Verrie, canton de Mortagne-sur-Sèvre, arrondissement de la Roche-sur-Yon.

(2) Le chevalier SAPINAUD DE LA VERRIE était né à Mortagne-sur-Sèvre en 1738. Il avait « salué avec joie l'aurore brillante de 89 », selon son historien, M. DE LA BOUTETIÈRE (*Le chevalier de Sapinaud et les chefs vendéens du Centre*. Niort, 1869, in-8°). Il fut tué au Pont-Charron, le 25 juillet 1793.

Ce jour-là même, les Vendéens prirent les Herbiers (1), Clisson (2) et Montaigu (3), de sorte que toutes les petites villes de la Vendée se trouvaient en leur pouvoir. Les Herbiers firent une espèce de résistance, ainsi que Montaigu : il y eut quelques hommes tués. Parmi les victimes, dans cette dernière ville, on remarqua M. Moigas (4), ancien feudiste, qui était devenu membre du district et d'un républicanisme fanatique. Il fut tué dans le château et tiré à travers une croisée ; il resta longtemps sans secours et mourut bien misérablement au milieu d'affreuses angoisses.

Les habitants de Mortagne furent renvoyés chez eux et y demeurèrent quelques jours tranquilles. On organisa un conseil royal pour administrer la ville, distribuer les billets de logement, tenir les registres civils, etc. On voulut y nommer mon père ; mais il refusa, ne voulant pas prendre part à l'insurrection, dont il prévoyait les malheureux résultats. M. de Sapinaud de la Verrie ordonna que toutes les personnes en place sous la monarchie reprissent de suite leurs fonctions, et, en particulier, il écrivit à mon père de continuer sa charge de sénéchal comme par le passé, de rendre la justice au nom de Louis XVII et de faire replacer les armes du Roi et de M. de Mortagne, seigneur de cette ville et de la baronnie, aux lieux où elles avaient coutume de se voir. L'ordre était positif, il

---

(1) Les Herbiers, chef-lieu de canton, arrondissement de la Roche-sur-Yon.
(2) Clisson, chef-lieu de canton, arrondissement de Nantes.
(3) Montaigu, chef-lieu de canton, arrondissement de la Roche-sur-Yon.
(4) Jacques Moigas. La Convention nationale, par décret du 5 brumaire an II (26 octobre 1894), accorda un secours de 600 livres à sa veuve, Marguerite Jaunet. (Voir CHASSIN, *Préparation à la guerre de Vendée*, t. III, p. 317-318, note.) Cet ancien « feudiste » avait beaucoup écrit dans les *Affiches du Poitou*, où ses études historiques sur Mortagne laissent beaucoup à désirer. (Voir les *Chroniques paroissiales du diocèse de Luçon*. Luçon, 1895, t. III, p. 55.)

fallait obéir sous les plus graves peines; cependant mon père, qui, quoique très attaché au gouvernement monarchique, voyait d'avance tous les maux qu'allait nous attirer l'insurrection et qui craignait de se compromettre, répondit qu'il ne pouvait reprendre ses fonctions par défaut des anciens officiers de justice qui composaient le siège de la juridiction seigneuriale, et qu'il ne pouvait faire placer les armes aux lieux ordinaires, ne sachant ce qu'elles étaient devenues. M. de la Verrie insista pour qu'on exécutât son ordonnance; mon père résista encore, et les choses en restèrent là.

Cependant les églises furent rendues au culte; les prêtres cachés reparurent, les cérémonies recommencèrent; les curés jureurs furent expulsés, les drapeaux blancs, les cocardes royalistes remplacèrent les arbres de la liberté et les couleurs tricolores. Le changement fut prompt et remplit les cœurs de joie et d'espérance. Il y avait si longtemps que nous n'avions goûté les consolations de la religion qu'il nous semblait vivre dans un autre monde. J'avais dans les premiers jours bien de la défiance; je ne pouvais croire qu'une réunion mal armée, qui allait avoir à combattre toutes les forces de la France républicaine, pût, malgré sa valeur héroïque, vaincre un gouvernement qui allait employer contre notre pays tous les moyens que la terreur et l'enthousiasme mettaient à sa disposition; cependant, quand je connus les chefs valeureux qui furent mis à la tête de l'armée royale, quand je fus témoin des succès incroyables qu'ils remportèrent; quand je pensais surtout que la Vendée ne s'était armée que pour la plus juste, la plus noble des causes, celle de la Religion et du Roi, je sentais mon cœur se remplir d'espérance et je me disais : « Il est impossible que le Dieu des armées ne protège pas notre pays. C'est lui, me disais-je, qui a rendu le jeune David vainqueur d'un énorme géant, qui a fait triompher le vaillant Macchabée, quoique avec une poignée d'hommes, de la puissante armée de l'impie Antiochus. » Hélas! ces pensées me remplissaient d'espérance et de joie. J'étais jeune, sensible, enthousiaste, facile à impressionner, et je voyais déjà notre infortuné et orphelin monarque replacé sur son trône, et les ministres de la religion rendus à leurs autels. Je faisais part à mon père et à ma mère de mon illusion qu'ils étaient loin de partager. Plus expérimentés, plus réfléchis que moi, ils ne pouvaient se laisser aller à mes idées de bonheur. J'étais presque scandalisé de les voir si défiants, si incrédules..... J'ai bien connu depuis qu'ils avaient raison de douter, et que c'était moi qui étais dans l'erreur.

Les habitants de Mortagne qui s'étaient retirés à Cholet et qui furent réduits à un petit nombre après le combat du Bois-Grolleau, revinrent dans leurs foyers. Le tocsin ayant été sonné quelques jours après leur retour, et une alerte ayant été donnée, les paysans des environs, en traversant notre ville pour se rendre à Cholet, lieu du principal rassemblement, mirent en prison ceux de nos habitants signalés par leur ardent patriotisme et remirent à décider de leur sort. Ce fut au couvent des Bénédictins qu'on renferma trente de ces pauvres gens qui eurent la facilité de voir leurs parents et d'en recevoir des consolations.

A leur retour du rassemblement, les paysans se rappelèrent leurs prisonniers et se portèrent au couvent dans de funestes desseins. Les têtes s'échauffaient, les imaginations s'exaltaient, et, le vin ayant achevé de leur faire perdre la raison, ils projetèrent de massacrer les prisonniers. A la nouvelle de cette sanguinaire résolution, ce ne fut qu'un cri dans la ville. Les femmes, les enfants des captifs se portent à la prison et demandent grâce pour leurs parents; mais les furieux, loin d'écouter leurs prières, les repoussent inhumainement. Les malheureux prisonniers allaient périr, quand Mlles de la Tremblaye, Mme de Boishuguet, mon père et mon oncle Des Hommelles se rendirent au couvent et employèrent toute leur influence et l'autorité que leur donnait la grande estime qu'ils inspiraient, pour empêcher cet horrible massacre.

Je n'ai jamais vu un semblable spectacle : le souvenir en restera toujours gravé dans mon cœur. Une foule de gens exaspérés, armée de toute espèce de choses, assiégeait les portes du couvent, hurlait comme des bêtes féroces et demandait le sang des prisonniers. Mon père essayait en vain de les calmer, adressait la parole, avec ce ton de douceur et de dignité qui lui était si naturel, à tous ceux qu'il pouvait connaître, les appelait par leurs noms, cherchait à exciter leur pitié et leur compassion par tous les moyens que la religion et l'humanité pouvaient lui suggérer. Il priait, sollicitait, implorait. Vains efforts! les insurgés le repoussent. Son courage le soutient et redouble ses forces. Les paysans vont enfoncer les portes de la prison; ils les secouent et les soulèvent avec des bâtons. Les portes vont céder : les furieux jettent un cri de joie féroce comme un tigre qui vient tomber sur sa proie. Les prisonniers, qui entendent ce tumulte et qui s'attendent à mourir, poussent de plaintifs gémissements. A leurs cris, mon père s'échappe des mains qui le retiennent. On court sur lui; on lui présente le fer pour l'empêcher de secourir les prisonniers. Il brave tout. Un reste de vénération qu'inspire son grand courage en impose aux lâches qui le menacent. Il s'élance aux portes qui venaient d'être enfoncées; il parvient à s'y placer; il s'y cramponne. Sa fermeté émeut les furieux. Il profite d'un mouvement

d'incertitude où il les voit; il remplit la porte de son corps, étend les bras, lève un front indigné, et d'une voix noble, mais touchante, il s'écrie : « Malheureux! que voulez-vous
« faire? Où portez-vous vos mains homicides? Quelles
« victimes voulez-vous immoler?... Des hommes sans
« défense, des pères de famille, qui ne vous ont jamais
« fait de mal, qui n'ont jamais mérité la mort! Et quand
« il serait vrai que leur opinion politique eût différé de la
« vôtre, est-ce à vous de les en punir? L'erreur est-elle
« un crime? Une faiblesse conduit-elle à l'échafaud? Qui
« de nous, dans ces temps de discorde, a pu conserver
« son âme pure et ses sentiments sans reproches? Vous
« constituez-vous aujourd'hui leurs juges et leurs bour-
« reaux? S'il était vrai que vous eussiez cette fatale
« pensée, commencez par me sacrifier moi-même; car je
« le jure, ajouta-t-il en élevant encore la voix, il faudra
« que vous passiez sur mon corps expirant pour arriver
« aux prisonniers. Rien ne m'arrachera d'ici que la mort.
« Oui, je vous le promets, infortunés captifs, je vous sau-
« verai ou je mourrai avant vous. »

A ces mots, les insurgés, qui se sentent attendris, laissent couler quelques larmes. Mon père, qui s'en aperçoit, profite de l'émotion pour achever de les fléchir : « Mais non, vous ne porterez point jusque-là la
« barbarie! J'en juge par les pleurs que je vois dans vos
« yeux; j'en juge par la sainteté de la cause que vous
« avez embrassée; j'en juge enfin par l'image du Sauveur,
« notre divin maître, notre parfait modèle, que vous por-
« tez sur vos cœurs! » A ces derniers mots, des sanglots d'attendrissement se font entendre, les armes tombent des mains des assaillants. Mon père continue : « O jour
« de bonheur, jour heureux pour moi! Jour le plus beau
« de ma vie où j'aurai sauvé trente de mes concitoyens!

« Mes amis, soyez toujours généreux, suivez l'exemple
« de notre pieux monarque, qui, en mourant, a pardonné
« à ses ennemis! Si vous eussiez versé le sang de ces
« hommes sans défense, en seriez-vous plus heureux?
« Vous ne sentiriez que des remords... Mais, j'en suis sûr,
« vous éprouvez maintenant une douce et pure satisfac-
« tion en pensant que vous avez suivi les mouvements de
« la pitié et de la clémence. »

Autant les insurgés s'étaient montrés barbares, autant ils étaient devenus doux et tranquilles. Heureux effets de leur retour aux sentiments d'humanité! Ils remercièrent mon père de leur avoir ouvert les yeux et épargné un crime effroyable. Tous s'éloignèrent sans désordre, et les mêmes dangers ne se renouvelèrent plus pour les prisonniers, qui furent tous mis en liberté, à l'exception de deux ou trois.

Après cette scène attendrissante, les renfermés demandèrent mon père. Ils avaient entendu ce qu'il avait dit pour les sauver, et ils voulaient lui témoigner leur reconnaissance. Il se rendit à leurs vœux et pénétra dans la prison avec leurs femmes et leurs enfants. Jamais je ne pourrai peindre les témoignages de sensibilité et de gratitude qu'il reçut de tous. Les uns se jetaient dans ses bras et l'embrassaient en fondant en larmes, les autres se prosternaient à ses pieds, les enfants baisaient ses mains. Tous les cœurs étaient attendris, tous voulaient parler à la fois. Parmi ceux qui se montrèrent les plus reconnaissants, je dois citer MM. Saclier et Chouteau. Le premier, suivant l'impétuosité de son caractère généreux et sensible, élevait la voix et proclamait mon père le sauveur de ses concitoyens; le second jurait de lui consacrer sa vie. En effet, dans nos malheurs, c'est lui qui nous a rendu les plus grands services en cachant mon père, et qui l'aurait sauvé s'il l'avait gardé toujours.

CHAPITRE IV

PREMIÈRE ORGANISATION DE L'INSURRECTION.
LES CHEFS.

La Vendée s'organisait et commençait à prendre un caractère de stabilité et d'ordre.

M. d'Elbée commandait la grande armée proprement dite depuis Mortagne, Beaupréau (1), Coron (2) jusqu'à Saint-Lambert (3). M. de Bonchamps (4) commandait le pays depuis Montrevault (5) jusqu'aux rives de la Loire ; M. de Lescure (6), depuis Châtil-

---

(1) Beaupréau, chef-lieu de canton, arrondissement de Cholet (Maine-et-Loire).

(2) Coron, canton de Vihiers, arrondissement de Saumur (Maine-et-Loire).

(3) Saint-Lambert-du-Lattay, canton de Thouarcé, arrondissement d'Angers.

(4) *Charles-Melchior-Artus* ou *Arthus de* Bonchamps, né le 10 mai 1760 au château du Crucifix, paroisse de Juvardeil, près de Châteauneuf-sur-Sarthe, en Anjou. Il se porta acquéreur de biens d'Église et vint habiter, au mois d'août 1792, le château de la Baronnière, en la paroisse de la Chapelle-Saint-Florent. Il fut blessé à mort à la bataille de Cholet le 17 octobre 1793, et mourut à la Meilleraie, près de Varades, le 18 (?), après avoir obtenu la grâce de cinq mille prisonniers patriotes, à Saint-Florent. David d'Angers a immortalisé cet acte de générosité par un monument, l'un des plus beaux de la sculpture française, élevé dans l'église de Saint-Florent-le-Vieil.

(5) Montrevault, chef-lieu de canton, arrondissement de Cholet (Maine-et-Loire).

(6) *Louis-Marie de* Salgues, comte, puis marquis *de* Lescure, naquit à Paris le 15 octobre 1766. Il était capitaine à la suite du régiment royal Piémont-cavalerie. Il épousa Mlle *de* Donnissan, si célèbre sous le nom de marquise *de la* Rochejaquelein, l'auteur des *Mémoires*. Il fut général dans la Grande Armée vendéenne, et mourut de ses blessures sur la rive droite

lon (1) et Bressuire jusqu'à Thouars; M. de la Verrie (2), depuis la Sèvre jusqu'à Sainte-Hermine (3); M. de Charette, le Marais jusqu'au bord de la mer, Challans (4), Machecoul (5), Bourgneuf (6) et jusqu'aux portes de Nantes. Toutes les divisions pouvaient former un cercle irrégulier d'environ trente lieues. Les extrémités de ce cercle étaient les Ponts-de-Cé (7) et la Loire, au nord; la Châtaigneraie (8) et Parthenay (9), au midi; Doué (10) et Thouars, à l'est; et les environs de Nantes, à l'ouest.

M. d'Elbée, dans la maturité de l'âge, joignait un grand courage, de grands sentiments de religion et d'humanité : plein de confiance en Dieu, attendant tout de la Providence, on l'accusait d'être trop peu prévoyant : on l'appelait pour cela *le général la Providence*. On l'avait vu combattre à Chemillé avec six cents hommes armés de piques contre une colonne de plus de quatre mille républicains, se prosterner le front contre terre, prier avec ferveur Celui qui tient en ses mains la victoire, commander avec un sang-froid admirable sans suspendre ses prières et ne cesser que pour charger l'ennemi à la tête de ses braves. Cette piété, jointe à tant de valeur, lui avait mérité l'amour et la confiance des Vendéens.

de la Loire, près Fougères, le 4 novembre 1793. Il a été surnommé le *Saint du Poitou*.

(1) Châtillon-sur-Sèvre, chef-lieu de canton, arrondissement de Bressuire (Deux-Sèvres).
(2) M. de Sapinaud de la Verrie.
(3) Sainte-Hermine, arrondissement de Fontenay-le-Comte.
(4) Challans, chef-lieu de canton, arrondissement des Sables d'Olonne (Vendée).
(5) Machecoul, chef-lieu de canton, arrondissement de Nantes (Loire-Inférieure).
(6) Bourgneuf, chef-lieu de canton, arrondissement de Paimbœuf.
(7) Les Ponts-de-Cé, chef-lieu de canton, arrondissement d'Angers.
(8) La Châtaigneraie, chef-lieu de canton, arrondissement de Fontenay-le-Comte (Vendée).
(9) Parthenay, chef-lieu d'arrondissement (Deux-Sèvres).
(10) Doué, chef-lieu de canton, arrondissement de Saumur (Maine-et-Loire).

Stofflet, son lieutenant général, ancien garde-chasse de la terre de Maulévrier, Allemand d'origine, sans éducation, et caractère déterminé, était doué d'une bravoure extraordinaire, mais brutale. Il frappait souvent ses soldats, quand ils n'obéissaient pas assez vite à ses ordres. Il n'inspirait pas la même confiance ni le même respect que les autres chefs.

M. de Dommaigné (1) commandait la cavalerie; cette troupe était un ramas (*sic*) d'hommes et de chevaux sans choix. Le cavalier avait pour arme un mousqueton ou un fusil en bandoulière, quelquefois un sabre, mais rarement des pistolets. Sans bottes, sans éperons, souvent en sabots, ne sachant ni manier un cheval, ni concevoir la moindre évolution, il était pourtant terrible dans l'attaque et surtout dans la retraite, par ses ruses et par son audace. Une trompe sonnée par un piqueur servait de trompette; les différents airs de chasse donnaient les signaux : l'appel, le boute-selle, la charge, le ralliement étaient parfaitement entendus. Quand la déroute était dans les rangs ennemis, le cor sonnait l'hallali, les cavaliers fonçaient alors; quand la victoire était remportée, il sonnait la fanfare; alors les paysans revenaient, au train normand, sur leurs chevaux aux crins noués reprendre leurs files sans ordre et leurs rangs mal alignés. Le plus brave marchait en avant, souvent un officier improvisé s'emparait du commandement et ordonnait indistinctement la manœuvre. Sans théorie, sans discipline, ces hommes opéraient des merveilles, parce que, à cette époque, tous étaient des héros; tous n'étaient mus que par un même sentiment : l'amour de Dieu et du

---

(1) *Jean-Baptiste-Louis-Étienne de* Dommaigné, *comte de* Brulon, né en 1749, à Angers. Il fut tué le 9 juin 1793, à la prise de Saumur, où il commandait la cavalerie vendéenne.

Roi. Un jour, cette cavalerie traversant notre ville, nous nous portâmes à sa rencontre aux cris énergiques de : *Vive le Roi!* Un des cavaliers me dit : « Criez aussi surtout : *Vive la religion!* C'est pour elle que nous voulons vaincre ou mourir. » Ces braves gens ont tenu leurs serments, ils ont vaincu d'abord et ils sont morts ensuite pour le Roi et la religion.

Quant à M. de Dommaigné, il possédait un grand sang-froid et beaucoup de courage, il avait aussi un cœur plein d'humanité. Je n'oublierai jamais que je l'ai vu revenir avec un enfant qu'il avait arraché à la mort et qu'il portait en croupe derrière lui depuis sept lieues ; c'était M. Charles Cesbron (1), qui était de mon âge et qu'il déposa chez mon ayeule ; ce fut un camarade pour moi avec lequel j'eus le plaisir de vivre pendant huit jours.

M. de Bonchamps était un excellent général, plein de courage et de prudence : il connaissait parfaitement l'art de la guerre, les chances des combats, les marches, les campements, le matériel, l'administration d'une armée. Officier très distingué sous le Roi, il avait fait la guerre d'Amérique où il s'était fait souvent remarquer. Sa division était la seule qui offrît réellement un aspect militaire : elle avait toujours des troupes sur pied, soldées, équipées, bien armées, faisant un service régulier, obéissant aux chefs et entendant le commandement des armées. Les autres corps d'armée n'étaient composés que d'hommes indiciplinés, pleins de bravoure, mais sans aucune intelligence des mouvements des soldats. Je ne vous parle pas des vertus de M. de Bonchamps et surtout de son humanité ; ces qualités lui ont été attribuées même

---

(1) *Charles* Cesbron-Lavau, né à Cholet le 31 août 1781, marié le 11 février 1816 à *Zoé-Jeanne* Moricet, décédé le 17 juillet 1857. Il avait été membre de la Chambre des députés, président du tribunal de commerce et chevalier de la Légion d'honneur.

par nos ennemis, qui étaient alors les plus injustes et les plus cruels des hommes. Sous ce vaillant capitaine, on remarquait MM. de Lyrot (1) et de Fleuriot (2). Le premier commandait près de Nantes; le second, les pays du Mesnil et de Montjean.

Cathelineau avait été créé pour les combats. On l'eût dit né pour faire un général; il avait deviné, sans s'en douter, l'art militaire. Sa valeur admirable, son zèle à toute épreuve, son désintéressement, inspiraient une confiance sans bornes à ses soldats, qui opéraient sous lui des miracles. Il était surtout aimé des paysans à cause de sa piété, et parce que, né dans leur classe, il en avait conservé le costume, les manières et le langage. Ce furent les motifs qui le firent dans la suite choisir pour généralissime de l'armée vendéenne, et le simple marchand de fil commanda sans la moindre opposition à de grands seigneurs, de hauts personnages, des princes même, qui s'étaient soumis volontairement à son autorité. Ce brave, que l'on surnommait le *Saint d'Anjou*, fut tué au siège de Nantes, et, après sa mort, ce fut M. d'Elbée qui lui succéda dans les fonctions de généralissime (3).

(1) *François-Jean-Hervé* LYROT, chevalier, seigneur *de la* PATOUILLÈRE, né à Nantes le 26 août 1732, tué à Savenay le 23 décembre 1793.

(2) *Jacques* FLEURIOT *de la* FREULIÈRE, naquit à Ancenis le 1er mai 1736. Page de la Reine en 1750, lieutenant de cavalerie en 1757, chevalier de Saint-Louis en 1776; blessé au siège de Nantes le 29 juin 1793, il mourut à Saint-Florent.

Son frère, *Jacques-Nicolas*, naquit à Ancenis le 30 octobre 1738, capitaine de cavalerie en 1780, chevalier de Saint-Louis, maréchal des logis aux gardes du corps en 1785. Il survécut aux guerres de la Vendée, fut retraité comme maréchal de camp, commandeur de Saint-Louis, et mourut à Omblepied, près d'Ancenis, le 20 octobre 1824.

(3) M. Célestin Port, archiviste de Maine-et-Loire et membre de l'Institut, a pris à partie le fait de l'élection de Cathelineau, timidement d'abord dans sa *Vendée angevine* (2 vol. in-8°. Paris, Hachette), et audacieusement ensuite dans son dernier ouvrage, *la Légende de Cathelineau, ses débuts, son brevet de généralissime, son élection, sa mort* (mars-juillet 1793), avec nombreux documents inédits et inconnus. (Paris, Félix Alcan, 1893, 1 vol. in-8°.)

Nous avons répondu à M. C. Port, en donnant des preuves multiples et

M. de Lescure, brave et bon général, jouissait, ainsi que M. de Donnissan (1), d'une grande considération. Cependant le premier passait pour avoir beaucoup de fierté, et ce défaut lui faisait quelque tort dans l'esprit des officiers et des soldats.

Mais le héros de ce temps si fécond en hommes dévoués, celui dont la bravoure impétueuse rappelait par son caractère bouillant les anciens chevaliers français, fut le jeune Henry de la Rochejacquelein (2). A peine sorti de l'adolescence, dans cet âge heureux où le cœur tout à l'espérance s'ouvre avec enthousiasme aux poussées de la gloire, il avait quitté le château de ses pères, pour suivre le destin d'une aventureuse armée, et embrassé avec ardeur la noble cause du Roi captif, sans espoir de récompense, sans prétention aux honneurs, sans ambition, sans jalousie, source funeste et trop commune de divisions parmi les chefs (3); il combattait vaillamment toujours au premier rang; il s'exposait sans réserve et donnait à tous l'exemple de l'audace et de l'intrépidité. C'était toujours lui qui donnait le signal de la charge, précipitait

---

décisives, dans notre *Cathelineau, généralissime de la Grande Armée catholique et royale.* (Paris, 1893, in-8°.)

(1) *Guy-Joseph*, marquis de Donnissan et de Citran, né à Bordeaux le 7 février 1737, colonel des grenadiers de France, grand sénéchal de Guyenne, maréchal de camp, chevalier de Saint-Louis. Nommé gouverneur du pays conquis, président du conseil de guerre, il fut pris à Montrelais, près Varades, condamné à mort et exécuté à Angers le 8 janvier 1794.

(2) *Henri du* Vergier *de la* Rochejaquelein naquit au château de la Durbelière, en Poitou, le 30 août 1772. Il fut sous-lieutenant au régiment Royal-Pologne-Cavalerie, puis dans la garde constitutionnelle du Roi. Tout le monde sait comment il fut entraîné par les paysans dans l'insurrection de la Vendée. D'une bravoure chevaleresque, mais peut-être trop inconsidérée pour un chef d'armée, il fut adoré des soldats et nommé généralissime par les chefs après le passage de la Loire. Il fut tué par un soldat bleu, qui allait se rendre à lui, à Nuaillé, près Cholet, le 28 janvier 1794, à l'âge de vingt et un ans et quelques mois.

(3) Remarque mélancolique qui avait lieu d'être faite à propos de la guerre de la Vendée.

son cheval sur l'ennemi, pénétrait au milieu des balles et des boulets jusqu'au centre des bataillons, s'ouvrait un passage à travers les baïonnettes, et, guidé par son seul courage, ne s'inquiétant pas s'il était suivi des siens, décidait presque seul et toujours de la victoire.

Ce jeune Vendéen, dès les premiers combats, fut distingué de la foule des braves. Bientôt il commanda dans la Grande Armée sous les ordres de M. d'Elbée. C'était presque toujours lui que le général en chef chargeait de la conduite des avant-gardes, et souvent, sans attendre le corps de bataille, il enfonçait les bataillons, prenait les drapeaux et les canons avec une poignée de soldats. Ce jeune chef avait enfin dans son caractère brillant, dans sa stature et son maintien chevaleresque, dans cet abandon général, cet oubli de sa personne, dans cette confiance aux hasards, quelque chose de Renaud ou de Tancrède. Quand je le voyais avec son chapeau orné de plumes blanches, son écharpe de la même couleur, je le prenais pour un de ces paladins chantés par l'Arioste, ou pour un de ces croisés armés pour délivrer Solyme.

Mais cet officier avait bien plus le courage d'un soldat que la prudence d'un capitaine; son audace dégénérait souvent en témérité. Il venait souvent chez mon père, qui prenait la liberté de lui recommander de ménager sa personne si précieuse, si nécessaire à la cause qu'il servait si bien.

M. de Charette commandait d'autres peuples : quoique séparés seulement par quelques lieues de notre pays, on eût dit d'autres hommes et presque des sauvages, en comparaison des soldats de l'Anjou et du haut Poitou. Ces derniers, gais, francs, généreux, se battaient avec adresse et générosité, mais usaient de la victoire avec modération et traitaient leurs prisonniers humainement;

les bas Poitevins, sombres, vindicatifs, cruels, braves, mais sans impétuosité, tenaces, entêtés, défiants, abusaient souvent de la victoire en immolant leurs ennemis. En peignant les soldats de Charette, j'ai tracé le portrait de leur général. D'une bravoure à toute épreuve, excellent chef de parti, connaissant parfaitement le genre de guerre qu'il avait entrepris, usant prudemment de ses ressources, fertile en ruses et détours, fier, intrépide, inexorable, ne sachant ni plier son caractère aux circonstances, ni suivre les conseils de ses alliés, qu'il regardait comme de dangereux rivaux, plein d'ambition, d'orgueil et de jalousie, il avait su se rendre peut-être le plus terrible ennemi de la République. Mais la cruauté, qui faisait le fond de son caractère, le rendait presque aussi redoutable à ses amis qu'à ses ennemis, et ce défaut a toujours nui dans mon esprit à l'estime que son courage et ses talents militaires auraient dû lui concilier.

Sous lui, MM. Guérin (1) et de la Cathelinière (2) commandaient les principales divisions de son armée.

Dans les premiers moments de la guerre, les soldats de Charette se signalèrent par des atrocités dont le souvenir fait frémir d'horreur. A la prise de Machecoul, ils massacrèrent leurs prisonniers avec ce raffinement de cruautés qui n'appartiennent qu'aux peuples barbares : ils leur firent souffrir mille tortures; les perçaient avec des broches, leur coupaient les mains, leur crevaient les yeux; enfin ils ne firent jamais de prisonniers dans le temps où les chefs de l'Anjou et du haut Poitou se faisaient

---

(1) *Louis-Jacques* GUÉRIN, marchand de volailles, à la mort de la Cathelinière, chef de la division de Retz, tué à Saint-Cyr-en-Talmondais en novembre 1795.

(2) *La* CATHELINIÈRE (RIFAULT *de*), devint le chef de la division de Retz, sous Charette, fut jugé et guillotiné à Nantes en février 1794, lit-on dans l'*Album* de M. A. des Nouhes. (CHASSIN, *Préparation à la guerre de Vendée*, t. III, p. 331-332.)

autant admirer par leur clémence que par leur valeur (1).

M. de la Verrie, avec lequel ma famille était très liée, commandait depuis les rives de la Sèvre jusqu'à Sainte-Hermine : c'était le centre de la Vendée. Il n'a malheureusement pu se faire beaucoup connaître, ayant été tué dans un des premiers et nombreux combats qui eurent lieu au camp de l'Oie (2). C'était un poste important qu'il occupait avec quelques mille hommes à l'embranchement des routes de Nantes, Luçon, Bordeaux et les Herbiers. Le Vendéen, qui m'a raconté les détails de la bataille où périt M. de la Verrie, me dit que, dès le commencement de l'action, il s'était bien défié de quelque malheur, parce qu'il avait vu un lièvre courir devant le front de l'armée de gauche à droite, ce qui n'aurait pas eu lieu si sa course avait été dirigée de droite à gauche. Que cette superstition ne vous surprenne pas, mes chers enfants; elle a régné chez tous les peuples, même chez les plus civilisés.

(1) Les massacres de Machecoul, du 11 au 22 mars 1793, auraient-ils été une réponse aux journées de septembre 1792; passeraient-ils même pour » fleurettes », si nous pouvons ainsi parler, malgré l'effroi qu'ils nous inspirent, auprès des massacres légalement organisés, pendant plusieurs années, à Paris, à Angers, à Nantes, à Niort, à Poitiers et dans toute la Vendée, auprès surtout des horreurs commises par les colonnes infernales dans notre malheureux pays, — on ne saurait trop les flétrir. Souchu, — de tels hommes ont été rares parmi les Vendéens, — est digne d'être placé dans l'histoire auprès des Danton, des Carrier, des Lebon, des Saint-Just, des Carnot, des Turreau, des Moulin, des Grignon, qui furent si nombreux parmi les patriotes. Les paysans insurgés de Machecoul n'étaient pas sous les ordres de Charette. M. Alfred Lallié, dans son *District de Machecoul*, a fort bien prouvé que ce général n'est pas responsable de ces crimes, mais seulement Souchu; et les insinuations peu documentées de M. Ch.-L. Chassin sont trop gratuites pour démontrer le contraire. (Voir *Préparation à la guerre de la Vendée*, t. III, p. 332 et suivantes.)

Souchu était né à Saint-André-de-Château-Renault, près de Tours. Avant 1787, il avait été procureur fiscal de l'oncle d'Athanase de Charette, Charette de Briord. Il avait prêté serment à la Constitution, s'était fait recevoir avoué et avait trouvé place dans l'administration du district. Condamné à mort par la commission militaire du 25 avril 1793, il ne fut pas fusillé, comme ses camarades; mais un sapeur lui coupa la tête, sur un canon, d'un coup de hache.

(2) L'Oie, commune du canton de Saint-Fulgent, arrondissement de la Roche-sur-Yon. Sapinaud fut tué au Pont-Charron, le 25 juillet 1793.

Elle prend sa source dans l'ignorance; mais elle n'exclut ni la force, ni la bravoure. Souvenez-vous que l'armée conduite par Alcibiade en Sicile refusa de s'embarquer à cause d'une éclipse de soleil, et que les Romains, qui ont vaincu le monde, désespéraient de vaincre et souvent s'abstenaient de combattre pour avoir vu manger des poulets ou voler des corneilles. Nos paysans avaient la valeur et la crédulité des soldats de César et de Scipion.

Chaque paroisse avait un capitaine pour la commander, un conseil pour l'administrer et un courrier pour recevoir les ordres, propager les nouvelles et entretenir les relations.

Voici comment s'effectuaient ces rassemblements qui réunissaient une immense quantité d'hommes à la fois dans un rayon de quelques lieues. Quand les républicains paraissaient sur quelque point ou menaçaient quelque lieu, ou quand les chefs se résolvaient à attaquer un camp ou une ville, les généraux faisaient partir les courriers qui, de paroisse en paroisse, portaient l'ordre de faire sonner le tocsin dans tous les bourgs et villages et faisaient connaître le lieu du rendez-vous. Alors chaque capitaine, à la tête de sa compagnie, marchait au lieu désigné, et, au bout de quelques heures, 20,000, 30,000 hommes s'y trouvaient réunis, et les généraux conduisaient l'armée sur le point qu'ils voulaient attaquer ou défendre.

La marche se faisait sans ordre, mais sans tumulte. Les plus braves étaient les mieux, les seuls armés. C'étaient eux qui marchaient en tête; les autres suivaient par derrière, et, dès la première occasion, ils désertaient en foule, de sorte qu'au bout de quelques heures l'armée était considérablement diminuée. Quand on était arrivé, il ne restait que les vrais braves; tous les lâches avaient déguerpi. Il était impossible de les faire marcher en ligne et de les retenir après le combat. Tous se rendaient chez eux, prêts à marcher de nouveau, à la première voix de leurs chefs. Après huit jours de station à Saumur, M. de la Rochejaquelein s'y trouva lui treizième.

L'état-major supérieur résidait à Châtillon-sur-Sèvre. MM. d'Elbée, de Lescure, de Donnissan, de Beauvollier (1), le prince de Talmont (2), l'évêque d'Agra (3), le curé de Saint-Laud (4) y habitaient ordinairement.

Le quartier général de la Grande Armée proprement dite était à Cholet, où résidaient Cathelineau, Stofflet. Il recevait les ordres de Châtillon.

Celui de M. de Bonchamps était à Montrevault, d'où ce général dirigeait habilement tous les mouvements de sa division. Il commandait à des soldats belliqueux; c'étaient surtout les habitants de la rive gauche de la Loire. Son territoire était peu étendu; il ne pouvait guère armer plus

---

(1) *Pierre-Louis de* BEAUVOLLIER (l'aîné) naquit à Seuxes, près Loudun, le 14 juin 1761. Il prit part à toute la guerre, fut fait plusieurs fois prisonnier sous le Consulat et devint inspecteur des fourrages dans les armées impériales. Il fut fait prisonnier au passage de la Bérézina. La Restauration le mit à la retraite comme commissaire ordonnateur des guerres et chevalier de Saint-Louis; il mourut le 11 mai 1824, au Mans.

(2) *Antoine-Philippe de la* TRÉMOÏLLE, prince *de* TALMONT, né à Paris le 27 septembre 1765, fait prisonnier le 28 décembre 1793, à Fougères, et mis à mort, le 27 janvier 1794, à Laval.

(3) *Pierre-François* GUILLOT *de* FOLLEVILLE, plus connu sous le nom d'*évêque d'Agra*, était fils d'un commissaire de la marine à Saint-Malo. Nommé à la cure de Dol, le 2 avril 1790, il prêta le serment et se fit affilier au *Club des amis de la Constitution*. Il vint à Poitiers où il joua à la fois le rôle de patriote jacobin et celui d'évêque, dit-on. Fait prisonnier à Thouars, il se dit évêque, fut reçu avec enthousiasme par les Vendéens, accompagna l'armée jusqu'en Bretagne, où, démasqué enfin, il se mit peu à peu à l'écart. Il fut pris à Ancenis, condamné et exécuté à Angers, le 5 janvier 1794.

(4) *Étienne-Alexandre-Jean-Baptiste* BERNIER, plus connu sous le nom de *curé de Saint-Laud*, naquit à Daon, près de Château-Gontier, le 31 octobre 1762. Il a joué un rôle très important et diversement apprécié en Vendée. Docteur en théologie, ancien curé de Saint-Laud d'Angers, il fut employé par Bonaparte à la pacification de la Vendée et aux négociations du Concordat. Nommé évêque d'Orléans, en 1802, il mourut à Paris, le 1er octobre 1806, après avoir brûlé tous ses papiers sur la guerre de la Vendée.

de 15,000 hommes, qui ont compté autant de victoires que de batailles. M. Martin (1) remplissait auprès de cette armée les fonctions de commissaire général ordonnateur. Cette armée était pourvue d'approvisionnements et organisée sur le pied militaire. L'artillerie n'y était pas nombreuse, non plus que la cavalerie; mais ces deux sortes d'armes étaient peu nécessaires dans un pays aussi coupé.

M. de Charette avait son quartier général à Machecoul : il communiquait peu avec les autres chefs; il s'était pour ainsi dire rendu indépendant. Trop fier pour recevoir des ordres, il ne s'est battu que deux fois avec la Grande Armée, à Nantes et à Luçon. Ces deux combats nous furent funestes.

M. de Marigny (2) commandait en chef l'artillerie. Ce vieil officier était très brave, très dévoué, et possédait parfaitement son art. Mais sa cruauté le rendait un objet d'effroi pour tout le monde. Les canons devinrent très nombreux au bout de quelques mois; il y en avait partout. Mais c'était à Mortagne qu'était le plus grand parc d'artillerie; j'y ai vu plus de deux cents pièces sur la grande place du château. Il y avait aussi des caissons en quantité, des obus, des boulets, des parcs de campagne et tout l'attirail et le matériel pour les combats et les

---

(1) *Mathurin-Joseph* MARTIN, né le 13 avril 1764 à Montrevault, attaché à l'armée de Bonchamps en qualité de trésorier et de commissaire général ordonnateur, suivit son général jusqu'à sa mort; curé de Montrevault en 1802, il prononça l'éloge funèbre de son ami, le 18 octobre 1817, et celui de Jacques Cathelineau, lors de l'érection du monument élevé à la gloire du généralissime, en 1827.

(2) *Augustin-Étienne-Gaspard de* BERNARD *de* MARIGNY naquit à Luçon le 2 novembre 1754. Lieutenant de vaisseau, capitaine des apprentis canonniers en 1783, chevalier de Saint-Louis, il était au château de Clisson, près de Bressuire, en 1793, lors de l'insurrection vendéenne. Il fut général dans la Grande Armée; condamné à mort par le conseil de guerre de Jallais, il fut pris et fusillé à la Gérardière, près de Cerizay, en bas Poitou, le 10 juillet 1794 (et non le 14, comme le dit Mme de la Rochejaquelein dans ses *Mémoires*. Édit. originale, 1889, p. 64, note).

sièges, réunis dans la cour du monastère des Bénédictins. C'était là que résidait M. de Marigny, qui avait sous lui MM. de Béjarry (1), Dailly (2), Gain (3), etc. Les canonniers et ouvriers artilleurs y demeuraient aussi. Ces derniers travaillaient sous la direction d'un nommé Xaintonge (4), homme d'une intelligence rare. Les conducteurs, artificiers, soldats du train, etc., avaient aussi leur dépôt à Mortagne, où l'on confectionnait les cartouches, les balles, les gargousses. On avait établi une fabrique de poudre à la Plissonnière, et la quantité qu'on y faisait suffisait aux besoins de l'armée qui en faisait une dépense excessive; car, sans compter les batailles, les paysans s'amusaient sans cesse à tirer des coups de fusil en l'air. On distribuait cette poudre avec une profusion étonnante; il s'en perdait une quantité prodigieuse. Les canonniers m'en donnaient à moi-même avec laquelle je faisais des pétards et de petits feux d'artifice. J'en mettais aussi dans de petits canons de bois que je faisais détoner pour m'amuser.

Beaucoup de soldats allemands des villes frontières, comme Mayence, Trèves, Francfort, Cologne, avaient quitté leurs drapeaux et pris parti avec les républicains qui en avaient formé la *Légion germanique*. Ils étaient

---

(1) *Auguste de* BÉJARRY, né en 1767, fit toute la campagne de la Grande Armée, passa ensuite en Bretagne et ne déposa les armes qu'en 1796. Il mourut en 1824.

(2) DAILLY, officier de Marigny.
Probablement O'Daly. — *Jacques-André-Maurice* O'DALY, né d'une famille originaire d'Irlande, fils de Jean-Barthélemy O'Daly, conseiller du Roi en l'élection de Châtillon, et de Jeanne-Françoise-Antoinette Brunet de Meslier. Il avait deux frères. Le plus jeune fut tué en combattant; les deux autres furent guillotinés à Nantes.

(3) GAIN. Nous n'avons rien découvert sur ce Gain. Ne s'agirait-il point de Joseph Genay, fils de Jean Genay, sénéchal de Courlay, et de Marie Garnier des Marmenières? Il était originaire de la Chataigneraie et mourut à Courlay, le 20 juillet 1845, à l'âge de quatre-vingt-deux ans.

(4) XAINTONGE. Nous n'avons rien trouvé non plus sur ce personnage dont *Xaintonge* me semble être le surnom.

à Saumur lors de la prise de cette ville, et, après avoir été faits prisonniers, ils s'engagèrent dans notre armée. On en forma diverses compagnies qui furent soldées, habillées et parfaitement organisées; elles pouvaient former un effectif de 1,500 hommes. Cette troupe résidait principalement à Mortagne; nous logions douze soldats, dont plusieurs n'entendaient pas un seul mot de français; d'autres le parlaient assez passablement et prenaient plaisir à m'apprendre quelques paroles et quelques phrases en leur langue, en s'aidant du latin que tous parlaient beaucoup mieux que de bons humanistes français. Ma mémoire était excellente, et je possédais alors une grande intelligence, et le désir d'apprendre l'allemand s'étant emparé de moi, je fis de rapides progrès. Je sus bientôt compter, dire mon *Pater*, saluer, demander les choses les plus nécessaires, comme du pain, du vin, de la viande; appeler mon père, ma mère, mes sœurs; nommer la plupart des choses dont j'avais besoin. Je me plaisais beaucoup avec ces hommes que je trouvais très doux, très bons, et qui me charmaient par leurs chants harmonieux. J'aimais, dès ce temps-là, beaucoup la musique; je n'avais entendu jusqu'alors que les chansons de mon père et de mes tantes, qui, quoique possédant d'assez belles voix, exécutaient à l'unisson. Je chantais aussi; j'avais la voix juste et flexible; je savais beaucoup d'airs et de romances que j'apprenais avec une grande facilité, entre autres celle-ci, pleine de douceur et de mélancolie, qui faisait allusion aux malheurs de la famille royale, sur l'air de *Renaud d'Ast* : j'y ai toujours trouvé une allégorie touchante :

> Dans les jardins du Trianon,
> Je cherchais des roses nouvelles;
> Mais, hélas! les roses les plus belles
> Avaient péri sous le glaçon.

> Plus de ces charmants dons de Flore,
> L'hiver les avait tous détruits...
> Je n'y trouvai que des soucis
> Qu'arrosaient les pleurs de l'aurore.

Après quelques couplets venait celui-ci qui souvent a fait couler mes larmes, en me laissant entrevoir un espoir qui ne s'est pas réalisé :

> A l'abri d'un saule pleureur,
> Je vis une jeune bergère;
> Son air annonce un cœur sincère...
> Je veux lui conter mon malheur.
> « Prenez, dit-elle, patience,
> *Vous reverrez fleurir ces lys,*
> Oui, c'est moi qui vous le prédis,
> Et je m'appelle l'*Espérance.* »

Je n'avais alors aucune idée des chants à plusieurs parties : qu'on juge de la surprise et du plaisir que j'eus, quand j'entendis nos Allemands, réunis dans notre salon, ou plus souvent en plein air, chanter à grand chœur des airs pleins d'accords, aussi justes qu'agréables. Je me sentais hors de moi; j'étais dans l'enthousiasme. Je ne les quittais plus, et parfois je me mêlais à leurs concerts où j'étais admis, sur la fin, pour les parties de dessus, genre de voix qu'ils étaient obligés de faire remplacer par des faussets. J'ai entendu d'excellente musique depuis, à Paris et à Nantes; mais j'avoue qu'aucune ne m'a fait éprouver plus de délicieuses sensations que les chœurs de nos Allemands. Je me souviens aussi que mes parents prenaient grand plaisir à les entendre.

Mais il me faut revenir aux événements de la guerre qui m'ont le plus frappé et dont je dois vous donner quelques détails pour que vous connaissiez, mes chers enfants, les principaux incidents de mon existence.

Quelque temps après la prise de Cholet (1), l'armée vendéenne se porta sur Thouars. Cette petite ville, située dans une plaine, entourée de murs et défendue tant au dedans qu'au dehors par plus de 60,000 hommes formant une masse arrachée de force à ses foyers, tomba au pouvoir des royalistes. Les républicains furent battus, dispersés, et presque tous pris et renvoyés. Il se passa à cette espèce de siège un fait d'armes qui mérite d'être connu et qui honore la bravoure d'un Vendéen qui a survécu, M. Boussion le père (2). Les assiégeants avaient fait une brèche avec quelques boulets lancés à la volée; quand cette brèche sembla praticable, on s'y précipita en foule; le premier qui la franchit eut la tête coupée d'un coup de sabre : une mort si affreuse, qui couvrit de sang tous ceux qui l'approchaient, ne ralentit pas l'élan de ses compagnons. M. Boussion, qui le suivait immédiatement, sur un ordre de M. de la Rochejacquelein, range le tronc mutilé, pénètre dans la brèche malgré les coups de l'ennemi, et, son intrépidité donnant à tous l'exemple, il est suivi par un grand nombre de soldats qui envahissent la ville, qui se rendit aussitôt.

On trouva à Thouars une presse qui servait à la confection des assignats. Quand les Vendéens furent de retour de cette expédition, ils furent très satisfaits et nous dirent dans leur jargon ordinaire : « *J'ons pris le moule aux assignats : je ne manquerons pas d'argent; j'en ferons tant que je voudrons.* » Mais un avantage plus réel fut la délivrance de M. Bernard de Marigny, qui y gémissait dans les prisons. Cet ancien officier de marine,

---

(1) Le 14 mars.
(2) Boussion était âgé de dix-huit ans quand il prit les armes; il s'acquit une renommée très grande parmi les Vendéens par ce coup d'audace à Thouars. En 1815, il commandait la place de Cholet. Sous la Restauration, il fut percepteur à Cholet.

signalé par sa haine de la République et son dévouement aux Bourbons, attendait la mort dans les cachots, quand les royalistes lui rendirent la liberté. Il prit aussitôt parti dans leurs rangs, fut fait général de l'artillerie, où il fit preuve de talents et d'un grand courage; mais il avait contracté une telle haine des républicains qu'il se montra toujours sanguinaire et cruel, opinant toujours pour qu'on ne fît aucuns prisonniers. Il sabrait lui-même et ne faisait aucun quartier, quand il tenait quelque ennemi dans sa puissance.

On trouva aussi, dans les murs de Thouars et parmi le grand nombre de prisonniers qu'on y fit, M. Guyot de Folleville. Cet homme, vêtu de l'habit républicain, était confondu dans la foule, quand il se dit évêque d'Agra (*in partibus infidelium*). A ce nom d'évêque, les Vendéens se découvrent, se prosternent et demandent sa bénédiction, qu'ils reçoivent avec de grands sentiments de dévotion et d'humilité. On le conduit aux chefs qui l'accueillent avec beaucoup de bienveillance, soit qu'ils fussent persuadés de la réalité de son titre d'évêque, soit qu'ils voulussent s'en servir pour donner du relief à leur armée. On le mena en triomphe à Châtillon, où il fut fait depuis président honoraire du Conseil supérieur. Je crois que les généraux furent toujours dans la bonne foi à son égard : tous le crurent réellement évêque; il y avait parmi les Vendéens trop de gens pieux et graves qui eussent été révoltés à la seule idée de s'en servir comme d'un mannequin (1)

---

(1) M. CHASSIN (*Préparation à la guerre de Vendée*, t. III, p. 557 et suivantes) a entrepris de prouver que le personnage avait été créé de toutes pièces par les généraux royalistes et en particulier par Lescure, pour exciter l'ardeur guerrière des Vendéens. Qu'il nous soit permis de rappeler au lecteur que nous avons eu l'occasion de faire la critique de cette opinion dans notre *Invention de l'évêque d'Agra* de M. Ch.-L. CHASSIN (Angers, 1893, brochure in-8º), et dans notre *Réponse à mes contradicteurs* (Angers, 1894, brochure, in-8º).

et d'abuser ainsi de la bonne foi et de la crédulité religieuse de tout un peuple, même pour l'avantage de leur cause.

Il a toujours existé une grande incertitude sur ce personnage : je n'ai pu m'éclairer à cet égard, l'opinion ayant été très partagée à ce sujet. J'ai vu beaucoup de personnes, même des ecclésiastiques, croire à la réalité de son titre, se fondant sur sa profonde connaissance des cérémonies et sa dignité dans les offices divins; d'autres, au contraire, le regardaient comme un intrigant et un faussaire. Plusieurs mariages, pour lesquels il avait accordé des dispenses à cause de parenté, entre autres celui de mon oncle et de ma tante du Coteau, qui étaient parents au degré de cousins germains, ont été jugés invalides et les époux obligés de demander de nouvelles dispenses. Il paraît qu'ayant été pris à la défaite de l'armée vendéenne devant Dol, d'où il était natif, ce personnage fut démasqué avant d'être mis à mort, et c'est depuis cette époque que l'on a le plus révoqué en doute le caractère sacré qu'il s'était attribué (1).

Bientôt après, un autre personnage, bien plus fameux par ses talents et par le rôle important qu'il a joué dans la Vendée, parut dans nos pays : ce fut M. Bernier, curé de Saint-Laud d'Angers. Cet ecclésiastique se distingua bientôt comme orateur et comme écrivain. Sa mémoire était si prodigieuse qu'après avoir lu un ouvrage, il était dans le cas de le rapporter en entier en citant les pages. Il parlait admirablement bien sur toutes sortes de matières. C'était lui qui se chargeait de prêcher dans les grandes circonstances et de faire les proclamations que les chefs répandaient dans tous les lieux où ils portaient

---

(1) Il fut démasqué le jour du passage de la Loire et arrêté près d'Ancenis. (Voir plus haut, p. 85, note 3.)

leurs pas; il fut secrétaire général du Conseil supérieur et rédigeait le journal qu'on imprimait. Ses talents et ses services, de même que son zèle, que beaucoup de gens attribuaient à l'ambition dont ils le croyaient dévoré, furent d'un très grand secours à l'armée royale. Après le retour de la funeste campagne d'outre-Loire, il devint l'âme et le chef des conseils de Stofflet à Maulévrier (1). Plus adroit que les autres, il sut se soustraire aux recherches dont il était l'objet, fit sa soumission à la République, se retira en Suisse, rentra sous Bonaparte, fut employé au Concordat, nommé évêque d'Orléans, et périt en 1809 (2), dans l'exercice de sa dignité.

Cependant le cri d'alarme avait retenti dans toutes les villes frontières de la Vendée. L'insurrection commençait à devenir inquiétante. Ce n'étaient plus des bandes armées de piques et de bâtons; c'étaient des armées considérables, composées de 40 à 50,000 hommes bien armés et très braves, fournies de canons, caissons, fourgons, etc. Les villes de Saumur, Doué et Montreuil (3) résolurent d'envoyer sur Cholet leurs gardes nationales. Une colonne républicaine d'environ 5,000 hommes descendit jusqu'à Vihiers. A la nouvelle de cette invasion, le tocsin se fait entendre, Stofflet ramasse à la hâte une armée et fond sur l'ennemi par Vezins (4) et Nuaillé (5). L'avant-garde tout entière, composée des grenadiers de Saumur et de Montreuil, commandés par M. Tribert (6), est entourée et ne peut rejoindre

---

(1) Maulévrier, canton et arrondissement de Cholet (Maine-et-Loire).
(2) Le 1er octobre 1806.
(3) Montreuil-Bellay, chef-lieu de canton, arrondissement de Saumur (Maine-et-Loire).
(4) Vezins, canton et arrondissement de Cholet (Maine-et-Loire).
(5) Nuaillé, canton et arrondissement de Cholet.
(6) *Joseph-Jérémie* TRIBERT, né le 23 juillet 1743 à Luzignan (Vienne), mort à Montreuil-Bellay le 11 mars 1816.

le gros de la colonne. Cette petite troupe se réfugie dans le château du Bois-Grolleau, qui est bientôt investi. Les gardes nationaux font feu par les croisées ; les assaillants amènent du canon et foudroient le château. Les pièces, placées trop près, firent d'abord peu d'effet ; les boulets passaient en faisant leur trou seulement. Les canonniers vendéens s'aperçoivent de l'inconvénient, éloignent leurs pièces, font tomber des pans de muraille et mettent le feu. M. Tribert fait préparer des seaux d'eau et ordonne d'éteindre l'incendie ; inutile précaution : les flammes font des progrès rapides et menacent de tout embraser ; déjà plusieurs planchers sont écroulés et les assiégés se rendent prisonniers. On les conduit à Mortagne : c'étaient les premiers que nous vissions, tous les autres ayant été relâchés aussitôt que pris. A l'arrivée de ces gens, je voulais, comme les enfants de mon âge, aller les voir défiler ; mais mon père m'en refusa la permission, en disant que ces prisonniers étaient assez malheureux sans aller aggraver encore leur peine par une indécente curiosité.

Mon père avait autrefois connu M. Tribert ; il pria MM. les généraux de le laisser venir à la maison en qualité d'officier, devant avoir la ville pour prison. Il obtint cette faveur, ayant déjà eu celle de conserver son épée et ses insignes militaires. Voilà le capitaine conduit au milieu de nous : il fut reçu avec tous les égards de la plus franche hospitalité. C'était un homme de quarante-huit ans, grand, noir, sec, d'une vivacité très remarquable et d'une loquacité bien intempestive. Il se vantait beaucoup et ne parlait que de la brillante défense qu'il avait faite. Il resta une semaine à la maison bien tranquille.

Le peuple, qui ne raisonne pas et qui est inconséquent

par ignorance, vit avec surprise et mécontentement mon père accueillir ce chef républicain. Quelques personnes admirèrent notre humanité et notre courage, comme si, dans les temps de guerre civile, un acte de dévouement devait passer pour héroïsme. On faisait des réflexions, des commentaires, sur les motifs de la conduite de mon père en cette circonstance et sur le résultat de cette bonne action. On en vint bientôt à peser les raisons, à préjuger les conséquences. Les têtes se montaient, quelques cris improbateurs se firent entendre sous nos croisées et devinrent le signal du désordre. Une foule très exaltée se porte autour de notre maison, les uns mus par la haine, les autres par la curiosité, presque tous dans des desseins funestes. A l'aspect de cette troupe mutinée, M. Tribert parut à sa fenêtre avec son habit d'officier, son panache tricolore, épaulettes, etc. La vue des couleurs républicaines exalta la populace. On se pousse, on se presse, on se précipite sur les croisées et sur les portes. M. Tribert, au lieu de se retirer prudemment, reste à la fenêtre et veut haranguer la foule. Cette foule, qui croit qu'on la brave, s'indigne de tant d'obstination et crie : « A bas le républicain ! Au cachot, l'ennemi de Dieu et du Roi ! » L'exaltation se propage, la fureur s'allume comme un incendie. On veut pénétrer dans notre maison, en arracher M. Tribert; on finit par demander sa tête. Mon père travaillait alors dans son cabinet; aux premiers cris, il sort et se présente aux assaillants. Sa présence en impose d'abord. Il dit que c'est par l'ordre de MM. les généraux que M. Tribert occupe une chambre dans sa maison, qu'il y est sous la sauvegarde de l'honneur et qu'il espère qu'on voudra bien respecter son domicile, où le prisonnier réclame les droits de l'hospitalité. Les assaillants répondent que

M. Tribert est un républicain exalté et dangereux, que le cachot est bon pour lui, qu'il vient de les narguer en leur montrant son panache tricolore, et qu'il faut absolument le leur livrer. Mon père répond qu'il est responsable de son hôte, et qu'il ne sera pas assez lâche pour l'abandonner. A ces mots, les assaillants font un nouvel effort pour entrer; mon père fait fermer les portes et croisées, se renferme avec nous et se résigne à tout plutôt que de trahir les droits sacrés de l'hospitalité. On parle de mettre le feu à la maison, et déjà la foule s'y préparait. Nous étions retirés tous avec mon père; nous l'entourions, nous pleurions, nous l'embrassions. Ma mère montrait un courage au-dessus de son sexe; elle puisait des forces dans la résignation de son époux.

Cependant le péril était imminent et croissait toujours; mais mon père eût mieux aimé périr cent fois que de livrer son hôte. Il m'ordonne d'aller prévenir M. de Marigny, qui était au château, du tumulte qui se faisait et des dangers que nous courions. Je m'échappai par une porte de derrière et courus chez Mmes de la Tremblaye qui habitaient le château. J'y trouvai ce général, je lui contai en pleurant le sujet de ma visite. Les dames me consolèrent et s'unirent à moi pour solliciter M. de Marigny de venir à notre secours. Le général, en apprenant la conduite de ses soldats, entra en fureur, prit son grand sabre et me suivit en jurant qu'il saurait bien les mettre à la raison, dût-il en tuer cinq ou six de sa main. En effet, arrivé à la maison, il ne s'amusa pas à blâmer leur indiscipline : il trouva plus expédient de leur administrer de grands coups de plat de sabre. Les paysans se dispersèrent aussitôt, et nous fûmes délivrés du danger.

Des scènes pareilles nous menaçaient tous les jours, et, quelques ennemis de M. Tribert l'ayant desservi auprès de M. de Marigny, ce dernier fut le plus empressé à exiger que notre hôte se rendît au couvent qui servait de maison d'arrêt à ses soldats. Il l'envoya chercher par quatre fusiliers malgré les représentations énergiques de mon père. Nous continuâmes de nourrir cet officier et de lui fournir tout ce dont il avait besoin pendant son séjour à Mortagne. Bientôt ses propos imprudents et légers le firent consigner à la prison de la ville où il resta jusqu'au passage de la Loire, époque à laquelle il fut mis en liberté avec tous les autres prisonniers. Étant beau-frère de Thibaudeau (1), très en faveur jusqu'à la Restauration, il obtint la place d'inspecteur des eaux et forêts. Je n'ai jamais entendu parler de lui. Il aura su, je n'en doute pas, que nous avions perdu nos père et mère et avions été depuis bien malheureux. Mais il n'a pas daigné ni s'informer de nous, ni nous offrir quelques secours que sa protection, qui était puissante, aurait pu nous procurer et dont nous avions pourtant si grand besoin. J'aurais préféré demander l'aumône que de réclamer quelque chose de son ingratitude. Qu'aurais-je pu espérer d'un homme qui perd le souvenir du bien qu'on lui a fait et de la vie que nous lui avions sauvée au péril de la nôtre? Je me suis trouvé un jour avec lui à Vihiers dans une auberge. En entendant prononcer mon nom, il parut surpris, et m'invita *quand je passerais à Montreuil*, à l'aller voir. J'ai, depuis, fait le voyage de Paris à Angers avec son fils aîné qui était percepteur de la ville d'Angers; il me parut suffisant, léger, bavard et bête. Je lui dis mon nom; il m'apprit que son père vivait encore, qu'il savait tout ce qu'il nous devait! C'est à ce propos

---

(1) *Antoine-Claire* THIBAUDEAU, né à Poitiers le 23 mars 1765, régicide, ce qui ne l'empêcha pas d'entrer à la Cour des pairs en 1815 et d'être nommé sénateur par Napoléon III. Il mourut en 1854.

seul que se borna l'expression de sa reconnaissance.

La conduite de M. C... des ... fut bien différente de celle de M. Tribert. Le premier fut amené prisonnier à Mortagne, et nous le nourrîmes et le soignâmes pendant huit mois comme un enfant de la maison. C'était la femme de chambre de ma mère qui, tous les jours, allait lui porter à manger. Cette fille, qui était d'une beauté remarquable, inspira au jeune prisonnier des sentiments très vifs. Ne pouvant lui témoigner sa reconnaissance autrement que par l'offre de sa main, il lui promit de l'épouser dès qu'il aurait recouvré sa liberté. En effet, dès qu'il fut libre, il épousa Marie, et leur ménage eût été très heureux sans le défaut de fortune qui se fit bientôt sentir dans leur intérieur. Je perdis longtemps de vue cet honnête homme; je ne l'ai retrouvé à Angers que dix ans après nos désastres : il m'a toujours fait beaucoup de politesses et n'a pas laissé échapper une seule occasion de me témoigner sa reconnaissance.

J'ai parlé du tocsin qu'on sonnait pour opérer les rassemblements. Quand cet appel se faisait entendre, tout le monde devait marcher : malheur à ceux que la crainte ou la mauvaise volonté retenait dans leurs foyers! on les forçait de partir et l'on employait, pour les y contraindre, même les moyens les plus violents. Un jour que le tocsin sonna à Mortagne et que tous les hommes marchèrent, on voulut forcer mon père à marcher aussi. Il était très souffrant de la colique et de la migraine, maladies auxquelles il était très sujet. Un grand nombre de gens vinrent pour l'emmener et lui firent des menaces s'il ne les suivait pas. Il leur représenta que dans l'état où il se trouvait, il lui était physiquement impossible de marcher et même de se tenir à cheval; que, s'il suivait son impulsion et le désir de son cœur, il serait le premier à s'armer pour la défense de la cause royale; mais que sa mauvaise santé ne lui permettait pas de sortir. Ces raisons ne satisfirent nullement les hommes qui le pressaient, et, des menaces, ils s'apprêtaient à exercer des violences contre lui, quand il entra tout à coup un nommé M..., couvreur en ardoises, homme d'une constitution athlétique, ancien militaire et d'une force prodigieuse, furieux et plus méchant encore que les autres. Cet homme était armé d'une hache énorme qu'il portait à la manière des sapeurs. Après avoir fait reculer ses camarades, il s'avança comme un forcené, leva sa hache sur la tête de mon père et en asséna un coup terrible, qui devait le tuer à l'instant s'il n'eût pas eu la force de parer le coup, qui frappa le bas du fauteuil sur lequel il était assis et le fit voler en éclats. Nous nous jetâmes tous à la fois aux genoux de ce furieux, et, à force de larmes et de prières, nous parvînmes à le fléchir. Mais il fallut que mon père promît de marcher; il se fit habiller et se disposait à partir, quand un courrier, venant de l'armée, apporta la nouvelle que les *Bleus*, — c'était ainsi qu'on appelait les ennemis, à cause de la couleur de leurs vêtements, — avaient été complètement vaincus et repoussés.

Les Allemands dont j'ai parlé plus haut étaient de beaux et bons soldats; mais ils passaient pour pillards, et je les voyais souvent revenir avec des objets qui annonçaient leur goût pour le pillage. Ils étaient très doux à jeun; mais quand ils avaient du vin, ce qui leur arrivait très souvent, ils devenaient tapageurs et intraitables. Un jour, ceux que nous logions se prirent de querelle et se battirent; ils se seraient assassinés pour un rien, si mon père ne se fût jeté entre eux en leur parlant latin et les réconciliant. Un autre jour, ils voulurent, étant ivres, faire brûler la maison : ils portèrent un paquet de cartouches dans notre grange et s'apprêtaient à y mettre le feu, quand on s'aperçut à temps de leur funeste dessein. Je dois dire aussi à l'honneur de nos Vendéens que, lorsqu'il y avait quelque exécution à mort à faire, c'étaient toujours les Allemands qui en étaient chargés. Nos paysans n'eussent pas alors voulu servir à de pareilles actions.

Il y avait aussi à Mortagne une compagnie de Suisses, dont plusieurs avaient servi sous Louis XVI et s'étaient vaillamment défendus à la funeste journée du 10 août, aux Tuileries. Pour ces gens-là, c'étaient d'excellents soldats, d'une discipline et d'une bravoure parfaites. Leur uniforme était noir. Leur capitaine m'avait pris en amitié et me parlait toujours en latin.

Il existait alors divers dépôts de prisonniers dans la Vendée; le plus considérable était à Mortagne; il y en a eu souvent jusqu'à deux mille. Ils n'étaient pas tenus bien sévèrement. On les faisait sortir pour aller puiser de l'eau; ils se promenaient dans les jardins de leur prison. Ces jardins donnaient directement sur notre cour; je voyais souvent les mêmes jeunes gens et surtout ceux que nous nourrissions. Nous nous plaisions à causer avec eux. Beaucoup avaient reçu de l'éducation, appartenaient à d'honnêtes familles et avaient été forcés de servir la République.

Mon père prenait plaisir à converser avec eux, à s'entretenir de nos victoires, de nos espérances, de nos vœux et plus souvent de nos craintes. Ces prisonniers étaient sensibles à nos témoignages de confiance et d'intérêt, et y répondaient par beaucoup de politesse et de vives expressions de reconnaissance. Hélas! ce sont les assurances qu'ils ont données à mes parents de l'humanité des républicains, à laquelle ils croyaient eux-mêmes, mais bien à tort, qui nous ont perdus.

Parmi ceux des prisonniers qui me semblèrent le mieux élevés et dont le souvenir m'est le plus resté, je vous citerai M. Desvignes, fils d'un riche négociant de Marseille. Ce jeune officier versifiait avec une grande facilité. De temps en temps il nous jetait de ses productions qu'il gravait sur des ardoises avec un clou qui lui servait de stylet. Ayant su le jour qu'arrivait la fête de ma chère maman (la mi-août), il eut la bonté de me faire passer un compliment pour elle en vers. Il régnait dans ces vers une douce sensibilité et une pureté de style remarquable. Mon père trouvait ce petit ouvrage excellent. Quand, le soir, je le débitai en famille, je vis ma chère maman pleurer d'attendrissement et nous presser tous dans ses bras. A un signal convenu, tous nos prisonniers d'affection, réunis sur la terrasse de leur jardin, chantèrent en chœur l'air de fête :

Où peut-on être mieux qu'au sein de sa famille?

Nous sortîmes tous : ma mère reçut les félicitations des pauvres captifs. Ce n'étaient qu'échanges de petites scènes mêlées de chant qu'ils avaient composées et qui nous plaisaient beaucoup. Nous avons eu le bonheur d'apprendre que tous avaient été libérés au moment du passage de la Loire.

Nous avions aussi un capitaine du génie, M. de Fesque. Cet officier faisait travailler à mettre notre ville en état de défense. Mais toutes ces fortifications se sont bornées à des fossés larges de cinq à six pieds qu'il avait creusés sur les routes qui aboutissaient à Mortagne. Il les croyait suffisants pour arrêter les ennemis, comme si les armées ne voyageaient que sur les grandes routes. M. de Fesque était un assez pauvre officier; il logeait chez mon ayeule paternelle, qui, le voyant sans argent, lui donnait souvent du tabac qu'il n'avait pas moyen de se procurer.

Je dois vous dire aussi, mes chers enfants, un mot du Conseil supérieur, qui siégeait à Châtillon (1). Il fut établi pour administrer la Vendée au nom et en l'absence du Roi, prendre des arrêtés, rendre des ordonnances, enfin régir et gouverner notre pays. Cet établissement sage, utile, exerçait une noble et respectable influence par les qualités et les vertus des membres qui le composaient, pris parmi les membres les plus distingués du clergé, de la noblesse et de la bourgeoisie. Le président d'honneur fut l'évêque d'Agra, M. de Donnissan y remplissait les fonctions de vice-roi; Mgr le prince de Talmont, M. Jagault (2), M. Body (3), avocat à Angers, M. Chetou (4), MM. de la Renollière et Boutillier des Hommelles étaient les membres de ce Conseil, qui avait pour secrétaire général M. l'abbé Bernier, et pour trésorier M. Cousseau de Lépinay (5).

Les généraux vendéens, particulièrement M. d'Elbée, sollicitèrent beaucoup mon père d'y prendre la place d'avocat général : cette fonction lui convenait à tous égards, à cause de sa grande connaissance des affaires et de son élocution facile et brillante; mais il n'aspirait

(1) Ce fut le 26 mai 1793, lendemain de la prise de Fontenay-le-Comte, que fut présenté le plan d'un *Conseil supérieur* siégeant à Châtillon-sur-Sèvre.

(2) *Pierre* JAGAULT, né à Thouars le 5 octobre 1765, bénédictin de l'abbaye de Marmoutier, décédé à Thouars le 31 mai 1833.

(3) *Victor* BODY, né à Maulévrier en 1750, avocat, recteur de l'Université d'Angers, député à l'assemblée provinciale de 1787, juge au district d'Angers, fut condamné et exécuté à Angers le 9 brumaire an XI (30 octobre 1793).

(4) *Pierre-Jean-Louis* CHETOU, né à Chantoceaux le 5 décembre 1757; fut nommé, en 1796, par le comte d'Artois, colonel et chevalier de Saint-Louis. Sa femme ayant été massacrée en juin-juillet 1795, il épousa *Marie-Élisabeth de* PALIERNE.

(5) *Alexis* COUSSEAU *de* LÉPINAY, conseiller du Roi en l'élection de Châtillon, marié en 1766 à *Radegonde* BAUDRY; fut pris par les républicains au château de la Menantière, paroisse de Combrand, et fusillé avec sa femme à Bressuire, sur la charrette qui les amenait. (Mme DE LA ROCHEJAQUELEIN.)

plus qu'au repos, il pressentait déjà sa fin prochaine et voulait nous consacrer ses derniers instants... Il refusa l'honneur qu'on voulut lui faire. Cependant M. d'Elbée, voulant absolument lui donner un emploi et le mettre à même de faire servir ses talents à la cause royale, l'engagea si vivement à écrire l'histoire de la Vendée, qu'il accepta cette mission avec une grande défiance de ses moyens, car il avait une modestie égale à son mérite. Cette fonction, qui le laissait au milieu de sa famille, qui ménageait sa santé et convenait à ses goûts studieux et sédentaires, l'occupa tout entier depuis le mois de mai jusqu'au mois d'octobre 1793. Il mit tout de suite la main à l'œuvre ; personne n'écrivait avec plus de facilité ; sa diction était pure, correcte, élégante et pourtant pleine de simplicité. Il marchait à grands pas dans cette histoire intéressante et avait déjà écrit la valeur de deux volumes, quand notre maison et les manuscrits, qu'il y avait pourtant cachés, devinrent la proie des flammes.

Personne ne convenait plus que lui aux fonctions d'historiographe. Il possédait toutes les qualités nécessaires à ce genre d'écrire. Il joignait aux principes les plus sûrs en politique les opinions les plus pures, les plus modérées, une impartialité trop rare dans ces temps d'exaltation, des vues saines, des réflexions profondes, une critique saine, et surtout un grand amour pour la vérité et la justice. Exempt de préjugés, sans passion, sans enthousiasme, froid et réfléchi, plein de respect et d'estime pour la Religion et la Monarchie ; mais incapable de flatter et de consacrer une erreur volontaire, il aurait tout sacrifié au premier devoir de l'historien : celui de dire la vérité tout entière, de louer le bien et de blâmer le mal. Combien j'ai regret à la perte de ses manuscrits qu'il me faisait copier chaque jour ! De quels secours ne seraient-ils pas à celui qui entreprendrait aujourd'hui d'écrire cette histoire dont les détails ne seront jamais bien connus et dont les narrations seront toujours empreintes de l'esprit de parti! Ceux qui y ont joué le principal rôle sont tous morts, et ceux qui leur ont succédé ne se sont donné aucun soin pour transmettre à la postérité les faits intéressants de ces temps mémorables. Tout ce qu'on en pourra connaître ne sera transmis que par la tradition; mais la mémoire des hommes est si fugitive qu'on doit bien craindre d'en perdre le souvenir. Je n'ai vu que les *Mémoires* de Mme la marquise de la Rochejaquelein (1) (mis en ordre par M. de Barante, qui depuis...), qui m'aient paru véridiques (2). La grande histoire de M. de Beauchamps (3) est parfaite sous le rapport de l'analyse et du style; elle est même écrite dans un très bon esprit; mais il y a de graves erreurs qui la déparent. Celle de M. Bourniseau de Thouars est lourdement écrite et sans intérêt. Quant aux écrits de Savary (4), tous copiés

---

(1) Née au Louvre, 25 octobre 1772, morte à Orléans le 15 février 1857. Elle épousa, en premières noces, M. de Lescure; après la mort de ce général, elle se maria avec le frère de Henri de la Rochejaquelein, Louis. Elle assista à la guerre de Vendée et écrivit ses fameux *Mémoires*, d'abord en Espagne, puis avec le concours de M. de Barante, qui les publia, après y avoir mis la main. Mais son petit-fils a publié le manuscrit original en 1889 (grand in-4°. Paris, Bourloton).

(2) *Amable-Guillaume-Prosper* BRUGIÈRE, baron *de* BARANTE, naquit à Riom, le 10 juin 1782. Préfet de l'Empire, conseiller d'État sous la Restauration, directeur général des contributions directes, député, pair de France, membre de l'Académie française, ambassadeur de France en Russie, mort à Barante (Puy-de-Dôme), le 21 novembre 1866.

(3) *Alphonse de* BEAUCHAMPS, né à Monaco en 1767; mort le 1er juin 1832, du choléra.

(4) *Jean-Julien-Michel* SAVARY, né à Vitré (Ille-et-Vilaine) le 11 novembre 1753, juge et président du tribunal de Cholet de 1790 à mars 1793; prisonnier des Vendéens, il s'évada et prit part à la guerre contre eux; député de Maine-et-Loire aux Cinq-Cents, député aux Anciens, le 25 germinal an VII (14 avril 1799); sous-inspecteur aux revues, le 1er nivôse an VIII (21 décembre 1799), il fit les campagnes d'Allemagne; inspecteur en 1812, chevalier de Saint-Louis en 1814 (?), il mourut à Paris en 1839. Son ouvrage sur la Vendée est intitulé: *Guerre des Vendéens et des Chouans contre la République française, ou Annales des départements de*

sur les mémoires des généraux républicains, ils se sentent trop de leur origine et de l'opinion qu'ils représentent pour mériter et inspirer aucune confiance à aucun esprit droit.

Mon père avait toutes sortes de moyens pour connaître et rapporter les faits qu'il avait entrepris d'écrire. Il était témoin et contemporain des événements; il habitait le centre du pays militant : en relations journalières avec les chefs de l'armée vendéenne, il apprenait de leur bouche tout ce qu'offrait de plus intéressant cette guerre héroïque. Il fit à ce sujet un voyage de huit jours, pendant lesquels il prenait des renseignements certains chez M. d'Elbée, qui se faisait un plaisir de les lui communiquer. Il rédigea chez ce général un grand nombre de notes qui devaient lui servir de matériaux pour son histoire. Il écrivit à Cathelineau pour lui demander aussi des documents semblables. Dans cette lettre, qui fut trouvée par les républicains, mon père donnait à ce général les éloges que méritait son courage et l'invitait à venir nous voir pour nous raconter les faits d'armes qui devaient figurer dans l'histoire de la Vendée (1).

Après l'organisation, on songea à nommer un généralissime. Le choix tomba sur ce même Cathelineau dont la valeur et le dévouement inspiraient une entière confiance. Cet homme extraordinaire, malgré l'autorité su-

l'Ouest pendant ces guerres, d'après les actes et la correspondance du Comité de salut public, des ministres, etc., les règlements, proclamations, etc., par un officier supérieur habitant la Vendée avant les troubles. (Paris, 1824-1825, 6 vol. in-8°.) Cette histoire, dont le plus grand défaut est de s'inspirer uniquement et quelquefois sans critique suffisante des documents d'origine républicaine, ne mérite ni la sévérité excessive de notre auteur, ni les louanges sans réserve de quelques historiens. C'est l'une des sources les plus précieuses d'informations que nous ayons sur l'histoire de la Vendée.

(1) On remarquera la gravité de cette démarche de l'historien attitré de la Vendée royaliste auprès de Cathelineau, « simple capitaine de paroisse », selon M. Port.

prême dont il était revêtu, se faisait un devoir, dans tout ce qui surpassait son intelligence, de consulter les autres chefs et surtout M. d'Elbée, qu'il regarda toujours comme son maître.

M. de Charette, qui ne frayait guère avec les autres généraux, fut invité à venir à Châtillon participer à la nomination d'un généralissime; mais, affectant toujours l'indépendance, il ne prit aucune part à cette mesure, qui, fixant les rangs dans l'armée, devait produire un salutaire effet, en assignant à chaque officier ses fonctions, mettait un terme à l'ambition et faisait cesser les jalousies particulières. Quelques jeunes têtes se plaignirent d'abord de voir déférer la première autorité militaire à un simple marchand de fil; mais les autres généraux et le Conseil supérieur les laissèrent crier, et bientôt tout obéit sans murmure au brave Cathelineau, jusqu'aux personnages les plus remarquables par leur rang et leur naissance. Le généralissime fut blessé à mort d'un coup de boulet qu'il reçut au siège de Nantes, et vint mourir modestement chez lui dans sa cabane ordinaire. Après sa mort, M. d'Elbée fut élu généralissime sans avoir brigué cette place éminente; car il était aussi modeste, aussi désintéressé que brave et généreux (1).

(1) C'est la seconde fois que le narrateur raconte l'élection de Cathelineau. (Voir p. 79.) Notons aussi que ce n'est pas à Châtillon, mais à Saumur, qu'eut lieu cette élection, et qu'il mourut à Saint-Florent-le-Vieil, et non au Pin-en-Mauges. Boutillier de Saint-André a confondu l'élection de Cathelineau avec celle de d'Elbée, qui eut lieu, en effet, à Châtillon-sur-Sèvre, le 19 juillet; Charette, qui y fut convoqué, ne s'y rendit pas, mais sanctionna l'élection de d'Elbée en apposant sa signature, lui troisième, au règlement du 4 septembre 1793, arrêté dans l'assemblée de Châtillon-sur-Sèvre, sous la présidence du généralissime. M. BAGUENIER DÉSORMEAUX, dans ses *Documents sur Noirmoutier* (*Revue du Bas-Poitou*, 1892, p. 529), nous en fournit une preuve manifeste en publiant la pièce suivante :

« DE PAR LE ROI,

« Il est ordonné à M. de la Robrie, aide de camp de l'armée du cheva-

C'est donc bien injustement qu'un historien, dont l'ouvrage se distingue autant par l'élégance du style que par le bon esprit qui l'anime, a peint ce général comme ambitieux et jaloux de l'autorité. M. d'Elbée était au-dessus de ces prétentions indignes de la cause qu'il défendait; il avait trop de religion, trop de vertus pour leur donner accès dans son âme. Je puis assurer cette vérité. Il était celui des généraux vendéens avec lequel mon père avait le plus de relations, et jamais je ne me suis aperçu, ni n'ai entendu dire qu'il ait intrigué pour se faire nommer à la première place de l'armée. Il ne faut pas que le désir de faire un héros exclusif de M. de Bonchamps (1), dont je suis, au surplus, le premier à reconnaître les talents et les services, nous rende injustes envers M. d'Elbée, qui vécut en sage, commanda en héros et mourut en martyr.

On avait aussi établi à Châtillon un journal vendéen dont la rédaction avait été confiée à l'abbé Bernier. Ce

lier Charette, commandant pour le Roi, en Poitou, *sous les ordres de M. d'Elbée, généralissime*, de passer en Angleterre...

« A Noirmoutier, le 4 décembre 1793.

« D'ELBÉE,

« Le chevalier DE CHARETTE. »

(1) Puisque M. de Bonchamps est ici nommé, il est clair que Boutillier de Saint-André a visé dans ce passage, plus CHAUVEAU, l'historien de ce général (*Vie de Bonchamps*. Paris, 1817, in-8°), ou Mme DE GENLIS, qui rédigea et publia les *Mémoires de Mme de Bonchamps*, que Mme de la ROCHEJAQUELEIN, qui accusa la première d'Elbée d'ambition et d'intrigues. POIRIER DE BEAUVAIS, dans ses *Mémoires* récemment publiés, a vengé d'avance le modeste d'Elbée de ces insinuations jalouses. (*Mémoires de Poirier de Beauvais*. Paris, Plon, 1893, in-8°.) M. DE GOURCUFF (*Revue du Bas-Poitou*, 6° année, 1re livraison, p. 78) l'a mieux vengé encore, en réduisant à néant les faits allégués contre sa droiture; Boutillier de Saint-André, dans un temps où les *Mémoires de Beauvais* étaient inconnus et où personne ne songeait à relever des erreurs et des inexactitudes dans les *Mémoires de Mme de la Larochejaquelein*, a eu le mérite de s'élever sans faiblesse contre une légende déjà accréditée et de donner à la vérité un témoignage, avec cette assurance qu'il prenait sa source, et dans des souvenirs très nets et très précis, et dans des relations très intimes avec d'Elbée.

journal faisait connaître les nouvelles de l'armée dont il publiait les bulletins journaliers; il annonçait les événements de l'intérieur, rapportait les arrêtés, ordonnances, déclarations des conseils, les ordres des chefs militaires; il publiait aussi des extraits avec commentaires des journaux républicains, quand ils pouvaient nous parvenir (1). C'est par ce moyen que nous apprîmes l'affreuse résolution prise par la Convention d'exhumer de leurs tombeaux les restes de nos rois à Saint-Denis, et, par cette spoliation digne des cannibales, de donner, au milieu d'un siècle et d'un peuple civilisés, un exemple de barbarie tel que les Vandales et les Gétules n'en ont jamais offert. Nous avions également appris l'arrivée du roi de Prusse, à la tête de son armée, dans les plaines de Champagne. Nous fûmes instruits de sa retraite et de la levée du siège de Mayence, dont les garnisons, ainsi que celles de Worms, Spire, Landau, étaient destinées à venir détruire notre pays et incendier nos foyers. Nous avons toujours regardé ce traité comme une perfidie de la part des Prussiens; car ce sont ces troupes, conduites par Ligonnier (2), Kléber (3), etc., qui seules ont pu vaincre nos armées et qui ont forcé nos chefs à prendre la funeste résolution de traverser le fleuve de la Loire, principale cause de leurs défaites.

Je vous ai dit, mes chers enfants, que M. de la Renollière, votre cousin, avait été élu membre du Conseil

---

(1) L'abbé Bernier rédigeait presque à lui tout seul ce journal, dont quelques numéros existent encore, notamment dans la collection de M. de Sicotière.

(2) LEIGONNYER, né dans le Cantal en 1748, général de division le 8 octobre 1772, autorisé à prendre sa retraite par décision du Comité de salut public du 7 brumaire an IV.

(3) KLÉBER, né à Strasbourg en 1754, d'abord architecte, puis élève de l'École militaire de Munich : il servit huit ans dans les troupes de l'Empire. Général de brigade pour venir en Vendée, il fut battu à la fameuse journée de Torfou. Il fut vainqueur à Cholet. Il fut assassiné, en Égypte, le 14 juin 1800.

supérieur; je dois vous faire connaître ce parent, dont les talents et les vertus sont encore en vénération dans notre pays, et qui sut allier aux qualités les plus recommandables de l'esprit des connaissances étendues, et aux vues d'un homme de bien les principes les plus sévères de la morale et de la religion. M. de la Renollière, avec le talent d'une élocution facile et d'une dialectique serrée, avait le goût de la discussion au suprême degré et portait dans la controverse cette contention obstinée et cet esprit chagrin qui le faisaient comparer ingénieusement par mon oncle des Hommelles au *Fâcheux* et plus souvent au *Misanthrope* de Molière. A des connaissances vastes en histoire, en politique, en législation, il joignait une perspicacité, une profondeur qui embrassait les choses sous toutes leurs faces et dans leurs plus minces détails. Un jugement sain, une âme intègre, une délicatesse excessive, l'avaient rendu recommandable et influent par le respect et l'estime qu'il inspirait dans ses relations. Mais ce goût de la discussion et de la controverse l'avait aussi rendu frondeur, mécontent de tout, triste et défiant; n'accordant que rarement son estime, jamais son admiration; froid, difficile, circonspect à l'extrême, la contradiction faisait le fond de son caractère : il blâmait par habitude, désespérait de tout par système et défendait ses sentiments avec toute la conviction que lui fournissait l'élévation de son âme.

Cet esprit de contradiction eût été un grave défaut dans tout autre ; mais il était peu dangereux dans M. de la Renollière, qui possédait, comme je l'ai dit, un jugement sûr et un esprit droit. C'était principalement dans les affaires du gouvernement qu'il portait son caractère frondeur et triste; il faut dire aussi que les événements étaient si malheureux et la conduite des gouvernants si mauvaise, si odieuse, qu'il pouvait sans crainte exercer sur les temps d'alors ses critiques journalières.

A peine rendu et installé au Conseil supérieur, il s'aperçut bien vite des vues ambitieuses de l'abbé Bernier et de quelques autres. Il démêla bientôt ce caractère intrigant, ce mélange d'adresse et de ruse du curé de Saint-Laud, défauts rendus plus dangereux encore par un esprit subtil et pénétrant, une grande facilité d'écrire et une éloquence entraînante. M. de la Renollière conçut une grande défiance contre cet homme à talents, d'autant plus que les fonctions ecclésiastiques dont il était revêtu s'accordaient peu avec le rôle qu'il voulait jouer. Il trouvait avec raison très mauvais qu'un prêtre, qui devait se borner à l'exercice de son ministère, voulût s'immiscer encore dans l'administration (1). Bientôt il trouva l'occasion de déployer contre lui ses talents de controverse et de développer en plein conseil les principes sévères dont il était pénétré.

On proposa un jour de mettre en séquestre les biens des républicains habitant hors du pays. L'abbé Bernier soutint et appuya la proposition. Cette motion, qui n'était que la rigoureuse représaille des mesures prises par la Convention contre la noblesse et le clergé, sembla à M. de la Renollière d'une injustice révoltante. Il s'éleva avec force contre ce projet et déclara qu'il n'y adhérerait jamais.

« Eh quoi! dit-il au Conseil, vous que je vois blâmer si sévèrement l'horrible conduite de nos ennemis, voudriez-vous aujourd'hui marcher sur leurs ignobles traces,

---

(1) La réflexion serait juste si la France ne comptait au nombre des ministres qui l'ont gouvernée, ni Suger, ni Richelieu, ni Fleury.

imiter leurs décrets barbares et, sans pitié pour des hommes absents, les dépouiller tout à coup de leurs propriétés légitimes? Est-ce bien dans le conseil des défenseurs de l'autel et du trône qu'on propose et qu'on adopterait une semblable mesure? Une mesure qui ne servira qu'à rendre nos ennemis plus acharnés et qu'à éloigner de notre cause des gens qui n'attendent peut-être qu'une occasion favorable pour se ranger sous nos drapeaux! De quel œil nous verra-t-on saisir sans raison des biens sur lesquels nous ne pouvons prétendre aucuns droits que ceux de la force qui n'en peuvent jamais légitimer aucun? Opposons à l'atrocité des lois républicaines une conduite juste, sage, prudente, pleine de douceur et d'humanité. Que la haine, la vengeance, n'entrent jamais dans nos cœurs et dans nos actions. Que l'équité préside à nos décrets; qu'elle dicte toutes nos mesures; qu'elle dirige seule nos moyens. Enfin, messieurs, ne nous faisons pas des ennemis implacables. »

On mit la proposition aux voix; on la soutint en représentant la nécessité où l'on était de faire face aux besoins de l'armée et du pays qui ne percevait plus d'impôts et qui se trouvait sans ressource. Elle passa à la majorité de deux voix (1).

Rien ne put faire fléchir M. de la Renollière : « Puisque je vois, dit-il, que le projet est adopté, je n'ai d'autres moyens, pour mettre ma conscience à l'abri de tout reproche, que de protester contre l'adhésion qu'on vient de lui donner. J'en appelle, messieurs, à mes contemporains, qui sauront que j'ai refusé mon suffrage à cet acte inique et barbare. » Au lieu de signer le registre des délibérations, il écrivit une protestation énergique, se retira

---

(1) Elle fut rendue le 21 juillet 1793.

du Conseil, rentra dans sa famille et ne remit plus les pieds à Châtillon.

Trois ans auparavant, il avait donné le même exemple de délicatesse, à Angers, lors des assemblées provinciales (1), en défendant la cause des prêtres qu'on voulait déposséder et en refusant de souscrire aux délibérations de sa compagnie qui avait voté contre son avis.

Mon oncle Boutillier des Hommelles, membre aussi du Conseil supérieur, était d'un caractère opposé à celui du parent dont je viens de parler. Aimable, doux, enjoué, plein d'esprit, brillant de saillies, né pour la société, dont il faisait le charme par son excellent ton et ses manières polies, il avait de plus le goût des arts agréables et y réussissait au mieux. Il avait surtout tant de facilité pour la musique que, sans l'avoir longtemps apprise, il jouait de la flûte très agréablement. Sa voix, qui était une haute-contre très prononcée, possédait un charme indicible. Il peignait d'une manière satisfaisante, levait les plans et était très versé en géométrie. Il jouait des gobelets avec une adresse infinie et dansait parfaitement. Avec ces goûts et ces talents de pur agrément, on l'aurait pris, en le voyant dans un cercle, pour un homme frivole et léger; mais il était aussi solide dans les affaires sérieuses qu'aimable et enjoué dans le monde. Avec un esprit juste et des principes sûrs en politique et en morale, il avait une opinion très prononcée pour le gouvernement monarchique et la Religion. Avant la Révolution, conseiller à l'élection de Châtillon, et, depuis, maire de Mortagne, il fut un des premiers appelés au Conseil supérieur, section des finances. Ce fut lui qui fut chargé de la vérification générale des assignats et validait ceux qui ne por-

---

(1) Les assemblées provinciales se tinrent en 1787 et 1788.

taient pas l'effigie du Roi; il fut aussi commissaire général à l'élargissement des prisonniers et rendit la liberté à un très grand nombre (1).

(1) Nous croyons que c'est un fait unique dans l'histoire des guerres que cette création d'un commissaire général préposé à l'élargissement des prisonniers pendant la durée des hostilités mêmes; et c'est l'honneur des Vendéens que cette fonction ne fut pas une sinécure.

CHAPITRE V

DEPUIS LA BATAILLE DE CORON JUSQU'A
LA PRISE D'ANGERS.

Maintenant que je vous ai fait connaître l'organisation civile et militaire de notre pays pendant le temps de la guerre de la Vendée, ainsi que les personnages les plus importants, je dois reprendre le fil des événements qui m'ont le plus frappé dans ces temps mémorables et affligeants.

Au combat de Coron (1) les Vendéens prirent un grand nombre de canons, parmi lesquels il se trouva une pièce de douze nommée *Marie-Jeanne*. Ce canon portait à la culasse une tête de femme parfaitement représentée et que j'ai vue bien des fois exciter la curiosité de tous ceux qui l'examinaient. Il devint bientôt en grande vénération dans toute l'armée. Les Vendéens lui attribuaient une vertu singulière, celle de porter le désordre et l'effroi dans les rangs ennemis, comme la tête de Méduse. Une confiance aveugle dans ce canon leur donnait l'assurance de la victoire, et, il faut le dire, cette croyance n'était jamais trompeuse (2).

---

(1) Le 16 mars 1793. Coron, canton de Vihiers, arrondissement de Saumur (Maine-et-Loire).
(2) On dit que ce canon a été jeté dans les étangs du château du

Vers le mois de mai, les généraux résolurent de s'emparer de Fontenay, qui leur semblait un point important pour les ressources qu'on y devait trouver et le grand nombre de partisans qu'on y devait rencontrer. L'armée se rassemble et marche sur cette ville avec son artillerie, dans laquelle figurait Marie-Jeanne. Fontenay renfermait alors quelques troupes de cavalerie en dépôt, avec des soldats de nouvelle levée qui construisirent des redoutes à la hâte dans la plaine. Les Vendéens firent un feu très vif en arrivant sur ces redoutes : les républicains sonnèrent la charge et se précipitèrent sur les royalistes. Ceux-ci, étonnés d'une semblable manœuvre, s'ébranlent, le désordre se met dans leurs rangs, et, n'ayant point de cavalerie suffisante pour résister à celle de l'ennemi, chacun se débande, et la fuite devient générale. Les républicains poursuivent les royalistes avec vigueur, les coupent, les divisent, et pénètrent jusqu'aux canons. En vain les chefs vendéens, qui étaient toujours aux premiers rangs et qui donnaient à tous l'exemple du courage, s'efforcent de rallier les fuyards; en vain ils leur crient de ne rien craindre, que les ennemis étaient peu nombreux, qu'il suffisait de leur montrer de la résistance pour les vaincre; la peur avait glacé tous les esprits, une crainte panique s'était emparée de tous les soldats : rien ne put les empêcher de fuir. MM. d'Elbée, de Lescure, de la Rochejaquelein, de Dommaigné, firent des prodiges de valeur; entourés de quelques braves, ils se formèrent en peloton serré, cédèrent le terrain pied à pied, firent toujours bonne contenance : ils soutenaient les uns, encourageaient les autres, haranguaient tous les soldats; tantôt, se retournant tout à coup, ils fondaient impétueusement

Plessis, commune de Chaudron. M. le marquis Ernest de Villoutreys a fait exécuter vainement des sondages pour le retrouver.

sur l'ennemi; tantôt ils revenaient se mettre en ligne, protégeaient la fuite; ils firent une retraite admirée des républicains eux-mêmes. Presque tous furent blessés : M. d'Elbée reçut un coup de pistolet dans le bras; M. de la Rochejaquelein, plusieurs coups de sabre; M. de Dommaigné eut un genou fracassé d'une balle; mais la perte qui produisit le plus de sensation dans l'armée fut celle de Marie-Jeanne, de ce canon merveilleux qui avait opéré tant de prodiges. Les Vendéens éprouvèrent un véritable découragement quand ils se virent privés de ce palladium, qui leur avait tant de fois procuré la victoire. Notre armée perdit environ 2,000 hommes, tant tués que blessés. Je compte les prisonniers au nombre des morts; car, dans ce temps de funeste et glorieuse mémoire pour notre pays, les républicains, loin de suivre l'exemple de l'armée catholique qui renvoyait tant de prisonniers, massacraient sans pitié tout ce qui tombait dans leurs mains (1).

Le mauvais succès de cette bataille inspira à nos généraux un vif désir de se venger et de faire payer cher à l'ennemi l'affront fait à nos armes. Quinze jours après la défaite de Fontenay (2), ils firent un nouveau rassemblement et retournèrent en plus grand nombre que la première fois dans la plaine où avait été prise Marie-Jeanne. L'armée marcha sur deux colonnes, l'une par Mortagne et les Herbiers, commandée par MM. d'Elbée et Stofflet; l'autre par MM. de la Rochejaquelein, de Donnissan et de Lescure, par la Châtaigneraie. La jonction se fit à une lieue en avant de la ville qu'on attaquait. On avait un échec à réparer. Marie-Jeanne était là : il fallait la recouvrer des mains d'un ennemi victorieux. Cette fois, les soldats rivalisèrent d'ardeur avec les chefs. Mille

(1) C'était le 16 mai.
(2) Le 25 mai.

exploits signalèrent ce combat, et les Vendéens entrèrent triomphants à Fontenay. Les anciens canonniers de Marie-Jeanne retrouvèrent cette pièce chérie en batterie avec beaucoup d'autres et pleuraient de joie en la voyant. « Marie-Jeanne est prise! » s'écrient les cannonniers. Ce cri vole dans tous les rangs et est répété par toutes les bouches. Il devient le signal et le prix de la victoire. Les drapeaux s'élèvent dans l'air, les cris de *Vive le Roi!* retentissent; c'est ainsi qu'on entre dans Fontenay.

La perte des républicains fut immense : ils eurent plus de 2,000 hommes pris et blessés et un nombre infini de prisonniers; tous ces derniers furent renvoyés. On prit une grande quantité de canons, fusils, caissons, bagages, etc. On poursuivit les fuyards jusqu'à Niort, où l'on entra pêle-mêle avec eux. On y resta quelques jours, et l'on y trouva des munitions de guerre et des armes qui furent d'un grand secours à l'armée.

Il se passa à la prise de Fontenay un fait qui a frappé ma mémoire et que je veux vous rapporter comme il m'a été raconté : il vous donnera une idée de la clémence et de la bonté des chefs royalistes, et de l'ingratitude de leurs ennemis. M. de Sainte-H... se trouva parmi les nombreux prisonniers qui tombèrent au pouvoir des Vendéens. Ce jeune gentilhomme avait malheureusement adopté les idées républicaines. Il se réclama de M. de la Rochejaquelein, qui l'accueillit avec bonté et l'engagea fortement à le suivre pour la défense de la monarchie. La nuit était venue; la maison était pleine et les lits manquaient; le prisonnier, devenu libre, courait risque de passer la nuit sur une chaise : M. de la Rochejaquelein partagea sa couche avec lui. En reconnaissance de l'accueil bienveillant qu'il avait reçu des royalistes, M. de Sainte-H... se fit officier supérieur dans la gendarmerie républicaine, ne cessa de poursuivre les Vendéens et, après la Restauration, devint ardent doctrinaire et enfin un des plus chauds partisans de l'usurpation.

Quand l'armée victorieuse revint à Mortagne, elle avait les canons en tête. Les lauriers ornaient les drapeaux : les servants de Marie-Jeanne étaient à cheval sur leur pièce et l'avaient décorée de rubans de toutes couleurs ; on portait du vin dans les bouteilles, on en buvait largement, on en faisait des libations sur ce canon dont la vue inspirait une ivresse générale et qui était devenu l'objet d'un culte presque superstitieux. La rentrée de l'armée était une fête continuelle et la marche un vrai triomphe. Mais il y avait aussi loin de cette bruyante farce au triomphe de Paul-Émile que de la ville de Rome à celle de Mortagne. Nos soldats avaient la valeur de ceux de César ; mais ils n'en avaient ni la discipline ni la tournure martiale, et les jeux des Romains étaient plus pompeux que ceux des paysans du bas Anjou ou du haut Poitou.

Au reste, nous étions tous dans la joie et dans l'espérance. Notre orgueil royaliste était flatté d'un succès qui nous en présageait de plus glorieux encore. Que ne pouvions-nous pas faire avec des hommes aussi braves, aussi dévoués, avec une armée de 100,000 héros, pourvue abondamment d'armes et de munitions et commandée par des chefs dont la valeur et les talents militaires excitaient à la fois la confiance et l'admiration !...

La victoire de Fontenay ne fut que le prélude de succès plus éclatants qui portèrent au comble la gloire et la renommée des armées vendéennes. Nos combats et nos victoires excitaient un enthousiasme difficile à décrire et portèrent la terreur jusque dans Paris, au sein de la Convention. Pendant deux mois, nos armées furent constamment victorieuses et firent trembler la République, haïe, méprisée et attaquée de toutes parts, sur les frontières comme à Toulon, Lyon, et dans les provinces de l'Ouest. Les lâches et cruels proconsuls qu'elle envoyait, sous le nom trompeur de représentants du peuple, à la tête de ses tristes armées pour guider, espionner les chefs, Bourbotte (1), Santerre (2), rougirent de honte en voyant leurs bataillons renversés par nos braves paysans. Vingt batailles perdues, plus de trente villes prises, des armées entières détruites, la désertion des Allemands, une marche rapide et signalée par de nombreuses victoires, l'épouvante jetée dans les lieux voisins de la Vendée, tant d'audace d'une part, tant de fautes et d'ineptie de l'autre, étonnèrent et glacèrent d'effroi le gouvernement odieux qui existait alors, et ébranlèrent un instant ce fantôme de Convention qui n'avait de courage que pour détruire, et de volonté que pour avilir la France.

Depuis quelque temps, toute la ligne, depuis Coron jusqu'à Saumur, était infestée de colonnes incendiaires. Après le retour de Fontenay, les généraux sentirent la nécessité de balayer toute cette contrée jusqu'à Saumur et de s'emparer de cette ville, la plus forte, la mieux défendue et la plus importante de toutes celles qui entouraient le pays vendéen. Cette expédition étant la plus sérieuse de toutes celles qu'ils avaient jusqu'alors entreprises, et ses résultats devant en être les plus avantageux,

---

(1) *Pierre* BOURBOTTE, né à Vault, près Avallon, le 5 juin 1763; sa famille avait été comblée de bienfaits par le comte de Provence, frère du Roi; il n'en fut que plus ardent révolutionnaire; dès 1792, il demanda à la Convention la mort de Louis XVI et de Marie-Antoinette. Commissaire près des armées de l'Ouest, il fut dénoncé, condamné à mort le 18 juin 1793, et guillotiné à Paris.

(2) *Antoine-Joseph* SANTERRE, né à Paris le 16 mars 1752, brasseur de bière et agitateur du peuple. Il fut nommé, en mai 1792, chef de la garde nationale; il la commandait le 21 janvier 1793. Il fut envoyé en Vendée, où il s'y fit remarquer par son outrecuidance et son imbécillité; il est mort fou le 6 février 1809.

elle fut combinée avec plus d'adresse et d'ordre que toutes celles qui l'avaient précédée et qui l'ont suivie. Préparée à l'avance dans le secret par des mesures prudentes et énergiques, elle fut exécutée avec une valeur et une promptitude incroyables.

Vers la mi-juin 1793 (1), des ordres furent donnés aux trois grandes divisions, Cholet, Châtillon et Montrevault, de faire leurs rassemblements. Tout étant disposé, l'armée de Bonchamps opéra sa jonction à Cholet, avec la Grande Armée de M. d'Elbée; l'armée du haut Poitou, sous le commandement de MM. de Lescure et de la Rochejaquelein, fit sa jonction entre Coron et Vihiers. M. de Bonchamps amena 12,000 hommes parfaitement armés et animés d'un invincible courage; MM. d'Elbée et Cathelineau avaient plus de 50,000 hommes, dont environ 2,000 de cavalerie, sous le commandement immédiat de M. de Dommaigné : à ces forces, il faut ajouter plus de soixante bouches à feu. MM. de Lescure et de la Rochejaquelein avaient plus de 15,000 hommes avec quelques centaines de cavaliers, de sorte que cette expédition comprenait environ 100,000 hommes de toutes armes : il ne manqua que l'armée de Charette. Jamais la Vendée n'avait mis de telles forces sur pied; jamais nos soldats n'avaient été animés d'un esprit plus belliqueux, d'un enthousiasme si ardent. Cette fois, nous vîmes ce que nous n'avions encore pu voir et ce que nous n'avons jamais pu voir depuis : une armée réellement belle, pleine d'ardeur, de fierté, d'espérance. Elle défila pendant plus de six heures sur la grande route de Cholet à Vihiers. On y remarquait avec surprise et avec joie une espèce d'ordre militaire.

---

(1) Sans doute la *fin-mai*. Il y a ici une erreur de plume, puisque Saumur fut pris le 9 juin, et qu'on peut voir plus loin que l'auteur ne se trompe pas.

La colonne immense marchait par pelotons serrés et assez bien alignés, précédés de vingt-quatre tambours, à la tête desquels on remarquait le fameux *la Ruine* (1). Au premier rang, M. Cathelineau, généralissime, suivi du guidon général qui accompagnait toujours le grand état-major; M. d'Elbée, ayant à sa gauche le prince de Talmont, à sa droite Stofflet; ensuite tous les officiers de l'état-major. M. de Bonchamps défilait à la tête de sa division, accompagné de tous ses officiers. Chaque paroisse avait son drapeau et son tambour. Cette division avait été placée par honneur à l'avant-garde : elle marchait à un quart de lieue de distance de la Grande Armée, au pas, en silence, l'œil fixe, la tête haute, les épaules effacées. Les soldats, robustes et forts, avaient tous de larges culottes; c'étaient les habitants des bords de la Loire, dont la démarche, le regard, avaient quelque chose de martial et qui contrastait avec l'air doux et timide même des paysans angevins.

La cavalerie venait après l'artillerie qui suivait la Grande Armée. Mais c'était parmi les cavaliers que l'œil était surpris de voir des harnais de cordes, des hommes sans bottes, coiffés de chapeaux ronds à larges bords, sans pistolets et n'ayant souvent pour toutes armes qu'un sabre, ou un fusil en bandoulière.

Le guidon général était blanc, aux armes de France, avec une croix et une épée en sautoir. Les broderies étaient de la main de Mmes de la Rochejaquelein et de Lescure.

Tous les Vendéens, les chefs comme les soldats, portaient sur le cœur un scapulaire, où étaient les lettres

---

(1) Peineau, dit *la Ruine*, est resté fameux en Vendée. Né à Maulévrier en 1760, ancien grenadier au régiment de Poitou, puis sergent recruteur au régiment d'Armagnac, il fut des premiers à prendre son fusil en 1793, survécut à la guerre et rentra en 1802 dans son pays, où il mourut tranquillement

initiales des saints noms de Jésus et de Marie, entourant un cœur enflammé. Un très grand nombre portait un chapelet. Ces objets de dévotion s'alliaient bien aux armes de nos braves. Comme au temps des chevaliers croisés, ils entretenaient dans l'âme du guerrier une noble ardeur, une vive foi et une grande confiance dans le Dieu qui tient dans ses mains la victoire. Pendant la marche, les premiers rangs récitaient le chapelet, les autres répétaient le récit, et le son monotone de cette prière dite à demi-voix formait un sourd murmure qui avait quelque ressemblance avec le bruit des flots quand ils sortent d'être agités par les vents.

M. de Marigny, avec ses nombreux officiers, marchait au centre avec toute l'artillerie. Aux derniers rangs, venaient les piques, les faux renversées, les brocs, les fourches; armes terribles qui souvent renversaient des bataillons entiers, hérissés de baïonnettes, quand, poussées par l'impulsion qui leur était donnée, elles pénétraient, malgré les feux de l'artillerie et de la mousqueterie, dans les carrés les plus épais.

La marche imposante, l'aspect pittoresque de cette armée avait quelque chose de grave et de majestueux qui portait à la réflexion et faisait tout à la fois sourire et rêver. Elle inspirait en même temps la crainte et la confiance; elle tenait autant d'une procession religieuse que d'une troupe guerrière. En la voyant, l'imagination était frappée, le cœur saisi, l'âme agrandie. Le grave, le sérieux se mêlaient à l'abandon, à l'ingénu. Quelque chose de sublime étonnait les sens; le sombre, le mystérieux des temps chevaleresques s'alliait aux habitudes modernes. L'affluence de tout un peuple armé pour sa Religion et la délivrance de son Roi; les cris, les élans, les prières prolongées de ligne en ligne, la diversité des costumes et des physionomies; ici, des gentilshommes revêtus d'écharpes blanches, de panaches et de revers de la même couleur; là, des paysans dans leurs habits grotesques; de vieux gardes-chasse, de jeunes enfants, des femmes même; des chapeaux et des bonnets; l'ordre à eux étranger auquel les Vendéens s'étaient soumis pour la première fois... tout contribuait à donner à cette marche un air de pompe sauvage qui s'alliait parfaitement avec les temps, les hommes et les lieux. J'ai vu, depuis, les brillantes revues de l'Empereur aux Tuileries, où les broderies d'or et de soie éclataient de toutes parts, où la beauté des hommes et des chevaux, la richesse des costumes et l'ordre admirable qui régnait dans tous les rangs, éblouissaient la vue; mais ces superbes pompes militaires ne m'ont jamais fait autant d'impression que cette marche de l'armée vendéenne. Il est vrai qu'alors j'étais jeune, plus impressionnable, et le but, les motifs religieux et politiques, qui frappaient et intéressaient tant mon cœur, ne se trouvaient plus dans les parades de Napoléon, comme dans les colonnes de nos braves aux bocages de la Vendée (1).

Partez, braves défenseurs de l'autel et du trône; volez à la victoire; marchez contre ce colosse monstrueux de République, qui ne peut inspirer que la haine et le mépris; allez briser ce fantôme de gouvernement qui n'a produit que l'anarchie; détruisez cette liberté chimérique qui n'a enfanté que la licence, cette égalité ridicule qui n'a fait naître que le désordre et l'impunité; portez vos coups à ces tribunaux révolutionnaires qui se jouent du sang des hommes et qui n'ont été institués que pour condamner des innocents; à ces soi-disant représentants du peuple souverain qui n'ont pour satellites que la plus vile

---

(1) Avons-nous besoin de faire remarquer ici que ces détails si pittoresques nous viennent d'un témoin qui en a gardé l'image dans les yeux?

populace, qui ne marchent qu'entourés de licteurs, qui promènent leurs regards farouches dans les cités et les campagnes, et n'y marquent leur passage que par le meurtre et la terreur : marchez; emportez avec vos drapeaux nos vœux et nos espérances. Nous vous suivrons dans les combats; nous irons dans les temples implorer pour vous le Dieu des armées, ce Dieu qui tient dans ses mains le sort des rois et des empires. Montrez-vous terribles dans les batailles, généreux et cléments après la victoire; apprenez à vos cruels ennemis que la valeur est compagne de la pitié; que la cause du Roi est aussi celle de l'humanité et de la justice, et n'oubliez pas que, du haut de son trône où il commande aux nations, le Dieu du ciel a toujours les yeux sur vous. Mais voulez-vous agir puissamment contre la Révolution et anéantir bientôt ces hommes sanguinaires, qui tremblent au seul nom de vos phalanges invincibles? C'est au cœur de votre ennemi que vous devez frapper; c'est à Paris, à la Convention même, que vous devez porter vos coups. Les peuples du Maine, de la Touraine et de la Normandie vous tendent les bras; Orléans, que Jeanne d'Arc délivra jadis du joug de l'étranger, Orléans vous appelle; le Berry attend vos armées victorieuses; les fédérés menacent de plus près la capitale. Toulon est au pouvoir de l'Anglais, les soldats du grand Frédéric inondent la Champagne et touchent presque les murs de Paris; Lyon a secoué le joug de ses tyrans et soutient un siège qui va le rendre immortel; la Bretagne, fidèle à ses rois, va se joindre à vous... Que de motifs d'encouragement, que de raisons pour exciter votre valeur, quels sujets d'espérances! Précipitez donc vos pas : allez replacer sur le trône de ses pères ce jeune descendant de tant de rois, qui gémit dans les fers, ce fils de saint Louis et de Henri IV, objet de nos pleurs et de notre amour (1).

Tels étaient les discours que nous fîmes au départ de l'armée et qui nous étaient inspirés par l'ardeur que nous voyions aux Vendéens, par notre attachement sincère à la Religion et à la Monarchie, à l'horreur que nous ressentions pour la République. Les commencements de l'expédition accomplirent nos désirs et surpassèrent nos espérances ; mais, hélas ! la suite nous plongea bientôt dans le découragement.

L'armée se dirigea par Saumur. Sa marche fut rapide et bien concertée. A Vihiers (2), elle culbuta les républicains et le représentant Bourbotte, qui prit la fuite si précipitamment, qu'il y laissa sa voiture et ses papiers. A Doué (3), l'ennemi voulut faire résistance, mais il fut encore vaincu : son artillerie tout entière et ses bagages tombèrent entre nos mains. L'action fut très chaude ; les Vendéens se battaient dans la plaine aussi bien que dans le bocage et enfoncèrent de vieilles troupes de ligne qu'on y avait rassemblées. Ce combat fut un des plus glorieux pour nos armes.

A Doué, l'armée se partagea en deux colonnes : l'une prit par Montreuil, l'autre marcha directement sur Saumur. La première, sous le commandement de M. de la Rochejaquelein, rencontra l'ennemi à Montreuil (4), le battit complètement et lui enleva un nombre considérable de prisonniers, de caissons, etc., et le poursuivit jusque dans Saumur. Elle parvint sur les hauteurs de Bourneau en même temps que la Grande Armée (5). Il y avait à Bourneau un camp d'environ 18,000 hommes, composés

---

(1) Nous n'avons pas besoin de dire ce qu'il faut penser de ces discours.
(2) Le 6 juin.
(3) Le 7 juin.
(4) Le 8 juin.
(5) Le 9 juin.

de réquisitionnaires parisiens, de bataillons volontaires de nouvelle levée, de la Légion germanique dont j'ai parlé précédemment et de plusieurs escadrons de cavalerie, parmi lesquels on distinguait un grand nombre de cuirassiers couverts d'armures bien polies. L'armée vendéenne tomba de tout son poids sur les retranchements du camp de Bourneau. Le choc fut terrible, la résistance opiniâtre. De part et d'autre, même bravoure, même acharnement. Les Vendéens avaient l'avantage du nombre; les républicains, celui de la position. L'artillerie, la mousqueterie jouaient de part et d'autre avec un fracas effroyable et à peu près le même succès. Les royalistes, suivant leur tactique ordinaire, étendaient leurs ailes pour cerner le camp; les républicains, qui s'en aperçurent, opposèrent partout la même résistance. Les habitants de Saumur, qui combattaient avec les troupes et qui avaient leur ville à défendre, faisaient bonne contenance et encourageaient de leur mieux les soldats. Les Vendéens, qui avaient leur réputation à soutenir et qui étaient animés par la présence et l'exemple de leurs chefs, et surtout par l'aspect des drapeaux fleurdelisés mêlés avec la croix, qu'on avait fait passer aux premiers rangs, s'élançaient comme des lions sur les batteries et les redoutes. Après plusieurs charges sans résultat de part et d'autre, après avoir pris, perdu et repris plusieurs retranchements, M. de Dommaigné, qui commandait la cavalerie, s'aperçut d'un espace vide qui laissait un léger intervalle dans les lignes républicaines. Il se jeta avec ses gens sur les ennemis; ce fut là qu'il fit des prodiges de valeur : il perce, il tourne, il renverse tout sur son passage, il parvient à mettre le désordre dans les bataillons; il s'enfonce plus avant et veut pousser jusqu'au centre en exterminant tout ce qui lui fait résistance. En le voyant courir dans les rangs hérissés de fer, couvert de poussière, son cheval ensanglanté, la tête haute et couverte d'un panache blanc, lançant des regards de feu, donnant à chaque coup la mort, on eût cru voir Mars lui-même dans les combats décrits par Homère. Enfin, ce héros, se surpassant lui-même, aurait peut-être, seul avec ses cavaliers, décidé de la victoire, si un coup de baïonnette n'eût frappé mortellement son cheval au poitrail. L'animal se renverse, M. de Dommaigné tombe, se relève, saisit ses pistolets, abat deux ennemis qui le pressent; son sabre allait lui faire jour à travers les rangs qui s'étaient pressés autour de lui et qui l'avaient séparé de ses soldats, quand il reçoit une balle dans la tête. Il a encore la force de crier : « *Vive la Religion! Vive le Roi!* » et il expire. Ainsi mourut ce chef royaliste qui, comme Turenne, si j'ose ici me servir d'une belle expression de Fléchier, demeura enseveli dans son triomphe.

Brave et illustre général, recevez ici l'hommage d'admiration que méritent vos exploits. Vous êtes mort en héros; votre sang a coulé pour la plus juste, la plus sainte des causes; votre trépas mériterait d'être mieux honoré; mais votre gloire fut connue de vos frères d'armes, et tous les braves vous ont donné des pleurs.

Je ne sais pour quels motifs, dans les écrits auxquels la guerre de la Vendée a donné lieu, on a, ou par oubli, ou par injustice, gardé le silence sur ce chef royaliste, qui méritait si bien d'occuper une place honorable dans l'histoire de ces troupes héroïques. M. de Dommaigné acquit, suivant moi, la véritable gloire, celle qui est le fruit de la valeur réfléchie et de l'humanité jointe au dévouement, au désintéressement le plus absolu. Ces qualités, ou plutôt ces vertus, tenaient à ses principes et n'étaient point, comme chez plusieurs, un sentiment aveugle et non raisonné. Je ne puis me flatter d'avoir, dans ce peu de lignes, vengé la mémoire de ce brave Vendéen ; mais je n'ai pu résister au désir de jeter quelques fleurs sur sa cendre, en attendant qu'une plume éloquente lui rende enfin un digne hommage.

La nouvelle de cette mort se répandit bientôt dans toute la colonne qui combattait à Bourneau, et les cavaliers vendéens, n'étant plus encouragés et conduits par leur général, se replièrent sur le centre de leur armée.

Sur les ailes, les choses avaient pris une autre marche : les royalistes, qui surpassaient en nombre leurs ennemis, dépassaient toutes les lignes et finirent par les envelopper entièrement, débordant les flancs de l'armée républicaine de chaque côté. Les républicains, qui ne pouvaient se former en bataille sur Saumur par le pont *Fouchard*, étaient obligés de faire face aux Vendéens sur tous les points à la fois. Le pont lui-même était menacé ; la ligne entière était dépassée, l'armée républicaine entourée et cernée. Dans les espaces éclaircis, les Vendéens exécutaient des charges à l'arme blanche, qui causaient un grand désordre à l'ennemi. L'artillerie, qui était nombreuse et bien servie, foudroyait le centre, tandis que le gros de l'armée et les ailes avançaient toujours. Les avantages, de part et d'autre, n'étaient plus les mêmes ; les Vendéens gagnaient du terrain insensiblement ; leurs ennemis faisaient encore bonne contenance ; mais, du moment que les ailes furent enveloppées, il fut aisé de prévoir quelle serait l'issue de la bataille. La victoire enfin n'était plus indécise, les succès n'étaient plus balancés.

Alors le représentant Bourbotte, ce délégué de la Convention, envoyé à l'armée pour diriger ses mouvements, enflammer les esprits, exciter l'enthousiasme, songea le premier à la fuite. Il abandonna le premier un poste où il devait mourir : cette lâche désertion jeta l'indignation dans tous les rangs : les Saumurois, se voyant abandonnés, jetèrent des cris de rage et vomirent contre le vil déserteur un torrent d'injures. Ils voulaient s'opposer à sa fuite. Mais ce fut vainement; il s'échappa dans la mêlée avec son escorte et ses dignes satellites. Ce fut dans cet instant que la division, conduite par M. de la Rochejaquelein, arrivait par la route de Montreuil.

Cette division se dirigeait au pas de course et finit par envelopper tout à fait le camp de Bourneau. Alors ce ne fut plus une retraite parmi les républicains : ce fut une véritable déroute. Cependant la cavalerie républicaine, qui était nombreuse et composée en grande partie de cuirassiers, n'avait point encore sérieusement donné. Destinée à protéger la retraite, elle fut placée à l'arrièregarde. Elle voulut faire résistance; mais elle se trouvait opposée à la division de M. de la Rochejaquelein et ne put tenir contre l'impétuosité de ses braves.

Au premier aspect de ces cavaliers couverts de fer et d'un costume bizarre, les Vendéens s'arrêtèrent étonnés : ils n'avaient encore rien vu de semblable, et ils furent surpris un moment; mais leur jeune général, à la tête de quelques hommes d'élite, ayant donné le signal de la charge, tous se précipitèrent sur l'ennemi avec une impétuosité dont ils n'avaient pas encore donné l'exemple. Les cavaliers républicains ne purent soutenir le choc des royalistes. Embarrassés dans leurs pesantes armures, ils ne pouvaient ni se dégager, ni éviter les coups des Vendéens. Autant de frappés, autant d'abattus; et, une fois démontés, ils ne pouvaient se relever et restaient au pouvoir de leurs ennemis. Il en fut tué un nombre considérable, et les Vendéens, à leur retour, rapportèrent une grande quantité de cuirasses et de casques qui furent pour nous un véritable objet de curiosité.

La déroute mise parmi les cavaliers, ceux-ci s'enfuirent à toute bride, et fantassins, cuirassiers, artillerie se retirèrent pêle-mêle à Saumur, où on les poursuivit avec une grande ardeur bien au delà de la ville et à plus de trois lieues sur la route de Tours.

Cependant les habitants, avec quelques soldats, s'étaient retirés dans le château, qui, par sa position et ses fortifications, se montrait presque inexpugnable, surtout pour une armée qui, quoique munie d'artillerie, n'avait pas les premières notions des travaux d'un siège. Les femmes, craignant que les Vendéens ne se livrassent au pillage pour forcer le château de se rendre, furent en grand nombre retrouver les assiégés et les engagèrent à capituler. Les généraux promirent une sortie honorable, assurèrent à tout le monde sûreté et protection, et jurèrent de donner la liberté à tous les prisonniers : ils exigèrent seulement leur serment de ne plus servir contre le Roi. A ces conditions, le château se rendit, et tout ce qui s'y était réfugié sortit avec les honneurs de la guerre. Les armes et les munitions furent remises aux Vendéens; les officiers conservèrent leurs épées; tous emmenèrent leurs bagages. Les habitants rentrèrent chez eux, et les troupes évacuèrent la ville par le chemin de Tours. Il ne fut commis aucun désordre dans la ville, grâce aux chefs qui firent publier les défenses les plus sévères contre toute espèce de vexations (1). On poussa la douceur au point même de ne pas rechercher les vils et lâches assassins qui, quelques mois auparavant, avaient si indignement

---

(1) Cet arrêté est du 13 juin. « A Saumur, de l'imprimerie de D.-M. Degouy, imprimeur du Roi. » (Voir C. Port, la *Légende de Cathelineau*, Pièces ustificatives, p. 331-332.)

versé le sang des trois parlementaires de Cholet (1). Le premier soin des généraux et des soldats vendéens fut d'aller à l'église Saint-Pierre rendre grâce à Dieu du succès qu'ils venaient d'obtenir : un *Te Deum* solennel fut chanté; la bénédiction du Très Saint Sacrement fut donnée et toute l'armée la reçut avec de grands témoignages de piété, d'humilité et de reconnaissance. L'exemple est tout dans les masses, surtout quand ceux qui le donnent possèdent l'amour et la confiance des subalternes. Les opinions, les volontés des chefs s'étaient communiquées aux derniers paysans vendéens. La Religion opposait son frein salutaire aux excès que pouvaient faire naître l'enthousiasme de la victoire et l'irritation d'une sanglante résistance. Et cette Religion, qui prêche à tous le pardon et l'oubli des injures, arrêtait la vengeance dans les mains des Vendéens, vengeance qu'ils auraient pu exercer, selon les lois de la guerre, sur une ville prise d'assaut et qui avait vu couler déjà bien des fois le sang des royalistes.

Quelle différence, mes chers enfants, entre la conduite de l'armée vendéenne et celle des Républicains! Les premiers, victorieux, mais modérés après le succès, baissent un front modeste, fléchissent le genoux devant le Dieu qui les a fait vaincre, respectent leurs ennemis vaincus, protègent les personnes et les propriétés, et se montrent aussi doux après la victoire que terribles dans les combats; les seconds fuient en désordre, vomissent le blasphème et portent dans les lieux qu'ils traversent la terreur et l'effroi. Leurs généraux, les représentants du peuple, loin d'inspirer la confiance, n'inspirent que la haine et le mépris : ils ne se vengent des royalistes qu'en

---

(1) Voir plus haut, p. 65.

établissant de ces tribunaux sanguinaires qui trop longtemps ont désolé la France en la couvrant de pleurs et de ruines, et qu'en faisant marcher, à la tête de leurs cohortes incendiaires, ces instruments de mort, dont le nom seul remplit de cruels souvenirs et dont l'odieux appareil était plus affreux que la mort même. Tandis que les chefs vendéens pardonnent à leurs ennemis les plus acharnés et, forts de la sainteté de la cause qu'ils défendent, préférant la clémence à la douceur, la douceur à la violence, dédaignent de retenir captifs leurs prisonniers et ne veulent que de ceux qui s'attachent volontairement à leurs drapeaux, les généraux républicains, sans pitié comme sans courage, font fusiller inhumainement tous les Vendéens qui tombent en leur pouvoir, massacrent sans distinction d'âge ni de sexe et portent le ravage et l'incendie dans tous les lieux qui voient la trace de leurs pas. Si je voulais poursuivre ce parallèle, je deviendrais fatigant : j'en ai dit assez, mes enfants, pour vous faire concevoir combien est grand le malheur d'un peuple qui a eu la faiblesse de se laisser corrompre par les perfides discours des intrigants et des traîtres, qui ne lui ont mis les armes à la main que pour profiter de sa révolte et l'abandonner ensuite aux regrets et aux plus grands des maux. C'est à l'historien consciencieux à peindre à grands traits les malheurs inouïs d'une nation entraînée dans l'abîme des révolutions, œuvre exécrable des ambitieux et des méchants, ennemis de Dieu et des hommes.

Les Vendéens trouvèrent des ressources immenses à Saumur, une nombreuse artillerie, des armes, des munitions de toute espèce, et surtout du salpêtre qu'ils firent conduire dans l'intérieur du pays pour y confectionner de la poudre.

La terreur qu'avait imprimée la victoire des Vendéens

était si grande, qu'Angers, la Flèche, Tours, le Mans, Orléans, Paris même, tremblèrent. Les républicains sortirent d'Angers; Tours et le Mans se préparèrent à la retraite, et si, dans ce moment, les Vendéens, au lieu de s'arrêter à Saumur, comme les soldats d'Annibal à Capoue, eussent marché de suite sur la capitale, c'en était fait de la République. Tours et Orléans ouvraient leurs portes; cent mille royalistes seraient venus grossir nos rangs, et Paris, épouvanté de cette marche audacieuse et rapide, Paris, sans troupes et sans défense, eût reçu les Vendéens comme des libérateurs. Le monarque, orphelin et captif, eût été délivré et remis sur le trône de ses pères. Marie-Antoinette et son auguste sœur, qui, quelques mois après, portèrent leurs têtes sur l'échafaud, eussent conservé l'existence. La Convention dissoute, le Comité de salut public renversé, les clubs détruits, la Religion et la Monarchie rétablies sur leurs bases antiques : tel eût été le prix de nos victoires. La France eût recouvré sa gloire, la paix et le bonheur. Mais l'heure de la délivrance n'était pas sonnée : Dieu, dont les décrets sont impénétrables et qui ne doit pas moins être loué, soit qu'il frappe, soit qu'il nous sauve, n'avait pas encore jeté sur nous des yeux de miséricorde; sa colère n'était pas apaisée, et la France devait expier encore, par mille malheurs et par des torrents de sang et de larmes, les crimes d'une révolution dont nous ne voyons pas le terme.

Les Vendéens étaient depuis huit jours éloignés de leurs foyers; ils ne pouvaient plus supporter cette absence, la plus longue à laquelle ils se fussent jusqu'alors soumis. Nos soldats, tous pères ou fils de famille et la plupart cultivateurs, voulaient bien se battre; mais, après chaque bataille, ils souhaitaient ardemment leur retour; tous voulaient revoir leurs parents et leurs chaumières, et il était impossible de les retenir sous les drapeaux. Tous retournèrent chez eux, en attendant qu'un nouveau rassemblement les conduisît à de nouveaux combats.

Cette manière irrégulière de faire la guerre ne pouvait offrir de résultats avantageux, puisque les Vendéens, ne gardant et ne conservant aucuns postes, aucunes places, perdaient à chaque victoire le fruit de leurs exploits (1). Après chaque bataille, leur armée se dissolvait entièrement, à l'exception de la division de M. de Bonchamps et des étrangers soldés. Si seulement quelques chefs, à la tête d'une troupe dévouée, eussent, sans perdre de temps, marché sur Paris après la prise de Saumur, ils eussent, nous n'en doutâmes point dans le temps, opéré la contre-révolution, au moyen des nombreux partisans qu'ils auraient rencontrés sur leur route, de la terreur que le nom de Vendéen inspirait alors et de la haine qu'avait fait naître dans tous les cœurs l'odieux système du gouvernement qui tyrannisait alors la France. Mais l'idée de marcher en avant ne se présenta pas, ou il fut impossible de l'exécuter. M. de la Rochejaquelein, avec quelques soldats, s'empara de Chinon, de Loudun et de tout le pays environnant : une forte colonne marcha par la levée (*de la Loire*) sur Angers, qui avait été évacué, et s'empara de cette ville qu'elle soumit momentanément à l'autorité royale.

Tels furent les résultats de la prise de Saumur : ils eussent été décisifs si les Vendéens, abandonnant leur tactique ordinaire, eussent marché avec les Allemands, les Suisses qui venaient de s'enrôler avec eux et quelques gens de bonne volonté, qui se fussent, sans doute, rencontrés dans l'armée, sur Tours, Orléans et Paris.

Lors de cette conquête, nous étions tous à Mortagne,

---

(1) L'auteur indique ici, avec une clairvoyance remarquable, l'une des causes de la perte des Vendéens.

dans l'attente des grands événements qui allaient se passer. Nous flottions entre la crainte et l'espérance; au milieu de cette perplexité, on nous annonce un courrier porteur de nouvelles favorables. Il arrivait, en effet, un cavalier couvert de lauriers, criant : « Victoire! Saumur est pris! » Ce cri retentit bientôt dans toute la ville; il est dans toutes les bouches; il enivre tous les cœurs. On se félicite mutuellement, on pleure de joie, on s'embrasse dans les rues. Cette victoire, la plus glorieuse que la Vendée ait remportée, nous remplit tous à la fois d'un véritable enthousiasme. Nous croyions déjà voir nos phalanges victorieuses dans la capitale. Nous nous bercions de douces espérances, nous entrevoyions enfin un terme à tous nos maux. Ce jour à jamais mémorable fut le seul où je vis mon père se livrer à un léger espoir; mais ce mouvement de joie dura peu. Quand il vit revenir nos soldats et toute l'armée se débander à la fois, il retomba dans ses anciennes et trop justes appréhensions, et, prévoyant tous nos revers, il nous prédit, d'une voix prophétique, les malheurs qui nous étaient réservés et dont il devait être une des premières et plus innocentes victimes. Hélas! toutes ces prédictions se sont accomplies sous nos yeux! Et ces *Mémoires* seront destinés à vous en conserver le triste souvenir!

Je dois à cet égard, mes chers enfants, vous rappeler une circonstance qui me frappa vivement et qui n'est jamais sortie de ma mémoire. Quelques jours après la prise de Saumur, mon ayeul, M. de la Chèze, donnait un grand dîner où mon père et moi avions été invités. Un grand nombre de généraux en faisaient partie; je me souviens surtout des plus remarquables, qui étaient Mgr le prince de Talmont, M. de Donnissan, de Beauvollier, de Marigny et ses officiers. Un de MM. les généraux, s'adressant à mon père, après avoir parlé longtemps de nos victoires, lui dit : « Eh bien! monsieur de Saint-André, douterez-vous toujours du succès de nos armes? Vous verrons-nous encore désespérer de notre cause? Ah! laissez-nous, de grâce, nous bercer d'un flatteur et encourageant espoir! Que pensez-vous de tout ceci? — Ce que j'en pense, répliqua mon père avec un ton de persuasion qui frappa tout le monde, c'est que vous et moi, nous sommes tous perdus! » Il prononça ces mots avec un accent si concentré qu'il sembla réellement inspiré. Nous en fûmes tous glacés d'effroi, à l'exception de MM. les généraux, qui, pleins d'ardeur et le cœur plein d'espérances, ne pouvaient s'empêcher de rêver à de nouvelles victoires. Tout le monde faisait la guerre à mon père sur ses tristes pressentiments, surtout mon oncle des Hommelles, qui le blâmait beaucoup et l'accusait de faire parmi nous le rôle de Cassandre, faisant allusion à cette fille de Priam qui prédisait à Troie les malheurs de sa patrie. Un jour, mon père lui dit : « Eh bien, Cassandre a prédit vrai, et moi, je prédis vrai comme elle! »

Pour moi, quoique jeune encore, quand j'entendis mon père, au dîner de mon ayeul, prononcer le funeste arrêt qu'il y rendit, je fus tellement frappé de ses paroles prophétiques que j'en restai saisi d'effroi et pénétré d'une douleur inexprimable. Je voyais déjà et à l'avance notre pays envahi, embrasé, et tous nos parents et moi livrés au fer des assassins. Hélas! peu de temps après cette réunion, nous éprouvâmes tous combien mon père avait d'idées justes sur le triste sort qui nous était réservé. Quelques mois étaient à peine écoulés que tous ces généraux, qui concevaient de si flatteuses espérances, avaient trouvé la mort dans les combats, et que notre famille était décimée de la manière la plus cruelle.

Tous les chefs vendéens ne partageaient pas les idées avantageuses de ceux que je viens de nommer: MM. d'Elbée, de la Verrie, de Lescure, mais surtout M. d'Elbée, pensaient avec raison que leur cause, toute juste et sainte qu'elle pût être, aurait bien de la peine à triompher. Ce dernier surtout, plein de foi et de résignation, croyait que la vérité, que la vertu, n'ont guère d'appui sur la terre, parce que c'est dans le ciel seul qu'elles ont leur véritable patrie; aussi, il avait fait le sacrifice de son existence. Il voulait mourir pour la Religion et le Roi, qu'il avait résolu de défendre, mais sans espérer le succès final. Je tiens tous ces faits, tous ces détails de mon père, qui avait été passer huit jours de suite chez ce brave et pieux général, qui en revint édifié, mais bien rempli de tristes pressentiments. Tous les faits d'armes que j'ai rapportés sur la prise de Saumur, mon père, qui les redisait et me les faisait copier, les tenait de M. d'Elbée et de Cathelineau, qui les lui donnaient pour servir de matériaux à son histoire de la guerre de la Vendée (1). Que n'ai-je conservé ses manuscrits, mes chers enfants! Vous les liriez avec grand intérêt. Ils étaient composés dans un si bon esprit, ils étaient écrits avec tant de sensibilité, qu'ils étaient dignes de fixer l'attention de tous ceux qui conservent encore dans leur cœur l'amour de la Religion et de la Monarchie, et qui préfèrent la vérité sévère aux flatteries et aux passions de l'esprit de parti.

Sans être plus superstitieux qu'un autre, j'ai toujours ajouté beaucoup de foi aux pressentiments. Je ne puis

---

(1) C'est là un témoignage qui nous rend ces *Mémoires* bien précieux; nous ne savons si détails plus directs que ceux-là nous sont parvenus, venant de d'Elbée et de Cathelineau. Il est à croire que le père de notre auteur vit Cathelineau dans l'intervalle qui s'écoula de la prise de Saumur à l'échec de Nantes; on sait d'ailleurs que Cathelineau était à Jallais et dans les environs vers le 17 et le 18.

m'empêcher de les regarder comme des secrets avertissements du Ciel, comme inspirés par Dieu même pour nous avertir des dangers qui nous menacent, ou des succès que nous pouvons attendre. C'est une faiblesse sans doute ; mais j'ai eu tant d'exemples qui me prouvaient que les événements justifiaient presque toujours ces mouvements de l'âme, que, malgré moi, j'ai bien de la peine à me défendre de cette croyance superstitieuse dont je demande pardon à Dieu et aux hommes, et dont je m'accuse devant vous, mes chers enfants, avec toute l'humilité dont je suis capable.

Les événements principaux où j'ai éprouvé la réalité de mes pressentiments sont : la mort de mes père et mère ; le retour des Bourbons que je prévoyais dès 1811, au moment des plus grands succès de Bonaparte ; le danger de tomber dans tous les dangers de notre première révolution, à l'époque de la défaite totale de notre armée en Russie ; l'expulsion des Bourbons, à l'arrivée de Louis XVIII, quand je le vis donner sa charte et surtout la liberté de la presse. Je prédisais alors et l'expulsion de ce prince imprudent qui eut lieu dans les Cent-jours, et le rappel de toutes les institutions républicaines, des couleurs tricolores, etc., que nous avons vues revenir après les prétendues glorieuses journées de juillet 1830. Hélas ! on se moquait de moi, quand j'annonçais ces événements, et l'expérience m'a prouvé que je ne me trompais pas. — Voyez la prédiction de Cazotte sur la Révolution (1).

Mais je me hâte de reprendre le fil de ma narration, dont la digression ci-dessus m'avait écarté.

---

(1) On sait que la prophétie de Cazotte sur la Révolution, cette page si émouvante tant de fois citée, est postérieure aux événements qu'elle annonce.

CHAPITRE VI

DEPUIS LA PRISE D'ANGERS JUSQU'A LA BATAILLE
DE CHOLET

MM. de la Rochejaquelein, de Lescure (1) et Stofflet restèrent à Saumur depuis le 9 juin jusqu'au 20 du même mois; mais s'apercevant que leur armée diminuait chaque jour et qu'ils restaient presque seuls, ils songèrent à se retirer. En s'en allant, ils combinèrent leurs mouvements avec la Grande Armée et furent la rejoindre à Angers, d'où les républicains avaient fui à Laval. Ils avaient avec eux l'évêque d'Agra, qui officia pontificalement à la cathédrale au milieu des plus brillantes solennités. Les Vendéens établirent un conseil royal à Angers : ils choisirent pour le présider M. de Ruillé le père (2), homme plein de vertus et honoré de la confiance générale. Ce respectable magistrat, prévoyant le danger qui le menaçait en acceptant cette place, refusa tant qu'il put d'en remplir les fonctions; mais pressé, sollicité par ses con-

---

(1) Il y a ici une erreur. Le 16, La Rochejaquelein était à Jallais, mais il retourna à Saumur, dont il fut nommé gouverneur; il y resta jusqu'au 29 juin; Lescure, blessé, était revenu près de sa femme, au château de Boullaye, non loin de Châtillon.

(2) *Jean-Guillaume de la* PLANCHE *de* RUILLÉ, né vers 1735, député à l'Assemblée nationale; après le départ des Vendéens, il fut arrêté, relâché sur la demande de toute la population d'Angers, arrêté de nouveau, condamné à mort et exécuté le 13 nivôse an II (2 janvier 1794).

citoyens et forcé par les chefs eux-mêmes de se dévouer pour la cause royale, il se rendit à leurs désirs et exerça la charge de maire pendant dix jours. Durant ce court espace, il ne s'occupa que de faire le bien de la ville; mais, au retour des républicains, il reçut la récompense ordinaire des hommes justes d'alors : il fut guillotiné. Ce martyr a laissé cinq enfants, que j'ai connus tous : il y en avait un de mon âge; trois garçons et deux filles composaient cette intéressante famille d'orphelins bien remarquables par leur beauté. Le plus jeune fut tué en tombant de cheval sur le Champ de Mars; il dansait comme un ange et était très fort sur l'escrime : il mourut à vingt ans.

D'Angers, l'armée royale se porta sur Nantes. Depuis longtemps on désirait se rendre maître de cette ville qui renfermait beaucoup de munitions et un grand nombre de partisans, et qui ouvrait une communication, d'une part avec la Bretagne remplie de royalistes, et de l'autre avec la mer, le pays qui s'étendait jusqu'à l'Océan étant occupé par M. Charette. C'était surtout ce dernier général qui ambitionnait cette conquête. Elle lui était avantageuse sous bien des rapports, et il espérait pénétrer dans Nantes où il avait de nombreuses intelligences et toute sa famille, qui y était détenue dans les prisons. Il en avait fait sentir l'importance aux autres chefs, qui, depuis, ont attribué à ses démarches pressantes la faute impardonnable qu'ils firent à Saumur de s'y être arrêtés, n'eussent-ils dû ne conduire avec eux sur Paris qu'une poignée de braves. Ils l'ont aussi accusé de n'avoir pas coopéré avec sa division d'une manière efficace lors du siège de cette ville. Sans vouloir prendre parti dans ces imputations qui sont peut-être hasardées, il est certain que le caractère hautain et jaloux de ce chef pourraient autoriser ces bruits défavorables à sa gloire militaire.

LE SIÈGE DE NANTES.

Le mouvement sur Nantes fut combiné avec M. de Charette, qui devait attaquer le 29 juin, jour de la Saint-Pierre, par le pont Rousseau et le faubourg Saint-Jacques, pendant que l'armée d'Anjou et du haut Poitou attaquerait par les routes de Paris, de Rennes et de Vannes.

La Grande Armée, à laquelle s'étaient réunies les divisions de M. de Bonchamps et de M. de Lyrot, marchait en bon ordre, conduite par Cathelineau, MM. d'Elbée, de la Rochejaquelein, de Lescure (1), Stofflet, de Marigny et le prince de Talmont, qui depuis la mort de M. de Dommaigné avait pris le commandement de la cavalerie, au grand mécontentement des soldats de cette arme, qui tous demandaient M. Forestier (2), jeune homme à peine âgé de vingt ans, sorti du collège de Beaupréau, où il étudiait pour être prêtre, et qui était rempli d'ardeur et de courage (3).

Cette armée, qui arrivait avec cette assurance, présage de la victoire, attendait en vain le signal convenu, lequel était trois coups de canon tirés par Charette, qui devait commencer le feu sur la rive gauche de la Loire. N'entendant rien et impatiente de combattre, elle détache quelques mille hommes qui s'élancent sur un poste de douze mille hommes, cantonné à Nort (4). Ce poste fit une

---

(1) Ni Lescure, ni La Rochejaquelein n'étaient à l'attaque de Nantes. Pendant ce temps, ils étaient assez occupés du côté de Parthenay par le terrible Westermann.

(2) *Henri* FORESTIER naquit à la Pommeraye-sur-Loire, le 6 février 1775. Il se destinait au sacerdoce, quand éclata l'insurrection de mars. Il fut un chef courageux et nommé général de la cavalerie à dix-huit ans, après la mort de Dommaigné, à Saumur. Il survécut à tous les combats de la Vendée et s'exila. Rentré à Bordeaux et condamné à mort par la commission militaire de Nantes en 1805, il put regagner l'Espagne et l'Angleterre et mourut à Londres, le 14 septembre 1806.

(3) Preuve nouvelle, mais peu nécessaire, que les Vendéens gardaient leur fière indépendance vis-à-vis de la noblesse, même la plus élevée.

(4) Nort, canton et arrondissement de Nantes (Loire-Inférieure). — 1,200 hommes au plus, comme le prouve d'ailleurs le contexte du récit.

meilleure résistance qu'on ne s'y attendait ; il était bien placé et garanti par une petite rivière : il tint bon et retarda pendant douze heures la marche des Vendéens. Durant ce temps, l'armée de Charette avait pris ses positions et donné le signal de l'attaque. Ce signal n'ayant pas été entendu ou compris, Charette commence le feu ; mais son artillerie, peu nombreuse, était mal servie ; celle des Nantais, au contraire, était formidable et parfaitement dirigée ; son feu causait de grands désordres dans les rangs vendéens, peu accoutumés à de semblables batailles. Charette, n'entendant point le canon de la Grande Armée, ne savait à quoi attribuer ce silence et fit ralentir le feu. Pendant cette cessation d'attaque, la Grande Armée arrivait de son côté par les routes de Vannes et de Rennes, retardée par la défense inattendue du poste de Nort. Les Nantais avaient eu le temps de se remettre de la surprise que leur avait causée l'attaque subite de Charette ; ils se disposèrent à une résistance désespérée sur tous les points et jurèrent de se battre jusqu'à la dernière extrémité.

La Grande Armée arriva devant Nantes dans cet état de choses et commença son attaque avec cette impétuosité un peu désordonnée qu'on lui vit déployer dans toutes les affaires où elle a pris part. Son premier choc était terrible ; si les ennemis cédaient, elle se précipitait sur eux tête baissée et les poursuivait avec acharnement jusqu'à une entière défaite ; si, comme on l'a vu depuis, les républicains résistaient à leur premier choc, il était rare que les Vendéens eussent l'avantage. Leur impétuosité se calmait aussi promptement qu'elle s'était allumée, bien différents en cela des soldats de Charette, plus lents, mais plus tenaces.

M. de la Rochejaquelein conduisait l'avant-garde.

Après plusieurs décharges, il s'avance fièrement à la tête de quelques braves par le faubourg de Vannes. Il avait dépassé les redoutes, il était maître de la place de Viarmes et put pénétrer dans celle de Bretagne, et allait s'emparer des canons. Il était suivi du généralissime Cathelineau, qui, au milieu du corps de bataille, haranguait les soldats, leur montrait le dôme de Saint-Pierre, les conjurait de délivrer le temple du Seigneur, leur promettait la victoire, s'ils voulaient le suivre, et les entraînait sur les pas de l'avant-garde, déjà bien avant dans le faubourg. Il y eut un mouvement décisif : tous les Vendéens se précipitent à la fois sur la ville. Si, dans cet instant, l'armée de Charette eût donné sérieusement, c'en était fait : Nantes tombait au pouvoir des Vendéens. Mais, comme je l'ai dit, les Poitevins avaient ralenti leur feu et presque cessé leur attaque. Les Nantais, qui faisaient bonne contenance, purent détacher des canons et des artilleurs des postes de Saint-Jacques, qui vinrent renforcer les redoutes des routes de Rennes et de Vannes, qui étaient près d'être envahies. Ces derniers postes faisaient toujours un feu bien nourri qui empêchait les Vendéens de tourner les positions qu'ils occupaient encore, mais qu'ils ne pouvaient plus défendre.

Le secours arrivé subitement aux Nantais leur rendit le courage et l'espérance. Le feu recommence avec plus de vivacité que jamais ; la fureur s'allume dans tous les rangs ; la rage excite tous les cœurs. Le canon, parfaitement servi des deux côtés, tonnait comme les coups de mille tonnerres à la fois. Les balles, les boulets vomissaient partout la mort. Cependant, l'artillerie nantaise, plus avantageusement placée dans l'embrasure de ses redoutes, emportait des pelotons, des rangs entiers de Vendéens. Ces derniers, méprisant le trépas, avançaient toujours sur les batteries et n'en étaient plus qu'à une légère distance, quand une bordée affreuse de mitraille, lancée presque à bout portant, éclaircit tout à coup le bataillon le plus avancé et le réduit presque à rien. Cette bordée, semblable à la foudre, frappa les Vendéens de stupeur et d'effroi : elle les arrêta tout à coup. La mitraille vole, éclate, blesse, tue, renverse, à trois reprises différentes, tout ce qui reste exposé à ses coups. Le pavé, qui n'avait point été enlevé des rues où se passait ce terrible combat, augmentait encore le désastre des assaillants par les ricochets auxquels il donnait lieu. M. de la Rochejaquelein est blessé grièvement et jeté à bas de son cheval. Cathelineau, blessé à mort d'un éclat de mitraille à la tête et au flanc, tombe expirant sur un monceau de morts. Le sang, qui coule à grands flots de sa blessure, jaillit sur tous ceux qui l'approchent ; il crie : « Laissez-moi mourir et faites votre devoir aujourd'hui ! » A la vue du généralissime étendu parmi les siens et qu'ils crurent mort aussi, les Vendéens s'étonnent, s'épouvantent : leur feu se ralentit, des pleurs de désespoir coulent de leurs yeux, le découragement s'empare de leur âme : ils reculent. Malgré les refus de Cathelineau, on le relève ; on l'emporte malgré ses efforts et l'on bat en retraite, laissant une foule de morts sur le champ de bataille (1).

Le combat avait duré plus de six heures. Il avait été terrible et sanglant de part et d'autre ; cependant, la perte des Vendéens avait été plus considérable que celle des Nantais, protégés par les ouvrages qu'ils avaient pratiqués sur les points menacés.

Pendant cette attaque opiniâtre, les vétérans de la garde nationale, dont les compagnies étaient composées des

(1) 29 juin 1793.

hommes âgés de plus de soixante ans, faisaient de continuelles patrouilles pour maintenir l'ordre.

Les royalistes, qui avaient opéré leur retraite, n'abandonnèrent pas tout à fait le champ de bataille. Ils tinrent pendant vingt-quatre heures autour de Nantes; mais en vain ils tentèrent d'autres attaques sur des points différents : partout ils trouvèrent la même résistance, partout ils furent repoussés.

L'armée de Charette avait quitté le combat la première : ayant peu donné, elle éprouva peu de mal. La perte qu'avait éprouvée la Grande Armée était extrême. La plus sensible dans cette funeste journée fut celle du généralissime Cathelineau, qui arriva huit jours après le siège, des suites de ses affreuses blessures. Tous les Vendéens le pleurèrent (1). Les deux armées se retirèrent, fort mécontentes l'une de l'autre, s'accusant réciproquement et se reprochant une défaite dont ni l'une ni l'autre ne devait répondre. Il est certain que le défaut d'entente et d'intelligence causa seul les revers de cette journée. Il est vrai aussi (sans vouloir accuser M. de Charette) que s'il eût continué comme il avait commencé en redoublant le feu, pendant l'attaque de la Grande Armée, Nantes eût été pris dans le jour même. Il n'y avait alors dans cette ville qu'un petit nombre de troupes, composées de réquisitionnaires, et quelques compagnies des chasseurs de

---

(1) Il ne mourut que le 14 juillet, à Saint-Florent-le-Vieil, où il fut transporté, le lendemain de la bataille au plus tôt. « Tous les Vendéens le pleurèrent », c'est le mot que nous trouvons, à la date du 18 août 1793, sous la plume des chefs de l'armée réunis à Châtillon pour lui donner un successeur, dans la lettre qu'ils adressèrent au baron de Gilliers à Londres : « Les premiers chefs connus sont M. Cathelineau l'aîné (*nous pleurons sa perte*) et tous ceux qui composent la liste ci-jointe. » On remarquera que Cathelineau est seul nommé à part dans le corps de la lettre (voir Dom CHAMARD, *Correspondance inédite*, etc., Angers, 1880, p. 16), et que son souvenir, rendu si cruel par sa perte récente, hante l'esprit des chefs assemblés.

Beysser (1); mais les habitants faisaient le service avec une activité et un zèle infatigables.

Après cet échec, l'armée vendéenne s'anéantit comme à l'ordinaire. Cathelineau emporta les regrets et l'admiration de tous ses compagnons d'armes, mais surtout des paysans, dont il était adoré à cause de sa franchise, de sa simplicité, de sa bravoure et de sa piété. Mon père, qui lui avait écrit plusieurs fois pour avoir des notes sur les combats où il avait pris tant de part, et qui l'admirait beaucoup aussi, comme doué du plus beau caractère, le regretta infiniment et ne nous en parlait qu'avec une véritable vénération (2).

La mort du généralissime laissait la première place de l'armée vacante : on songea à le remplacer. Tous les vœux, tous les suffrages qu'on recueillit à Châtillon dans une convocation des chefs de toutes les armées (3), se portèrent sur M. d'Elbée, qui unissait au courage le plus brillant toutes les vertus du chrétien. M. de Bonchamps lui donna sa voix et voulut que tous ses officiers lui donnassent la leur aussi, se gardant bien d'élever des prétentions qui eussent pu causer de la désunion dans l'armée (4). Il en fut ainsi de M. de la Rochejaquelein,

---

(1) *Jean-Michel* BEYSSER, né le 4 novembre 1753 à Ribeauvillé, en Alsace; il avait été chirurgien au service de la Compagnie des Indes hollandaises; devenu général de la République, il fut guillotiné à Paris le 24 germinal an II (13 avril 1794).

(2) Ces détails donnent à ces souvenirs tout leur prix. On sent, en les lisant, que nous avons là le sûr écho de ce qu'on disait, parmi les Vendéens, de celui qui est la plus belle et la plus pure gloire de la Vendée.

(3) Cette convocation est datée du 16 juillet, de Chemillé. Il nous semble très douteux qu'il en ait été question avant ce jour, malgré les raisons plus subtiles que concluantes que déduit M. O. de Gourcuff, dans l'étude plus bas citée. L'élection eut lieu le 19 juillet.

(4) D'autres historiens, et en particulier M. O. DE GOURCUFF (*Revue du bas Poitou*, 7ᵉ année, numéro supplémentaire, p. 156), regardent comme un fait avéré que Bonchamps « renonça à la lutte, détourna même ses officiers de voter », et, par dévouement à la cause commune, favorisa ainsi l'élection de d'Elbée.

qui se contentait toujours du premier poste aux avant-gardes et qui disait que, si le Roi revenait, il ne lui demanderait qu'un régiment de housards. M. de Charette ni aucun de ses officiers ne prirent part à cette élection (1). Il feignit même toujours de ne pas reconnaître de généralissime. Il affecta même de se montrer et rester indépendant dans les contrées où il commandait. Depuis l'affaire de Nantes, il régna surtout un froid remarquable entre la Grande Armée et la sienne (2).

Les généraux désiraient beaucoup s'emparer de Luçon. Cette petite ville, qui était fort à leur convenance, est située dans des marais salins et non loin de la mer, dans des plaines assez étendues. Ce petit port était surtout convoité par M. de Charette qui l'avoisinait et voulait en faire une espèce d'entrepôt pour communiquer au besoin avec l'Angleterre, avec laquelle il était entré en relation à l'aide de quelques barques. Les secours commençaient à devenir nécessaires, et les munitions étaient rares; l'échec éprouvé à Nantes avait porté un coup fatal.

On fit un rassemblement considérable sur la fin de juillet (3). On s'aboucha avec M. de Charette; on combina le mouvement, et, le jour marqué, la Grande Armée, à laquelle se réunit celle de M. de Bonchamps, se dirigea

(1) Il est certain que Charette se fit représenter et Savin aussi, Charette par deux officiers députés, Savin par un seul. Il est sûr aussi que, tout en affectant une conduite indépendante, Charette reconnut l'autorité du généralissime et en reçut des ordres.

(2) L'élection de Cathelineau, comme général en chef de la *Grande Armée* à Saumur, avait été un hommage rendu par les officiers de cette armée au plus populaire et au plus aimé d'entre eux. Ainsi, l'élection du généralissime de *toutes les armées vendéennes*, à Châtillon, était un hommage rendu, par les autres armées de la Vendée, à la Grande Armée angevine, la première de toutes par le nombre de ses soldats et de ses victoires; et, dans cette armée, à d'Elbée, de tous les officiers le plus influent et, avec Cathelineau, le plus justement estimé pour ses talents et surtout pour ses services.

(3) Une première attaque eut lieu le 28 juin, la veille de l'attaque de Nantes. Il s'agit ici de la seconde, qui eut lieu le 30 juillet.

sur Luçon par les Quatre-Chemins (1). M. de Charette arriva par le Marais (2). On devait se battre dans le marais qui est devant Luçon. Cette petite ville renfermait 3,000 hommes de troupes et quelques gardes nationaux, qui avaient pratiqué des redoutes derrière lesquelles ils avaient placé leur artillerie et s'étaient barricadés eux-mêmes.

Les Vendéens attaquèrent avec vigueur, mais sans ordre. Il n'y eut point d'ensemble entre l'attaque de la Grande Armée et celle de M. de Charette. En vain M. de la Rochejaquelein (3), à peine guéri de sa blessure, fit-il des prodiges de valeur; en vain, suivi de quelques braves et de ses officiers, s'élança-t-il sur les canons des républicains; ses soldats le laissèrent seul affronter les dangers. Désespérant de les conduire à l'ennemi au milieu des balles et des boulets, qui déjà les mettaient en désordre, il fut obligé de songer à la retraite, qu'il effectua fièrement, disputant pas à pas le terrain, soutenant les siens auxquels il répétait sa harangue ordinaire : « Si j'avance, suivez-moi; si je fuis, tuez-moi; si je meurs, vengez-moi »; et donnant à tous l'exemple de la plus audacieuse intrépidité. La retraite s'opéra sans éprouver de grandes pertes, les républicains, qui étaient en petit nombre, ne poursuivant pas les Vendéens. On se promit de revenir bientôt prendre sa revanche et réparer l'affront fait à nos armes.

Les Suisses, qui voyaient arriver le 10 août, dont le souvenir excitait leur désir de vengeance, demandèrent

---

(1) Les Quatre-Chemins de l'Oie, commune de Sainte-Florence, canton des Essarts (Vendée).

(2) Charette n'était pas à Luçon le 30 juillet. L'auteur confond cette bataille avec celle du 14 août.

(3) La Rochejaquelein n'assistait pas au combat. Il était à celui du 14; mais il y resta l'arme au bras, sans tirer un coup de fusil.

à grands cris que ce jour fût choisi pour la seconde attaque de Luçon. On se prépara, sur leur demande, à marcher ce jour-là même. Le rassemblement fut ce jour-là plus considérable que la première fois. Toutes les armées, au grand complet, se réunirent et attaquèrent, le 10 août, comme il avait été dit (1). Luçon était fatal à la Vendée ; l'attaque fut infructueuse, et, cette fois, la perte fut immense. Une partie des canons et des caissons tomba au pouvoir de l'ennemi, qui poursuivit les royalistes bien avant dans la plaine, où la cavalerie républicaine causa beaucoup de mal aux Vendéens.

Les échecs éprouvés à Nantes et à Luçon firent un grand dommage à notre armée, qui ne s'en releva jamais. Le cours de nos prospérités avait atteint son terme, et la seconde défaite de Luçon, la plus funeste que nous ayons éprouvée, laissa des traces ineffaçables dans nos rangs. La pauvre ville de Mortagne y perdit quinze hommes ; c'était beaucoup sur le contingent qu'elle avait fourni à l'armée, qui était de cinquante combattants.

Le temps des brillants succès était passé. La Vendée ne fit plus que soutenir et garder ses frontières, qui se resserraient chaque jour. Ils obtinrent bien encore quelques avantages, comme à Châtillon, à Torfou (2) ; mais ils ne purent plus faire des excursions hors du Bocage. Il fallut se borner à se défendre et renoncer à prendre l'offensive. Bientôt même, le pays fut entièrement envahi et l'armée obligée de traverser la Loire, où elle trouva son tombeau, après trente combats glorieux soutenus avec une ardeur digne d'une meilleure fin.

Quelques semaines après la funeste attaque de Luçon,

---

(1) L'attaque eut lieu le 14 août, et non le 10.
(2) Torfou, canton de Montfaucon-sur-Moyne, arrondissement de Cholet (Maine-et-Loire).

Chalbos (1), général républicain qui arrivait par Niort, mit à la tête de son avant-garde Westermann (2), dont le nom fatal a retenti dans nos contrées en y portant la terreur et la mort. Ce soldat prussien déserteur, digne disciple de Weishaupt (3), chef des illuminés, s'était signalé d'une manière horrible à l'attaque des Tuileries, le 10 août 1792, où on le remarqua caracolant au milieu des Marseillais et des piques sur un grand cheval noir, encourageant ses satellites au massacre. (Voyez le *Nouveau Tableau de Paris*, par PELLETIER, London, 1792. Peccadilly.) Cet aventurier, devenu général, avait été envoyé dans la Vendée à la tête d'environ douze mille hommes sous le nom d'*Armée du Nord*. Cette armée, qui avait mission de mettre tout à feu et à sang sur son passage, déboucha dans notre infortuné pays par Parthenay, s'empara de Bressuire et bientôt après de Châtillon (4).

Le Conseil supérieur, l'état-major général, les caisses, etc., tout fut évacué sur Cholet et sur Mortagne. La fuite même fut si précipitée que la presse royaliste tomba au pouvoir des républicains.

Westermann, maître de Châtillon, crut avoir réduit toute la Vendée. Ses rapports au Comité de salut public font foi de sa présomption à cet égard. Cet homme, avec toute la dureté d'un soldat allemand, sans éducation, brusque, cruel, ardent, intrépide, plein d'audace et de forfanterie, signala ses premiers pas par le meurtre et

---

(1) CHALBOS (*Alexis*), né à Cubières (Lozère), le 6 mars 1736, vieux soldat de la guerre de Sept ans, général de brigade à l'armée des côtes de la Rochelle, le 6 mai 1793, mort commandant d'armes à Mayence, le 17 mars 1803.

(2) *François-Joseph* WESTERMANN, né en 1764 à Molsheim (Alsace), adjudant général en 1792, fut envoyé en Vendée; dénoncé et condamné à mort par le tribunal révolutionnaire de Paris, il fut exécuté le 16 germinal an II (5 avril 1794).

(3) Weishaupt, né en 1748, mort en 1822.

(4) Westermann entra dans Châtillon le 3 juillet, et non pas après le 14 août, date de la troisième bataille de Luçon.

l'incendie. De tous les généraux envoyés par la Convention dans la Vendée, c'est celui qui fut le plus dangereux et le plus redoutable. Acharné à la poursuite de notre armée, c'est lui qui, l'acculant à la Loire, la força de traverser ce fleuve et la rejeta dans un pays nouveau où ses victoires mêmes préparèrent ses premières défaites, ayant perdu la faculté de se recruter et de réparer ainsi les pertes qu'elle éprouvait chaque jour. Il paya de sa tête les victoires qu'il remporta sur les Vendéens : rappelé à Paris à la fin de 1793 par le Comité de salut public, sous prétexte d'intelligences avec les fédérés de Normandie, il trouva la mort sur l'échafaud, au lieu des couronnes civiques qu'il s'attendait à recevoir. Misérable et triste fin d'un scélérat qui se faisait un jeu de verser le sang et d'incendier un pays héroïque, digne d'un autre sort. Quand il voulut parler de sa gloire militaire, au lieu d'admirateurs, il ne vit que des dénonciateurs et des bourreaux.

Arrivé à Châtillon, Westermann fit camper son armée sur la montagne du Château-Gaillard. Cette position excellente dominait tous les lieux d'alentour et la petite rivière de Louin, qui coule à ses pieds du côté de l'est et vis-à-vis de laquelle la montagne s'élève à pic et rend toute cette partie inabordable. Le sommet du mont fut hérissé de canons, surtout du côté de l'ouest, le seul qui fût accessible, étant presque de niveau avec les champs voisins contigus aux chemins du Temple (1) et de Mallièvre (2).

A la nouvelle de la prise de Châtillon, chef-lieu, pour ainsi dire, du pays royaliste, les Vendéens furent con-

---

(1) Le Temple, canton de Châtillon-sur-Sèvre, arrondissement de Bressuire (Deux-Sèvres).
(2) Mallièvre, canton de Mortagne-sur-Sèvre, arrondissement de la Roche-sur-Yon (Vendée).

sternés : la ville sacrée, siège du grand quartier général, du Conseil supérieur, au pouvoir de l'ennemi! Jamais les armées incendiaires n'avaient encore pénétré si avant dans le Bocage. A l'effroi succéda bientôt une noble indignation; tous jurèrent de reprendre Châtillon ou de périr. Ils promirent de ne poser les armes qu'après avoir repoussé l'insolent agresseur.

Les chefs profitèrent habilement de la disposition des esprits et ordonnèrent soudain un rassemblement général à Cholet. Il s'y trouva quinze mille hommes. Le nombre était peu considérable; mais c'étaient d'intrépides soldats déterminés à se battre jusqu'à la mort.

L'armée, sous le commandement de MM. d'Elbée, Stofflet, de Lescure et de la Rochejaquelein, marcha sur Châtillon par les Échaubroignes (1) et arriva à la croix de mission qui se trouve à l'embranchement du chemin de Cholet (2). Là, elle se partagea en deux colonnes : l'une prit les détours pour arriver par le chemin du Temple et de Mallièvre; l'autre continua la route par Saint-Jouin et les derrières de la ville. Elle fit halte au Calvaire, pour donner à la première colonne le temps d'arriver sur le camp, et s'embusqua de manière à n'être pas découverte. Le Calvaire était hors de la portée des boulets et mettait l'armée à l'abri de toute atteinte. Quand on eut reçu le signal de l'arrivée de la seconde colonne, la première se développa subitement et en bon ordre, les canons au centre, les tirailleurs sur les ailes et la cavalerie en queue pour soutenir la retraite en cas de revers. L'infanterie, qui avait serré ses rangs, marchait en avant de toute la force qu'elle pouvait mettre au

(1) Les Échaubroignes, canton de Châtillon-sur-Sèvre, arrondissement de Bressuire.
(2) C'était le 5 juillet, deux jours après l'entrée de Westermann dans la ville.

pas de course. Les drapeaux se déploient; on sonne la charge, l'artillerie joue, et toute l'armée s'ébranle au cri de : *Vive le Roi!* Ce cri si cher, ce cri que les Vendéens ont toujours dans la bouche avec le sentiment dans le cœur, ce cri électrise toutes les âmes, enflamme tous les courages; il pénètre, il excite, il échauffe les chefs et les soldats. Il y eut un tel élan dans les rangs, les cris furent si forts, si prolongés, qu'on les entendit de Cholet, éloigné de près de trois lieues du champ de bataille (1). Après les premières décharges de l'artillerie, la seconde colonne, qui n'avait point de canons, commença son feu de mousqueterie et se précipita sur le côté faible du camp de Château-Gaillard, et la colonne, qui s'était développée, courut vivement sur le camp par la ville, sans donner à l'ennemi le temps de se reconnaître.

Dans ce moment, Westermann était à dîner en son logement, chez M. Tocqué (2), loin de l'enceinte du camp attaqué; il n'avait pris aucunes précautions, ordonné aucunes patrouilles, établi aucuns postes avancés, mesures de prudence que les généraux les plus inexpérimentés ne négligent jamais. Il ne voulut jamais s'assujettir à ces règles de stratégie; son incurie lui réussit quelquefois, mais, ce jour, elle lui fut fatale et procura

---

(1) Si ce fait pouvait vous paraître incroyable, je vous rappellerais celui rapporté par Plutarque. Cet historien affirme que, sous le consulat de Mummius, qui soumit la Grèce aux Romains, le Sénat ordonna que les Grecs conserveraient leurs lois et leur liberté. Le consul, ayant fait rassembler les Achéens à Corinthe, leur donna connaissance du décret du Sénat. A la lecture de cet arrêt, un nombre infini de voix fit entendre des acclamations si fortes et si prolongées que des corbeaux qui volaient au-dessus de l'assemblée tombèrent morts par la percussion de l'air. Les cris furent entendus jusque dans le Péloponèse. (*Note de l'auteur.*)

(2) *César-Auguste* Tocqué, sieur d'Aubert (*Locqué*, dit Mercier du Rocher dans ses *Mémoires*), paroisse des Échaubroignes, receveur du district. Receveur des tailles à Châtillon, il avait été emmené et enrôlé de force par les républicains; il avait épousé *Marie-Rose* Pasquier *de* Villegois en 1770.

aux Vendéens un des plus éclatants succès qu'ils aient obtenus.

Surpris au milieu de son repas, il ne sut d'abord ce qu'il avait à faire, ni quels moyens prendre pour arrêter les assaillants. Son premier mouvement fut de se rendre au camp; mais, à son arrivée, ses soldats étaient déjà ébranlés. La colonne de Mallièvre avait donné avec tant d'impétuosité, sa première charge avait été si vigoureuse, qu'elle avait enfoncé tout ce qui se trouvait devant elle. Les Républicains, effrayés d'une attaque aussi imprévue, s'étaient précipités les uns sur les autres et fuyaient de toutes parts pour échapper. Le camp était entouré de tous côtés, à l'exception de celui qui donnait sur la rivière, la première colonne n'ayant pas eu le temps d'y arriver. La pente de ce coteau, étant à pic, n'offrait qu'une retraite très hasardeuse : n'importe; la peur avait tellement saisi les fuyards qu'ils choisirent cette issue pour se sauver en désordre.

Les premiers descendirent ce coteau plutôt en roulant qu'en courant; mais les canonniers ayant voulu entraîner l'artillerie de ce côté, et cette voie étant presque impraticable, les chevaux, les canons, les caissons, ne pouvant résister à leur poids, qui les entraînait sur cette pente rapide, culbutèrent tous les uns sur les autres dans le ravin, à 80 pieds de profondeur, entraînant dans leur chute tout ce qui se trouvait sur leur passage. Le ravin se trouva bientôt obstrué : fantassins, cavaliers, chevaux, tous pressés, étouffés, roulaient en désordre et n'offraient plus qu'une masse inerte et pleine de confusion.

Pendant ce temps, la colonne de M. de la Rochejaquelein poursuivait toujours sa marche par le sommet de la montagne et le cernait presque tout entier, tandis que la première colonne arrivant par Saint-Jouin et le Château assaillit les républicains qui se sauvaient par la ville. Ce ne fut plus qu'une boucherie. On prit tout ce qui était descendu au pied de la montagne et tous les soldats qui se sauvaient par le côté de l'est. Les Vendéens poursuivirent les fuyards qui avaient pu s'échapper jusqu'à Bressuire (1).

Le résultat de cette victoire fut très avantageux au pays. On prit douze pièces de canon, toutes les munitions, bagages, etc. Les républicains eurent plus de trois mille hommes tués et quatre mille prisonniers, qui furent conduits pour la plupart à Mortagne. Cette bataille fut une des plus meurtrières qui eussent encore été livrées.

Le Conseil supérieur et l'état-major général rentrèrent aussitôt à Châtillon, et l'évêque d'Agra y chanta un *Te Deum* en actions de grâces du succès que Dieu nous avait accordé.

Nous voici arrivés, mes enfants, à l'époque désastreuse où la Convention envoya contre la Vendée les garnisons de Mayence et autres villes voisines, que les Prussiens avaient faites prisonnières et renvoyées sous la promesse qu'elles ne serviraient plus. Ces troupes de vieille levée, commandées par Aubert-Dubayet (2), Kléber (3) et autres, furent pendant six mois la terreur de notre pays. Ce n'étaient plus ces gardes nationales, formées sans choix et à la hâte, sans courage, sans discipline, sans esprit

---

(1) On peut voir, par le récit du canonnier *Monte-au-Ciel*, publié en partie par M. Chassin (*la Vendée patriote*, t. I, p. 290), combien sont exacts ces détails, à moins qu'on ne veuille constater l'exactitude du récit de *Monte-au-Ciel* par celui de M. Boutillier de Saint-André. La précision du récit, chez notre narrateur, tient à ce qu'il a recueilli le plus souvent les détails des faits de la bouche des acteurs eux-mêmes ou des prisonniers, quand il n'en a pas été témoin.

(2) *Aubert-Dubayet*, né à la Louisianne, le 29 août 1759, servit sous Rochambeau et Lafayette, et mourut à Constantinople, le 17 janvier 1797.

(3) Kléber naquit à Strasbourg en 1754. D'abord architecte, puis élève de l'École militaire de Munich, il servit huit ans dans les troupes de l'Empire. Créé général de brigade pour aller en Vendée, il se fit battre à Torfou, mais vainquit à Cholet, le 17 octobre 1793. Il mourut assassiné au Caire, le 14 juin 1800.

militaire; ce n'étaient point de ces soldats de Paris pris dans les faubourgs, enrôlés moyennant un assignat de 500 francs, auxquels on avait promis le pillage de nos maisons; ce n'étaient point enfin ces masses contraintes par la terreur à s'armer et à marcher pour la défense de la République. Les Mayençais étaient de vieilles troupes de ligne, encore vêtus de leur habit blanc, exercés par les fatigues, éprouvés dans les combats, soldats pleins de valeur et expérimentés dans l'art militaire. Cette armée, composée d'environ dix-huit mille hommes quand elle entra dans la Vendée, fut détruite entièrement dans l'espace de six mois; mais elle avait anéanti les royalistes en les forçant de repasser la Loire, funeste cause de leur entière destruction.

La République avait envoyé aussi contre nous une partie de l'armée du Nord, toute couverte de capotes grises, et une autre dont les soldats furent pris dans chaque bataillon guerroyant aux frontières. On en avait formé des corps qu'on nommait les *Vengeurs*, les destinant à venger leurs frères d'armes tombés sous les coups des brigands de la Vendée; car c'est ainsi qu'on nous qualifiait. Il est à remarquer cependant que, jusqu'alors, les Vendéens n'avaient encore fait mourir aucun de leurs prisonniers, malgré que les républicains n'eussent épargné aucuns royalistes. Ces bataillons des Vengeurs furent les premiers à mettre le feu dans notre pays.

Vers ce temps (1), une forte colonne venue d'Angers par Brissac (2) s'avança par Martigné (3) et s'apprêta à passer le Layon (4) et à pénétrer dans la Vendée.

---

(1) Le 15 juillet 1793; il s'agit, non de la bataille de Martigné-Briand, 15 juillet, mais de celle de Vihiers, 18 juillet.
(2) Brissac, chef-lieu de canton, arrondissement d'Angers.
(3) Martigné-Briand, canton de Doué, arrondissement de Saumur.
(4) Affluent qui se jette dans la Loire à Chalonnes-sur-Loire.

MM. Piron, de Marsange (1) et Soyer (2) conduisirent un faible détachement contre l'ennemi. Les républicains occupaient une forte position sur les hauteurs de Martigné; ils avaient vingt-quatre pièces de canon, et les Vendéens n'en avaient que six; mais ces derniers, tous levés dans les paroisses les plus belliqueuses de notre pays, Chanzeaux (3), Chemillé, Trémentines (4), Coron, etc., montrèrent une bravoure héroïque. Ils se battaient pour leurs foyers, leurs femmes, leurs enfants, leurs temples menacés...; ils déployèrent un tel courage, leur attaque fut si brusque, leur ardeur si opiniâtre, qu'ils remportèrent une victoire complète, malgré leur infériorité en hommes et en artillerie. Ils prirent les vingt-quatre canons, tuèrent beaucoup de monde et firent un grand nombre de prisonniers. Ce fut à cette bataille que MM. Soyer frères se firent remarquer par leur bravoure et l'aîné par ses talents. Il commandait la cavalerie et reçut à ce glorieux combat une balle qui lui traversa le corps. Il survécut à

(1) M. Boutillier de Saint-André semble faire de Piron de Marsanges un seul et même personnage; il faut ponctuer « MM. Piron, de Marsange et Soyer ».

On croit que M. PIRON, ou *de* PIRON, comme dit Mme DE LA ROCHEJAQUELEIN (*Mémoires*, p. 181), était du pays d'Ancenis. On ne sait rien de précis sur son origine et son identité. Émigré, il aurait servi sous les princes dans les chevau-légers. Il fut pris après la bataille de Savenay et fusillé à Blain.

Léonard de MARSANGES naquit le 12 mars 1766 à Bellac, en Limousin; sous-lieutenant au régiment d'Auvergne en 1782. Il fut tué au siège d'Angers.

(2) Les SOYER étaient quatre frères :

François-René SOYER, né le 5 septembre 1764, devint évêque de Luçon en 1821 et mourut le 5 mai 1845.

Jean-Aimé, né en 1770 à Thouarcé, près d'Angers, major général de l'armée d'Anjou; chevalier de Saint-Louis, il reçut, en 1816, le brevet de maréchal de camp ; il mourut le 17 octobre 1823.

François, né en 1775, fut breveté colonel et mourut chevalier de Saint-Louis en 1855.

Louis-Pierre, né en 1777, breveté chef de bataillon et chevalier de Saint-Louis, mourut en 1860.

(3) Chanzeaux, canton de Chemillé, arrondissement de Cholet (Maine-et-Loire).

(4) Trémentines, canton et arrondissement de Cholet.

cette terrible blessure, rendit encore de grands services et ne mourut qu'en 1823 des suites de sa blessure.

Cette bataille de Martigné est la seule où les généraux en chef n'assistèrent pas. La victoire n'en fit que plus d'honneur aux officiers et au petit nombre de braves qui s'y trouvèrent; car ils n'étaient qu'environ trois mille hommes, et les républicains en avaient plus de huit mille.

Quand tous les prisonniers furent réunis, il s'en trouva un nombre considérable : ces hommes embarrassaient beaucoup; on ne savait plus où les mettre. Mortagne, Cholet, Chemillé en étaient pleins. Leur nourriture coûtait énormément. La plupart excitaient un véritable intérêt, ayant été forcés de se battre contre leur opinion : ils n'inspiraient aucune défiance. Un ordre du Conseil supérieur les fit tous remettre en liberté. On leur donne des passeports pour rentrer dans leurs familles. Ces passeports délivrés au nom du Roi, par mon oncle Boutillier des Hommelles, commissaire délégué pour cette opération, portaient que la liberté ne leur avait été accordée que sur le serment par eux prêté de ne jamais servir les républicains et de ne jamais porter les armes contre le Roi. Ils devaient, s'ils étaient repris, être condamnés à mort comme traîtres et parjures. M. de Marigny proposa, sur la fin, de leur couper les cheveux, afin de pouvoir les reconnaître, s'ils étaient repris. Leur chevelure ressemblait alors à celle que nous portons maintenant et qui n'était pas encore de mode. Les prisonniers se soumirent volontiers à cette épreuve; ils s'armèrent eux-mêmes de ciseaux et se rendirent en riant, réciproquement, le service de se tondre, très contents de recouvrer la liberté à ce prix. Il en fut renvoyé de cette manière plus de douze mille (1). Hélas!

(1) A combien de Vendéens les patriotes ont-ils rendu ainsi la liberté? Pour établir une juste proportion, on peut dire que les Vendéens ont mis

cette liberté, dont ils s'étaient flattés de jouir, ils ne la goûtèrent pas longtemps : à peine rendus aux premiers postes républicains, les autorités révolutionnaires les forcèrent de marcher encore et de retourner contre ces mêmes Vendéens, qui leur avaient conservé la vie et accordé si généreusement la liberté. Plusieurs reprirent du service de bon gré, mus par le sentiment d'une noire ingratitude; mais le plus grand nombre fut forcé sous peine de mort à ce parjure, ayant en horreur une telle conduite, qui les exposait, s'ils étaient repris, à la vengeance des Vendéens qui les punissaient d'avoir trahi leurs serments.

Que pensez-vous, mes chers enfants, de ce gouvernement fondé, disait-on, sur les vertus antiques, l'honneur, la liberté, le désintéressement, la fraternité? Ne donne-t-il pas l'exemple d'une chose inouïe jusqu'alors? Sans foi, sans respect pour la religion du serment, se jouant également de la vie et de la liberté des hommes, ne se ravalait-il pas au-dessous des nations les plus barbares? Et c'est nous qu'il osait qualifier de *brigands!* C'est un peuple généreux et brave, clément et miséricordieux, à qui il ose donner cette épithète honteuse! Quelle leçon d'immoralité! Bien différents des anciens républicains de Rome, qui respectaient scrupuleusement la religion du serment, plus cruels, plus éhontés que les tyrans de Rome corrompue, qui ont toujours conservé de la vénération pour les promesses religieuses, et dont les dieux leur semblaient, avec raison, les gardiens et les vengeurs, ces prétendus philanthropes ne se montrent-ils pas, dans cette circonstance, sous le jour le plus odieux et le plus détestable ?

à mort à peu près autant de prisonniers bleus que les bleus ont épargné de prisonniers vendéens; et encore, nous ne savons si l'avantage n'est pas du côté des Vendéens.

Si les hommes, même les plus scélérats, montrent encore de l'horreur pour le parjure, que penser d'un gouvernement qui en fait une loi aux citoyens sous peine de mort? Je laisse à votre indignation à apprécier, qualifier et juger une pareille conduite : pourrez-vous la flétrir jamais assez (1)?

L'armée de Mayence déboucha dans la Vendée par Nantes et Clisson. Son avant-garde, forte d'environ 6,000 hommes, avança jusqu'à Torfou. La division de Charette et la Grande Armée commandée par M. d'Elbée se mesurèrent avec elle sans pouvoir la faire reculer. Cette gloire était réservée à l'armée de Bonchamps, qui arriva sur le champ de bataille vers deux heures de l'après-midi. Après des feux très vifs de mousqueterie et d'artillerie et plusieurs charges très meurtrières, les Vendéens firent un dernier effort, et les Mayençais furent culbutés de toutes parts : poursuivis jusqu'auprès de Clisson pendant quatre lieues, presque tous périrent dans le bas chemin, qui était encombré de chevaux, de bagages, de blessés et de morts. Le plus grand carnage eut lieu surtout auprès d'une petite chapelle qu'on nomme Toute-Joie. L'artillerie, les caissons les bagages tombèrent en notre pouvoir. C'est à cette bataille que Kléber, voyant le feu des Vendéens et admirant le sang-froid et la valeur de nos soldats, s'écria dans son accent allemand : « *Tiaple! ces pricands se pattent pien!* »

Cette victoire, dont nous apprîmes les détails le lendemain, ranima le courage de notre armée et retarda de quelques jours la marche des républicains; mais elle ne

---

(1) M. Boutillier de Saint-André n'exagère rien. Dès le mois de juin 1793, Creuzé et Thibaudeau avaient publié une proclamation — (imprimée à Poitiers, chez Chevrier, et conservée aux Archives nationales, AF 11, 265, pièce 281) — déclarant le serment prêté dans ces circonstances non valable. Le 22 juin, la Convention, sur le rapport du Comité de salut public, lança l'abominable décret qu'on peut lire dans Chassin, *la Vendée patriote*, t. II, p. 58.

fit que reculer nos malheurs pour l'instant. Notre perte était certaine : comment pouvions-nous résister à une armée nombreuse et formidable dont la seule avant-garde avait tenu en échec les Vendéens? Après les combats, l'armée se fondait comme une boule de cire auprès du feu. C'était au point qu'on n'en voyait presque plus de traces après les batailles, et quelques Allemands et Suisses étaient tout ce qui restait sous les drapeaux.

Les républicains ne hasardèrent plus d'avant-gardes aussi faibles; mais ils attendirent le gros de leur armée et s'avancèrent par Montaigu et Clisson jusqu'à Tiffauges, au nombre de 24,000 hommes. Une colonne très nombreuse s'avançait par les Herbiers, et l'armée du Nord, conduite encore par Westermann, sous le commandement de Chalbos, arrivait par Châtillon, de sorte que la Vendée était envahie à la fois de trois côtés. Le rendez-vous général de toutes les armées était à Mortagne et Cholet, les deux principales places des Vendéens.

A l'approche de toutes les colonnes, qui portaient avec elles l'incendie et la mort, nous nous vîmes perdus.

Les Vendéens attaquèrent d'abord celle qui s'était de nouveau emparé de Châtillon et la mirent dans une déroute complète (1). La ville fut reprise et l'ennemi poursuivi jusque près de Bressuire; mais le défaut de précautions, pendant la nuit, détruisit tout le succès de cette victoire, l'une des plus brillantes pour nos armes. Westermann, qui connaissait l'indiscipline de nos soldats, revint sur les minuit seulement avec quelques cavaliers, et, ne trouvant que des paysans endormis ou ivres, il en sabra un grand nombre, reprit ses canons et resta maître de la ville (2).

(1) Le 9 octobre. (*Note de l'auteur.*)
(2) Il se passa, à ce retour de Westermann, un fait qui concerne la famille Tocqué, liée avec la nôtre, qui mérite d'être rapporté :
« Mme Tocqué et ses enfants étaient restés dans leur maison. Le por-

C'est ici, mes chers enfants, que commença la longue série de nos malheurs et de nos dangers. J'ai besoin de prendre sur moi pour avoir la force de vous en dérouler le noir tableau. Jusqu'à l'époque où nous sommes arrivés, une suite de succès, entremêlés de quelques revers passagers et bientôt réparés, soutenait encore nos espérances ; mais, désormais, plus d'illusions : la vérité tout entière, mais une vérité affreuse, celle de la destruction de notre pays et la mort, apparaît à nos regards et ne nous laisse plus le moindre doute sur notre sort. La fuite seule peut nous soustraire, pendant quelques jours, aux coups de l'ennemi ; mais la Vendée, cernée, sillonnée de toutes parts, envahie sur tous les points, n'offre plus d'asile à ses enfants. Le pillage, l'incendie, le meurtre : voilà le destin qu'on nous prépare ; et qui peut espérer de s'y pouvoir dérober ? S'il nous était resté quelques doutes à cet égard, ils eussent été dissipés par les rapports effrayants qu'une troupe nombreuse de femmes et d'enfants, qui fuyaient les pays occupés par l'ennemi, nous faisaient des atrocités commises par les armées révolutionnaires.

A la nouvelle de la prise de Châtillon, mon père, ma mère et toute notre maison fîmes nos paquets, qui consistaient, chacun, dans une chemise, quelques bas et mouchoirs, et fûmes nous cacher sur les bords de la Sèvre, au milieu de nombreux rochers qui encombrent le

---

tail était ouvert, et, sur les onze heures du soir, les cavaliers républicains entrèrent dans la cour, faisant main basse sur toutes les personnes qu'ils rencontraient. Mme Tocqué traversait la cour, ayant deux enfants dans ses bras et deux autres autour d'elle. Un monstre eut la lâche barbarie de tirer un coup de carabine qui tua la mère, blessa très grièvement l'aînée de ses filles et plus légèrement une autre (maintenant Mme de la Roussardière), et, comme par miracle, ne toucha point à la plus jeune, Mme Radigon. Le général, qui se trouva présent, fut si indigné de ce meurtre, qu'il brûla la cervelle à l'assassin. Mais la mort avait saisi sa proie. » (*Note de l'auteur.*) — Voir aussi *Mémoires* de Mme DE LA ROCHEJAQUELEIN, p. 258.

cours de cette rivière, dans la vallée d'Evrunes. Nous n'avions pas fait plus d'un quart de lieue, que nous entendîmes une détonation terrible, comme de trente canons qui eussent tiré à la fois. Nous crûmes que les républicains étaient entrés à Mortagne, et nous restâmes toute la nuit cachés. Le lendemain, nous vîmes quelques femmes, qui nous dirent que les Bleus n'étaient pas sortis de Châtillon, et nous nous hasardâmes à revenir à Mortagne (1).

Nous apprîmes en arrivant la cause de ce bruit extraordinaire qui nous avait tant effrayés : le dépôt de l'artillerie était dans la cour de l'abbaye, et il y avait alors un grand nombre de caissons, pleins de poudre, de cartouches et de gargousses. On avait laissé ce parc à l'abandon : deux femmes et deux hommes, entraînés par la curiosité, furent visiter ce magasin. C'était la nuit : ils s'étaient munis de chandelles. Beaucoup de paille était éparse sur les caissons : une étincelle de lumière tomba sur cette paille et mit en un instant le feu à un caisson plein de poudre; l'explosion eut lieu sur-le-champ ; elle fut affreuse : les deux hommes furent enlevés à plus de vingt pieds et tués raide; une femme fut tuée aussi, et l'autre eut tout le corps brûlé : elle survécut à sa blessure. Je l'ai vue très souvent depuis : c'était la sœur de David, boulanger, qui est venu depuis s'établir à Cholet et que vous connaissez.

Quand nous arrivâmes à Mortagne, il nous fallut passer auprès des cadavres de ces malheureux : c'étaient les premiers que je voyais, et je frissonnais d'horreur à l'aspect de ces corps mutilés, noircis et réduits à la longueur de quelques pieds.

(1) L'ordre, dans le récit des événements généraux, serait : batailles de Fontenay, p. 115 à 118; prise de Saumur, p. 118 à 139; bataille de Châtillon, p. 149 à 155; grand choc de Vihiers, p. 156 à 158; batailles de Luçon, p. 147 à 149; l'arrivée de l'armée de Mayence, p. 155 à 156; bataille de Torfou, p. 160; seconde bataille de Châtillon, p. 161 à 163.

La paille brûlait toujours dans l'abbaye et aurait communiqué le feu au reste des caissons, sans le courage de quelques hommes qui se dévouèrent et éteignirent le feu, malgré l'extrême danger auquel ils s'exposaient. Si le feu n'eût pas été arrêté, notre pauvre ville eût été détruite en un instant. Hélas! cet événement n'eût fait que devancer de quelques heures sa destruction entière, tous les fléaux de la guerre civile ayant frappé à la fois notre infortunée patrie.

Nous ne restâmes que quelques jours chez nous. Mon père et moi fûmes nous cacher de nouveau aux Zais, dans la vallée de Saint-Hilaire, sur les bords de la Sèvre. Ma mère, mes frères et tous nos domestiques restèrent à la maison. Rendus chez M. Bureau, ami de mon père, nous y trouvâmes MM. Chaillou et Rousse, deux autres de ses amis, qui s'y étaient réfugiés aussi. Le soir de notre arrivée, nous aperçûmes sur le sommet de la montagne, au levant, des femmes qui couraient en criant dans leur patois et de toutes leurs forces : *J'ons gagné! j'ons gagné!* Ce qui signifiait que les Vendéens avaient repoussé les ennemis de Châtillon. Hélas! notre espoir fut de courte durée : nous apprîmes le lendemain que Westermann était revenu et, après un grand carnage, s'était de nouveau emparé de cette ville.

Ma mère nous envoya un exprès et écrivit à mon père une lettre qu'il me lut et dont j'ai retenu bien facilement toutes les expressions, tant elle me frappa et attendrit mon cœur. La voici, mes enfants, et je suis sûr qu'elle vous touchera bien aussi.

« Mon ami,

«C'est en vain que nous voudrions conserver encore
« quelque espérance : **il ne nous reste qu'à faire à Dieu**

« le sacrifice de notre vie. Je croyais que les républicains
« se contenteraient de massacrer les hommes et qu'ils
« épargneraient au moins les femmes et les petits enfants :
« c'est ce qui m'avait fait rester dans notre maison; mais
« je viens d'apprendre, par un grand nombre de personnes
« qui les ont vus de près et qui sont venues chez nous
« chercher un asile pour se soustraire à leurs fureurs,
« qu'ils égorgent non seulement sans pitié et sans aucune
« distinction tout ce qu'ils rencontrent, mais encore qu'ils
« exercent sur les femmes des atrocités, qui font rougir
« la pudeur et dont la seule pensée me fait frémir d'effroi.

« Cette dernière circonstance m'empêche de rester plus
« longtemps sans toi dans notre maison, exposée à leur
« fureur. Je veux fuir avec toi, avec mes pauvres enfants.
« Nous mourrons tous ensemble peut-être ; mais j'aime
« mieux périr en fuyant que de conserver mes jours au
« prix d'outrages qui me rendraient indigne de toi.

« Hélas ! ce n'est pas pour nous ; c'est pour nos pauvres
« enfants que je crains... Que deviendront-ils, s'ils nous
« survivent? Mettons-nous, mettons-les sous la garde de
« Dieu : ce n'est qu'en lui désormais qu'est notre espoir.
« Adieu. »

Mon père inonda cette lettre de ses larmes : il la baisait, la pressait sur son cœur et me dit : « Ah ! mon fils ! quelle
« femme que ta mère ! quelle épouse le Ciel m'a donnée !
« Partons dès demain. »

La soirée passa bien tristement : mon père tomba dans un profond chagrin et ne put prendre aucune nourriture. Il dit à ses trois amis aussi inquiets que lui : « Oui, quand
« je devrais être guillotiné demain, je ne sentirais pas
« mon cœur plus oppressé qu'il ne l'est à cette heure. »

Édouard Bureau, jeune enfant de mon âge, lui dit avec

une naïveté bien comique : « Ma foi ! moi, j'aime mieux
« vivre ! » Cette repartie inattendue, et qui contrastait si
fort avec la situation de tous les personnages, nous fit tous
sourire un instant : le mouvement qu'elle excita fut comme
une légère lueur qui viendrait à poindre tout à coup au
milieu d'épaisses ténèbres.

J'étais bien inquiet, bien affligé aussi : je voyais tous
les malheurs prêts à fondre sur nous. J'envisageais déjà
la mort sous toutes ses formes : tantôt hideuse, terrible,
accompagnée d'une longue agonie ; tantôt plus douce, me
frappant d'un coup assuré, sous les yeux et après les baisers et les bénédictions de ma mère. Je me familiarisais
à cette idée de la destruction de mon être et je me disais :
« Puisqu'il me faut mourir un jour, qu'importe de périr
à quatorze ou à quarante ans ? Que sont ces courtes
années dans le cours des âges ? Que m'importe de mourir
d'un coup de fusil ou d'une fièvre, dans un champ ou dans
mon lit ? L'essentiel est de bien mourir. J'espère que Dieu
me fera miséricorde ; car j'ai chaque jour recours à lui
par mes prières. » Ces pensées me consolaient, me soutenaient.

Mais ce qui me remplissait d'angoisses, ce qui accablait
mon cœur d'amertume, c'était la crainte de voir massacrer
mes parents et de leur survivre. Cette réflexion, cette
appréhension terrible, me plongeait dans les tourments
les plus affreux. Elle m'occupait le jour, m'épouvantait la
nuit et ne me laissait pas un instant de repos dans la vie.

Hélas ! cette crainte de perdre jeune mes parents a toujours occupé mes pensées. Dès l'âge de six ans, longtemps
avant qu'il fût question de guerre civile, je me voyais
orphelin ; je songeais au chagrin que j'aurais de quitter
mes père et mère. Cette pensée m'occupait sans cesse ; je
ne pouvais la chasser de moi : je ne pouvais quitter mes

parents sans éprouver la plus vive inquiétude, la plus mortelle peine, et je me disais : « Que deviendrais-je, grand Dieu! s'il me fallait les perdre pour toujours? Qui m'aimerait, me soignerait? Qui aimerais-je moi-même, s'ils m'étaient ravis? » Ces pressentiments ont toujours occupé mon âme. C'en était au point que, dès l'âge le plus tendre, je me levais la nuit et je descendais écouter aux portes pour savoir si mes parents n'étaient point sortis. Quand ils étaient absents, je me livrais au plus violent désespoir. Que de fois j'ai été surpris nu, dans les corridors, sur les escaliers, épiant l'instant d'entendre ou de voir mon père et ma mère! Si je les savais présents, mon cœur était consolé et je retournais sans bruit me coucher et dormir. S'ils étaient absents, je me cachais et attendais leur retour : je n'aurais pu reposer avant.

Avec un cœur aussi sensible, avec un amour si tendre pour mes parents, vous jugerez combien je devais être accablé d'inquiétudes et quels chagrins j'ai dû éprouver quand je les ai perdus. Les regrets que je ressentis alors, je les porte encore dans mon âme : rien ne saurait les effacer de mon souvenir. Il n'y a que vous, mes enfants, il n'y a que la tendresse que vous me témoignez qui en ait un peu adouci l'amertume.

La nuit que nous passâmes aux Zais fut pleine de tristesse. Je me couchai avec mon père, et jusqu'au jour nous ne fîmes que prier Dieu. Le chagrin m'avait ôté le sommeil, et je ne faisais que pleurer et réciter des prières.

Le lendemain, de bonne heure, nous nous rendîmes à Mortagne : nous trouvâmes la ville presque déserte; tout avait fui. Ma mère avait conservé quelques sommes d'argent qu'elle n'avait pas encore cachées. Mon père employa le reste de la journée à faire des étuis en terre jaune qu'il consolidait en les faisant cuire au feu : il y glissa des écus et quelques louis. On renferma dans les doublures de gilet de mes frères et de moi des pièces d'or qu'on cousit avec soin : elles étaient destinées à nous faire vivre quelques jours, si nous étions séparés de nos parents, ou à racheter nos jours, si le don de ces pièces était capable d'attendrir la barbarie des assassins.

Tous ces apprêts, tous ces préparatifs, qui nous annonçaient un danger imminent, navraient mon père, mes sœurs et moi, moi surtout, qui, le plus avancé en âge, concevais mieux tout ce qu'il y avait de désolant dans notre position.

Nous portâmes le soir les étuis que mon père avait fait, partie dans le bois des Granges, partie dans un pré voisin de Mortagne. On fit des trous profonds dans la terre avec une barre de fer, dans lesquels on glissa les rouleaux; et mon père, ma mère et moi, qu'ils avaient mené avec eux pour ce triste ouvrage, comme l'aîné et le plus discret, afin qu'en cas de survivance, je pusse me rappeler le lieu où nous cachions notre argent, nous remarquâmes bien, par des lignes que nous faisions aux arbres et par le nombre des pas, les endroits où étaient nos caches. Mon père, avant de glisser les rouleaux en terre, avait recouvert chaque étui d'une ardoise sur laquelle il avait gravé ces mots : *Ad custodiam Dei*. (A la garde de Dieu.) Ce que nous avions caché dans le pré fut retrouvé, trois ans après, par un paysan qui nous le rendit; mais je n'ai jamais pu rencontrer ce que nous avions déposé dans le bois des Granges, malgré toutes les recherches que j'y ai faites à différentes fois.

En revenant de faire cette cache dans les bois, nous passâmes par Chasserat, où ma nourrice avait une petite maison. Ce lieu est au sommet d'une colline d'où l'on découvre, au nord, tout le plateau qui s'étend sur Cholet, le Mai, Nuaillé et tous les champs qui se trouvent au point culminant de Mortagne. Ce point de vue est très beau, et l'aspect d'un pays riche et fertile y délasse agréablement la vue. Nous nous arrêtâmes à considérer ce magnifique tableau. Mes parents, à la vue d'un si gracieux paysage, pensant au sort qui lui était réservé par les hordes féroces qui allaient l'envahir et qui n'en étaient plus éloignées que de quelques lieues, ne purent retenir leurs larmes et s'écrièrent dans leur attendrissement : « O cher et malheureux pays! que vas-tu devenir? De barbares soldats, vomis par une révolution affreuse, vont donc bientôt te dévaster, incendier tes maisons, abattre tes arbres, raser tes haies, massacrer tes enfants! Eh! qu'allons-nous devenir nous-mêmes? Adieu, cher pays, berceau de nos ancêtres, lieux sacrés où nous avons reçu le jour, adieu!... » Les républicains avaient, en effet, annoncé, en pénétrant dans la Vendée, qu'ils en feraient une plaine, où il n'y aurait plus que des cendres et des ruines arrosées de larmes et de sang. Ces pensées nous accablaient, et nous ne nous sentions plus la force de vivre.

De retour à la maison, mes parents s'occupèrent, avant de fuir, d'une cérémonie religieuse qu'ils projetaient depuis longtemps : elle fut si touchante que le souvenir ne s'en effacera jamais dans mon cœur et que je ne puis y penser sans répandre des larmes.

Il y avait auprès de Mortagne une chapelle attenant au pont sur la Sèvre et dédiée à la Très Sainte Vierge (1). Cette chapelle était en grande vénération dans le pays à cause de plusieurs miracles qui s'y étaient opérés. J'y ai lu, sur un grand tableau qui y était exposé, le procès-

(1) Cette chapelle existe encore.

verbal authentique d'un événement prodigieux qui s'y était passé. Il était ainsi conçu :

> A la gloire de Dieu,
> A l'honneur de Marie.

« Le ..., dans un grand débordement de la rivière, la Sèvre, ayant quitté son lit et pénétré dans cette chapelle, en remplit bientôt toute l'étendue à plus de huit pieds de hauteur. L'eau s'étant retirée, on trouva tous les murs imprégnés d'humidité et d'une matière verdâtre qu'elle y avait laissée. Tout y était mouillé ou plutôt enfondu. Mais quel fut l'étonnement de tous les nombreux témoins de ce fait, quand ils s'aperçurent que les autels et la statue de la Sainte Vierge étaient demeurés secs, comme si l'eau n'y avait pas touché, et propres, comme s'ils eussent été fraîchement posés ! C'est pour constater et perpétuer la mémoire de ce miracle que le présent a été placé dans cette sainte chapelle. »

Ce procès-verbal était signé d'un très grand nombre de témoins oculaires, et l'attestation qu'ils en avait faite par serment était vérifiée et légalisée juridiquement par les officiers de justice qui avaient reçu leur témoignage.

Nous avions tous une grande confiance dans la Sainte Vierge, mère de Dieu, qu'on y révérait : elle était la patronne de ma mère, de mon ayeule, de mes tantes, de mes sœurs : notre famille y avait une dévotion particulière, et les circonstances nous la rendaient plus chère encore. Nous allions souvent la prier à son autel, surtout aux Rogations, où nous nous rendions processionnellement avec le clergé, et à la mi-août, après avoir souhaité la fête de notre bonne mère.

Le soir de notre retour du bois des Granges, mon papa et ma maman nous prirent, mon frère, mes deux sœurs et moi, et s'étant enfermés avec nous dans leur chambre,

ils nous dirent, d'un ton si affectueux, si tendre, mais si solennel, que je ne pourrais dire tout ce qu'il m'a causé d'émotions, ces mots qui sont toujours restés gravés dans ma mémoire : « Mes chers enfants, nous voilà rendus
« aux derniers dangers : tout nous annonce une fin pro-
« chaine : qui pourrait désormais nous sauver? On mas-
« sacre tout ce qui nous entoure, et demain peut-être
« nous ne serons plus. Nous allons fuir. Votre faiblesse
« et votre âge ralentiront vos pas, mais c'est peut-être
« aussi cette faiblesse qui vous sauvera en attendrissant
« nos féroces ennemis. Ils n'ont pas un cœur de tigre, et
« votre enfance les touchera peut-être. Pour nous, mes
« chers enfants, nous n'avons point l'espoir d'être épar-
« gnés. Si vous nous perdez, que deviendrez-vous, si
« jeunes et si faibles, sans nos soins qui vous seraient
« encore longtemps si nécessaires?

« N'ayant plus d'espérances dans les hommes, c'est à
« Dieu seul que nous devons avoir recours. Nous désirons
« aussi vous mettre sous la protection de la Très Sainte
« Vierge : elle est votre patronne tutélaire; elle ne vous
« abandonnera pas, si, comme nous le prévoyons, vous
« restez orphelins, elle vous servira de mère, et vous
« aurez en elle un secours assuré (1). »

Nos pleurs coulaient en abondance en entendant ces paroles. Nos cris étaient déchirants; nous nous étions tous quatre mis aux genoux de nos parents; ils nous donnèrent leur bénédiction; ils nous embrassèrent ensuite tendrement, et mon père s'écria d'une voix forte, quoique bien émue : « Mon Dieu! si l'amour paternel le plus
« tendre, si la tendresse filiale sont des sentiments qui

---

(1) La confiance des pieux parents ne fut pas trompée; leurs quatre enfants, après avoir échappé à des périls fréquents et terribles, traversèrent la tourmente révolutionnaire et moururent longtemps après.

« vous touchent, jetez les yeux sur nous en ce moment.
« Que ce tableau vous fléchisse, sauvez nos enfants chéris.
« Et vous, Sainte Mère de Dieu, prenez-les sous votre
« protection, conservez-les et ne les abandonnez jamais. »

« Mes enfants, nous avons résolu de nous rendre avec
« vous à la chapelle de la Sainte Vierge du pont et là de
« vous consacrer à cette bonne protectrice : venez avec
« nous. »

Alors mon père me prit par la main, ainsi que ma sœur Augustine ; ma mère prit mon frère et ma sœur Camille, et nous nous acheminâmes tous vers la chapelle. Y étant arrivés, nous nous prosternâmes au pied de l'autel, et mon père, au milieu de ses larmes et des nôtres, prononça tout haut cette prière : « Très Sainte
« Vierge Marie, mère de Dieu, nous n'avons plus d'espoir
« qu'en vous, nous venons mettre nos quatre enfants sous
« votre protection. Défendez-les ; conservez-les ; soyez
« leur bonne mère, ne les abandonnez pas ; nous vous
« en prions de tout notre cœur ; soyez sensible à nos
« vœux, protégez-les toujours (1). »

Après cette prière, nos parents firent un vœu : j'étais si ému, si absorbé dans ma douleur, que ne l'entendis point ; du moins, je ne m'en suis jamais souvenu. Je crois pourtant, sans être sûr, qu'il s'agissait d'un voyage en pèlerinage à la chapelle de Notre-Dame de Bon-Secours de Nantes, dont la chapelle se voyait auprès du pont de la Madeleine, mais qui a été convertie en habitation

---

(1) Ne croyez pas, mes chers enfants, que j'invente les discours que je prête à nos père et mère. Les expressions que je rapporte sont, à peu de chose près, celles dont ils se servaient. Elles se sont si bien gravées dans ma mémoire, que je ne les ai jamais oubliées. J'étais doué de la mémoire la plus sûre, et je l'ai conservée dans son intégrité, surtout pour les faits de mes jeunes années. C'est au point que je n'ai point oublié de compter en allemand, ce que j'ai appris il y a plus de quarante-deux ans, et je nombre dans cette langue depuis un jusqu'à un million. (*Note de l'auteur.*)

particulière, ayant été profanée comme tant d'autres monuments religieux. La statue de cette patronne des hommes de mer a été depuis transportée dans l'église de Sainte-Croix.

J'avais alors douze ans, mon frère en avait dix, Augustine sept, Camille quatre. Cette prière, les larmes de mes parents, le lieu saint où nous étions réunis, les dangers imminents dont nous étions entourés et menacés prochainement... tout nous jeta dans un accablement si douloureux que je ne sais pas comment je pus y résister, moi surtout qui étais si frêle, si maladif et surtout si sensible.

Ma mère était aussi tellement émue qu'elle en avait perdu la parole; elle conservait cependant encore une force d'âme qui me surprit. C'était dans les occasions importantes qu'elle montrait le plus de courage.

CHAPITRE VII

DEPUIS LA BATAILLE DE CHOLET
JUSQU'A L'ARRESTATION DE MME DE SAINT-ANDRÉ

Nous couchâmes encore le soir à la maison. Le lendemain, il était grand temps de fuir : les républicains approchaient. On voyait de tous côtés leurs feux et des fumées épaisses qui marquaient leur course rapide. Cet incendie, tout atroce qu'il fût, a néanmoins sauvé bien du monde en indiquant la marche des colonnes révolutionnaires (1).

Avant de partir, il se passa sous mes yeux une scène bien attendrissante.

Mon père avait pour plus proche voisin un de ses meilleurs amis, nommé M. Chaillou. En lui faisant ses adieux, il lui dit : « Mon cher ami, dans les dangers qui « nous menacent, il peut se faire que nous périssions « tous deux. Cependant, l'un de nous peut échapper... Si « je te survis, je te promets d'adopter tes enfants et de leur « servir de père ; fais-moi la même promesse, je t'en prie, et « cette assurance consolera mon cœur. — Bien volon-

---

(1) Savary prétend que c'est là un mensonge ; mais, outre qu'il est bien difficile d'avoir vu des incendies qui n'existaient pas, Boutillier de Saint-André est d'accord avec les rapports trop clairs que cite Savary lui-même. (T. II, p. 278 à 291.) Il convient d'ajouter que Savary soutient ces rapports mensongers. Nous verrons tout à l'heure ce qu'il faut en penser.

« tiers », reprit vivement M. Chaillou. Alors ces deux bons amis se jetèrent dans les bras l'un de l'autre en pleurant et jurèrent de ne jamais s'oublier. J'étais présent à cette scène touchante et j'étais si ému que je ne pouvais plus exprimer mon attendrissement que par mes larmes. Hélas! les deux amis devaient succomber. Tous deux périrent en même temps, victimes de la fureur des partis.

Le matin du 13 octobre 1793 (1), mon père, ma mère, mon frère, mes sœurs (2) et moi, mon ayeule paternelle, ma tante du Coin, sa fille et trois domestiques, nous prîmes le chemin de Cholet, le seul qui restât libre encore, et nous fûmes nous réfugier à la métairie de la Marboire, qui, par sa proximité du bois de Clénet (3), nous offrait une plus sûre retraite. Nous y passâmes la nuit, et ma cousine y fut atteinte de la petite vérole confluente qui la maltraita cruellement et lui a laissé des traces ineffaçables (4).

Le lendemain matin, une foule de femmes et d'enfants éperdus accouraient de toutes parts et remplissaient les routes, fuyant les républicains qui détruisaient tout sur leur passage et qui avaient déjà leur avant-garde à Mortagne. Ils étaient arrivés vers midi, signalant leur entrée dans cette ville par leurs actes ordinaires, le

---

(1) C'était le 14, car la bataille eut lieu le 15 octobre.

(2) Les enfants de M. Jacques Boutillier de Saint-André, outre l'auteur de ces *Mémoires*, étaient :

1º *Maurice-Casimir*, baptisé à Mortagne le 30 juillet 1784, plus tard receveur des droits de l'enregistrement aux Ponts-de-Cé; mort en 1850.

2º *Marie-Louise-Augustine*, baptisée à Mortagne le 8 mars 1786, mariée le 28 avril 1816, avec *Louis* DESMÉ-DELISLE; elle mourut le 23 avril 1841.

3º *Marie-Pélagie*, baptisée à Mortagne le 22 août 1788, mariée à Nantes, le 15 juin 1802, avec *Alexandre* LORETTE *de la* REFOULAYS; morte le 29 août 1810.

(3) Le bois de Clénet touche le château de la Tremblaye.

(4) Il paraît que la petite vérole sévissait cruellement dans l'armée et dans la foule des fugitifs vendéens. (Voir *Mémoires* de POIRIER DE BEAUVAIS, p. 139.)

meurtre et l'incendie. Ils massacrèrent sans pitié tous les individus qu'ils rencontrèrent, et notamment deux personnes de ma connaissance : un vitrier nommé Sautreau et un vieillard aveugle, qui s'était réfugié au foyer d'une de mes tantes et qu'ils tuèrent dans la cuisine même. Son cadavre resta sans sépulture pendant plusieurs jours dans la maison, jusqu'à l'arrivée de son père qui le fit enterrer dans le jardin (1).

A la nouvelle de l'approche de l'armée incendiaire, mes parents prirent la plus triste détermination possible, la démarche à laquelle ma mère résolut de s'exposer devant la faire périr, n'étant échappée à ce péril que par un véritable miracle.

L'impossibilité où l'on se crut de se sauver par la fuite persuada à ma mère l'idée de se dévouer à une mort certaine pour le salut de son mari et de ses enfants. Ce dévouement sublime, qui eût pu dans d'autres circonstances obtenir un heureux résultat, était alors la plus grande imprudence, parce que les misérables, entre les mains desquels elle allait tomber, étaient incapables de se laisser attendrir par aucun sentiment de générosité.

Mon père se cacha dans le bois de Clénet en un endroit qu'il indiqua, et ma mère prit deux de nous et notre gouvernante et fut, ainsi accompagnée, au-devant de l'armée incendiaire, pour demander la grâce de son mari. Elle devait venir le chercher avec une escorte qu'elle espérait obtenir du général républicain. Nous étions quatre enfants, et, ne voulant pas nous exposer tous à la fois, elle m'ordonna, ainsi qu'à ma sœur Augustine, de la suivre.

J'étais tellement effrayé que je me mis à jeter de grands

---

(1) M. Chassin (*la Vendée patriote*, t. III, p. 203) nous dit que Mortagne fut respectée par l'armée républicaine, et sur la foi de Savary (Savary, t. II, p. 251-253). Nous verrons encore mieux tout à l'heure qu'ils sont hors de la vérité.

cris en déclarant que je ne marcherais pas. Trop jeune pour que le sentiment de mes devoirs m'inspirât une obéissance passive, au péril même de ma vie, je me refusai positivement d'accompagner ma mère. Ma sœur refusa aussi, de sorte que ma mère emmena avec elle les plus jeunes de ses enfants, mon frère Casimir et ma sœur Camille.

Nous nous dîmes adieu. Ma sœur et moi, nous suivîmes mon ayeule et prîmes des chemins détournés pour nous rendre à Cholet, où était alors l'armée vendéenne. Mon père fut se cacher dans les bois, et ma mère, avec ses enfants et notre gouvernante Marie, fut au-devant de la colonne dévastatrice, malgré nos prières et nos larmes.

C'est ici, mes enfants, que commença cette longue scène d'agonie que la plus courageuse et la plus tendre des mères eut à souffrir pendant une demi-journée, exposée à tous les dangers, avec deux pauvres petits enfants, dont l'innocence et les larmes auraient attendri les tigres les plus féroces. Où prendrai-je des forces pour vous rapporter les tristes récits que m'en fit ma mère? Où trouverai-je des expressions pour vous rendre ce mélange de dévouement, de courage, de sensibilité d'une part, et, de l'autre, cet excès de cruauté lâche et perfide? Je veux pourtant, mes enfants, vous tracer ce tableau perfide et touchant; je le dois pour votre instruction, pour vous faire apprécier le bon cœur de vos parents et vous faire connaître tous les maux qu'ils ont éprouvés, et en même temps pour vous rendre odieux les principes révolutionnaires, si jamais, ce qu'à Dieu ne plaise! vous étiez tentés d'adopter les funestes opinions, les doctrines perverses, qui nous ont causé tant de malheurs et qui ont coûté la vie à nos ayeux.

Ma mère n'avait pas fait deux cents pas qu'elle tomba

au milieu des éclaireurs de l'armée républicaine. Leur premier mouvement fut de la mettre en joue. A cette vue, elle se précipita à genoux, ainsi que ses enfants, en étendant les bras pour demander grâce et faisant signe de ne pas tirer. Les soldats lui crièrent de demeurer dans la même place. Ils arrivèrent à elle et la dépouillèrent de son portefeuille et du peu d'argent qu'elle possédait encore ; enfin ils ne lui laissèrent que ses habits : mon frère, ma sœur et leur gouvernante furent soumis aux mêmes exactions. Ma mère demanda à être conduite au général. Les soldats furent étonnés de tant de courage : un officier, qui arriva, ordonna de la mener vers le général, dont je n'ai jamais su le nom ; mais tout me porte à croire que c'était Leschelle (1), qui commandait en chef l'armée qui marchait ce jour-là sur Cholet.

Ma mère, avec une dignité qui contrastait beaucoup avec la crainte que devait naturellement inspirer la vue de ce brigand stupide et féroce, lui exposa que son mari, quoique n'ayant pris aucune part à la guerre de la Vendée, effrayé par les massacres que chaque lieu et chaque jour voyaient commettre, s'était par prudence réfugié dans un bois voisin, afin d'éviter la première brutalité du soldat.

(1) *Jean* Leschelle naquit à Beaupréau le 2 avril 1760. Engagé à quatorze ans, dans le régiment de Rouergue, il avait servi avec un de ses frères, de 1778 à 1788. Il donna dans les idées nouvelles, s'engagea, en novembre 1791, au 1er bataillon de la Charente, prit part aux batailles de Jemmapes et de Nerwinden, et connut Ronsin qui le poussa, grâce au ministre de la guerre, Bouchotte ; nommé général de brigade, il fut dirigé sur la Rochelle. Bientôt général de division, il fut promu au commandement général de l'armée de l'Ouest, à la place de Canclaux. Il n'avait aucun talent militaire : « Je crois qu'on a pris à tâche de nous envoyer tout ce qu'il y a de plus ignorant, disait de lui Merlin de Thionville à Kléber. » (Savary, t. II, p. 128, d'après les *Mémoires de Kléber*.) Heureusement pour lui qu'il avait sous ses ordres des généraux comme Kléber, Marceau, Beaupuy, qui remportèrent sous lui les batailles de Saint-Christophe et de Cholet. Mais, battu à plate couture à Laval (octobre 1793), bafoué par ses officiers, insulté par ses soldats, il fut dénoncé, arrêté et interné à Nantes, où il mourut quelque temps après, de chagrin, disent les uns ; par le poison, disent les autres.

Le général lui dit d'un ton de voix effrayant : « Si ton
« mari était bon républicain, il serait venu au-devant de
« nous, sous la protection de son patriotisme. »

« Ah! monsieur, lui repartit ma mère, combien de
« malheureux, se confiant dans leur innocence et dans
« l'humanité de vos soldats, ont péri en se rendant! Mon
« mari a craint le même sort; il s'est caché à quelques
« pas d'ici. Donnez-moi deux fusiliers pour m'accompa-
« gner, je connais sa retraite, je l'irai chercher et je
« vais l'amener à l'instant devant vous. »

Cette demande si catégorique, cette démarche si périlleuse et qui annonçait dans une femme encore jeune (ma mère n'avait alors que trente-deux ans) (1) un courage au-dessus de son sexe, toucha le général. Ce qui l'émut surtout, ce fut la vue des enfants qui s'étaient jetés à genoux et qui lui disaient avec une naïveté attendrissante : « Monsieur... Citoyen, sauvez notre papa et
« notre maman : ce sont de braves gens; ils n'ont jamais
« fait de mal à personne. »

Le général ordonna à deux soldats d'accompagner ma mère. Pour épargner de marcher avec la colonne qui continuait d'avancer toujours sur Cholet, elle quitta la grande route et prit un chemin détourné qui conduisait directement à la Marboire. Ce détour déplut beaucoup aux soldats qui la suivaient, déjà très contrariés de la mission qu'on leur avait donnée. Ils marchèrent néanmoins, mais en murmurant beaucoup. Ils étaient près d'arriver, quand une vive fusillade se fit entendre à très peu de distance sur le chemin de Mortagne à Cholet. C'était l'armée vendéenne qui, venant de cette dernière ville, attaquait les républicains auprès du château de la Tremblaye. Aux

---

(1) Elle avait à cette époque quarante et un ans; elle était née le 28 août 1752.

premiers coups de feu, les soldats s'émurent et voulurent s'en retourner. Ma mère, pleine de courage et qui avait fait le sacrifice de sa vie pour sauver mon père, insista pour les conduire jusqu'à la retraite de son mari. Elle encouragea les deux soldats, leur promit une généreuse récompense, et, malgré leur crainte qui croissait à chaque instant avec le feu du combat, toutes les colonnes étant engagées à la fois, elle arriva bientôt avec sa suite à la cache de mon père.

Ce dernier, qui avait entendu le feu, crut inutile d'attendre qu'on vînt le chercher ; pensant que le combat et les dangers qu'il entraînait, si l'on s'exposait au milieu du feu, empêcheraient qu'on ne vînt le chercher, il descendit de l'arbre touffu où il s'était caché et s'enfonça davantage dans les bois pour y trouver une retraite plus sûre.

Ma mère avait promis aux soldats qu'elle leur ferait trouver son mari. Quel fut son étonnement et le leur, quand, en arrivant au lieu qu'il venait de quitter, ils ne rencontrèrent point mon père ! Les soldats entrèrent dans une fureur extrême ; ils jurèrent, s'emportèrent, menacèrent et accusèrent ma chère maman de vouloir les faire périr en les conduisant sur les pas des brigands, qui allaient les massacrer. Elle eut beau leur protester qu'elle ignorait la marche des Vendéens et la résolution que mon père avait prise de quitter sa retraite, elle ne put ni les persuader, ni les apaiser. Des menaces, des invectives, ils en vinrent aux voies de fait ; ils la renversèrent ainsi que ses enfants, leur mirent vingt fois la baïonnette au cœur et voulaient absolument les tuer. Ma mère déploya dans cette circonstance, la plus terrible où une mère puisse se trouver, un courage héroïque. Elle demanda grâce pour ses enfants, en s'offrant de mourir. Ce n'était pas pour elle qu'elle connaissait la crainte. Les pauvres enfants embrassaient les genoux des soldats, pleuraient à attendrir les rochers et demandaient la grâce de leur mère. Ces soldats étaient des barbares et bien disposés à lui ôter la vie; mais leurs cœurs se laissèrent fléchir. Ils s'éloignèrent et laissèrent ma mère, ses enfants et la gouvernante plus morts que vifs de l'assaut qu'ils venaient de supporter. Hélas! ce n'était que le prélude de scènes plus déplorables, de dangers plus imminents encore, qu'ils devaient éprouver bientôt.

Il était une heure après midi. Le combat continuait toujours et prenait à chaque instant plus d'intensité. Il était devenu très meurtrier, et les Vendéens avaient repoussé les républicains jusqu'au bois de la Haye, près Mortagne. Une foule de cadavres d'hommes et de chevaux gisaient dans la route et dans les champs.

Ma mère était restée dans le chemin du bois de Clénet, entourée des feux qui se croisaient de toutes parts et qui s'approchaient d'elle sans cesse. Quel parti prendre? Se cacher dans le bois? il n'était plus temps : il était tout cerné. Fuir dans les champs? Elle ne le pouvait guère avec deux pauvres enfants si jeunes, épuisés de terreur et de fatigues, et des larmes qu'ils avaient versées, des cris qu'ils avaient jetés et de l'assaut qu'ils venaient d'éprouver. Traverser l'armée républicaine, s'avancer vers les rangs des combattants au milieu des balles et des boulets? C'était s'exposer à une mort certaine. Tous ces partis étaient également dangereux. Enfin, elle s'arrêta à ce dernier qui offrait le plus de périls et qui lui paraissait néanmoins le plus sûr. Elle s'achemina à grands pas, après avoir recommandé son âme à Dieu, vers les républicains. Elle marchait la tête haute, avec beaucoup de dignité, tenant ses enfants par la main et suivie de la gouvernante. Son œil était sec et paraissait serein ; mais son cœur était plein de trouble, de douleur et d'effroi.

Elle arriva aux premiers rangs qui faisaient feu de tous côtés; les balles tombaient comme grêle, et beaucoup d'hommes furent frappés sous ses yeux. Elle eut le bonheur de n'être pas atteinte. Elle crut plus prudent de descendre dans un bas chemin parallèle à la grande route : c'était là que l'attendaient les plus grands dangers.

Des soldats embusqués et surtout des cavaliers en vedette l'aperçurent et se précipitèrent sur elle, comme des tigres sur la proie qu'ils voudraient déchirer. Lui arracher tout ce qu'elle possédait encore fut le premier acte de leur barbarie; mais leur cupidité ne fut pas plus tôt satisfaite que leur férocité voulut aussitôt s'assouvir, et, passant tout à coup à des volontés sanguinaires, ils se mirent en œuvre pour l'égorger. Séparés de l'armée, hors de la vue de leurs chefs, isolés dans un chemin de traverse, ils pouvaient frapper à loisir leurs victimes. Ils tirent leurs sabres, en placent la pointe sur le cœur de la mère et des enfants. Ces derniers étaient prosternés, pleurant, demandant grâce. Un des soldats eut l'indignité de placer un paquet de cartouches près de ma mère et de l'accuser de s'en être chargée pour les distribuer aux brigands. A cette accusation, les soldats décident la mort de tous. Ma mère, avec une dignité, une fierté, un courage au-dessus de son sexe, se disculpe avec énergie de cette calomnie atroce. Elle montre, elle prouve son innocence. Mon frère et ma sœur, leur gouvernante n'avaient plus la force d'implorer la pitié des bourreaux. Épuisés de fatigues, leurs cris, leurs pleurs impuissants, les laissent un moment muets d'effroi et de terreur. « Il faut les tuer tous! » s'écrient les assassins. A cet affreux arrêt, on précipita ma mère auprès de ses enfants; les bras sont levés, les sabres lancés pour l'immoler... A cet instant, les enfants se relèvent : inspirés par leur tendre amour pour leur mère et par cet instinct qui porte à conserver sa vie, ils jettent des cris si touchants, des plaintes si attendrissantes, des prières si tendres, que les bras des assassins chancellent, leur volonté hésite; on dirait qu'ils n'osent frapper. Ma mère profite de cette espèce de retour à la pitié. Elle les harangue avec une noblesse qui leur en impose et finit par leur demander la vie pour ses enfants au nom de l'humanité et de son innocence.

Les soldats font entendre d'horribles jurements et d'affreux blasphèmes; mais, ne se sentant plus la force de frapper, ils lui dirent : « Remercie tes enfants; si nous « te laissons la vie, c'est à eux, c'est à leurs pleurs, à « leurs prières, que tu la dois. » Puis, après un moment de silence, comme revenant à des sentiments de bienveillance, ils ajoutent ces mots : « Va-t'en, sauve-toi; « mais prends bien garde de tomber entre les mains de « nos camarades, qui ne se laisseraient pas fléchir comme « nous. »

Ma mère se hâte de fuir : la prédiction des soldats se vérifie bientôt. Elle avait encore une demi-lieue de marche pour arriver à Mortagne : elle eut encore trois scènes, semblables à celle que je viens de décrire, à supporter. Quand je la revis et qu'elle me raconta les dangers qu'elle avait courus, je fus affecté des plus vifs sentiments de douleur et de frayeur. Mais je pensai que c'était par une permission de Dieu que je ne l'avais pas suivie; car, si je l'eusse accompagnée, mes larmes et mes prières n'auraient pas été si éloquentes que celles de ses autres enfants, et nous aurions été tous massacrés.

En arrivant à Mortagne, un spectacle horrible s'offrit à ses yeux. Les approches en étaient souillées de ruines et de sang. Des corps morts, des blessés gisaient de toutes parts; la ville était en flammes; on ne pouvait traverser les rues à cause du feu et de la fumée qui suffoquaient en les respirant. Notre maison était aux trois quarts incendiée. Ma mère offrit de l'argent aux soldats pour éteindre le feu; mais, à mesure que les uns l'éteignaient, d'autres le remettaient de nouveau. Tous les habitants avaient fui. Elle fut à la maison de son père et à celle de sa belle-mère pour tâcher d'y porter secours : toutes deux étaient dévorées par un immense incendie. Il fut consumé dans ces deux dernières maisons un mobilier d'une grande richesse, dont rien ne fut sauvé. Le feu avait de nouveau été mis à notre maison. Ma mère, ayant épuisé toutes ses ressources, fut contrainte, pour se procurer quelques secours, de faire déterrer notre argenterie cachée dans le jardin. Elle la donna pour éteindre le feu : elle eut beau faire, elle ne put sauver qu'une très petite partie de notre maison (1).

Le soir, on apporta les blessés, qui étaient en très grand nombre. On les déposa dans un petit hôpital desservi par des religieuses de Saint-Laurent (2). Notre maison en était très voisine, et l'on força ma mère à aller panser les blessés : les chirurgiens de l'armée ne suffisaient pas, et l'on contraignit toutes les femmes qu'on put trouver

---

(1) On voit, par ce passage, ce qu'il faut penser des rapports *dégoûtants de mensonge*, selon l'expression de Kléber, qui représentent aussi Mortagne livré à l'incendie et à la destruction : les rapports des représentants Bourbotte, Turreau, Choudieu et Francastel sont malheureusement trop peu « mensongers ». (Voir SAVARY, t. II, p. 285-286.) Il est difficile de ne pas admettre, avec eux, ce que notre auteur a vu aussi, de ses yeux vu, ce qui s'appelle vu.

(2) Les Filles de la Sagesse, fondées par le Bienheureux Grignon de Montfort.

à les aider dans ce pénible ministère. Ma pauvre mère, accablée d'épreuves et de fatigues, fut obligée de tenir les bras et les jambes d'un grand nombre de blessés, durant plusieurs jours, pendant qu'on les amputait et qu'on leur arrachait des balles et des os brisés. Un grand nombre mourut dans ces douloureuses opérations, et elle eut beaucoup à souffrir de ce nouveau genre de peines : elle eut besoin de tout son courage pour résister au spectacle des douleurs et des trépas qui se passaient sous ses yeux. Une grande partie de ces blessés l'accablaient d'outrages et d'injures; il y en eut même qui la frappèrent malgré les services qu'elle leur rendait.

Mon père resta trois jours caché dans le bois de Clénet; il y vit passer, près de lui et sous l'arbre où il avait cherché un asile, plusieurs républicains. Il eut le bonheur de ne pas être aperçu. Il se rendit à Mortagne, qu'il trouva tout en ruine. Réuni à ma mère, qui était dans une grande inquiétude sur son compte, il apprit de sa bouche tous les dangers qu'elle avait courus pour lui. Ils n'avaient plus d'asile et ne possédaient que quelques chambres où ils n'osaient rester, de peur d'y trouver la mort au milieu des flammes. Ce fut sur moi, sur mon ayeule et ma sœur, que se portèrent alors toutes leurs sollicitudes, n'ayant reçu pendant cinq jours aucune nouvelle de nous, après la prise de Cholet et les sanglants combats qui avaient précédé et suivi notre fuite, combats au milieu desquels nous avions dû nous trouver et courir mille fois le péril de notre vie, soit que nous eussions suivi les destinées de l'armée vendéenne, soit que nous fussions restés dans le pays. Notre arrivée tira bientôt mes parents d'inquiétude, et il me reste, mes chers enfants, à vous raconter les événements qui nous concernent, depuis notre séparation à la Marboire jusqu'à notre retour à Mortagne.

Lors de notre réunion, nous nous rapportions réciproquement les divers dangers que nous avions courus et ce qui s'était passé sous nos yeux. Ces cinq jours de séparation cruelle nous avaient appris bien des choses et fait acquérir une expérience que des siècles précédents ne nous auraient pu donner.

Je vous ai dit, mes enfants, que notre petite troupe, sous la conduite de mon ayeule paternelle, après avoir quitté la Marboire, avait pris sa route, par le chemin détourné, vers Cholet. Nous y arrivâmes vers les six heures du soir à travers mille dangers. Nous vîmes plusieurs fois des cavaliers nous poursuivre : nous nous cachions alors dans les fossés et derrière les haies; mais je ne sais pas comment nous ne fûmes pas découverts; car nous étions en grand nombre, et les têtes blanches des femmes se faisaient clairement apercevoir de loin. Nous débouchâmes dans la grande route ancienne par le chemin du Puy-Saint-Bonnet (1), et nous nous trouvâmes tout à coup au milieu de l'armée vendéenne, qui marchait sur Mortagne à la rencontre des républicains. La fusillade était alors moins vive; le combat se passait près de la Tremblaye, les Vendéens ayant été repoussés jusque-là.

Nous traversâmes toute la colonne de l'armée de Bonchamps, qui marchait en bon ordre, bien armée et l'air très martial. Je ne pus m'empêcher d'admirer les hommes qui la composaient, tous grands, bien faits, en bonne tenue. C'étaient les habitants des rives de la Loire, les grenadiers de la Vendée.

Nous entrâmes à Cholet dans un désordre extrême et marchions avec une grande précipitation, sans savoir où nous irions chercher un refuge, remettant à Dieu notre

---

(1) Le Puy-Saint-Bonnet, canton de Châtillon, arrondissement de Bressuire (Deux-Sèvres).

sort à venir, ne formant ni ne pouvant former aucun projet pour notre salut. Ma tante et sa fille furent demander un asile à M. Boutillier-Delisle, leur frère et oncle. Mon ayeule, ma sœur et moi étions restés dans la rue, ne sachant où nous irions; tous nos parents et connaissances avaient fui. La Providence, qui veillait sur notre conservation, nous conduisit dans le Bretonnais (1), précisément vis-à-vis la maison que nous occupons actuellement (1834). Mme Dupin (2), qui l'habitait alors, nous aperçut dans la foule et eut l'extrême charité de nous faire entrer chez elle. Nous y trouvâmes un asile et nous fûmes sauvés. Combien de reconnaissance ne lui devons-nous pas, mes chers enfants, pour cet acte de bienfaisance, dont le souvenir ne s'effacera jamais de mon cœur! Dieu, qui la destinait à devenir un jour ma belle-mère et votre ayeule, se servit d'elle dans cette circonstance, la plus dangereuse peut-être de ma vie, pour me conserver l'existence. Nous serions aveugles, mes enfants, si nous ne voyions dans cette conduite de la Providence une marque, un témoignage de ses desseins éternels sur nous tous. C'est par elle et pour vous que je fus alors sauvé; car sa fille, qui n'avait alors que huit ans, fut destinée à devenir votre mère. Nous serions bien ingrats aussi, si nous perdions le souvenir de ce bienfait de votre ayeule. Ne l'oubliez jamais, je vous en prie, et que ce vous soit un motif pour vous rendre sa mémoire plus chère encore. Hélas! nous ne pouvons maintenant lui témoigner notre reconnaissance que par nos prières... Prions donc le Seigneur pour elle : c'est le seul moyen que nous ayons de lui prouver désormais notre amour.

(1) Place de Cholet.
(2) Mme MESNARD DUPIN, mère de *Sophie-Jeanne* MESNARD DUPIN, épouse de l'auteur.

Mme Dupin était restée seule avec sa fille, maintenant votre mère; cette dernière était couchée dans la salle basse, sur un canapé qui lui servait de lit. Ma sœur, qui était excédée de fatigues, fut placée auprès d'elle et y passa la nuit. J'étais plus fort, je me couchai plus tard, et on me donna la chambre où je suis établi maintenant. Qui m'aurait dit alors que la petite fille qui reposait auprès de ma sœur deviendrait un jour mon épouse; que cette salle, où elle était couchée, serait celle où, seize ans après, on aurait célébré notre pompe nuptiale? Je me croyais alors dévoué à une mort prochaine et inévitable; rien qu'un miracle me semblait pouvoir me sauver, et c'était précisément quand je désespérais de ma vie que Dieu me la conservait pour devenir époux et donner, moins de vingt ans après, le jour à neuf enfants! *O arcana Dei consilia!* Soyez béni, Seigneur, de vos desseins sur nous et faites-nous la grâce que le salut du corps que vous m'avez accordé soit un jour pour mes enfants et pour moi le gage de notre salut éternel. N'oubliez jamais ces circonstances, mes bons amis, et que ces souvenirs vous prouvent les desseins de Dieu sur nous. Jamais peut-être, chez aucun individu, la Providence n'a fait éclater, comme sur moi, ses vues salutaires et admirables. Tâchons de les mettre à profit et de les faire servir à la gloire de Dieu et à notre salut.

La suite de ces *Mémoires* vous prouvera combien la Providence veillait sur moi et les moyens qu'elle a daigné employer pour me conserver au milieu de tant de dangers et de tant de carnages.

Je reviens à ma narration que j'ai interrompue pour des motifs dont vous sentez toute la force et le but.

Je ne restai pas inactif dans la soirée de ce jour mémorable. Je courais dans les jardins, dans les cours, dans

les chambres hautes, d'où je voyais parfaitement le feu de l'artillerie et de la mousqueterie. Je vis passer dans la rue un grand nombre de Vendéens que l'on menait au combat. Ce n'étaient plus ces hommes fiers et terribles, portant, dans leurs regards et leur démarche, la certitude de la victoire : leur air triste et abattu annonçait le découragement, la lassitude et la défaite. Je n'oublierai jamais que je vis un homme à cheval que je pris pour un ecclésiastique, à sa lévite brune et à l'air inspiré qu'il portait dans ses paroles et ses regards. Il s'était placé vis-à-vis la maison, au milieu des rangs royalistes, et haranguait vivement les gens qui marchaient au combat. Je me souviens parfaitement de ses paroles : « Allons! mes amis,
« c'est aujourd'hui qu'il faut montrer votre courage. Ce
« jour, ce combat est décisif : songez que vous défen-
« dez la cause sacrée de votre Religion et de votre Roi.
« Ah! contre qui allez-vous combattre? Contre de misé-
« rables souillés du meurtre de Louis XVI et couverts
« de tous les crimes. Le pillage, le viol, l'incendie, les
« forfaits les plus inouïs, signalent leur présence en tous
« lieux! N'en doutez pas, braves Vendéens, Dieu, qui
« vous voit du haut de son trône, vous accordera la vic-
« toire : si vous repoussez l'ennemi, isolé au centre de
« notre pays, il est perdu pour jamais. Si, au contraire,
« il était vainqueur... ah! j'en frémis! que deviendrez-
« vous, cernés de toutes parts, sans retraite, sans asile?
« Vos champs, vos familles et vous-mêmes, vos temples,
« vos autels... tout devient la proie des barbares. Com-
« battez donc vaillamment pour vous, pour vos femmes,
« pour vos enfants... Et si des objets si chers n'étaient
« pas capables d'enflammer vos courages, combattez du
« moins pour votre Dieu, votre foi et vos autels. »

Cette harangue, prononcée du ton le plus pathétique

et le plus véhément, au milieu d'une foule d'hommes armés, produisit sur moi l'effet le plus remarquable. Je la croyais assez puissante pour ranimer l'ardeur des combattants; mais je m'aperçus d'un découragement visible dans les Vendéens : soit que la fatigue les eût épuisés (ils avaient fait plus de huit lieues et combattaient depuis plus de six heures), soit que les revers qu'ils venaient d'essuyer, ou que l'invasion de l'ennemi qui ne leur laissait plus que quelques lieues de pays libre, les eussent démoralisés, je ne vis plus dans ces hommes, jadis si braves, si confiants, que de l'abattement et du désespoir : ils marchaient avec calme et résignation, comme des chrétiens au martyre, mais non plus comme des héros à la victoire. J'étais bien jeune alors; mais les malheurs m'avaient donné de l'expérience. A la vue de ce changement de nos soldats, je me retirai de cette triste scène et, m'étant recueilli, je me dis : « C'en est fait! la der-« nière heure de la Vendée est sonnée! »

Le combat continuait toujours, et le feu se rapprochait de Cholet. Je jugeai que les Vendéens étaient repoussés. Sur les sept heures, l'armée incendiaire couvrait tout le plateau de la Haie (1) et cernait la ville depuis la Grange (2) jusqu'à Saint-Melaine (3), ne laissant de libres que les chemins de Beaupréau et de Nuaillé. S'ils l'eussent entièrement environnée, ce qu'ils pouvaient facilement faire puisque les assaillants étaient plus de vingt-quatre mille hommes (4), et s'ils eussent pénétré dans son enceinte ce soir même, l'armée vendéenne tout entière et

---

(1) Ferme située sur la route de Mortagne, à cinq cents mètres environ de Cholet.
(2) Ferme située sur la route de la Tessouale.
(3) Saint-Melaine, ancienne paroisse, aujourd'hui hameau dépendant de Notre-Dame de Cholet, sur la route de la Séguinière.
(4) « L'armée réunie autour de Cholet, dit Savary, présentait alors une force de vingt à vingt-deux mille hommes. » (SAVARY, t. II, p. 262.)

tout ce qui suivait sa destinée eût trouvé à Cholet son tombeau. Mais la Providence nous sauva encore, en inspirant au général Leschelle la pensée de n'y entrer que le lendemain matin.

Les républicains établirent leurs bivouacs et leurs batteries sur les hauteurs de la Haie. De là, ils lancèrent toute la nuit des boulets et des bombes sur la ville. Il y avait un drapeau blanc sur le clocher de Saint-Pierre : cet objet devint leur principal point de mire; une bombe, après avoir décrit sa parabole, tomba sur ce clocher et y mit le feu; une autre incendia la maison voisine, maintenant occupée par la veuve Chevalier. Le feu de la mousqueterie cessa vers neuf heures du soir.

Je commençais à me familiariser avec la bataille et je me plaisais à voir, des chambres hautes, le jet des bombes qui produisait l'effet d'une fusée volante.

Les Vendéens étaient placés sur l'esplanade du château et répandus dans les divers quartiers de la ville : tous se tenaient sur le qui-vive. Quelques postes avancés, composés d'hommes d'élite, gardaient le pont; d'autres défendaient les autres issues.

La nuit fut blanche pour tout le monde : elle se passa dans de grandes transes et de mortelles inquiétudes. Les Vendéens criaient à chaque instant : *Vive le Roi!* Les assaillants répondaient par les cris encore plus forts de : *Vive la République!* Nous entendions très clairement ces diverses exclamations, et nos cœurs étaient pénétrés de crainte et d'effroi.

Sur les quatre heures du matin, les chefs de l'armée royaliste prirent la résolution d'évacuer et de se retirer sur Beaupréau. Une grande quantité de femmes et d'enfants, de vieillards et de prêtres les suivirent. Quel spectacle déchirant que celui de toute une population effrayée, menacée de la mort, quittant ses foyers pour ne plus les revoir et suivant, en pleurant de désespoir, le destin d'une armée sans ressource, dont elle ne faisait que retarder les pas et embarrasser les mouvements! Qu'il est pénible de penser que presque tous ceux qui partaient ce soir-là périrent loin de leur pays, après des courses, des fatigues et des souffrances inouïes! Jamais les annales d'aucun peuple n'ont offert un tableau si déchirant.

Nous n'apprîmes le départ des Vendéens, sur les six heures de la matinée, que par le bruit que firent les bleus en rentrant à Cholet; on cria d'ouvrir toutes les portes et croisées. Mme Dupin, qui était notre conservatrice, notre ange tutélaire, fit ouvrir son portail, nous rassura et prit la précaution d'attacher des rubans tricolores à la fenêtre haute qui donne dans la cour, sur le petit salon et sur la rue. Nous étions tous dans cette chambre, quand tout à coup nous vîmes un hussard entrer à cheval dans la cour, un sabre nu à la main. C'était le premier républicain que je voyais, et, comme il agitait son sabre avec violence, avait l'air très occupé et faisait caracoler son cheval, je me crus perdu et cherchais partout une issue pour m'échapper. Mme Dupin, qui avait conservé toute sa présence d'esprit, s'écria : « Bien arrivé, citoyen; maison patriote! » Je ne sais si ces paroles produisirent un effet magique sur le hussard, mais il partit comme un trait. Je crois, sans pourtant en être sûr, qu'il fut tué à quelques pas de la maison un vieillard aveugle qui était alors dans la rue.

Nous descendîmes dans le salon du bas, et nous y étions à peine arrivés que nous vîmes entrer avec précipitation et un air très satisfait un cavalier en habit bourgeois. Il descend soudain de cheval et se jette aussitôt dans les bras de Mme Dupin en l'embrassant de la manière la plus affectueuse. C'était M. Dupin, que son épouse n'avait pas vu depuis plus de dix mois, s'étant trouvé en voyage à l'époque où la guerre avait éclaté. Ils étaient si attendris, si émus l'un et l'autre qu'ils ne purent de longtemps s'exprimer que par des baisers et des larmes. Enfin M. Dupin, faisant effort sur lui-même, s'écria : « J'ai pris les devants... Le général en chef va venir loger ici; nous aurons deux sentinelles à notre porte, et tout ce qui est dans notre maison est sauvé. »

A cette heureuse nouvelle, nous fûmes tous comme des gens condamnés à mort, à qui l'on vient d'accorder leur grâce. La sérénité rentra dans mon cœur avec l'espoir de conserver la vie, et je reconnus dans cette circonstance avec quelle promptitude mon caractère, comme celui de tous les enfants et surtout des Français, passait de la crainte à la joie.

Mon ayeule remonta dans sa chambre, et moi, qui étais rassuré, je voulais satisfaire ma curiosité; je vaguais, je courais partout, pour voir ce qui se passait dans la maison, car je ne pouvais sortir sans courir le plus grand danger. Je me plaisais surtout à aller au portail examiner les deux factionnaires qui y montaient la garde à cause du général en chef.

Quand les premiers mouvements de ma curiosité eurent été satisfaits et passés, ainsi que le plaisir que me causait l'assurance de conserver la vie pour le moment, je fis de sérieuses réflexions sur tout ce que je voyais. Je pensais surtout à mon père, à ma mère, à mes frères, que j'avais laissés exposés aux plus imminents périls. L'incertitude où j'étais de leur sort m'inspira les plus vives peines; quelquefois je me croyais orphelin, et cette idée me plongeait dans le désespoir.

Cet état pénible pour mon cœur fut porté à l'excès par

un spectacle horrible qui se passa malheureusement sous mes yeux. On avait pris deux pauvres paysans, le père et le fils, et on les amena dans la cour de la maison. On les y garda quelques instants à la porte. On but et on les fit boire par dérision à la santé de Louis XVII; ils devinrent l'un et l'autre le jouet et la risée des féroces soldats. Tout à coup, sans motifs, sans prétexte même plausible, le général ordonna de les fusiller. Ils furent tués sous mes yeux à quelques pas, dans le pré de Mme de la Saulaye, dans l'emplacement où est maintenant le pavillon de la maison de Descrances. J'eus la douleur d'être témoin de cette exécution barbare : ce lâche assassinat fut commis par deux soldats envoyés exprès, qui les tuèrent à bout portant. Le père, avancé en âge, mourut presque de suite; le fils, jeune et vigoureux, tomba aussi; mais, fort et leste, il fit d'horribles efforts pour se relever et s'enfuir. Hélas! ces efforts ne servirent qu'à rendre son agonie plus longue et plus douloureuse. Les barbares l'achevèrent à coups de baïonnette.

Cette atrocité, qui me causa un mal indicible et un effroi dont je ne suis pas le maitre encore en la racontant, se commit avec une telle promptitude que, ne sachant point où l'on conduisait ces deux hommes, j'étais resté à la fenêtre au-dessus du salon et n'eus pas le temps de m'éloigner, de sorte que j'en fus le témoin malgré moi.

L'état-major étant logé à la maison, il n'y fut commis aucun désordre. Ailleurs le pillage et l'incendie signalèrent dans la ville la barbarie des révolutionnaires. Je vis devant notre porte des soldats sur les marches de l'escalier des charcutières briser, détruire, tout ce qui leur tombait sous la main. Des femmes, pour les apaiser, leur apportèrent des bouteilles de vin; ils en buvaient ce qu'ils pouvaient et laissèrent le reste.

Il ne se passa rien de nouveau pendant deux jours ; mais le troisième (1), sur les dix heures du matin, nous entendîmes une très vive fusillade dans la direction de Beaupréau. C'étaient les Vendéens qui avaient repoussé l'armée républicaine et qui étaient prêts d'entrer à Cholet. Jamais un feu plus violent ne s'était fait encore entendre dans la Vendée ; il était affreux. Les coups de fusil et de canon se succédaient avec une rapidité effrayante, et je ne puis mieux comparer le bruit qu'ils produisaient qu'à celui que causeraient dix mille tambours battant à la fois. Les bleus étaient dans une déroute complète : j'en vis passer des foules nombreuses, dans un désordre impossible à décrire (2). La frayeur, peinte dans tous leurs traits, précipitait leur course à travers les rues encombrées. Ils fuyaient de toute la vitesse de leurs jambes, jetant pour mieux se sauver leurs armes, leurs sacs et tout ce qu'ils avaient conservé du pillage, sans regarder derrière eux, sans écouter la voix de leurs chefs, qui voulaient les rallier. Je vis pour la première fois ce que c'est qu'une déroute, et je compris combien une armée démoralisée devait, dans un tel désordre, perdre de soldats et de bagages.

Je crus la Vendée délivrée ; les royalistes eurent longtemps la victoire, et déjà leurs premiers rangs avaient pénétré dans Cholet par la route de Nantes et de Beaupréau. S'ils eussent battu complètement les républicains, aucun de ces derniers n'aurait pu s'échapper, et une armée de soixante mille ennemis eût trouvé son tombeau dans les environs de Cholet. Mais, je l'ai dit, la dernière heure de la Vendée était sonnée !... Sa gloire, ses succès

---

(1) C'est le deuxième jour après le combat de la Tremblaye que se donna la bataille de Cholet, 17 octobre.

(2) « Les soldats se pressent, jettent leurs armes, se renversent ; jamais on ne vit un pareil désordre. » (SAVARY, *Rapport de Kléber*, t. II, p. 265.)

étaient passés; un miracle seul pouvait lui rendre ses anciennes victoires, et ce miracle ne se fit pas.

Au moment même où les Vendéens entraient dans la ville, on rallia sur la place du Château les nombreux fuyards qui s'échappaient par cette issue. La colonne qui formait la droite de l'armée de Mayence et qui combattait au Bois-Grolleau n'avait pas en tête plus de quinze mille royalistes, qui se battaient en héros, mais qui, ne se voyant pas soutenus et attaqués par un ennemi quatre fois plus nombreux qu'eux-mêmes, lâchèrent le pied. La gauche des Mayençais, qui combattait à la Treille, prit en flanc les Vendéens, qui débouchaient par la lande de la Papinière et qui arrivaient au pas de course par la route du May. Dans ces creux chemins, deux pièces de canon furent pointées et arrêtèrent tout à coup par un feu très meurtrier la marche victorieuse des Vendéens. Un nombre infini de ces derniers y trouva un glorieux trépas. Jamais boucherie pareille n'avait eu lieu dans le pays. Il en fut tué davantage sur la lande même. La terre y était, ainsi que le chemin, couverte de cadavres horriblement mutilés. C'en était au point que M. Lavau, qui traversa le champ de bataille le lendemain à cheval, ne marcha que sur des corps entassés et des membres épars. Les fossés, les champs voisins, tout pendant une lieue était aussi couvert de morts et de mourants. La perte des républicains avait été très grande aussi, ayant été repoussés depuis Beaupréau jusqu'à Cholet; mais celle des Vendéens fut immense. Jamais ils ne s'en sont relevés. Leurs meilleures troupes, leurs plus braves officiers y périrent. Ce fut sur la lande de la Papinière que M. de Bonchamps, déjà blessé au combat de la Tremblaye, reçut une blessure mortelle. Il fallut l'emporter du champ de bataille. Quatre de ses soldats se chargèrent de ce glorieux fardeau et le portèrent, en se relayant, jusqu'aux bords de la Loire.

Les républicains reprirent aussitôt l'offensive et poursuivirent les royalistes jusqu'à Saint-Florent. Ce fut là que les Vendéens traversèrent le fleuve de Loire, vis-à-vis Ancenis, au nombre d'environ soixante mille combattants et suivis d'un nombre infini de femmes, d'enfants, de prêtres, de vieillards, qui fuyaient leur pays en proie au meurtre et à l'incendie.

Ce passage se fit pendant deux jours, sur de petites barques et de frêles embarcations insuffisantes pour transporter tant de monde et de bagages. Beaucoup passèrent leurs chevaux à la nage; des hommes même traversèrent le fleuve de cette manière.

Quel spectacle, mes chers enfants, que celui sur lequel je fixe maintenant vos regards! Cette grande migration de la Vendée dans un pays neuf est un fait bien remarquable dans ce temps si fertile en événements extraordinaires. Elle rappelle ces troupes errantes qui, dans le Nouveau Monde, traversent des fleuves et des rivières, emmenant avec elles les femmes, les vieillards, les enfants, les cendres de leurs ayeux avec les dieux de la patrie. La Religion s'exilait aussi de la Vendée avec l'armée royale. Le pays restait en proie aux Barbares. Cette foule immense, qui s'exilait, allait trouver la mort sur une terre étrangère. On a calculé qu'il n'en était pas revenu un sur trente. Hélas! la population qui resta dans le pays a péri aussi, mais en nombre moins considérable et en voyant au moins en mourant les lieux qui lui étaient si chers!

Les républicains, qui avaient acculé les royalistes à la Loire et qui croyaient les saisir tous à la fois, furent surpris au dernier point en trouvant la plage déserte. Le drapeau blanc flottait déjà sur l'autre côté du fleuve qui séparait les deux armées. Les révolutionnaires furent forcés de s'arrêter et de regarder de loin ce drapeau sans tache, qui tant de fois leur avait ravi la victoire, mais qui, repoussé par une force invincible, était encore couvert de gloire et inspirait même à ses ennemis un respect qu'il devait à tant de triomphes.

Cette résolution funeste, que prirent les chefs de la Vendée de passer la Loire et qui fut surtout celle du prince de Talmont, termina les destins d'une armée héroïque, dont je ne saurais trop exalter la gloire et la valeur. En passant dans un pays étranger, ils perdaient les ressources que leur offrait un pays ami et dont ils connaissaient les routes les plus sûres. Leurs pertes y devenaient irréparables, ne pouvant plus se recruter; leurs victoires mêmes leur devenaient désavantageuses en affaiblissant chaque jour leurs rangs. Mais quand Dieu veut perdre les armées, il inspire à leurs chefs de funestes desseins, de fausses mesures, des résolutions fatales, qui les conduisent à leur ruine prochaine. C'est ce que nous avons vu à la fin du dix-huitième siècle, quand l'infortuné Louis XVI assembla les États et qu'il lâcha si imprudemment la bride à toutes les passions par la licence effrénée de la presse et de la tribune, qui ont amené la Révolution et conduit à l'échafaud ce malheureux prince et tout ce que la France comptait de plus illustre et de plus glorieux. Pareille leçon a été encore donnée à la France quand le bon et imprudent Charles X, se confiant dans les droits de sa couronne et dans l'amour de ses sujets, dont il devait pourtant connaître l'infidélité, ne prit aucunes mesures, aucunes précautions contre les sociétés secrètes qui se recrutaient jusque dans la cour et qui finirent par l'expulser de son trône et de sa patrie.

J'ai cru devoir, mes enfants, vous offrir ces réflexions

que les événements ont naturellement fait naître. Je me hâte de reprendre ma narration.

L'armée vendéenne emmena M. de Bonchamps mourant de sa blessure. On pavoisa de drapeaux blancs la barque qui le transportait, et la vue de ces objets si chers à son cœur consola du moins ses derniers instants. Ce brave général expira entre les bras de ses officiers en larmes et fut enterré dans une petite île de la Loire (1). Il mourut en héros chrétien, en pardonnant à ses ennemis. Il venait de donner, avant sa mort, un grand exemple de clémence et de générosité, en accordant la grâce des prisonniers.

Ces prisonniers étaient au nombre de cinq mille, qui tous avaient été amenés des divers dépôts de la Vendée. Les soldats vendéens, en petit nombre, à dire vrai, eussent été disposés à s'en défaire, ne pouvant les emmener avec eux; mais les chefs repoussèrent avec horreur une semblable atrocité, et M. de Bonchamps surtout, qui touchait à sa dernière heure, voulut signaler la fin de sa vie héroïque par un acte de clémence, comme il en avait tant fait déjà, en demandant avec encore plus d'énergie que les autres généraux la grâce des prisonniers.

Il faut, pour être juste et dire toute la vérité, observer que ces prisonniers se montrèrent bien ingrats envers leurs libérateurs. Les bateaux qui transportaient les Vendéens de l'autre côté du fleuve n'étaient pas arrivés à la moitié de leur course, que les prisonniers se saisirent des canons abandonnés sur le rivage et tirèrent lâchement

(1) En 1817, M. le comte Arthus de Bouillé, gendre de M. de Bonchamps, fit exhumer les restes du général; ils furent transportés dans l'église de Saint-Florent-le-Vieil, où ils furent déposés provisoirement, puis renfermés dans l'admirable monument élevé à la mémoire de Bonchamps, dans le chœur de l'église, et dû au ciseau reconnaissant de David d'Angers; on sait que le père du grand artiste était au nombre des prisonniers sauvés par Bonchamps.

sur ceux qui venaient si généreusement de leur accorder la vie. Et cependant ces prisonniers, s'ils eussent été mis à mort, n'eussent fait que subir la loi du *talion;* les Vendéens n'eussent fait qu'user envers eux de représailles. Cette conduite fit prendre la résolution de ne plus faire de prisonniers dans les combats (1).

L'affaire de Cholet, qui fut la plus terrible et la dernière de la grande guerre de la Vendée, causa la mort de plus de quinze mille hommes. Ce jour-là, douze mille hommes combattirent avec un acharnement sans exemple.

Nous allons laisser l'armée de la Loire suivre sa triste destinée. Étant resté dans le pays, je n'appris ses combats, ses défaites, sa destruction entière, que par les nouvelles du temps dont vous pouvez voir les relations dans tous les écrits qui les ont rapportés, et par les récits du petit nombre de personnes qui ont survécu à ce grand désastre. Je ne veux vous parler que des événements dont j'ai eu une connaissance positive et des faits qui m'ont été personnels.

Nous sommes restés à Cholet au moment où les républicains reprirent l'offensive.

---

(1) Ni la loi du *talion*, ni les représailles n'eussent excusé le massacre de ces prisonniers; mais il faut avouer qu'il y avait dans les circonstances où étaient les Vendéens, entre un ennemi qui avait tué sans pitié et des prisonniers, qui pouvaient demain grossir les rangs de cet ennemi impitoyable, une grandeur d'âme peu commune à préférer la pitié à la politique et à l'intérêt. Quelques écrivains contemporains ont l'audace de nier ou de dénaturer l'acte généreux des Vendéens : il serait plus grand de le reconnaître; on s'honore en admirant les vertus d'un ennemi. Mais qu'importe? La lime est dure et de bon acier; les reptiles y useront leurs dents avant de l'entamer. Nous avons déjà donné, dans notre *Cathelineau généralissime* (p. 175), l'infâme lettre de Merlin de Thionville, où le fait se trouve établi d'une façon si éclatante, par le soin même que l'hypocrite et odieux jacobin prend de le cacher et de le faire disparaître à jamais. D'où vient que M. Aulard ne fait pas même allusion à cette lettre? M. Chassin (*Vendée patriote*, t. III, p. 212-219) reconnaît lui-même le fait et l'établit très solidement, quoique avec regret, ce me semble, et en cherchant à l'amoindrir. Même avec les proportions qu'il lui laisse, le fait est encore assez honorable pour être glorieux.

A l'approche du danger, M. et Mme Dupin et leur fille prirent la fuite vers la Tessouale. Mon ayeule, ma sœur et moi, fûmes nous réfugier au milieu de la ville dans la maison occupée maintenant par M. Nogarède. Là, nous attendîmes dans une grande anxiété la fin du combat, et, quand le feu eut cessé, nous revînmes trouver nos bienfaiteurs, qui nous reçurent encore avec la plus grande bienveillance.

Deux jours après, nous retournâmes à Mortagne. M. Dupin et M. Talot (1), conventionnel, qui avait une mission dans l'armée, dont la tante, Mme Jaunet et plusieurs autres personnes, s'étaient réunies à nous, eurent l'extrême bonté de nous accompagner, pour nous préserver en route de toute insulte et de tous dangers.

Je ne saurais trop insister, mes chers enfants, sur les obligations que nous eûmes à votre ayeul et ayeule maternels; c'est à eux, c'est à leur généreux appui que nous dûmes notre salut. Le souvenir en est resté pour jamais gravé dans mon cœur par la reconnaissance. N'oubliez jamais, je vous prie, de conserver aussi le même sentiment pour eux, et que ce souvenir vous rende encore leur mémoire plus respectable et plus chère.

(1) *Michel-Louis* Talot, né à Cholet le 22 août 1755, était procureur postulant près la juridiction consulaire d'Angers, quand éclata la Révolution. Il s'engagea comme volontaire national, entra bientôt dans la garde nationale, fut nommé lieutenant, puis successivement capitaine le 10 octobre 1791, chef de bataillon le 16 mai 1792, et prit part à la répression du mouvement insurrectionnel de Bressuire (juillet-août 1792). Le 6 septembre 1792, il fut élu à la Convention. Il prit une part active à la guerre de la Vendée, et il faut lui rendre cette justice, si rarement méritée, que, s'il fut ardent à la bataille, il fut modéré et bon dans la victoire et s'attira la haine de Robespierre. Il fut nommé adjudant général. Au conseil des Cinq-Cents, il se montra adversaire ardent de Bonaparte, s'adoucit pourtant pendant l'Empire, sans toutefois désarmer complètement. Il mourut le 12 juin 1828 à Cholet.

M. Baguenier Désormeaux a publié sur lui une excellente notice historique : *Un conventionnel choletais, Michel-Louis Talot, adjudant général, 1755-1828* (Angers, Germain et Grassin, brochure in-8°, 1891).

Nous traversâmes pour nous rendre à Mortagne tout le champ de bataille du 14 octobre. Jamais spectacle plus affreux ne s'était encore offert à nos regards. C'était la première fois que je voyais les suites d'un semblable carnage, et il me fit une impression inexprimable. Toute la route que nous parcourûmes depuis Cholet jusqu'à Mortagne, et surtout le voisinage de la Tremblaye, était jonchée de cadavres; les uns gisaient nus, d'autres à demi dépouillés, d'autres encore à demi enterrés. Ces derniers étaient les plus hideux, et leur vue me causa une horreur indicible. Les champs et les fossés voisins de la route en étaient aussi tout remplis. Là, on voyait des chapeaux, des casques, des bonnets, des armes brisées; plus loin, des moutons coupés par la moitié, des chevaux éventrés, des matelas, des couettes et autres effets pillés, jetés pêle-mêle.

MM. Dupin et Talot, à cheval et bien armés, marchaient à la tête de notre petite caravane, ne nous quittaient pas de vue et nous garantissaient de tout danger. Leurs chevaux effrayés, obligés ainsi que nous d'enjamber à chaque pas des corps morts, refusaient d'avancer, se cabraient, ruaient et nous causaient une grande frayeur.

Nous remarquâmes que le nombre des républicains morts était beaucoup plus considérable que celui des Vendéens, malgré qu'en définitive le champ de bataille fût demeuré aux premiers. Cela venait de ce que les bleus se battaient toujours en ligne et que les royalistes se portaient toujours en tirailleurs. Garantis par les haies et les arbres, ils étaient moins en prise à la mire de leurs ennemis. Ils avaient aussi l'habitude de se coucher souvent à plat ventre, quand ils voyaient mettre le feu aux canons braqués contre eux, ce dont ils s'apercevaient à la fumée de l'amorce; mais je ne sais si leur prostration pouvait les soustraire aux coups des boulets, le projectile devant être rendu aussitôt la brûlure de l'amorce, avant même qu'on pût entendre la détonation.

Quand nous arrivâmes à Mortagne, je retrouvai mes père et mère établis dans un jardin, n'ayant plus de maison. Quelle joie j'éprouvai de les revoir! Avec quel attendrissement je me jetai dans leurs bras et me sentis serré contre leurs cœurs! J'étais si ému, si touché que je ne pouvais exprimer mes sentiments que par mes larmes. Que nous avions de choses à nous dire! Nous nous racontâmes mutuellement tout ce qui nous était arrivé et les dangers que nous avions courus; ceux surtout que ma mère avait éprouvés et soufferts avec tant de courage, me remplirent de crainte et de douleur.

Nous trouvâmes nos maisons pillées et presque toutes incendiées; il ne restait plus pour nous mettre à l'abri qu'une ou deux chambres dévastées. Nous n'osions pas y rester la nuit dans la crainte d'y brûler, les républicains menaçant chaque jour d'y mettre le feu et d'incendier le peu qui avait échappé à leur rage. En parcourant nos ruines, je trouvai dans les cendres beaucoup de leurs mèches incendiaires. Les unes étaient en roseau, d'autres en papier, pleines de poudre, de soufre et autres matières combustibles, comme des pièces d'artifice.

Nous nous retirions le soir, en secret, dans un jardin écarté, appartenant à M. Rousse, où nous couchions sur quelques débris de nos lits échappés à l'incendie. Il fallait pour nous y rendre traverser le petit hôpital, où l'on avait enterré à demi dans les cours les malheureux blessés qui avaient péri dans les opérations et que ma mère avait soignés quelques jours avant. Nous étions obligés de passer sur ces cadavres hideux, ce qui nous remplissait d'effroi.

La première nuit que je couchai dans ce jardin, la fraîcheur de la rosée et le sommeil au grand air, toutes choses auxquelles je n'étais pas encore accoutumé, dérangèrent ma santé, et je fus pris d'un vomissement violent, qui me rendit très malade.

Quelques jours après, vers le commencement de novembre, nous rentrâmes dans notre maison, après l'avoir un peu réparée. Mais, hélas! nous fûmes loin d'y trouver la tranquillité qui nous était si nécessaire : mon père avait été dénoncé comme aristocrate, c'est-à-dire comme ami du Roi et de la Religion, et il fut obligé de se cacher.

Ne voulant pas se séparer de nous, on lui pratiqua une cache très bien faite derrière sa chambre et qui pouvait le mettre à l'abri d'un coup de main, mais qui ne pouvait le garantir du feu. Il s'y retirait dès qu'il y avait du danger; son existence au milieu de nous n'était connue que des personnes de la maison, et il n'y avait que moi, parmi mes frères, qui savais sa retraite.

Désespérée de le voir proscrit et en butte aux perquisitions les plus rigoureuses, ma mère réclama la protection d'un jeune homme que nous avions nous-mêmes beaucoup protégé. C'était M. Jozon, autrefois clerc chez M. Chaillou, ami de mon père, et qui, sans fortune et sans parents, avait trouvé dans notre famille, et surtout chez nous, des secours dont il se montrait alors bien reconnaissant. Mais les temps avaient changé. Je fus un jour témoin d'une visite qu'il fit à ma mère, avant l'insurrection de la Vendée. Il lui demanda, dans les termes les plus respectueux et les plus polis, l'honneur d'être reçu dans sa société. Ma mère l'accueillit avec cette bonté qui lui était naturelle; dès le soir, elle l'invita chez elle, le présenta dans les diverses maisons qu'elle voyait et le produisit chez les personnes qu'elle visitait le plus fréquemment. Ce jeune homme était doux, bon, aimable ; il fut accueilli avec beaucoup de bienveillance. Je ne saurais dire combien il fut sensible à ces marques de bonté.

La Révolution faisait de rapides progrès et tournait toutes les têtes ; ce jeune homme eut le malheur de fréquenter des hommes très exaltés qui lui gâtèrent entièrement l'esprit et le cœur. Il ne nous regarda plus guère, sortit de chez M. Chaillou et vint demeurer à Cholet, où il fut greffier du district et bientôt un des plus enragés clubistes.

Ma mère, dans la circonstance fâcheuse où nous nous trouvions, crut ne pouvoir mieux faire que de s'adresser à lui. Elle lui écrivit dans les termes les plus mesurés, mais en même temps les plus pressants. Elle lui rappelait les services que nous lui avions rendus et les témoignages de reconnaissance qu'il nous avait donnés ; elle le priait de vouloir bien faire avoir un certificat de civisme à mon père, s'il lui était possible, de détruire et faire radier l'injuste dénonciation qui frappait sur lui.

M. Jozon répondit à maman la lettre que vous allez lire, et vous pourrez juger du style du temps et des dispositions où les républicains étaient à notre égard. J'ai encore toutes les expressions de cette lettre présentes à la mémoire, et je vous les rends très fidèlement :

« Cholet, nonidi, 5 nivôse an II de la République une et indivisible, l'an IV de la liberté et le 2ᵉ de la mort du tyran.

« Citoyenne,

« Tu m'écris pour me demander d'être utile à ton mari, dénoncé, et pour lui faire obtenir un certificat de civisme. Je me garderai bien de m'employer pour lui; c'est un aristocrate qui a toujours été l'ennemi de la Révolution et partisan du despote qui a reçu sur l'échafaud la juste peine de la tyrannie. Le même sort est réservé à tous ses partisans et à ses amis. Au surplus, la mort, et une mort prochaine, va être le partage de tous les brigands de la Vendée. Cinq armées, conduisant à leur suite des guillotines, pénètrent dans ce pays et vont le parcourir en tous sens. Il sera fait prompte justice et exécution de tous ceux qui, directement ou indirectement, aux termes de la loi, ont pris, soit par leurs faits, soit par leur opinion, une part quelconque à la contre-révolution.

« Salut.

« La liberté, l'égalité, ou la mort.

« JOZON. »

La lecture de cette lettre, qui ne faisait que rappeler les dispositions des arrêts de mort que la Convention venait de foudroyer contre la Vendée, nous remplit d'horreur et d'effroi. Nous vîmes de suite à quel sort notre pays et tous ses habitants étaient réservés. Je perdis surtout jusqu'à la plus légère espérance; je la sentis pour toujours s'éloigner de mon cœur. J'entrevoyais tous les maux qui allaient nous arriver. Je voyais nos contrées envahies par des armées incendiaires (1) et dévastatrices, qui, si elles nous épargnaient, n'épargneraient pas nos parents, ce qui serait pour nous bien plus malheureux

(1) Le mot est ici trop juste, car la Vendée fut mise à feu par des colonnes qui porteront à jamais le nom d'*infernales*. Mais il est bon de remarquer que jamais on ne fit un tel abus de ce mot, à tort et à travers; ce qu'il y a eu de projets *incendiaires*, de lettres *incendiaires*, de paroles *incendiaires*, de menées *incendiaires*, etc., pendant la Révolution, est inconcevable. Ce mot revient à chaque phrase sous les plumes révolutionnaires.

que d'être massacrés. Cette idée s'empara de moi et m'absorba tout entier.

Le jour même de la réception de cette lettre, nous entendîmes de grands cris dans la rue. Nous apprîmes que c'étaient les enfants d'un chapelier nommé Bussonnière, dont on avait arrêté les père et mère, la nuit, et qui pleuraient leurs parents qu'ils ne devaient plus revoir. Pendant plusieurs semaines, il se fit durant la nuit un grand nombre d'arrestations de gens bien innocents, qui tous ont péri sur la dénonciation de lâches et vils calomniateurs.

Nous avions fait sagement de pratiquer une cache à mon père, car notre tour arriva peu de jours après pour les visites nocturnes. Un jour je vis deux excellents jeunes gens, MM. Duperray frères, qui avaient été au nombre de ceux auxquels mon père avait sauvé la vie dans la prison, venir nous avertir qu'une visite domiciliaire aurait lieu la nuit même chez nous, pour y chercher mon père. Ma mère les remercia beaucoup de leur salutaire avertissement, et ils répondirent avec une grande candeur qu'ils ne faisaient qu'user de réciprocité en sauvant la vie à mon père, lui qui avait si généreusement sauvé la leur. Mon père se cacha bien vite ; nous nous couchâmes comme à l'ordinaire ; on éteignit les lumières, et nous attendîmes avec une grande anxiété la perquisition qu'on nous avait annoncée. Je couchais dans une chambre haute sur la rue, et mon lit était près de celui de mes tantes des Barroires et des Granges (1). Nous ne dormîmes pas toute la nuit, tant notre inquiétude était grande. Vers minuit, on frappa violemment à la porte. On se lève, on ouvre les croisées. Vingt hommes armés

---

(1) **Tantes maternelles de l'auteur.** (Voir, plus haut, p. 13.)

étaient dans la rue et nous crient d'ouvrir au nom de la loi. On se presse de les faire entrer, et mon père et ma mère se cachent ensemble. Les inquisiteurs entrent et placent des gardes à toutes les issues, et six hommes fouillent dans toutes les chambres avec les précautions les plus futiles. Ils regardèrent attentivement dans mon lit et celui de mes tantes; mais ce fut surtout dans la chambre de mon père qu'ils firent les recherches les plus minutieuses. Ils y restèrent plus d'un quart d'heure : il semblait que quelque chose leur dît que c'était là qu'ils devaient trouver l'objet de leur perquisition. Cette chambre était vis-à-vis la mienne; la porte était ouverte, et je fus témoin de toute cette longue et cruelle recherche. Comment rendre la pénible inquiétude et les mortelles angoisses que j'éprouvai pendant tout le temps que dura cette fouille? Non, les expressions me manquent pour pouvoir les rendre.

Enfin les visiteurs s'éloignèrent, et mes père et mère sortirent de leur cache; mais mon inquiétude ne diminua pas sitôt. J'ai toujours été très ingénieux à me tourmenter, et, là, mon imagination eut un vaste champ à parcourir. Je me figurai, ce qui pouvait très bien être arrivé, et même je ne sais pas comment l'idée n'en était pas venue à nos perquisiteurs, que ces derniers avaient laissé quelques hommes cachés dans l'intérieur de la maison, pour mieux nous surprendre. Je crus même apercevoir un soldat avec son sabre écouter à la porte de mon père. Cette illusion m'accabla de terreur pendant deux heures entières. Je n'osais faire le moindre mouvement, et je n'en fus désabusé que quand je revis mes chers parents et qu'après avoir acquis la certitude que nous étions enfin débarrassés de nos persécuteurs.

CHAPITRE VIII

DE L'ARRESTATION DE MADAME DE SAINT-ANDRÉ JUSQU'A L'ÉVACUATION DE CHOLET

Il ne se passa rien de nouveau pendant les mois qui suivirent cette visite domiciliaire, si ce n'est des exactions, des pillages et meurtres continuels, événements de chaque jour dans notre pays pendant le séjour des troupes révolutionnaires. Un jour, quelques cavaliers passant devant notre maison s'amusèrent à briser avec leurs sabres le peu de vitres qui étaient restées encore à nos croisées.

Mon père, pendant qu'il était caché, s'occupait à rédiger des mémoires justificatifs. Il voulait les adresser à la Convention, aux généraux, entre autres autorités républicaines. Il croyait que, comme dans des temps ordinaires, il suffisait de prouver son innocence pour se sauver. Funeste illusion! qui nous a perdus en inspirant une fausse sécurité!

Ces mémoires, que je copiais sous sa dictée, étaient rédigés avec un talent remarquable. Le fond des choses, le style en étaient parfaits. Il en résultait que la dénonciation qui pesait sur mon père était une pure calomnie, et qu'il ne pouvait être condamné sans une atroce injustice. Hélas! c'était ce dernier malheur que nous devions éprouver; mais une trompeuse espérance faisait croire à nos parents que le gouvernement n'en était pas encore venu à cette perversité de condamner et faire mourir des proscrits, quand ils pouvaient prouver leur innocence. Aussi mon père et ma mère mettaient tout leur recours dans ces mémoires et dans les certificats infiniment honorables que des prisonniers de marque, à qui ils avaient rendu de grands services, leur avaient donnés. Les officiers municipaux de Mortagne leur en avaient délivré aussi, qui attestaient que mes parents n'avaient pris aucune part à la guerre de la Vendée, et qu'au contraire ils avaient rendu, à tous ceux qui avaient eu besoin de leur secours, tous les services qui étaient dans leur pouvoir.

Cette persuasion les laissa dans une sécurité fatale qui les perdit. Mes oncles, et surtout mon oncle des Hommelles, le lui avaient prédit; il lui observa un jour surtout, en ma présence, qu'il n'y avait rien à espérer des républicains, qu'ils avaient donné la mesure de leur perfidie en massacrant sans pitié les malheureux qui, se fiant à leurs promesses, s'étaient rendus sur parole; que, dans les temps de guerre civile, il n'y avait point à délibérer, qu'il fallait bien se garder d'une neutralité dangereuse et impossible à maintenir; qu'il fallait nécessairement embrasser un parti; que cette nécessité avait été sentie de tout temps d'une manière si sensible, que Solon avait fait une loi expresse qui condamnait à mort tout citoyen qui, dans les troubles civils, ne prend pas un parti quelconque, etc., etc.

Ces raisons étaient excellentes, et, si elles eussent pu persuader mon père, elles l'eussent peut-être sauvé; mais un motif bien touchant, qui prenait sa source dans la tendresse conjugale et paternelle, l'empêcha de suivre

ces conseils. Il répondit à son frère : « Si j'étais seul, je
« n'hésiterais pas à partager le sort des Vendéens. Tu
« connais mes sentiments; tu sais si je suis sincèrement
« attaché à ma Religion, à mon Roi; mais, époux et père
« de quatre enfants jeunes, que ferai-je? Irai-je lier ma
« destinée à celle d'une armée fugitive, aux abois, dévo-
« lue à une ruine prochaine? Si je me sauve, que devien-
« dront ma femme et mes enfants? C'est sur eux que la
« rage de mes ennemis se déchaînera; on les gardera
« pour otages; on les fera mourir en haine de leur père!
« J'y ai beaucoup réfléchi, et, ne pouvant sauver ma
« femme et mes enfants, je suis décidé à me dévouer
« pour eux; je n'ai qu'un dessein, celui de prouver mon
« innocence, de détruire la calomnie qui pèse sur moi
« et d'arracher ma femme et mes enfants à la proscrip-
« tion. »

Mon oncle lui repartit qu'en un temps ordinaire, sous un gouvernement despotique, mais juste, son projet pourrait présenter quelques chances de succès; mais qu'en un temps de terreur et d'anarchie, sous un gouvernement atroce qui se faisait un jeu de verser le sang, il y avait une imprudence extrême à ne pas chercher au moins à gagner du temps. Mon père persista dans son projet, ne voyant aucune chance de succès pour la cause royale et ne voulant pas exposer sa femme et ses enfants à une mort certaine.

Ce qui rassurait surtout mon père, c'était son innocence et les certificats dont il était porteur, les services qu'il avait rendus aux prisonniers et la bienveillance que les autorités lui avaient témoignée.

Pour moi, je ne pouvais partager sa sécurité et ses espérances; je pensais qu'il n'y avait pour nous ni justice, ni grâce à espérer; j'avais vu périr tant de victimes innocentes que je ne pouvais m'abuser sur notre sort.

Mon père était cependant toujours caché à la maison. Notre présence le consolait de sa captivité. Nos caresses, les soins qu'il donnait à mon éducation lui faisaient presque oublier la perte de sa liberté; mais ma mère, qui s'était dévouée pour son mari, restait visible, recevait de son mieux tous les militaires qu'on nous donnait à loger et faisait chaque jour des démarches pour obtenir la grâce de mon père; mais ses prières étaient vaines et infructueuses. Elle devrait se cacher, me disais-je toujours; mais comment le pouvait-elle avec quatre pauvres enfants si jeunes, si faibles, et qui avaient si grand besoin de ses soins? Voilà ce qui fit rester mon père et ma mère sous les coups de leurs dénonciateurs; voilà la cause de tous les malheurs qui ont accablé notre enfance.

Un jour, jour affreux, qui faillit me faire mourir de chagrin et dont le souvenir me fait encore tressaillir de douleur, quelques hommes armés, accompagnés de quatre ou cinq brigands, coiffés d'un bonnet rouge, se présentent à la maison; nous crûmes que c'étaient des militaires qui venaient loger. J'étais dans les chambres basses avec mon frère et les domestiques; mes parents étaient dans leur chambre. Ma mère se hâte de descendre pour recevoir ces gens.

Ces hommes, coiffés d'un bonnet, lui dirent : « Nous « venons t'arrêter, il faut nous suivre. » A ces mots, nous fûmes tous pétrifiés; la foudre, qui serait tombée à nos pieds, nous aurait causé moins d'effroi. Un de ces misérables, qui avait encore l'air plus féroce que les autres, dit d'un ton doucereux, mais hypocrite, qui décelait toute la noirceur de son âme : « Ne t'inquiète pas, si tu n'es pas « coupable; nous ne cherchons pas des victimes; nous « aimons à trouver des innocents. » Et tandis qu'il parlait, le sang, qui remplissait ses yeux et dont il paraissait avide, dévoilait toute sa rage.

Mon frère et moi fîmes entendre des cris perçants. Notre premier mouvement fut de nous jeter aux pieds de ces hommes, disons mieux, de ces tigres, et de les implorer pour notre mère. Nos cris, nos gémissements, étaient si forts, qu'en un instant toute notre famille, qui était dans les chambres hautes, descendit. Mon père, qui les entendit aussi, voulait descendre et se livrer : s'il fût descendu, tous deux eussent été arrêtés à la fois. On eut beaucoup de peine à le retenir et à le faire cacher. Hélas! s'il eût été pris, peut-être aurait-on relâché ma mère!... Mais non; tous deux devaient périr et laisser quatre orphelins en proie à tous les besoins, exposés à tous les malheurs.

Ce moment, le plus triste, le plus terrible de ma vie, m'a causé et m'a laissé une telle impression, que je ne puis me le rappeler sans frémir, et, quoique j'en sois éloigné de plus de quarante ans, le souvenir m'en est encore le plus douloureux de tous ceux que ma mémoire a conservés de mes malheurs.

Je ne pus m'empêcher d'admirer la dignité courageuse, la fierté héroïque de ma mère. Le front calme, la tête haute, l'œil serein, au milieu des brigands qui l'entouraient, de ses enfants qui pleuraient à ses genoux, de ses sœurs, de ses domestiques affligés, elle avait conservé un sang-froid remarquable. Les gens qui l'arrêtèrent lui volèrent ce qu'elle avait sur elle. Elle possédait encore un portefeuille où elle avait renfermé 900 francs en assignats, et un autre qui contenait les certificats et mémoires dont j'ai parlé plus haut.

Les brigands se saisirent du premier, où était le reste de nos dernières ressources, et dédaignèrent le second, ne valant pas la peine de le prendre. Nous nous réjouîmes de ce qu'ils avaient laissé ces papiers inutiles. Nous étions si aveuglés que nous fondions encore des espérances de salut dans ces pièces insignifiantes (1).

Les spoliateurs se partagèrent sous nos yeux les 900 francs ; cependant, notre gouvernante Marie leur ayant représenté qu'en arrêtant ma mère et lui arrachant tout ce qu'elle possédait, il lui serait impossible de nourrir ses enfants, ils lui remirent 100 francs, comme par pitié. Ce fut tout ce qui nous resta de ce que nous possédions. On emmena ma mère à la municipalité.

Mon père et moi restâmes atterrés de ce coup accablant. Comment vous peindrai-je la douleur extrême dont nous fûmes saisis?... Figurez-vous de pauvres enfants poussant des cris lamentables, se tordant les bras, se roulant par terre, dans un désespoir indicible, et vous n'aurez qu'une faible image de notre triste situation. Non, de jeunes poussins, cachés sous l'aile de leur mère et qu'un barbare vient de leur ravir, ne sont pas plus affligés, ne font pas entendre des cris plus plaintifs ! Mes deux sœurs étaient bien affectées aussi ; mais, étant beaucoup plus jeunes que nous, elles sentirent moins vivement que nous la perte qu'elles venaient de faire.

Quelques minutes après l'enlèvement de notre chère mère, l'excès de notre douleur nous rendit quelques forces et nous inspira l'idée de faire quelques démarches pour l'arracher à ses persécuteurs. Nous fûmes chercher une de nos voisines, la Lyonnais, notre tailleuse, qui avait nourri ma sœur aînée, et, en jetant des cris déchirants, nous allâmes avec elle réclamer notre mère.

Nous étions très aimés à Mortagne : nos parents y avaient fait tant de bien ! Tout le monde prit part à notre

---

(1) *Insignifiantes* et *inutiles*, non pas en elles-mêmes, mais aux yeux des juges révolutionnaires.

peine ; tous ceux que nous rencontrions nous plaignaient sincèrement et pleuraient avec nous. Plusieurs femmes charitables nous accompagnèrent à la municipalité.

Arrivés là, on ne laissa entrer que mon frère et moi. Nous trouvâmes ma mère debout, au milieu d'hommes assis, dont plusieurs étaient couverts d'un bonnet rouge. Quelques soldats armés l'entouraient aussi.

Ma mère, avec une dignité, un courage qui en aurait imposé à des barbares, répondait avec beaucoup de sang-froid et de noblesse aux interrogatoires que ces brigands lui faisaient subir. Nous entrâmes en pleurant et demandant, avec des accents qui auraient attendri des tigres, la liberté de notre mère, la meilleure et la plus tendre des mères ! Nous nous jetâmes aux pieds de ses prétendus juges, en les priant, les suppliant, par tout ce qu'il y avait de plus capable de les attendrir, de vouloir bien au moins nous écouter.

« Que veulent ces enfants avec leurs cris importuns ? dit un de ces hommes féroces, dont l'aspect m'est encore présent et dont le son de voix nous fit frissonner. Qu'on les mette sur-le-champ à la porte. » On nous chassa ; nous ne voulions pas sortir. Nous voulions voir encore notre mère, partager son sort, trop heureux si nous avions pu mourir avec elle. Nous nous étions précipités à terre ; on nous releva : nous résistions... On nous poussa rudement à coups de pied, même à coups de crosse de fusil.

Ma mère avait conservé son sang-froid, son énergie, tant qu'elle s'était vue seule exposée ; mais elle perdit son courage, alors qu'elle s'aperçut des violences qu'on exerçait contre nous. Je la vis soudain changer de couleur ; des larmes coulèrent de ses yeux : elle les essuya bien vite, et je l'entendis prononcer ces mots du ton le plus attendrissant, de ce ton qu'une mère seule peut prendre quand son cœur est fortement touché : « Ah! messieurs, « vous m'avez en votre puissance; épargnez au moins « mes enfants! »

Nous fîmes des efforts inouïs pour rester, pour rentrer, nous voulions revoir notre mère, mourir avec elle, et nous implorions, comme la plus grande faveur, la grâce de partager son sort; mais tous nos efforts furent inutiles; il nous fut impossible de la voir.

Nous rentrâmes à la maison, le cœur brisé de douleur et les yeux épuisés de larmes. Nous trouvâmes mon père aussi affligé que nous, et nous eûmes toutes les peines du monde à l'empêcher d'aller se livrer pour sauver ma mère. Nous lui dîmes qu'il se perdrait infailliblement sans la secourir, et qu'il devait se conserver pour nous. Il consentit à attendre, mais en se promettant bien de s'exposer à tout pour la délivrer. De ce moment, à ses discours, à ses démarches, je m'aperçus qu'il avait le dessein de se livrer à ses ennemis pour nous rendre notre mère.

Celle-ci demanda à ses accusateurs, pour dernière grâce, de la laisser venir passer la nuit avec ses enfants, leur promettant, sur son honneur, de se remettre entre leurs mains dès le jour suivant, fût-ce même pour aller à la mort.

Elle avait par son courage et sa dignité inspiré quelque intérêt à ces hommes de sang : ils lui permirent de venir avec nous si la municipalité de Mortagne voulait répondre d'elle. Les officiers municipaux (1) avaient une telle con-

(1) Voici les noms de plusieurs de ces officiers municipaux. Il existe au Dépôt de la guerre une copie imprimée du *Rapport de la commune de Mortagne aux représentants du peuple*, daté du 9 germinal an II (29 mars 1794) et signé : « Certifié conforme à l'original et délivré par nous soussignés, membres de la commune de Mortagne : *Bureau*, maire; *Saclier*, officier municipal; *Lafuye, Laurier*, officiers municipaux...; *Lucas*, officier municipal; *Bodin*, secrétaire greffier. » (Dépôt de la guerre : *Archives historiques*, armée de l'Ouest, section 5, carton 6.)

fiance dans sa loyauté qu'ils n'hésitèrent pas à répondre d'elle sur leur tête.

Ma mère vint donc passer cette nuit avec nous. C'était la dernière fois qu'elle devait revoir sa maison, son mari, ses enfants, à l'exception de moi, qui reçus ses derniers adieux quelques jours après.

Nous éprouvâmes une grande joie en la voyant revenir au milieu de nous. Elle nous prit dans ses bras et nous tint longtemps serrés contre son cœur en pleurant. Mon père et elle ne savaient comment s'exprimer leur tendresse et nous témoigner leur amour. Nous confondions tous six nos caresses et nos larmes. On eût dit, à nous voir tous pressés, qu'un même sentiment, qu'une même vie nous animait à la fois. Quelle nuit nous passâmes! Dans quel attendrissement s'écoulèrent les courts et précieux instants que nous demeurâmes ensemble! Nous ne fîmes que nous embrasser et pleurer. Mon père et ma mère ne s'arrachaient quelques minutes de nos bras que pour prier Dieu et nous recommander à sa bonté. Que leurs vœux étaient vifs et tendres! Ils imploraient le Ciel pour tout ce qu'ils avaient de plus cher.

Vers les onze heures du soir, on nous envoya coucher malgré nous : nous voulions, moi surtout, ne pas cesser de voir ma mère. Elle et mon père restèrent ensemble jusqu'au lendemain matin. Quels tristes adieux ils se firent! Que de larmes ils versèrent! Que de prières ils offrirent à Dieu dans cette pénible nuit, la dernière qu'ils se virent! Je laisse, mes enfants, votre sensibilité suppléer à l'insuffisance de mes expressions.

Le lendemain, en nous éveillant, nous demandâmes notre mère... Elle était partie pendant notre sommeil; elle était venue nous embrasser sans nous réveiller et n'avait pas voulu nous causer trop de peine par ses adieux, pour ménager notre sensibilité depuis quelque temps mise à de si rudes épreuves. Elle avait besoin, aussi elle, de conserver son énergie tout entière, et elle la garda d'une manière admirable.

Quand nous apprîmes son départ, notre douleur fut à son comble. Nous fûmes nous jeter dans les bras de notre père, qui était aussi abîmé dans ses souffrances, et nous restâmes tous bien longtemps plongés dans les angoisses les plus cruelles.

On avait conduit ma mère à Cholet, et on l'aurait mise en prison sans M. Girard (1), ancien procureur du Roi au tribunal dont mon père était le président, qui la réclama et obtint de la garder dans sa maison sous sa responsabilité personnelle.

Elle y resta quelques mois, et vous saurez bientôt quelle fut sa triste destinée.

Notre existence, à mon père et à moi, après l'enlèvement de notre mère, ne fut plus qu'un triste tissu de pleurs et de chagrins. Nous avions perdu celle qui faisait le charme, le bonheur de nos jours; la femme la plus tendre, la plus sensible, la plus vertueuse qui fut jamais. La vie nous devint à charge, surtout à mon père, qui avait pour ma mère une tendresse excessive et une estime, je dirai plus, une admiration qu'elle justifiait par les nobles qualités de son cœur et de son esprit.

---

(1) « M. Girard, ancien procureur du Roi au tribunal dont mon père « était le président. » (*Note de l'auteur.*)

« Nos grands père et mère maternels, Mesnard Dupin. devaient déjà « avoir évacué Cholet et étaient refugiés alors, soit à Saumur, soit à « Bourges, où ils restèrent jusqu'en 1797 avec leurs enfants, leur frère, « Mesnard Ducoudray, et les deux filles de celui-ci qui, plus tard, épou- « sèrent à Saumur les deux frères, Antoine et Henry Boislève; ce qui « m'explique pourquoi Mme Boutillier de Saint-André a été recueillie par « M. Girard. Au reste, mon grand-père avait, pendant qu'il était pré- « sident au tribunal du district de Cholet, connu M. Girard. » (*Note de M. Charles* Boutillier de Saint-André.)

Il roulait toujours dans sa tête le projet de se livrer aux tribunaux pour l'arracher à sa captivité et la rendre à ses enfants, trop heureux si, en se sacrifiant pour elle, il avait pu la sauver ! Cette idée l'occupait sans cesse, et vous verrez, mes chers enfants, qu'il ne tarda pas à la mettre à exécution.

Il s'occupait toujours aussi de ses mémoires ; mais sa plus douce et principale occupation, celle qui lui offrit le plus de soulagement à ses peines, était la prière. Il priait Dieu sans cesse, le jour, la nuit, seul comme avec nous, avec une ferveur admirable. Il me donnait aussi des leçons de latin ; il me faisait expliquer les Fables d'Ésope et de Phèdre, et me dictait des thèmes sur divers sujets de piété et d'histoire.

Nous étions sans habits et surtout sans chaussures, et nous n'avions aucun moyen de nous en procurer ; il imagina de nous faire des souliers avec les cuirs de quelques vieilles bottes ; ce passe-temps l'occupa quelques jours.

Nous recevions quelquefois des nouvelles de ma chère maman : elle avait eu le bonheur de conserver sa santé avec son courage. Un jour, elle nous écrivit une lettre bien remarquable ; je la lus plusieurs fois, et j'en puis rendre à peu près toutes les expressions. La voici :

« Mes amis, sauvez-vous ; fuyez, quittez un pays
« voué à la mort, à une ruine entière et prochaine. La
« Convention vient de décréter l'anéantissement de la
« population, la destruction des maisons, des bois, des
« moissons. Les hommes et les animaux mêmes sont
« proscrits. Pour mettre à exécution ces barbares décrets,
« cinq armées incendiaires, traînant à leur suite des guil-
« lotines, sont chargées d'exterminer tout ce qu'elles
« rencontrent. Plus de grâce, pour quelque individu que
« ce soit : la population entière est condamnée : fuyez

« donc, abandonnez un pays qui ne sera bientôt plus
« qu'un monceau de cendres, de ruines et de cadavres. »

Cette lettre nous remplit de terreur. Comment fuir? comment nous sauver? Mon père et tous nos autres parents étaient dénoncés et proscrits. Il fallait attendre la mort et quitter pour jamais toute espérance.

N'espérant plus aussi revoir maman et sachant mon papa dans l'intention de se sacrifier pour elle en allant se livrer à ses ennemis; voyant aussi tous nos parents proscrits privés de toutes les ressources, de tous les moyens d'existence, nos métairies incendiées, nos maisons dépouillées, j'entrevis tout à coup l'horreur de mon sort. Ma triste destinée s'offrit à moi sous le jour le plus sombre, un affreux tableau se déroula à mes yeux, et je tombai dans le désespoir.

Je me voyais, à douze ans, l'aîné de mes frère et sœurs, n'ayant de secours à attendre que de mes ayeux maternels, très avancés en âge, obligés de se cacher, exposés chaque jour à la mort; je conçus une telle frayeur du destin qui m'était réservé, que j'entrai dans une profonde mélancolie et dans un découragement si grand que je ne saurais vous l'exprimer. Je ne faisais plus que pleurer amèrement, et c'était avec mon père que je me retirais pour donner, dans ses bras, un libre cours à mes larmes.

Mon père, tout affligé qu'il était, avait conservé beaucoup plus de fermeté que moi. C'était lui qui me consolait; il le faisait avec une douceur, une patience, qui m'attendrissait : nous nous contions réciproquement nos peines, et, quand il voulait me donner quelques espérances, je lui prouvais, par des raisonnements malheureusement trop certains, qu'il ne nous était plus permis d'en conserver encore. Un jour, en me voyant ainsi pleurer et me désoler, il me prit dans ses bras et me dit :

« O mon fils, jamais tu ne m'as paru plus intéressant;
« jamais tu ne m'as été plus cher que dans ce moment
« où tu me montres toute la sensibilité de ton cœur ! »

Ce même jour, je lui dis : « O mon papa, qu'allons-
« nous devenir? Quel triste sort nous est réservé! Hélas!
« je serais bien moins inquiet, si j'espérais mourir avec
« toi; mais si maman, si toi, mon cher papa, nous êtes
« ravis, quelle sera notre destinée? Qui prendra soin de
« nous, faibles et jeunes comme nous sommes? Remis à
« des étrangères, que nous serons malheureux! moi sur-
« tout qui vous aime tant tous deux et qui n'ai jamais
« pu me faire à l'idée de vous perdre! Si j'étais assez
« heureux pour obtenir de mourir avec toi, en recevant
« ton dernier baiser, ta dernière bénédiction! je ne
« regretterais pas la vie, Dieu nous ferait miséricorde, je
« l'espère; nous paraîtrions ensemble devant lui. Pour-
« rait-il condamner un enfant dans les bras de son
« père?... »

Et puis, nous sanglotions tous deux. J'essuyai mes
larmes un instant et je repris avec fermeté : « Va, mon
« papa, je ne crains pas la mort, surtout si je la reçois
« avec toi. Je veux te suivre partout, fût-ce même à
« l'échafaud! Ah! je ne refuserais pas à présent d'accom-
« pagner maman, comme je le fis, le jour où elle courut
« tant de dangers... j'ai fait bien des réflexions depuis, et
« je me sens la force de tout braver pour vous et avec
« vous. »

Ces derniers mots firent beaucoup d'impression sur
mon père.

Depuis longtemps, je désirais ardemment de voir ma
mère qui était toujours à Cholet, et je sollicitais vivement
la permission de faire le voyage. On me refusait à cause
des dangers qu'il y avait à courir sur la route. Je l'obtins

enfin, et, vers le mois de janvier, je fus à Cholet et partis avec un jeune domestique, qui me servait de guide. Il ne nous arriva aucun accident. Dieu me réservait la grâce de voir ma mère le dernier de ma famille, et je reçus son dernier baiser.

Il faisait grand froid, il était tombé beaucoup de neige, et la blancheur de la terre, qui couvrait à peine les nombreux cadavres restés après la bataille du 14 octobre, contrastait singulièrement avec les restes sanglants de ces corps mutilés, qui avaient été en partie déterrés par les chiens et les oiseaux de proie, qui en avaient traîné, çà et là, d'affreux lambeaux. Ce spectacle était épouvantable.

En arrivant à Cholet, nous passâmes par le chemin bas de la rivière pour nous rendre à Saint-Pierre, où demeurait M. Girard, chez lequel était ma mère. Rendus vis-à-vis le petit pré du moulin de la Motte, un aspect effrayant vint encore attrister mes regards. On venait d'y fusiller un homme, qui y était couché nu; et un grand nombre de curieux réunis sur la place regardaient ce spectacle affligeant avec une avidité cruelle.

Je trouvai ma mère faisant son frugal repas; elle fut extrêmement attendrie de me voir. Pour moi, j'étais si ému, qu'en me jetant dans ses bras je ne pus lui exprimer ma tendresse et ma joie que par mes larmes. Elle me tint longtemps pressé sur son cœur. J'étais excédé de fatigue et dévoré par la faim; elle s'en aperçut; elle s'arracha pour ainsi dire les morceaux de la bouche pour apaiser mes besoins; mais l'émotion où j'étais m'avait totalement ôté l'appétit. J'employai le peu d'instants qu'il me fut donné de passer avec elle à l'embrasser, à recevoir ses caresses; elle me dit mille choses bien tendres pour mon père, pour mes frère et sœurs et pour moi.

Son cœur s'épancha avec moi dans les transports et les étreintes de l'amitié la plus vive. Je voulais lui répondre, et je ne pouvais parler; mes pleurs étouffaient ma voix; je ne pouvais m'exprimer que par des soupirs, des baisers et des larmes. Ce saisissement, cette oppression de cœur, que je n'ai jamais éprouvée si vivement, durèrent pendant tout le temps que je restai auprès d'elle. Elle n'était pas moins saisie que moi; mais, plus maîtresse de ses mouvements, elle conservait ses forces pour me donner des conseils qui touchaient bien sensiblement mon cœur. Elle me recommanda surtout de rester fidèle à Dieu, d'aimer toujours mon père, de lui être entièrement soumis; de bien aimer mes frère et sœurs, de ne leur donner que de bons exemples; de m'instruire du mieux qu'il me serait possible; enfin, de me conduire avec sagesse et de conserver, avec la crainte du Seigneur, l'attachement le plus inviolable pour la Religion dont elle avait cherché à m'inspirer le respect dès l'âge le plus tendre. Elle cherchait à graver puissamment ces sentiments dans mon cœur, en insistant fortement sur la nécessité de conserver mes principes religieux. Hélas! elle sentait, en me faisant ses derniers adieux, tout le besoin que j'aurais un jour de me rappeler les conseils qu'elle me donnait avec tant de sollicitude et d'intérêt.

Quelque chose lui disait aussi que nous ne nous verrions plus, et ce triste pressentiment nous rendait encore plus précieux les courts instants que nous avions à demeurer ensemble. Nous ne les employâmes qu'à nous exprimer mutuellement notre amour.

Qu'ils passèrent promptement au milieu de nos transports! Tendres caresses d'une mère, douces expressions de tendresse, larmes et soupirs d'attendrissement, vous remplîtes mon cœur d'un mélange inexprimable de joie, de douleur et de regrets amers! Hélas! ces derniers seuls sont restés dans mon âme. Les émotions que j'éprouvai dans cette dernière et touchante entrevue de ma mère, ont été si vives, que, de tous les événements de mon enfance, c'est celui qui m'a causé le plus d'impression; elles ont été telles qu'elles ne sont restées dans mon souvenir que comme un nuage confus : ce sont celles dont ma mémoire locale se rappelle le moins les détails, à cause du trouble où j'avais été mis.

Enfin, il fallut nous séparer. Ce cruel moment, je ne saurais jamais vous peindre ce qu'il me causa de peine. Quand il fallut m'arracher des bras de ma mère qui me pressait tendrement, il me sembla que c'était mon cœur qu'on brisait, qu'on m'arrachait une partie de moi-même. Je n'essayerai point, mes chers enfants, de vous exprimer ma douleur et les cris que je fis entendre; ils auraient attendri nos bourreaux, s'ils eussent été susceptibles de l'être; mais rien n'a pu les adoucir, ni les larmes des enfants, ni les soupirs des mères.

Je partis en recevant son dernier baiser; j'étais tout baigné de ses larmes; elle était aussi inondée des miennes. Je reçus sa bénédiction à genoux; elle me la donna avec une fermeté qui m'en imposa. Quand elle me recommanda au Seigneur, quand je la vis appeler sur ma tête les grâces du ciel, il me sembla sentir la main protectrice de Dieu me soutenir et me fortifier. Je me relevai un peu moins accablé de ma douleur et je partis. Nous nous regardâmes le plus longtemps possible, et, quand je perdis ma mère de vue, je remarquai qu'elle levait les yeux au ciel et posait la main sur son cœur en me faisant un signe d'amitié qui me remplit d'attendrissement et de douleur.

Ce fut la dernière fois que je vis ma chère maman.

Depuis, je n'ai plus entendu parler d'elle que pour apprendre sa mort.

Depuis cette entrevue, ma tristesse augmenta beaucoup, ainsi que celle de mon père.

Quelques semaines après, ce dernier me dit : « Te « sens-tu le courage, mon cher Marin, de partager mon « sort et de me suivre, en courant sans doute quelques « dangers avec moi? »

« Mon papa, repris-je vivement, demandez ma vie, je « serais trop heureux de la donner pour vous. Vous savez « bien que je vous aime cent fois plus que moi. »

Alors il me prit sur ses genoux et me dit du ton le plus doux : « Je ne saurais vivre loin de ta mère. Elle s'est « sacrifiée pour moi; c'est pour me sauver qu'elle ne s'est « pas cachée. Je ne puis la laisser plus longtemps captive, « ni vous priver aussi de ses tendres soins. Comme c'est à « cause de moi qu'elle a été emprisonnée, j'espère que, « si je me livre moi-même, je parviendrai à vous la « rendre.

« Pour arriver à ce but, qui est, depuis longtemps, « l'objet de mes desseins, voici le projet que j'ai formé. « Je te le confie, mon enfant, puisque tu veux m'aider à « l'exécuter.

« Je veux tâcher d'avoir un passeport sous un nom « étranger. Nous partirons ensemble ; nous nous rendrons aux Sables d'Olonne, chez ma tante Coppat. Je « me constituerai prisonnier; muni des pièces qui prouvent « mon innocence, je me ferai juger et acquitter; ensuite « je réclamerai ta mère, et nous la délivrerons de ses fers. « Si l'on me demande pourquoi tu m'as suivi, je dirai que « je te destine à entrer dans la marine. »

Ce projet m'effraya, moins pour le danger de la route qui était devenue impraticable à cause des meurtres qui s'y commettaient sans cesse, que pour celui de voir mon père se livrer aux mains de ses dénonciateurs et de ses bourreaux. Cependant je me gardai bien d'en dissuader mon père, qui se faisait une illusion entière à cet égard. Il m'aurait rempli d'espérance, si j'eusse moins connu la cruauté de nos ennemis, qui faisaient mourir, je ne dirai pas sans raison, mais sans aucun prétexte. Le voyage aussi était plein de dangers : nous avions dix-huit lieues à faire au milieu d'un pays en proie aux ravages de toute espèce. J'étais faible, très peu marcheur, et je me croyais incapable de résister aux fatigues.

Tous ces dangers se présentèrent à la fois à mon esprit et m'inspirèrent un grand effroi. Cependant, j'étais si attaché à mon père, je respectais tant ses volontés; d'une autre part, j'étais si fatigué de la vie, que je considérais la mort comme un terme à mes souffrances, et je lui dis avec résolution : « Je suis prêt à vous suivre partout, et « je ne vous abandonnerai jamais. »

Ces mots prononcés avec fermeté le charmèrent, et il me dit : « Eh bien, mon fils, nous allons courir les mêmes « chances. Nous partirons bientôt sous la conduite de « Dieu : il est tout-puissant, mon cher Marin, et il nous « sauvera si notre salut entre dans les vues de sa provi- « dence. Soumettons-nous d'avance à sa sainte volonté... « Peut-être ne veut-il qu'éprouver notre foi! »

Nous employâmes deux jours à faire nos préparatifs de voyage. Un officier municipal, qui nous était dévoué, nous procura un passeport sous un nom étranger. Nous ne prîmes que très peu d'effets, un morceau de pain et quelque numéraire, et nous partîmes vers la mi-février 1794.

Nous prîmes la route des Herbiers, espérant nous rendre en deux jours à une terre qui nous appartenait, la

Boutardière, dans la paroisse des Essarts, et de là aux Sables.

Nous marchions à grands pas. Le temps était froid et humide, le terrain glissant. Nous suivîmes la grande route. Quelquefois je perdais l'équilibre, quand je prenais un autre sentier que celui que suivait mon père, que je suivais cependant toujours de près. Il s'aperçut une fois de mes faux pas et me dit : « Cher enfant, suis toujours « mes pas, et tu éviteras bien des chutes. — Tu as rai- « son, cher papa, lui répliquai-je aussitôt : en effet, je ne « puis avoir un plus sûr et un meilleur guide que toi. — « Ce que tu me dis là est fort obligeant pour moi », me répondit-il d'un air si tendre que j'en fus attendri jusqu'aux larmes. Il pleurait aussi. Il me prit la main et soutenait mes pas chancelants. Il commençait à pleuvoir, le chemin était très mauvais. Mon père regretta beaucoup de n'avoir pas apporté de parapluies pour nous garantir du mauvais temps.

Tout en causant et en regardant autour de nous en marchant, nous remarquâmes que plusieurs branches d'arbustes avaient été dépouillées de leur peau à dessein et portaient des coches faites au couteau. « Quelques gens « ont passé par là en se donnant des rendez-vous, me « dit mon père; ces signes sont ceux dont se servaient « autrefois les voleurs et les contrebandiers pour s'indi- « quer réciproquement leur marche. » Cette remarque m'effraya beaucoup, elle me semblait d'un mauvais augure; mais je dissimulai mes appréhensions, et nous continuâmes notre route en nous entretenant de choses et d'autres.

A quelques pas de là, nous fûmes arrêtés par des paysans vendéens qui montaient la garde derrière les haies. Ils nous demandèrent où nous allions. Mon père leur dit que nous nous sauvions des républicains qui avaient emprisonné sa femme et l'avaient, lui, proscrit à cause de son royalisme. Ils nous observèrent que nous étions bien imprudents de voyager ainsi ; que nous trouverions sur toute la route des hommes embusqués qui finiraient par nous faire un mauvais parti, comme à tous ceux qu'ils rencontraient. Nous répliquâmes que nous avions tant de fois été exposés à la mort que nous étions habitués à la braver ; que, d'ailleurs, nous étions connus de tous les royalistes des environs, et que nous ne craignions rien d'eux. « Sans doute, repartirent les paysans ; mais s'ils vous donnent un coup de fusil de loin, avant que vous les approchiez, vous serez morts sans vous faire reconnaître. »

Ce raisonnement était juste, mais il ne persuada point mon père, et, loin de retourner sur nos pas, nous nous mîmes à continuer notre route.

Les hommes avec lesquels nous causions nous connaissaient tous et nous laissèrent passer, en nous conseillant de nous cacher et de ne point aller ainsi nous exposer à une mort presque certaine.

Nous cheminâmes, après les avoir quittés, jusqu'au moulin des Alouettes (1), trouvant toujours des postes à diverses distances, qui nous tenaient et auxquels nous tenions les mêmes discours, et qui nous laissaient avancer en nous prédisant le plus triste sort.

A la butte des Alouettes, nous courûmes plus de dangers ; nous trouvâmes un poste de douze hommes qui nous mirent en joue. Mon père fit signe de ne pas tirer, se nomma, et on nous laissa approcher ; mais on refusa de nous laisser continuer notre chemin en nous disant

---

(1) Les *Alouettes*, l'un des points le plus élevés du plateau de Gastine, à quelque distance des Herbiers.

que nous rencontrerions infailliblement la mort à quelques pas. Nous montrâmes une rare intrépidité, qui n'était réellement qu'une excessive imprudence, et, après bien des difficultés, on nous permit enfin de continuer notre route.

En arrivant aux Herbiers, nous trouvâmes tout le bourg dévoré par les flammes. Les républicains y avaient passé le jour d'avant et y avaient mis tout à feu et à sang. Les maisons brûlaient encore; les charpentes, les couvertures s'écroulaient de toutes parts avec un fracas épouvantable. Des tourbillons d'étincelles et de fumée s'élevaient des ruines comme des trombes de poussière. Des cadavres gisaient dans les rues. Nous ne vîmes d'êtres vivants dans ces lieux désolés que quelques chats qui n'avaient pas encore abandonné leurs demeures détruites. Nous ne trouvâmes pour reposer nos membres fatigués qu'une chambre qui avait échappé aux flammes dans la maison de M. Pahan. Nous y entrâmes aussitôt et nous prîmes un peu de nourriture. C'était la Providence qui nous y conduisait pour nous sauver, comme vous l'allez voir bientôt.

Au bout de quelques minutes, après avoir achevé notre léger repas, nous nous entendîmes tout à coup appeler par notre nom. Surpris par ce son de voix humaine, dans cette effrayante solitude, nous regardons et nous reconnaissons trois jeunes filles des Herbiers. C'étaient les Poulain, qui s'étaient réfugiées chez nous à Mortagne et qui nous avaient quittés depuis quelques jours seulement pour venir retrouver leur père.

Elles furent aussi surprises que nous de nous voir au milieu de ces ruines, seuls, isolés, sans secours. Elles nous conduisirent chez elles, nous firent chauffer et manger avec un empressement au-dessus de tout éloge. Elles nous parurent d'une tristesse alarmante, et nous en apprîmes bientôt le sujet : elles nous dirent que, le soir même du jour précédent, leur père, qui était vieux et infirme, avait été massacré dans leurs bras, malgré leurs cris et leurs prières, par deux assassins indignes de porter le nom de royalistes, qui étaient encore aux Herbiers et qui remplissaient tous les cœurs d'effroi.

A peine avaient-elles fini ce récit, qui nous fit dresser les cheveux sur la tête, que nous entendîmes frapper de grands coups à la porte. Nous tressaillîmes tous malgré nous. On fut ouvrir : deux hommes armés et d'un aspect sinistre entrent; les Poulain pâlissent et se trouvent mal : c'étaient les assassins de leur père! Leur présence fit sur elles l'effet de la tête de Méduse. Mon père et moi comprîmes la cause de cette terreur subite, et notre âme se souleva d'horreur et de pitié.

Ces hommes s'approchèrent de nous d'une manière assez honnête et nous demandèrent nos noms et le motif de notre présence aux Herbiers. Mon père se nomma, leur dit la raison qui nous avait fait entreprendre le voyage et le but de notre fuite. Ces deux Vendéens, qui n'étaient plus les soldats généreux de Bonchamps et de d'Elbée, nous regardaient avec surprise, mais sans défiance et sans aucun air de haine et de colère. Ils se nommaient St-A... et St-Ma...; la ressemblance de leurs noms avec les nôtres me frappa.

Je m'attendais qu'ils allaient nous tuer sur-le-champ, comme ils avaient fait au père des Poulain; mais quelle fut ma surprise quand je vis ces deux hommes se découvrir et prendre avec nous un ton humble et respectueux!

Je me sentis rassuré. Mon père n'avait pas perdu courage un seul instant. Ils lui dirent ces mots, qui sont restés bien gravés dans ma mémoire : « Monsieur, nous avons l'honneur de vous connaître! Ne craignez rien, nous ne vous ferons aucun mal ; au contraire, nous vous protégerons ; mais nous ne vous laisserons pas continuer votre route, et c'est pour votre sûreté. Vous êtes bien heureux que nous vous ayons rencontrés. Nous vous évitons une mort infaillible ; car, à quelques pas d'ici, vous auriez été indubitablement massacrés. Nous vous arrêtons et allons vous conduire au quartier général de la Gaubretière, chez M. Forestier. »

Je frissonnai à ces derniers mots et je me dis : « Préparons-nous à mourir ; ces hommes sanguinaires vont nous assassiner dans le chemin. »

Mon père répondit qu'il était bien aise qu'on le conduisît à M. Forestier qu'il connaissait beaucoup, et qu'il le ferait bientôt relâcher. Ces mots ne me rassurèrent nullement ; nous demandâmes à ces deux hommes la permission de rester quelques instants à nous reposer ; j'étais très fatigué, très ému, et je ne me sentais plus la force de marcher. Ils nous refusèrent, en disant qu'ils n'iraient pas vite, et que nous nous rendrions le soir coucher à Beaurepaire, éloigné de deux lieues des Herbiers.

Il fallut obéir sur-le-champ. Nous dîmes adieu aux filles Poulain, que nous laissâmes plus mortes que vives. Nous regrettâmes bien de les laisser en cet état ; mais nous fûmes obligés de suivre nos arrestateurs.

Je fis alors le sacrifice de ma vie, pensant bien qu'ils allaient nous assassiner ; mais je me consolais en réfléchissant que je mourrais avec mon père et en recevant sa bénédiction. Je pensai aussi que c'était pour ne pas avoir plus longtemps à soutenir les regards des filles de leur victime que ces hommes féroces n'avaient pas voulu rester chez les Poulain ; en effet, la vue de ces pauvres filles qu'ils venaient de rendre orphelines devait les pénétrer de remords.

Je recommandai intérieurement mon âme à Dieu et le priai de me donner des forces pour marcher et mourir avec mon père. Cette élévation de mon cœur vers le ciel ranima mon courage, et je marchai avec assurance sur les pas des brigands qui nous avaient arrêtés.

Nous cheminions lentement : ces hommes se réglaient sur nos forces. En route, ils causaient tranquillement avec nous ; ils nous dirent :

« Les Poulain vous auront parlé de nous ; elles nous auront qualifiés de scélérats parce que nous avons tué leur père. Mais ce n'est qu'une juste vengeance que nous venons d'exercer. Il était républicain, et les républicains ont massacré sans pitié, il y a deux jours, tous nos parents. Hier, en quittant les Herbiers, ils ont assassiné les femmes et les enfants ; leurs corps sont encore restés épars... Ce spectacle nous a tellement remplis de fureur que nous avons juré de ne faire grâce à aucun homme qui ne sera pas royaliste. »

Ces hommes exaspérés croyaient se justifier en assurant qu'ils n'avaient usé que de représailles ; mais ils oubliaient que la vengeance n'appartient qu'à Dieu, ou à ceux à qui il a donné le droit légitime de l'exercer. Mon père, qui, plein des sentiments d'humanité et de justice, entendait avec horreur de semblables dispositions, entreprit vainement de leur faire concevoir combien leur conduite avait été odieuse et coupable : il ne put jamais les persuader.

En passant auprès d'un étang, ils s'éloignèrent de nous et prirent les devants : je crus qu'ils allaient nous fusiller ; mais ils s'approchèrent de l'eau et y prirent une grosse carpe, en nous disant qu'elle nous servirait le soir pour souper.

Nous arrivâmes sur les six heures à Beaurepaire. Je

connaissais ce petit bourg, où j'étais venu plusieurs fois au château, chez M. de Beaurepaire, notre parent. Il était trop tard pour poursuivre notre chemin; nous couchâmes chez M. de Verteuil (1). On nous mit dans un assez bon lit en une chambre haute dont la croisée donnait sur un petit jardin sans murs. Nos conducteurs restèrent dans le bas et nous laissèrent libres dans notre chambre. Mon père, avant de nous coucher, mesura de l'œil la hauteur de la fenêtre, et, voyant son peu d'élévation, il me dit : « O mon fils, si tu n'étais pas avec moi, j'aurais bientôt franchi cette légère distance; je me sauverais de nos barbares gardiens; mais je ne veux pas t'abandonner, et, s'il faut périr, j'aime mieux mourir avec toi que me sauver sans toi. » Je le conjurai de penser seulement à lui, qui courait le plus de danger, et de me laisser seul exposé, ma jeunesse pouvant attendrir nos gardes : tous mes efforts furent inutiles.

Nous passâmes une assez bonne nuit. Le lendemain, nous fûmes conduits à la Gaubretière. Nous trouvâmes chez M. Forestier beaucoup d'officiers vendéens très exaspérés et décidés à ne faire aucune grâce. Quelques jours avant, les républicains avaient entouré le bourg et massacré tout ce qui s'y trouvait; ils avaient signalé surtout leur rage en mutilant quelques pauvres religieuses qu'ils y trouvèrent, auxquelles ils avaient coupé les doigts avec une barbarie digne de cannibales. Ces atrocités avaient monté la tête des Vendéens, qui brûlaient de se venger (2).

(1) *Jacques-Alexis de* VERTEUIL, écuyer, seigneur de Champlanc, naquit le 26 mars 1726. Chef de division dans l'armée vendéenne, il suivit l'armée outre Loire, fut pris à Savenay et fusillé le 24 décembre 1793.

(2) Il y eut deux massacres épouvantables commis par les républicains à la Gaubretière : l'un le 28 février, et l'autre le 6 mai 1794. Des femmes, des enfants, des vieillards en furent les victimes. Des familles entières furent égorgées. Des religieuses de Saint-François, de Cholet, y furent

Quelques méchantes gens, comme il s'en rencontre toujours dans les nombreuses réunions, nous accusèrent de républicanisme et dirent que si nous étions vraiment royalistes, nous n'aurions pas cherché à fuir la Vendée. Mon père leur expliqua les motifs de sa fuite et leur dit qu'il n'allait se livrer que pour sauver son épouse, que les républicains avaient emprisonnée.

Ces raisons ne parurent pas suffisantes à nos accusateurs : ils persistèrent dans leurs mauvais desseins à notre égard et voulaient nous condamner sur-le-champ. Les avis étaient partagés : cependant je crus m'apercevoir que le plus grand nombre penchait pour la clémence, qui n'était en ce cas que la justice. Nous courions de véritables dangers, car les hommes méchants, les cœurs cruels et sanguinaires sont toujours les plus audacieux et les plus entreprenants.

J'aperçus, parmi les gens qui nous entouraient, plusieurs paysans que j'avais connus pour les avoir logés souvent pendant la grande guerre. Je m'adressai à eux et les priai instamment de parler pour nous et de nous sauver. Ces hommes, qui étaient armés, n'eurent pas plus tôt appris notre nom qu'ils prirent hautement notre défense; ils assurèrent qu'ils nous connaissaient depuis longtemps, que nous étions bons royalistes, qu'ils répondaient de nous; enfin ils nous prirent sous leur protection et menacèrent violemment tous ceux qui voudraient nous faire du mal. Ils accompagnèrent cette déclaration de gestes si expressifs, qu'il ne restait aucun doute sur leur généreuse résolution.

---

massacrées : *Henriette* Marot (84 ans), *Marie* Arnaudeau (70 ans), *Marie* Jobart (40 ans), *Louise* Merlet (47 ans), *Jeanne-Julie* Badrouet (41 ans), *Renée* Rousseau (41 ans).

C'est après le massacre du 28 février qu'il faut placer le voyage de M. Boutillier de Saint-André et de son fils.

Leurs paroles, leurs menaces surtout, jointes à l'avis de ceux qui opinaient pour nous, imposèrent silence à nos accusateurs, et nous fûmes sauvés.

Mon père remercia vivement nos libérateurs, et, se penchant vers moi, il me dit d'une voix basse, mais si touchante qu'elle pénétra mon cœur d'attendrissement : « Cher enfant, c'est à toi que je dois la vie : si je puis la conserver, elle m'en sera plus chère. » Je ne pus résister à ces mots de tendresse et je me jetai dans ses bras en pleurant. Tous les spectateurs furent émus. « Ah ! messieurs, leur dit-il, si vous connaissiez mon fils !... » Et là-dessus, il se prit à faire mon éloge sur ma sensibilité, ma bonté, ma facilité à apprendre, etc. J'étais loin de mériter de pareilles louanges ; mais elles touchèrent vivement mon cœur, à cause de la circonstance où j'avais eu le bonheur de me les attirer.

On nous demanda où nous voulions nous rendre, en nous disant qu'on nous ferait accompagner pour notre sûreté ; nos défenseurs déclarèrent seuls nous suivre. Nous fûmes pénétrés de reconnaissance pour ces braves gens.

Mon père dit qu'il voulait rentrer chez lui à Mortagne. A ces mots, tous ceux qui nous entouraient furent interdits : « Eh quoi ! monsieur, lui dirent-ils, avez-vous perdu
« tout sentiment de prudence? Vous voulez vous rendre
« à Mortagne !... Et vos dénonciateurs qui vous y atten-
« dent pour vous faire mourir ! Vos ennemis, qui ont
« emprisonné votre femme, vous feront-ils grâce, à vous
« qui êtes connu pour votre opinion royaliste ? Ne con-
« naissez-vous plus la cruauté et la perfidie des républi-
« cains qui se font un jeu de leurs promesses et de leurs
« serments ? Les massacres, les proscriptions, qui sont
« leurs actes habituels, ne vous ont donc pas ouvert les
« yeux ? Compteriez-vous sur leur justice, sur leur clé-

« mence?... Ah! monsieur, désabusez-vous : ils sont trop
« lâches, trop cruels pour pardonner. La clémence accom-
« pagne ordinairement la générosité, et nos ennemis sont
« bien éloignés de ce dernier sentiment. Croyez-nous,
« cachez-vous, restez avec nous. Nous suivrons la même
« fortune. Attendez, pour vous montrer, des temps plus
« heureux. »

Ainsi nous parlèrent les personnes qui étaient présentes, surtout MM. Forestier et Baguenard. J'étais secrètement de leur avis; mais je respectais trop les volontés de mon père pour oser manifester ma pensée dans une circonstance si dangereuse.

Mon père avait écouté en silence les conseils de ces messieurs; il prit ensuite la parole et leur dit : « Si je ne suivais que l'impulsion de mes sentiments et si je n'avais ni femme, ni enfants, je céderais de grand cœur à vos avis; mais je ne saurais laisser plus longtemps ma femme prisonnière. J'ai besoin de la rendre à ses enfants, qui ne peuvent plus se passer d'elle. Je sais que ma tête est proscrite, que des méchants veulent la faire tomber... Mais j'aime mieux périr et la délivrer que de vivre en la sachant captive. C'est pour moi qu'elle est dans les fers; je dois à mon tour me livrer pour elle et mourir, s'il le faut, pour la sauver. »

M. Baguenard lui répliqua que si, en se livrant, il pouvait la rendre à la liberté, il serait loin de le dissuader de faire un pareil acte de dévouement. « Mais je connais la perfidie de nos ennemis, ajouta-t-il, vous vous livrerez, vous périrez, et ils ne délivreront point votre épouse. »

Ces mots qui semblaient prophétiques me firent frissonner.

Mon père répliqua que le doute seul l'obligeait à se

dévouer, et il réitéra son intention de retourner à Mortagne.

Les représentations les plus vives, les prières même ayant été sans effet, nous nous disposâmes à partir. Dans ce moment, mon cousin, Alexandre Merland (1), de la Verrie, officier chez les Vendéens, arriva. Il fut bien étonné de nous voir et voulut aussi nous accompagner.

Nous partîmes avec lui et escortés de ces bons Vendéens qui avaient si généreusement pris notre défense. Nous prîmes le chemin de la Verrie; mais nous n'avions pas fait une lieue qu'une fumée épaisse nous annonça la marche d'une colonne républicaine incendiaire qui s'avançait vers nous. Nos conducteurs nous déclarèrent qu'ils n'iraient pas plus loin et nous engagèrent à fuir avec eux; mon père s'y refusa.

Nous continuâmes seuls notre route et marchâmes à la rencontre de la colonne ennemie. Ce fut alors que je crus notre perte certaine. Nous nous embrassâmes, mon père et moi, et nous fîmes notre recommandation à Dieu, nous attendant à une mort prochaine.

Nous ne prîmes d'autres précautions que de quitter la route et de marcher à travers les champs. Nous trouvions de distance en distance des paysans qui épiaient derrière les haies et qui nous arrêtaient : mon père se nommait, et l'on nous laissait passer. Nous n'étions plus qu'à quelques champs de la colonne républicaine; nous courions à chaque instant le risque d'être aperçus et de tomber dans ses mains; mais le ciel, qui nous protégeait visiblement, malgré notre timidité, nous fit éviter sa rencontre; nous passâmes à travers les genêts sans être vus : une

---

(1) « Alexandre Merland, fils d'une sœur de notre grand-père, est décédé « sans alliance le 8 juillet 1824. » (*Note de M. Charles* Boutillier *de* Saint-André.)

main protectrice nous conduisit ainsi jusqu'à Mortagne.

Nous traversâmes la Sèvre sur une chaussée et nous rentrâmes le soir en ville par des chemins détournés, après avoir couru mille périls auxquels nous avions échappé vraiment par miracle.

Mon père se cacha en attendant la première occasion de se rendre dans une ville et de se livrer. Il trouva un asile chez Chouteau, ancien huissier de la baronnie, qui le reçut et le protégea avec un grand dévouement. Cet homme vit encore, quoiqu'il ait près de cent ans; il demeure à Cholet, et je lui conserverai toujours une bien vive reconnaissance pour les soins qu'il a eus de mon père.

Ce dernier ne s'occupa plus, dans sa cache, qu'à prier Dieu pour sa femme et ses enfants en attendant son sacrifice. Il copiait et corrigeait toujours ses mémoires, sur lesquels il comptait beaucoup pour prouver son innocence.

Je restai chez mon ayeule paternelle, où demeuraient aussi ma tante du Coin et sa fille. Nous y vivions bien retirés, servis par deux vieilles domestiques de confiance. Nous y étions dans un état assez misérable, n'ayant ni vin ni viande, mais seulement quelques légumes du jardin et le lait d'une vache. Mon père se nourrissait encore sur nos faibles ressources; on lui portait chaque jour à manger dans sa retraite.

Mes sœurs et mon frère étaient chez mon ayeul maternel de la Chèze, avec mes deux tantes des Barroires et des Granges. Il y logeait aussi un chef du 3ᵉ bataillon de l'Orne (1). Un corps de garde était dans la maison, et les

---

(1) Ce chef de bataillon se nommait Le Normand, ou Normand. (Voir *Pièces justificatives*, p. 352, relatives à l'affaire de Mortagne. Dépôt de la Guerre : *Archives historiques*, armée de l'Ouest, section 5, carton 6, communiquées par M. BAGUENIER DÉSORMEAUX. L'érudit M. CHASSIN en donne des extraits dans sa *Vendée patriote*, t. IV, p. 363-374.)

pauvres enfants y attrapèrent tant de vermine qu'ils en étaient tout rongés.

Il logeait avec nous quatre officiers, très braves gens ; trois surtout étaient remarquables par leurs excellentes opinions, leur droiture et leur humanité (1). Le quatrième était républicain enragé ; il avait été comédien et débitait souvent avec emphase des tirades de tragédie, tantôt de *Brutus*, tantôt de la *Mort de César* (2). Je me souviens encore de ces deux vers de la première de ces pièces, qu'il déclamait d'une manière ronflante :

> Je suis fils de Brutus et je porte en mon cœur
> La liberté gravée et les *rois en horreur* (3).

Il appuyait principalement sur le dernier hémistiche.

Républicain fanatique, cet officier, sous-lieutenant au 77ᵉ régiment, portait sur sa poitrine et sous son gilet un bonnet rouge qu'on plaçait en marche sur la pique du drapeau.

Je me plaisais assez avec ces jeunes gens, qui étaient gais, affables, honnêtes et pleins de respect pour mon ayeule, qui souvent leur donnait de bons conseils de sagesse et de religion, qu'ils écoutaient avec beaucoup d'égards, mais qu'ils se gardaient bien de suivre.

Naudon (4), le sous-lieutenant dont j'ai parlé, se mêlait parfois de composer des vers, où la rime et le bon sens étaient souvent peu d'accord ensemble. Son éducation avait été plus que négligée ; il ne savait pas un mot d'or-

---

(1) Ces quatre officiers se nommaient Guyot, Naudon, Blanchet et Desnoyers. (Voir *Pièces justificatives*, p. 255, et plus loin, p. 285.)
(2) *Brutus* et la *Mort de César*, deux tragédies de Voltaire.
(3) *Brutus*, acte II, scène II.
(4) Naudon était lieutenant au 2ᵉ bataillon du 77ᵉ régiment. Il fut l'un des officiers qui s'élevèrent avec le plus de force contre le plan de Turreau. (Dépôt de la Guerre : *Archives historiques*, armée de l'Ouest, section 5, carton 6.)]

thographe et ignorait les premières règles de la versification. Vous en jugerez, mes enfants, par ce couplet d'une chanson dont il était l'auteur, qu'il me chantait souvent et que j'ai retenu :

> Qu'un Français pour sa patrie
> Renonce à l'humanité!
> Que chaque instant de sa vie
> S'*emploix* pour la liberté!
> L'Anglais, l'Autriche et l'Espagne
> Disparaîtront à jamais,
> Et l'*Hercul* de la Montagne
> *Tura* l'hydre du Marais.

J'étais bien jeune alors, je n'avais que treize ans ; mais je connaissais mes règles et je riais tout bas des lourdes fautes de versification et d'orthographe dont fourmillait ce couplet, le moins mauvais des sept ou huit qui composaient la chanson républicaine.

J'allais tous les jours voir mon père. Je le trouvais toujours priant Dieu et travaillant à ses mémoires justificatifs. Je lui parlais de la manie qu'avait notre officier de rimer *malgré Minerve;* il me donna pour lui une pièce de vers que je devais remettre à l'officier comme si j'en eusse été l'auteur. Je me souviens seulement de ceux-ci :

> Jeune républicain, qui fais si bien les vers,
> Des douceurs de la paix entretiens l'univers ;
> Peins-nous les maux affreux de nos guerres civiles,
> Dis-nous que l'union est le rempart des villes...
> . . . .
> Le Français, autrefois et si doux et si sage,
> Serait-il donc mordu d'un tigre dans la rage?
> . . . .
> Appréhendons du ciel cet arrêt foudroyant :
> Les États divisés sont bientôt au néant.
> . . . .
> Cette paix du ciel, premier besoin des hommes,
> Qui polit la nature et nous dit qui nous sommes.

CHAPITRE IX

DEPUIS L'ÉVACUATION DE CHOLET JUSQU'A LA MORT
DE M. ET DE Mme DE SAINT-ANDRÉ

C'est à peu près vers cette époque (le mois de mars 1794) que Cholet fut évacué. Les républicains emmenèrent avec eux tous les habitants et mirent le feu en sortant de la ville; quelques jours avant, ils avaient conduit ma mère à Angers, où elle fut mise en une prison : je n'ai jamais pu savoir laquelle. Ce fut là qu'elle mourut, seule, abandonnée, en proie à tous les besoins, sans secours, loin de son pays et de sa famille; loin surtout de son mari et de ses enfants, qu'elle aimait de l'amour le plus tendre et pour lesquels elle s'était sacrifiée. Nous fûmes plus de quinze mois sans savoir de ses nouvelles, et nous n'en reçûmes à Poitiers, comme je vous le dirai bientôt, que pour apprendre sa mort à la suite d'une agonie longue et cruelle. Après l'évacuation de Cholet, nous n'entendîmes plus parler de cette chère maman et nous restâmes, à son égard, dans une incertitude extraordinaire, tantôt espérant de la revoir, tantôt craignant de ne la retrouver jamais.

Il brûla, dans l'incendie de Cholet, une grande quantité de mobiliers et de marchandises; il y avait tant d'effets que, malgré le feu et le pillage, il s'en sauva néanmoins encore quelques-uns. Les garnisons de Mortagne et plusieurs habitants s'y rendirent plusieurs fois et en apportèrent des charges énormes; les Vendéens y faisaient des excursions de leur côté, brûlaient et pillaient ce qu'ils trouvaient, de sorte que cette pauvre ville fut alors entièrement détruite (1).

(1) L'évacuation de Cholet eut lieu le 7 mars 1794. M. Chassin dit que Cholet fut incendié par les royalistes (*la Vendée patriote*, t. IV, p. 342).

La ville de Cholet avait d'abord été exceptée des mesures de destruction prises « contre les repaires des brigands de la Vendée ». Cette exception fut bientôt rapportée, et rapportée dans le dessein de détruire Cholet comme les autres « repaires ». Un arrêté du 19 février 1794, pris par les représentants du peuple en mission près l'armée de l'Ouest et que M. Chassin ne cite pas dans les pages qu'il consacre à l'évacuation de Cholet (*la Vendée patriote*, t. IV, p. 339-342), ne permet guère d'avoir des doutes à ce sujet. (Voir *Pièces justificatives*, p. 337, et surtout *Les moyens de justification des détenus de la garnison de Mortagne*, du 1er floréal an II (20 avril 1794). — *Rapport de Courtois sur les papiers trouvés chez Robespierre*. Paris, an III, p. 250.)

La mesure que réclamaient les représentants parut tellement grave à Barrère lui-même, qu'il n'osa pas la demander à la Convention au nom du Comité de salut public. Mais les représentants du peuple, qui étaient les âmes damnées de Turreau, la prirent le 1er mars (11 ventôse). (Chassin, *la Vendée patriote*, t. IV, p. 339-340.) Un document considérable, l'*Exposé de la conduite de la garnison de Mortagne*, du 28 mars 1794 (8 germinal an II), ne laisse guère de doute sur ce fait : « Le 19 ventôse, disent les officiers, Cholet fut évacué et bientôt réduit en cendres. *Les habitants de cette ville commerçante ne furent point prévenus assez tôt de cet incendie*, et ils perdirent tout ce qu'ils possédaient. Des magasins immenses de vivres, d'habillements pour les troupes, y furent abandonnés, et la majeure partie fut consommée par les flammes. Des volontaires blessés et malades furent trouvés morts dans leur lit; sans doute qu'on n'avait emmené des hôpitaux que les moins infirmes. » (Dépôt de la Guerre : *Archives historiques*, section 6, carton 6. — Voir *Pièces justificatives*, p. 346.

Il nous paraît évident que, si les officiers de la garnison de Mortagne avaient entendu parler des incendies allumés par les « brigands », ils n'auraient pas dû s'étonner que les habitants patriotes de Cholet n'en fussent pas prévenus à temps.

Ce récit de notre auteur est rigoureusement exact, et il en ressort que la malheureuse ville de Cholet fut pillée et brûlée tour à tour par les républicains et les royalistes.

Baron, garde-magasins des fourrages de la place de Mortagne, dans sa *Dénonciation* (une feuille in-8°, imprimée à Nantes : *Archives historiques de la guerre*, à la date du 26 mars 1794), affirme que « les préposés aux vivres, qui s'étaient repliés sur Mortagne, prirent, de concert avec le commandant Fouquerolle, des moyens pour faire enlever 3,000 quintaux de grains et farines; que le citoyen Fouquerolle donnait deux cents hommes chaque jour, et que, à l'aide d'environ cent chevaux de trait, on parvint à sortir 2,000 quintaux... ».

Les administrateurs du directoire du district de Cholet, réfugiés à Angers,

Après l'évacuation de Cholet, Mortagne resta le seul point de la Vendée occupé par une garnison républicaine sédentaire. Le pays était cependant toujours traversé en tous sens par des colonnes incendiaires, commandées par Turreau (1), Grignon (2), Caffin, Cor-

dénonçaient, le 7 août 1794, Turreau et les colonnes incendiaires, comme « s'attachant particulièrement à brûler les subsistances et les fourrages » des patriotes aussi bien que les royalistes. « Plus de cent mille tonneaux de grains furent la proie des flammes. » A Cholet, « tout a été brûlé, ainsi que les magasins considérables qu'elle (l'administration) y avait formés ».

Les républicains brûlaient le plus qu'ils pouvaient pour ne pas laisser à leurs ennemis une proie profitable. Les royalistes, de leur côté, ayant pillé à leur tour, mettaient le feu à ce qu'ils n'avaient pu emporté, pour éviter de le voir tomber aux mains de leurs adversaires.

Malgré les uns et les autres cependant, il resta encore dans Cholet beaucoup de choses qui échappèrent au pillage et à l'incendie. Un *Compte d'administration des biens ecclésiastiques, des émigrés et des soi-disant patriotes* (in-folio de 38 pages), que nous avons dernièrement découvert dans les registres de la fabrique de Saint-Pierre de Cholet, nous donne de curieux détails sur l'administration de ces biens en juillet, août et septembre 1794, par les commissaires du Roi.

(1) *Louis-Marie* TURREAU de GARAMBOUVILLE naquit à Évreux le 4 juillet 1756. Successivement surnuméraire aux gardes d'Artois, compagnie d'Alsace, en 1786, commandant du 3ᵉ bataillon de l'Eure le 16 septembre 1792, adjudant général à l'armée des côtes de la Rochelle, général de brigade le 30 juillet 1793, général de division le 18 septembre, commandant en chef de l'armée des Pyrénées-Orientales, puis de l'armée de l'Ouest; il fut, du 2 frimaire au 24 floréal an II, le bourreau de la Vendée en se faisant l'exécuteur des décrets de la Convention contre ce malheureux pays. Cet ennemi des rois fut un partisan de l'Empire et créé baron par Napoléon. Il applaudit à la Restauration, et Louis XVIII le fit chevalier de Saint-Louis! Plus encore, il le désigna pour accompagner le duc d'Angoulême dans son voyage en Vendée. Nul mieux que lui, en effet, ne pouvait renseigner le prince sur ce que les Vendéens avaient souffert pour leur Roi; mais la Vendée méritait peut-être une autre récompense. Il mourut le 15 décembre 1816. (Voir CHASSIN, *Préparation à la guerre de Vendée*, t. III, p. 602, note.)

(2) *Louis* GRIGNON naquit à Loiré (Sarthe) le 27 août 1748. Fusilier aux gardes françaises de 1767 à 1770, dans les régiments de Poitou et de Cambrésis de 1770 à 1773, il passa, cette même année, sergent recruteur dans le corps royal de la marine; au régiment provincial de Mantes de 1776 à 1781, sous-lieutenant de 1781 à 1788, sous-adjudant général de la légion du Midi en 1792; adjudant général, en 1793, à l'armée des côtes de la Rochelle, il fut créé général de brigade le 8 frimaire an II, général de division le 25 germinal. Il fut, aussi lui, en haine de la religion et des rois, l'un des bourreaux de la Vendée. Ce qui pourtant, ironie amère, ne l'empêcha pas d'accepter de l'Empereur et Roi une pension par décret impérial du 28 juin 1810. (Voir CHASSIN, *la Vendée patriote*, t. II, p. 553.)

dellier (1), etc. : ce sont ces monstres qui ont commis tant de crimes atroces dans la Vendée, que la plume se refuse à les retracer (2).

Ils avaient reçu l'ordre de tout mettre à feu et à sang, et l'on peut dire qu'ils ont surpassé leur mission infernale. Outre toutes les horreurs qu'ils ont commises à Mortagne, Cholet, Châtillon, etc., je citerai le massacre de Montfaucon (3). Un de ces misérables généraux, à la tête de quelques mille hommes, surprit cette petite ville pendant la nuit. Il la fait entourer, il pénètre dans son enceinte et fait mettre impitoyablement à mort tout ce qui s'y trouve. Il y périt un très grand nombre de femmes et d'enfants; il ne fut sauvé que deux ou trois jeunes filles, que des officiers eurent l'humanité de

---

(1) *Étienne-Jean-François* Cordellier-Delanoue, né le 29 avril 1767 à Faremontiers (Seine-et-Marne), soldat dans le régiment d'infanterie du Bourbonnais de 1786 à 1788, capitaine au 2ᵉ bataillon des volontaires de Seine-et-Marne le 11 septembre 1791, général de brigade à l'armée des Ardennes le 3 septembre 1793, fut envoyé, le 28 novembre, à l'armée de l'Ouest. Ce fut l'un des plus sinistres bandits qui s'acharnèrent sur la malheureuse Vendée. Poursuivi de ce chef et *amnistié*, cet ennemi des rois, comme tant d'autres, en vint, en 1809, à réclamer « l'utilisation de son dévouement à la personne de l'Empereur et Roi », et sous la Restauration, il pétitionnait, inutilement d'ailleurs, pour obtenir la croix de Saint-Louis. Le 7 août 1830, il offrait ses services à un autre roi, Louis-Philippe. Il mourut le 10 juillet 1845. (Voir Chassin, *la Vendée patriote*, t. IV, p. 212, note.)

(2) On est bien loin de connaître toutes les atrocités commises en Vendée par les colonnes infernales, et dont une pâle peinture arrachait des mouvements d'horreur à la Convention elle-même, dans la séance du 29 septembre 1794. L'idée qu'en donnent les écrivains les moins sévères fait encore frémir. Pour les expliquer, sinon pour les excuser, car ils sont inexcusables, quelques historiens ont donné comme raisons l'Inquisition, la Saint-Barthélemy, les Dragonnades... C'est peut-être chercher un peu loin ce qui se trouve bien près. (Voir, sur ce point, en particulier M. Chassin, *la Vendée patriote*, t. IV, *passim*.)

(3) Ce massacre eut lieu le 4 avril. Il fut commis par la colonne Cordellier, commandée par le général Crouzat. Cordellier, malade, s'était retiré à Saumur. Le général Crouzat écrivait à Turreau, de Clisson : « Je suis parti de Tiffauges à la pointe du jour (c'était le 4 avril). J'ai fouillé et brûlé Torfou et Montfaucon... » (Savary, t. III, p. 378.) Voir, dans Chassin, t. IV, ch. xlix, l et suivants, quelque chose « de ce mouvement d'horreur », provoqué par les excès des colonnes infernales chez les républicains eux-mêmes.

cacher dans leurs manteaux et de sauver en leur faisant traverser les postes ainsi déguisées. J'ai eu pour domestique une fille qui soignait un vieillard malade et perclus. Les républicains le tuèrent dans son lit à coups de sabre, et sa gouvernante eût été immolée aussi, sans un officier qui la fit échapper. Enfin, il me suffira de dire que les colonnes incendiaires, aux ordres des chefs que je viens de nommer, massacraient sans distinction d'âge, de sexe et de condition, tout ce qu'ils rencontraient dans notre malheureux pays. Leurs exactions de toute espèce étaient si affreuses, qu'elles inspirèrent un mouvement d'horreur aux républicains eux-mêmes, qui conservaient encore quelques sentiments d'humanité.

Cette horreur, cette indignation était surtout ressentie par les officiers de la garnison de Mortagne, qui étaient bien éloignés de partager l'exaltation et la cruauté de ces chefs indignes de porter le nom de Français et qui ressemblaient plus à des cannibales qu'à des militaires. On peut dire que, de tous les officiers de notre garnison, pas un n'a montré d'opinions sanguinaires, et qu'il n'y a été commis aucun crime pendant tout le temps qu'ils y sont restés. C'est un juste hommage que je me plais à leur rendre. Il m'est doux, au milieu de tant d'horreurs, de pouvoir reposer mes regards, fatigués de tant de tableaux sinistres, sur un spectacle consolant. Ces officiers en vinrent au point de dénoncer à la Convention la conduite de Turreau, Huchet (1), Grignon, Corde-

---

(1) *Jean-Baptiste-Michel-Antoine* HUCHET naquit à Bernay le 17 janvier 1749. Soldat, successivement, du 5 décembre 1760 au 5 décembre 1776, au régiment des Flandres; puis, du 22 juin 1779 au 22 juin 1790, il était chef du 4ᵉ bataillon de la réserve, à Soissons, le 6 septembre 1792. On le retrouve en juin à Doué, dans le corps du général Salomon; nommé général de brigade le 8 frimaire, de division le 20 germinal suivant, il fut, comme commandant de la division de Luçon, l'un des bourreaux de la Vendée : c'est sa gloire d'avoir eu comme ennemi un semblable bandit. Sa-

lier, etc., qu'ils accusèrent d'entretenir la guerre par les horreurs qu'ils commettaient journellement dans la Vendée. J'ai vu rédiger et lire cette plainte, qui était très énergique et remplie de bon sens, d'esprit et d'humanité. Elle fut envoyée signée de toute la garnison. Les officiers que nous logions, qui se distinguèrent surtout dans cette circonstance, n'étaient pas sans inquiétude sur le résultat de leurs démarches. Ils craignaient de s'être compromis, d'être dénoncés à leur tour comme modérés et d'être punis de mort pour leur incivisme. Ils avaient presque fait le sacrifice de leur vie et s'entretenaient souvent des dangers qu'ils couraient. A cette occasion, Naudon s'écriait souvent : « Serais-je condamné comme aristocrate, moi qui ai toujours été sans-culotte, qui ai arrêté tant de nobles, tant de prêtres? qui faisais partie de toutes les sociétés populaires? moi, l'ami, l'admirateur, l'imitateur de Marat et de Lepeletier Saint-Fargeau (1)? »

Un jour qu'il vantait son sans-culottisme devant mon ayeule, cette dernière lui dit : « Ah! citoyen, comment seriez-vous sans-culotte? Vous avez l'air trop honnête homme, vos manières sont trop distinguées pour vous donner une telle qualification et pour vous en vanter.

— Eh! citoyenne, nous le sommes tous; vous l'êtes vous-même, puisque vous êtes amie de la liberté et de l'égalité. » Mon ayeule répondit avec beaucoup de gravité

lomon le représentait déjà en 1792 comme étant à toute heure en état d'ivresse. On verra plus loin que Salomon ne l'a pas calomnié. (Voir CHASSIN, la Vendée patriote, t. III, p. 258, note.)

(1) Cette protestation devrait se trouver aux Archives historiques de la guerre. M. Chassin ne l'y a pas trouvée évidemment, puisqu'il ne la cite pas. Elle jette, à notre avis, un jour nouveau sur ce qu'on a appelé « l'affaire de Mortagne » que nous verrons bientôt. Il y a tout lieu de croire que c'est à cet acte de courage que la petite garnison de Mortagne dut d'être abandonnée et poursuivie de la haine de Turreau et de ses partisans.

et de grâce : « Oui, monsieur, j'aime la liberté et une juste égalité; mais j'abhorre et méprise la licence. Le sans-culottisme nous a-t-il donné ces bienfaits? nous a-t-il donné les vertus que suppose l'état républicain, où la sévérité des mœurs, l'amour de la patrie, l'estime de la pauvreté, la frugalité, doivent caractériser des hommes libres?... » — Naudon se tut : qu'aurait-il pu répondre?

Un soir que nous étions réunis dans la seule chambre épargnée par l'incendie, un général vint loger à la maison. C'était Huchet! l'affreux Huchet! tigre impitoyable, monstre altéré de sang, dont les crimes et les fureurs surpassaient encore ceux de ses collègues.

Il entra brusquement, sans se faire annoncer, accompagné d'une nombreuse suite. Mon ayeule se présenta pour le recevoir; elle frémit à son aspect hideux et féroce. Elle était âgée et vêtue de noir, n'ayant pas quitté le deuil depuis son veuvage. Le général, qui était ivre et qui, en venant de Cholet, était tombé deux fois de son cheval, avait plusieurs contusions à la figure et semblait plein de sang plutôt que de vin, nous dit : « Vous êtes bien tranquilles ici; vous ne savez donc pas que je puis vous faire tous brûler ce soir dans vos masures? — Ah! général! lui répliqua mon ayeule, vous n'en auriez pas le courage; quel mal vous avons-nous fait? — Quel mal vous m'avez fait?..... Mais vous avez l'air d'une religieuse avec vos vêtements noirs et vos mains jointes. — Quelle religieuse, reprit-elle, qui a eu douze enfants! »

Mon ayeule n'eut pas plus tôt prononcé ces derniers mots qu'elle en sentit toute l'imprudence, et, dans la crainte qu'il ne lui demandât où étaient ses enfants, qui étaient tous proscrits comme royalistes, elle se hâta d'ajouter : « Vous êtes blessé, général, il faudrait vous faire tirer du sang. — Qu'appelez-vous blessé? Qu'entendez-vous par me tirer du sang? Apprenez que c'est moi qui en tire aux autres. Je suis boucher..... boucher de chair humaine (1). » Tous ces mots sont exacts, j'étais présent à l'entrevue; je les ai entendus et tous bien retenus. J'en affirme la sincérité entière.

Ces paroles nous firent tous frémir.

Il s'établit dans le petit salon bas où se tenaient nos officiers qui avaient déguerpi, ne voulant pas se trouver en sa présence, et s'étendit dans un fauteuil; sa suite occupa le reste de la maison : on ne nous laissa que la cuisine. Aucun officier de la garnison ne vint lui faire visite; il était trop méprisé, trop exécré.

A peine était-il installé, qu'on amena deux pauvres paysans, un père et son fils. Je fus témoin de l'ordre qu'il donna de les mettre à mort de suite; mais ce qui excita le plus mon indignation et même celle de ses satellites, ce fut la défense expresse qu'il fit de les fusiller : « Lardez-les, dit-il d'un air féroce; sabrez-les, taillez-les à coups de baïonnette. »

On alla exécuter cet ordre barbare à quelques pas de nous, sur les marches mêmes de la grande porte de l'église, vis-à-vis la maison; les bourreaux, chargés de cet affreux supplice, étaient affligés eux-mêmes d'avoir à obéir. Après quelques instants, ils vinrent dire au général, en ma présence, que les deux victimes souffraient des douleurs atroces, qu'elles se débattaient contre la mort, qu'ils ne pouvaient plus résister à la vue de leurs angoisses, du sang qu'elles répandaient, des cris déchirants qu'elles faisaient entendre; enfin ils demandaient la permission de les achever d'un coup de pistolet : « Gardez-vous-en bien, reprit le cannibale; enfoncez-leur vos

---

(1) En effet, j'ai appris qu'il avait été boucher; c'était par cette profession qu'il avait préludé aux crimes qu'il a fait commettre. (*Note de l'auteur.*)

sabres jusqu'à la garde dans le corps; taillez et retaillez. »
Et il faisait, avec ses bras, les gestes et mouvements significatifs, d'une manière qui annonçait qu'il était familier avec de pareilles horreurs.

Ce genre de supplice effroyable, que Néron seul peut-être aurait pu ordonner, étonna, pétrifia tous les assistants, et les bourreaux eux-mêmes en frémirent. Pour moi, il m'indigna à un tel point, que si la force avait répondu à mon courage et que si j'avais eu une épée dans mes mains pour servir ma fureur, j'eusse percé à l'instant le cœur du monstre, malgré les vils et lâches satellites qui l'entouraient. Mais j'étais un jeune enfant, faible, accablé de peines et désarmé..... Je me trouvai mal.

Les exécuteurs obéirent et vinrent après le supplice. Ils avaient été si affectés des coups affreux qu'ils venaient de porter, du sang qu'ils avaient répandu à torrents, enfin de la boucherie qu'ils avaient faite, que leur estomac se souleva et qu'ils vomirent tout ce qu'ils avaient bu et mangé.

Il m'en coûte, mes chers enfants, de vous dévoiler tant d'horreurs, dont j'ai été le témoin; mais j'ai cru devoir les signaler, d'abord pour n'en pas laisser perdre la mémoire, car je ne les ai jamais vues écrites; ensuite pour vous montrer à quel degré d'abrutissement et de férocité peuvent se porter les hommes quand ils ont secoué toute espèce de joug, quand ils se sont livrés à leurs passions perverses et repoussé le frein salutaire de la religion, base de toute morale. Et quand on pense que ces hommes de sang ne faisaient qu'exécuter à la lettre les ordres qu'un gouvernement atroce leur avait donnés, quelle idée peut-on se faire des révolutions et des fruits qu'elles produisent! Et ces fruits, quels sont-ils, si ce n'est le meurtre, le crime et la honte des empires?

Ces faits sont si horribles que vous aurez peut-être de la peine à les croire ; mais ils sont pourtant d'une exacte vérité, puisque j'en ai été le témoin, ainsi qu'un grand nombre de personnes, qui sont encore vivantes. Et pour vous faire une idée de ce qu'était cette guerre cruelle que la Convention faisait faire à la Vendée, songez que les horreurs qui se passaient sous mes yeux avaient lieu aussi à chaque instant dans les bourgs et villages où les républicains portaient leurs drapeaux ensanglantés (1)

Ainsi, mes enfants, quand vous entendrez parler de glorieuses révolutions, étonnez-vous de voir un pareil accouplement de mots et dites-vous que la gloire et la révolte ne peuvent s'allier ensemble.

Le général, qui cuvait son vin, eut besoin de thé ; à chaque quart d'heure, il criait qu'on lui apportât un verre d'eau.

Sur les sept heures du soir, nous soupions tous à la cuisine ; il ne nous restait que cette seule chambre disponible. Il lui prit envie de venir nous voir : il fut surpris du misérable repas que nous faisions, n'ayant qu'un mauvais pain noir et quelques fruits cuits à manger. « Il faut avouer, nous dit-il, que vous faites là un bien frugal repas. — Ah ! général, répondit mon ayeule qui s'était levée en le voyant entrer, que nous le trouverions agréable, s'il était accompagné de la tranquillité ! » Cet homme de sang ne put s'empêcher de jeter un regard d'intérêt sur nous. L'aspect de cette femme âgée et respectable, dont le port et la voix étaient pleins de dignité et de grâce, entourée de ses enfants effrayés et de fidèles domestiques, sembla un instant le délasser des scènes effroyables qu'il avait à chaque instant sous les yeux.

(1) Il n'y a rien d'exagéré dans cette affirmation ; elle est encore au-dessous de la vérité, qui est ici monstrueuse.

Au nombre des gens de sa suite qui restèrent avec nous, je reconnus un enfant de mon âge, avec lequel j'avais étudié au collège ; il était de Cholet et se nommait Brosseau. Huchet avait fait fusiller son père le matin, et il avait gardé le fils pour en faire son domestique. Il comptait sur la fidélité d'un enfant qu'il avait rendu orphelin ! Quelle idée il avait de sa lâcheté ou de la bassesse de son âme !

Cet enfant avait peu de réflexion et de sensibilité. Il ne me parut pas affecté et indigné comme il aurait dû l'être. Me trouvant à même de lui parler bas, je lui dis : « Ah ! Brosseau, pourrais-tu servir l'assassin de ton père ? — Il le faut bien, me dit-il, car je ne puis m'échapper. » Je fus sur le point de lui dire : « Mais tu es grand et fort, tu auras bientôt une arme : ne pourrais-tu pas délivrer la terre d'un monstre ? » Je me retins et j'agis prudemment, car j'étais entouré de satellites et de brigands.

Tout le monde dans la maison passa la nuit sans se coucher, excepté moi qui avais un lit de sangle dans l'alcôve du salon où le général s'était établi. Mon ayeule m'ordonna d'aller y dormir. Je refusai d'abord : il me répugnait trop de reposer auprès du scélérat qui s'était emparé de notre chambre ; mais, mon ayeule insistant pour que je lui obéisse, je cédai et, malgré l'horreur que j'éprouvais de me voir près de lui, je fus me coucher. Je fis un grand sacrifice. Qu'il m'en coûta, grand Dieu ! de respirer le même air qu'il empestait de son souffle impur et empoisonné ! Je ne pus dormir. J'entendais le misérable ronfler, cracher, tousser, cuver son vin *cum eructationibus et bombis*. Il s'agitait, il criait à chaque instant ; il semblait que l'ombre ensanglantée de ses victimes lui apparaissait et troublait son repos. Je frissonnais d'horreur ; je mourais de peur ; je croyais à chaque minute qu'il allait aussi me faire assassiner. Toutes mes craintes étaient de me voir soumis aux mêmes souffrances que les deux malheureux qu'il venait de faire exécuter. Mais j'offris mon sacrifice à Dieu et je priai de l'agréer si sa volonté était que je périsse, et je parvins à calmer un peu mes craintes.

Il partit de très grand matin et sans bruit. Il fut, avec la colonne qu'il commandait, à la Verrie, à Beaurepaire, à la Gaubretière. Partout il signala son passage par le meurtre et l'incendie. Il n'épargna ni les femmes, ni les enfants, ni les vieillards.

J'ai besoin de laisser reposer ma plume, fatiguée du récit de tant d'horreurs. Hélas! je ne suis pourtant pas rendu à la fin de nos peines!

J'ai dit que Mortagne était alors le seul point de la Vendée où les républicains fussent restés stationnaires. Nous y étions renfermés avec une faible garnison, qui nous protégeait grâce au bon esprit qui dirigeait l'esprit de ses chefs (1).

---

(1) Ici commence un épisode capital de ces *Mémoires*, car nous sommes convaincu que la mort de M. Boutillier de Saint-André en a été la conséquence.

On a vu, quelques pages plus haut, que les officiers de la garnison de Mortagne, indignés des cruautés commises par les colonnes infernales, avaient adressé à la Convention nationale une dénonciation fortement motivée contre Turreau et ses lieutenants. Tout nous porte à penser que la vaillante petite garnison de Mortagne paya cher son audacieuse protestation. Turreau se vengea bassement et ne fut que trop secondé par les représentants du peuple, dont la cause était la sienne. Turreau, il est vrai, dans une lettre au Comité de salut public (SAVARY, t. III, p. 334), a cherché à se laver du reproche d'avoir abandonné la garnison de Mortagne; il prétend « que, si la garnison de Mortagne avait tenu cinq heures de plus, elle aurait reçu du secours de Cordellier ». Il y revint plus tard dans ses *Mémoires* (édition Lescure, note, p. 271-272) : « Je devais être, dit-il, d'autant moins inquiet sur le sort de Mortagne que le général Cordelier était dans les environs avec sa division et à portée de le secourir. » Turreau ment. « Il avait même défendu, dit M. CHASSIN (*la Vendée patriote*, t. IV, p. 364), à Duquesnoy et à *Cordellier* de s'arrêter un seul instant, dans les mouvements qu'il leur avait commandés, pour répondre aux appels d'une garnison très brave, mais très insuffisante et à chaque instant laissée sans munitions. » C'est ce que prouvent la *Déclaration des citoyennes de Mortagne* donnée par SAVARY (t. II, p. 324), l'*État de la situation de Mor-*

Le petit nombre de soldats que contenait cette ville, dont on avait relevé les murs à la hâte et rétabli les portes sans beaucoup suivre les règles de la stratégie, inspira aux Vendéens un vif désir de s'emparer de ce poste, qui les gênait, et de se débarrasser d'un faible ennemi, qu'ils avaient sans cesse sous les yeux et qui les incommodait par ses détachements et ses excursions militaires.

tagne du 21 février que nous publions aux *Pièces justificatives* (p. 338), et enfin un *Mémoire justificatif* de Cordellier lui-même (Archives administratives de la guerre, en son dossier) signalé par M. Chassin (*loc. cit.*, p. 369, note). Cordellier affirme que « s'il n'a pas marché sur Mortagne, c'est qu'il obéissait au général en chef ».

Il paraît donc bien évident que la garnison de Mortagne était sacrifiée aux rancunes de Turreau et des représentants. Ceux-ci, en effet, dans leur arrêté du 19 février (voir *Pièces justificatives*, 338), affirmaient que « Mortagne présentait toutes les facilités et la défense la plus aisée et la plus sûre, au point qu'il faudrait moins de deux mille hommes pour y soutenir toutes les attaques possibles des rebelles ». Mais le général en chef et les représentants n'ajoutaient pas un homme aux huit cent trente et un qui composaient la garnison et dont cent trente-neuf au moins tombaient mortellement frappés dans une sortie le 23 mars. Ils n'y envoyaient même pas un détachement des quatre mille hommes de la garnison de Cholet, évacué le 7 mars, et abandonnaient ainsi, avec défense aux généraux de se porter à son secours, Mortagne placé comme un îlot au centre du pays insurgé, avec des ressources, des munitions et des vivres insuffisants. Pendant plus de quinze jours qu'elle se défend vaillamment, c'est en vain que la garnison dépêche courrier sur courrier; tout appel, si pressant qu'il soit, demeure sans réponse. Elle opère alors une retraite très courageuse sur Nantes; mais elle y est fort mal reçue par les représentants présents; malgré ses protestations, elle est accusée d'avoir abandonnée son poste devant l'ennemi. Cependant, devant le scandale que soulève l'affaire, elle reçoit des renforts et, quelques jours après, elle rentre dans Mortagne. Seulement, si les soldats sont épargnés, les officiers se voient attaqués à leur tour par les représentants et Turreau, et arrêtés comme traîtres à la patrie. Les misérables se vengeaient cruellement. Leur vengeance n'atteignit pas, à ce qu'il nous semble, que les officiers; elle frappa aussi cruellement un de leurs amis et leur défenseur, M. Boutillier de Saint-André, père de l'auteur de ces *Mémoires*.

Le lecteur trouvera aux *Pièces justificatives* (p. 338) les documents relatifs à l'affaire de Mortagne. Nous en devons communication à notre excellent ami, M. Baguenier Désormeaux. M. Chassin en a donné des extraits considérables, avec quelques variantes (*la Vendée patriote*, t. IV, p. 365-374). Nous reproduisons ces pièces pour deux raisons : la première, parce que, à les lire, on jugera de la rigoureuse exactitude du récit de notre auteur sur cet épisode; la seconde, parce que nous avons tout lieu de croire, comme on le verra bientôt, que la condamnation de son père se rattache à cette affaire.

Depuis le passage de la Loire et après la défaite entière des armées royales et la perte totale de l'artillerie, la Vendée n'était plus que l'ombre d'elle-même. D'Elbée, Bonchamps, de Lescure, Talmont, n'étaient plus; Stofflet, de la Rochejaquelein et Marigny étaient seuls parvenus à repasser ce fleuve avec un très petit nombre d'hommes et étaient réduits à errer dans les campagnes, sans armes et dans un état désespérant.

Au mois de février 1794 (1) M. de la Rochejaquelein trouva la mort auprès de Nuaillé en attaquant à la tête de quelques soldats un détachement isolé qui conduisait une ambulance à Saumur. Se confiant à sa bravoure, s'abandonnant à son impétuosité, il fit franchir une haie à son cheval et se précipita tête baissée sur un soldat pour s'en saisir, en lui criant de se rendre, lui promettant la vie sauve. Le soldat se retrancha derrière un petit arbre, voisin de la Haie-Bureau, attendit le général à quatre pas et le tua d'une balle dans la tête. Le républicain ne jouit pas longtemps du fruit de son sang-froid et de son adresse : obligé de fuir vers Trémentines, il y trouva la mort, ainsi que presque tous ceux qui composaient le détachement (2).

Il ne restait plus dans le pays que Stofflet et M. de Marigny. Ce dernier, qui se croyait autant et plus de droits au commandement que l'autre, se retira vers Cerisay (3) et les Aubiers (4), où il commanda à quelques mille hommes.

Stofflet, qui avait avec lui le curé de Saint-Laud, l'âme et le mobile de ses conseils, resta général en chef de

---

(1) Le 28 janvier, très probablement.
(2) Ce récit ne contient réellement rien qui autorise à croire à une trahison de la part du soldat républicain. Il concorde assez avec celui de Poirier de Beauvais (*Mémoires*, p. 243).
(3) Cerisay, arrondissement de Bressuire (Deux-Sèvres).
(4) Les Aubiers, chef-lieu de canton, arrondissement de Bressuire.

tout l'Anjou jusqu'aux rives de la Sèvre. Charette, qui s'était toujours maintenu dans le bas Poitou, demeura général en chef dans cette partie de la Vendée, et, comme deux chefs aussi puissants et jaloux de leur autorité auraient pu se nuire et voir s'élever entre eux des collisions funestes, ils résolurent de mettre entre eux un général, dont la puissance peu étendue, l'ambition modeste et le caractère faible et peu entreprenant n'excitassent aucun soupçon, aucune rivalité, mais suffissent néanmoins pour séparer, intermédiaire pacifique, deux compétiteurs dangereux. Ce troisième général fut M. de Sapinaud.

Ainsi la Vendée se trouva partagée entre trois divisions. Stofflet, dont le quartier général était tantôt à Maulévrier, tantôt au château de la Morosière, en Neuvy (1), commandait depuis la Loire jusqu'à la Sèvre. M. de Sapinaud, dont le quartier général était au château de Beaurepaire, commandait depuis les rives de la Sèvre jusqu'à Sainte-Hermine; et M. de Charette, qui se tenait ordinairement à Sainte-Florence (2), continua de commander dans tout le bas Poitou.

Stofflet et MM. de Marigny et Sapinaud se concertèrent pour attaquer Mortagne et s'emparer de cette position, qui était fort à leur convenance. S'ils avaient eu du canon, rien n'eût été plus facile que cette expédition; mais les Vendéens, mal armés, dégoûtés de marcher, lassés de se battre, n'étaient plus les héros de Saumur, de Coron et de Torfou. Découragés, abattus, ils ne se réunissaient qu'avec peine et ne purent qu'opérer quelques coups de main passagers, sans résultats brillants et avantageux pour leur cause.

(1) Neuvy, canton de Chemillé, arrondissement de Cholet (Maine-et-Loire).
(2) Sainte-Florence, canton des Essarts, arrondissement de la Roche-sur-Yon (Vendée).

Pour tenir la garnison en haleine, la tourmenter, l'inquiéter, quelques cavaliers et colonnes isolés venaient de temps en temps simuler des attaques, tirer des coups de fusil, insulter les postes avancés.

La ville, entourée de quelques murailles assez mal construites, n'était défendue par une faible garnison d'environ 500 hommes, composée de débris du 77ᵉ régiment d'infanterie, ainsi que d'une compagnie du 72ᵉ (ces deux corps habillés de blanc), et du troisième bataillon de l'Orne, réduit de plus des deux tiers par les maladies et les combats. Le commandant de place était M. de Fouquerolle, ancien colonel du 77ᵉ régiment, vieil officier de l'ancienne armée, gentilhomme et plein de droiture et d'humanité. Ses sentiments étaient loin d'être favorables au républicanisme. M. Lenormand commandait le bataillon, et M. Képler la compagnie du 72ᵉ. Tous ces officiers supérieurs étaient d'une bravoure éprouvée et servaient à regret, ainsi que leurs subordonnés, un ordre de choses qui répugnait à leurs principes et à leurs sentiments. C'étaient enfin de fort braves gens, qui nous ont sauvés et protégés. Ils connaissaient la retraite de mon père, et ils se gardèrent bien de lui causer aucun mal. M. de Fouquerolle eut même plusieurs entrevues avec lui, et M. Lenormand lui proposa, pour le sauver, de l'incorporer dans son bataillon, où personne ne serait venu l'inquiéter. Mais cette mesure contrariait le dessein où il était de se rendre à Nantes ou à Angers et de se livrer pour sauver notre mère; aussi il refusa cette offre et demeura caché.

Ces officiers, comme je l'ai dit, servaient à regret un gouvernement qu'ils détestaient et obéissaient avec une grande répugnance à des généraux qu'ils dénoncèrent comme des brigands infâmes, ennemis de la France, dont les crimes perpétuaient la guerre à leur seul profit.

Les hommes qui composaient la garnison de Mortagne avaient reçu plusieurs fois l'ordre de nous faire mourir; mais, au lieu d'exécuter cette mission barbare, ils se déclarèrent nos défenseurs, nos protecteurs; ils furent enfin nos libérateurs, nos sauveurs. Il m'est doux, au milieu des horreurs que j'ai décrites, de leur rendre ce témoignage de justice et de reconnaissance pour moi et pour ma famille, et, quoiqu'ils servissent un gouvernement exécrable, je dois dire que leur conduite a été parfaite à Mortagne pendant tout le temps qu'ils sont restés parmi nous.

Les généraux vendéens, Stofflet, Marigny et de Sapinaud, ayant rassemblé quelques milliers d'hommes, ne se trouvèrent plus commander à ces Vendéens de la première guerre, qui avaient opéré tant de merveilles. Les braves étaient morts. Ce n'étaient plus ces soldats généreux et si humains, armés pour la défense de la Religion et de la Monarchie. Aujourd'hui timides et cruels, sanguinaires et pusillanimes, ils ne marchent plus qu'avec dégoût et imitent trop souvent les actes barbares de leurs ennemis, ne faisant plus de prisonniers et incendiant les bourgs et les villages. Il faut dire, pour être juste, que l'exemple de ces crimes leur avait été donné par les républicains.

Il sortait souvent de Mortagne des détachements de quelques centaines d'hommes qui allaient à la campagne chercher des vivres et des fourrages; car, isolée dans un pays armé et privée de toute communication avec le reste de la France, la garnison manquait de munitions de bouche et de guerre.

Instruits de cette pénurie, les Vendéens venaient souvent lui donner des alertes; quelques cavaliers venaient caracoler à la vue de la ville; des fantassins paraissaient tout à coup avec un drapeau blanc sur les hauteurs de la Sèvre, lâchaient des coups de fusil et se retiraient ensuite.

Ces attaques réitérées, qui n'étaient pas sérieuses, tourmentaient la garnison; la générale battait souvent plusieurs fois par jour. Tous les militaires se réunissaient, et chacun, connaissant d'avance le lieu où il devait se placer pour combattre, se rendait soudain à son poste. Les premières fois, le son de la générale et les préparatifs de la défense me causaient de grandes frayeurs; peu à peu, je m'y accoutumai.

Le manque de vivres et de munitions se faisait vivement sentir. Le pain, les cartouches étaient rares. Les alertes insignifiantes dont j'ai parlé n'étaient que le prélude d'une attaque terrible dont le souvenir ne me quitta jamais.

Vers la fin de mars 1794 (1), on fit sortir un détachement de cent cinquante hommes, pris dans les différents corps de la garnison, auxquels on joignit quelques habitants de Mortagne (2). Commandé par Képler, il se dirigea sur le Puy-Saint-Bonnet et avait ordre d'amener des vivres et des fourrages. Il parvint à se procurer deux charretées de farines et les conduisait à Mortagne, lorsqu'il fut attaqué par les Vendéens au nombre d'environ 6,000 hommes (3).

Officier très brave et expérimenté, commandant à des soldats éprouvés, Képler range sa petite troupe en bataille, fait face de toutes parts et, parvenu à se dégager, dirige son convoi vers la ville.

---

(1) C'était le 23 mars 1794.
(2) Trente à quarante citoyens de Mortagne, dit le *Compte rendu de la commune*, du 24 mars 1794. Le nom de l'officier commandant ce détachement ne se trouve pas dans les pièces que nous publions.
(3) « Cette armée pouvait être de deux mille hommes », dit le *Compte rendu de la commune* de Mortagne. (Voir *Pièces justificatives*, p. 342.)

Une demi-heure après, il est encore attaqué par une armée plus aguerrie et plus nombreuse encore que la première, en un lieu nommé la Belle-Croix. Il aurait sauvé tous ses hommes s'il eût voulu abandonner ses charrettes ; mais il voulait les conserver, et il se battit encore avec le même courage. La première troupe qu'il avait combattue était celle de M. de Sapinaud, qui avait passé par Saint-Hilaire ; la deuxième était commandée par M. de Marigny, qui venait de Châtillon. Ces deux colonnes devaient se réunir sous les murs de Mortagne à celle de Stofflet et donner un assaut général. A force de bravoure, Képler parvient encore à se dégager ; mais à peine avait-il repris le chemin de Mortagne où il voulait rentrer, qu'une armée plus formidable encore vient l'attaquer pour la troisième fois. C'était Stofflet, qui venait de Cholet pour coopérer au siège et qui amenait avec lui dix mille hommes (1).

Affaibli par les premiers combats, cerné de toutes parts, le détachement résiste encore ; mais il succombe bientôt sous le nombre. Képler tombe un des premiers, et, après sa mort, tous ses soldats se font tuer. Il ne s'échappa que trois hommes de ce faible détachement, digne par sa discipline et par son courage d'un meilleur sort. Un de ces trois hommes fut Laurentin, décédé maçon à Cholet, il y a peu d'années.

Le combat le plus meurtrier eut lieu principalement devant la métairie de Saint-Philbert. J'y ai remarqué un chêne énorme, tout criblé de balles ; il servait aux combattants à s'embusquer, et c'était sur ce point que les feux étaient tour à tour dirigés. J'ai passé souvent dans

(1) Il y a certainement beaucoup d'exagération dans ces chiffres. « Nous sommes attaqués par plus de 5,000 hommes », dit l'*Exposé de la conduite de la garnison de Mortagne* (voir *Pièces justificatives*, p. 548), et nous sommes portés à croire que ce chiffre n'a pas été amoindri.

ce lieu qui est voisin de Burguet, sur la route de Saint-Laurent, et je donnai de vifs regrets à la perte de tant de Français immolés par leurs frères pour la défense d'opinions erronées, qui avaient donné naissance à la guerre civile la plus terrible, la plus sanguinaire qui fut jamais. Je déplorai surtout le sort d'un jeune enfant de mon âge, M. Dauge, qui avait accompagné ce détachement seulement par but de promenade et qui y avait trouvé la mort.

Nous entendions de Mortagne le feu des combattants, comme si nous eussions été sur le champ de bataille, dont nous n'étions éloignés que d'un quart de lieue. Tous les hommes de la garnison étaient à leur poste sur les faibles remparts qui les cachaient à peine; ils voyaient leurs camarades mourir sous leurs yeux, sans pouvoir les secourir, ni les recevoir, toutes les portes de la ville étant fermées et ne pouvant les ouvrir, à cause du nombre effrayant de leurs ennemis. Nos domestiques allaient leur porter à manger sur les remparts, et nous faisions tous des vœux pour que la ville ne fût pas prise d'assaut; car, si elle l'eût été, les Vendéens, exaspérés par la résistance, nous auraient tous exterminés.

Bientôt le siège commença avec fureur. L'armée de Marigny attaqua par le cimetière, où les murs de la ville étaient le moins forts et le moins élevés, principalement vers le jardin de mon oncle de la Chèze, dont la maison enduite de chaux a porté longtemps la trace d'un nombre infini de balles qui s'y étaient aplaties. C'était Champagne, domestique de mon oncle, qui, connaissant parfaitement la localité, dirigeait l'attaque de ce côté avec une intrépidité remarquable. L'armée de M. de Sapinaud investit la ville par le côté de la Sèvre, mais se tint toujours à une distance hors de la portée du fusil, et celle de Stofflet attaqua par le chemin de Cholet et de Saint-

Christophe ; de sorte que Mortagne se trouvait cernée de tous les côtés.

Ce jour-là, plus de vingt mille hommes pressaient la ville, et les assiégés, réduits à trois cent cinquante hommes, sans poudre et sans vivres, eussent été tous pris si les assiégeants fussent restés autour des murs, même sans combattre ; mais il était impossible de soumettre les Vendéens à aucune discipline et à leur faire former le simulacre d'un siège.

Les républicains, manquant de cartouches, ne tiraient qu'à la dernière extrémité et presque à bout portant, ménageant leurs coups avec grand soin.

La fusillade fut très vive de la part des assaillants ; les balles sifflaient autour de nous dans les cours et dans les jardins, quand nous sortions. Je ne puis mieux comparer le bruit qu'elles faisaient entendre qu'aux miaulements d'un chat. Il en passa un grand nombre auprès de moi. Ma frayeur fut vive pendant la première demi-heure de combat. Le bruit de la mousqueterie, les cris des assiégeants, la certitude de périr si la ville était prise, tous mes parents et mes concitoyens exposés aux mêmes dangers, la pitié que m'inspirait la faible garnison qui nous avait témoigné tant d'intérêt et qui nous défendait avec tant de courage, toutes ces idées, ces réflexions, excitaient dans mon âme une crainte sérieuse que je ne pouvais vaincre ; cependant je parvins à la maîtriser et m'accoutumai au feu de la mousqueterie, que je croyais être bien plus meurtrier qu'il ne fut en effet ; car il ne fut tué que trois hommes sur les remparts. Les assiégeants perdirent une centaine des leurs. Je m'y habituai tellement qu'au bout d'une heure je me mis à lire, avec autant de sang-froid que dans un temps ordinaire, un mauvais roman de Ducray du Mesnil, intitulé *Victor, ou les Enfants de la forêt,* qu'un officier avait laissé sur notre cheminée.

Je sortais dans les jardins; je voyais distinctement les assiégeants postés avec un drapeau blanc sur la crête du coteau qui conduit de la route des Herbiers à Brebire (1). D'autres étaient encore bien plus rapprochés de nous, et nous n'en étions séparés que par la rivière. Des républicains étaient postés sur le mur au-dessus de nous; les uns et les autres pouvaient aisément s'entendre parler, et ils parlaient aussi, et je ne perdis rien du colloque qui s'établit entre eux et que je vous rapporte ici :

« Viens donc, disait un Vendéen à son interlocuteur, descends de tes murailles, *assassineur* de Roi, destructeur de prêtres, voleur d'églises, fondeur de cloches; viens te mesurer avec nous! Tu sauras si nos piques sont bien affilées. — Approche toi-même, vil brigand, perturbateur du repos public, lui répondait le républicain en termes un peu mieux choisis, mais avec non moins de fureur et de rage; viens éprouver la force de nos bras armés pour la liberté. — Va! répliquait le Vendéen, ta liberté ne nous a donné que l'esclavage. — Idiot! instrument de guerre civile, pourquoi sers-tu l'insurrection? » — Une voix, parlant un pur langage, repartit : « Tu l'as proclamée le premier, le plus saint des devoirs! Ta Révolution est-elle autre que l'insurrection triomphant par la force brutale? — Nous avons secoué le joug du despotisme. — Vous en avez repris un cent fois plus pesant et plus honteux... »

Ce colloque m'intéressait au dernier point, et je l'écoutais avec attention. Il se serait prolongé longtemps encore si une vive fusillade, qui partit tout à coup du lieu où nous étions placés, ne l'eût interrompu. Je rentrai à la

---

(1) *Brebire,* ferme de la commune de la Verrie, avec des ruines d'ancien château, à un kilomètre de Mortagne.

maison; je réfléchis beaucoup sur les discours que je venais d'entendre, et la conclusion fut que la raison, la logique, la justice et le bon droit avaient parlé par la bouche du Vendéen; mais que la victoire faisait changer de nom aux choses d'ici-bas, et que l'insurrection heureuse donnait l'empire, tandis que l'insurrection vaincue était avilie, dégradée et persécutée comme un acte de révolte.

La révolution de 1830 a donné un grand exemple de cette distinction : les révoltés vainqueurs ont été appelés héros; les insurgés vaincus ont été appelés brigands. Les premiers ont eu les places, les richesses; les seconds, la prison et les échafauds.

Ma frayeur s'étant tout à fait dissipée, et la curiosité naturelle à mon âge me faisant désirer de voir le combat de plus près, je priai un de nos officiers de me permettre de le suivre sur les remparts. Il y consentit. Je l'accompagnai pendant quelques pas; mais je vis un spectacle en mon chemin qui me remplit d'effroi et qui m'ôta bien l'envie de voir de plus près la bataille : deux hommes rapportaient dans une chaise un malheureux enfant de mon âge, nommé Pariset, qui était couvert de sang, couvert d'affreuses blessures et à demi mort. Il avait été mutilé avec le détachement qui avait combattu le matin, laissé pour mort, et s'était traîné comme il avait pu au pied des remparts, d'où on l'avait hissé dans la ville. Il était tellement mutilé qu'il n'avait plus la forme humaine. Cet aspect me pénétra d'horreur, et je rentrai bientôt à la maison.

La nuit vint, le feu cessa, et, les assiégeants s'étant retirés pour revenir le lendemain, le commandant de place, effrayé de sa pénurie de munitions de guerre et de bouche, de la perte qu'il avait éprouvée par l'entière destruction du détachement sorti le matin et par le nombre immense d'ennemis qu'il avait à combattre, résolut d'évacuer Mortagne, de se rendre à Nantes, d'y reprendre des munitions et de revenir ensuite à son poste. Mais, pour mettre son honneur et sa responsabilité à l'abri de tout reproche, il réunit un conseil de guerre, où il appela tous les officiers, et y mit aux voix la proposition d'évacuer la ville. Le conseil ayant tout d'une voix approuvé le dessein du commandant, l'évacuation fut résolue pour minuit.

A peine la résolution d'évacuer Mortagne eut-elle été prise en grand silence (car, si les Vendéens, qui n'étaient qu'à une faible distance de la ville, en eussent eu connaissance, pas un homme de la garnison ne se fût échappé), nos braves gens d'officiers vinrent nous prévenir de leur départ et nous dirent que si nous voulions les suivre, ils nous protégeraient comme ils avaient fait jusqu'à ce jour.

Mon ayeule, qui était âgée de soixante-quatorze ans, et ma tante, qui était aveugle, refusèrent de les accompagner; toute la maison resta, et moi avec les autres. La garnison et presque toute la population de Mortagne, qui la suivit, partirent en grand silence à minuit et prirent le chemin d'Évrunes pour se rendre à Nantes. Je l'entendis partir et fis des vœux pour son salut (1).

Elle devait éprouver bien des vicissitudes sur sa route. Elle fut attaquée à Clisson, où les Vendéens lui disputèrent le passage du pont, et au Pallet (2), où elle eut à combattre un grand nombre d'ennemis. Quoique mal armée et sans cartouches, elle enfonça les assaillants à la baïonnette, se fit jour et passa sans éprouver de grandes pertes. Elle arriva à Nantes au commencement de la nuit, excédée de fatigues et de besoins. Elle fut regardée comme lâche, accusée d'avoir abandonné son poste, et

---

(1) C'était dans la nuit du 24 au 25 mars 1794.
(2) Le Pallet, canton de Vallet, arrondissement de Nantes.

on la laissa, avec les femmes et les enfants qui la suivaient, bivouaquer en dehors des portes sans lui offrir aucuns secours. Belle récompense de la défense héroïque qu'elle avait faite!

Je passai la nuit de l'évacuation dans de grands tourments; je ne savais quel sort nous serait réservé le matin; j'étais inquiet de mon père que je n'avais point vu depuis vingt-quatre heures. Le lendemain, je voulus aller le trouver : je ne le rencontrai point... je ne devais plus le revoir!

Il avait toujours, comme je vous l'ai dit, mes chers enfants, nourri le projet d'aller se livrer pour son épouse : le départ de la garnison pour Nantes lui offrant et lui paraissant une occasion favorable, il en profita et partit sans moi dans la nuit même. Il fut vu et reconnu de tous les habitants, qui, bien loin de lui causer la moindre peine, lui offrirent en chemin toute espèce de consolations, le plaignant et le flattant de l'espoir de revoir bientôt ma mère. Les officiers, qui apprirent sa destinée, s'empressèrent de lui procurer tous les soulagements qu'ils purent lui offrir par leurs conseils et l'offre de leur protection.

Mon père exerça en chemin un acte de bonté et de dévouement admirable. Ayant trouvé un de nos jeunes amis qui suivait la colonne et qui ne pouvait plus marcher, il le prit dans ses bras et le porta pendant plus de quatre lieues. Il prenait toujours le devant de la colonne, se reposait avec son cher fardeau jusqu'à l'arrivée des derniers rangs, reprenait ensuite sa marche rapide et se rendait à la tête du convoi : il fit le même trajet jusqu'aux portes de Nantes, où il remit cet enfant à ses parents, qui en étaient mortellement inquiets. Le père de cet enfant, M. Bureau, des Zais, était l'ami intime du mien, et, quand il apprit l'exécrable forfait qui me rendit orphelin, il en éprouva une telle douleur qu'il en mourut de chagrin quelques jours après mon père, renouvelant ainsi le trait d'amitié de Damon et de Pythias.

Arrivé à Nantes, si mon père se fût caché, il aurait pu se sauver comme beaucoup d'autres proscrits; mais une telle prudence était trop éloignée de son caractère et n'entrait pas dans ses vues actuelles. Il fut se présenter chez l'infâme Carrier (1) et réclama son épouse. Il ne cacha pas à ce barbare proconsul qu'il voyait devant lui un Vendéen dénoncé, recherché, peut-être déjà condamné; mais il lui démontra son innocence et celle de son épouse d'une manière si positive, que ce monstre, qui ne respirait que le sang et le crime et ne se plaisait qu'à rendre des arrêts de mort, lui permit de se retirer, sans lui faire aucun mal. Il était encore temps de se soustraire à de nouvelles dénonciations; mais il n'avait pas atteint son but. Ma mère était toujours captive, et il voulait la rendre à ses enfants. Cette fixité de dessein le fit se montrer dans les rues. Il commença des démarches pour accomplir son projet; il se chargea même de la défense de la garnison de Mortagne, accusée de lâcheté et d'incivisme pour avoir déserté son poste.

Il prononça à ce sujet un discours fort éloquent, qui disculpait entièrement cette garnison de l'accusation qu'on avait portée contre elle, et prouva qu'au lieu de la blâmer, il fallait orner ses drapeaux de couronnes triomphales pour son courage héroïque, sa constance et ses autres vertus guerrières. Elle fut renvoyée quelques jours

---

(1) *Jean-Baptiste* Carrier naquit à Yollet, près Aurillac (Cantal), en 1756. Député à la Convention nationale, il fut envoyé en mission dans l'Ouest. Ce n'est pas Carrier lui-même, qui avait quitté Nantes le 15 février précédent, mais probablement l'un des représentants en mission alors à Nantes, que vit Boutillier de Saint-André.

après avec des armes et des munitions, accompagnée de plusieurs corps d'infanterie et de quelques cavaliers, de sorte qu'elle se trouva sur un pied respectable et n'eut plus rien à craindre des attaques des Vendéens (1).

(1) L'évacuation de Mortagne eut lieu le 25 mars au matin, peu après minuit. C'est le 28 que le général Crouzat, qui remplaçait Cordellier malade, y rentra avec Grignon sans coup férir, comme il l'annonce à Turreau par sa lettre du 29, datée de Saint-Aubin, près Tiffauges, où il était venu se poster. (SAVARY, t. III, p. 329. — CHASSIN, *la Vendée patriote*, t. IV, p. 370.) Le représentant du peuple Garreau écrivait de Nantes, à la date du 31 mars, cette nouvelle au Comité de salut public, en lui annonçant que Turreau et Prieur, de la Marne, son collègue, venaient de partir pour rétablir le surlendemain la même garnison dans la place. Nous verrons plus loin (note, p. 283-284) qu'elle y rentra seulement le 4 avril. Mais le 5, les représentants du peuple, Hentz, Garreau, Francastel et Prieur, publièrent un arrêté qui destituait les officiers de cette garnison et les mettait en état d'arrestation dans la maison d'arrêt de Nantes. (Voir *Pièces justificatives*, p. 360.) Ils y furent conduits, et leur procès commença.

C'est à l'arrivée de la garnison, ou plus probablement à l'occasion du procès des officiers, que Jacques Boutillier de Saint-André, qui était à Nantes, par reconnaissance pour des hommes qui avaient été bons pour les siens, par générosité d'âme, peut-être aussi dans le secret dessein de se donner des titres à la protection des patriotes, se chargea de la défense de la garnison de Mortagne, accusée de trahison et de lâcheté devant l'ennemi. Devant qui porta-t-il cette défense courageuse?

Dès leur arrivée à Nantes, les officiers, exaspérés contre Turreau, s'étaient adressés à la Société populaire de Vincent-la-Montagne, que le représentant du peuple en mission, Jullien, avait arrachée à la domination tyrannique de Carrier. Ils lui avaient adressé un long Mémoire pour se justifier, le 31 mars 1794. Le 1er avril (12 germinal an II), Baron, garde-magasin des fourrages de la ville de Mortagne, adressait au comité de surveillance de cette même Société un suprême appel à la justice ; c'est devant le même comité que, le 3 avril, dix-neuf citoyennes de Mortagne firent leur *Déclaration* sur ce qui s'était passé depuis l'évacuation de la ville : il y a tout lieu de croire que c'est aussi devant ce comité que les officiers et soldats accusés firent entendre leur défense par la bouche de M. Boutillier de Saint-André, du 30 mars au 2 avril ou plus probablement le 7 ou le 8 avril, à moins que, leur procès étant déjà commencé, il ne l'ait portée devant la Commission militaire établie au Mans et actuellement à Nantes, devant laquelle ils étaient envoyés par arrêté des représentants du peuple, du 5 avril.

Son intervention lui coûta la vie ; la haine portée à ces officiers se retourna contre lui ; on se souvint qu'il était suspect ; il fut arrêté le 8 ou le 9 avril, jugé le 10 et exécuté le 11. Mais un arrêté du Comité de salut public rendit, le 17 avril, les officiers à la liberté « comme victimes de la calomnie ou d'un complot ourdi par l'aristocratie ». (SAVARY, t. III, p. 412.)

Qui dira si le courageux et éloquent plaidoyer de M. Boutillier de Saint-André n'a pas contribué à leur sauver la vie? Il aurait ainsi payé largement sa dette de reconnaissance à ceux qui l'avaient plus d'une fois pro-

Le moment fatal était arrivé où les ennemis de mon père, qui l'avaient dénoncé six mois auparavant, le dénoncèrent de nouveau au comité révolutionnaire; et ce tribunal de sang, qui a rempli Nantes de meurtres et de désolation, l'envoya arrêter à l'auberge de la Belle-Croix. Traduit devant ses juges, il y parut avec dignité, avec courage, et défendit sa cause avec une éloquence rare. Il y dévoila toutes les actions de sa vie avec cette confiance, cette noble franchise, qu'inspire toujours l'innocence. Il y démontra d'une manière irréfragable qu'il avait été victime de la haine et de la calomnie; il demanda son renvoi et la liberté de son épouse encore plus innocente que lui. Vains efforts! il était condamné d'avance. On le confronta néanmoins pour la forme avec ses accusateurs (1).

Que devient-il, quand il voit, au nombre de ces derniers, le fils d'un de ses plus anciens amis! Ce jeune homme, que je ne veux point nommer et auquel je pardonne de tout mon cœur, comme mon père lui pardonna lui-même en mourant, lui causa d'autant plus de surprise et d'horreur, qu'il était du nombre des prisonniers auxquels il avait sauvé si généreusement la vie à Mortagne, quand il désarma les Vendéens qui voulaient les égorger.

Accablé d'étonnement à la vue de ce malheureux qui l'accusait avec le plus de véhémence et de fureur, mon père lui dit du ton le plus doux, mais le plus solennel : « Eh quoi, aurais-je dû m'attendre à trouver en toi mon « dénonciateur, mon lâche accusateur? Moi, qui t'ai « sauvé avec tant d'autres, quand les Vendéens voulaient « vous mettre tous à mort! Moi qui, au péril de mes

tégé et qui, le 4 avril, avaient été frapper tout d'abord à la porte de sa maison, pour rassurer ses enfants.
(1) L'un des deux était ce même Jozon, dont on n'a pas oublié la lettre et l'ingratitude. (Voir plus haut, p. 205.)

« jours, vous ai tous tirés de leurs mains prêtes à vous
« égorger!... »

« C'est vrai! C'est vrai! » dirent plusieurs personnes présentes. Les juges commençaient à se montrer ébranlés ; peut-être qu'une sentence d'absolution, inouïe dans ces temps exécrables, serait sortie de leurs bouches, quand le misérable monstre d'ingratitude qui l'accusait reprit d'une voix féroce : « Tu m'as sauvé la vie!... Eh bien!
« c'était là que je t'attendais. Tu m'as sauvé la vie! Cela
« prouve que tu étais royaliste, puisque c'est à ta solli-
« citation que les royalistes m'ont fait grâce! »

A ce dilemme épouvantable, un murmure désapprobateur se fait entendre, tant l'ingratitude de cet homme inspira d'horreur et de mépris! Mon père n'en peut croire son oreille; tant de noirceur l'épouvante; il ne réplique rien et se contente de porter la main à ses yeux comme pour se cacher l'aspect du monstre qui l'assassine. Autrefois Cicéron se voila aussi la face quand des brigands le firent mourir...

Mon père conserva un sang-froid admirable; mais il cessa de parler pour lui; il ne fit entendre de réclamations qu'en faveur de ma mère. Le misérable, qui l'avait accablé, voulant lui plonger encore un couteau dans le sein, lui dit pour l'achever d'un dernier coup : « Ton
« épouse? cesse de t'inquiéter d'elle; elle est morte dans
« les cachots d'Angers (1). »

A ce dernier coup, qui lui était bien plus sensible que sa condamnation même, mon père se trouva atterré. Il ne dit plus que ces mots : « Puisqu'il en est ainsi, qu'on me
« mène à la mort. Je n'ai plus d'épouse; que ferais-je
« dans la vie? Mais, hélas! mes pauvres enfants!... » Il

---

(1) Elle mourut le 12 mars 1794.

se tut et offrit à Dieu son sacrifice; il entendit une minute après prononcer son jugement, qui le condamnait à mort, ordonnait son exécution dans les vingt-quatre heures et la confiscation de tous ses biens au profit de la République (1).

Ici la plume me tombe des mains; je n'ai plus la force de poursuivre la narration de cet événement, de ce forfait, de cet assassinat juridique. Comment, en effet, qualifier autrement cet arrêt épouvantable? J'en ai deux copies, mes enfants; je les garde plus précieusement que des titres de noblesse : ce sont les actes d'un martyr. Lisez, je vous prie, ce monument effroyable de barbarie et d'iniquité. Rédigé en quelques lignes, il porte l'empreinte de la précipitation avec laquelle il a été rendu et de l'injustice qui l'a dicté. Il ne contient d'autres motifs que celui de l'opinion de mon père, connu pour être attaché à la Religion et au Roi et ennemi de la Constitution.

C'est sous ce frivole prétexte, mes enfants, qu'au nom de la liberté et de la fraternité, le meilleur des hommes, le plus tendre des pères, le plus sensible des époux, a été condamné et exécuté juridiquement. Son courage, son humanité, ses talents, les services qu'il avait rendus même à ses ennemis, les rapports, les prières de ceux qu'il avait arrachés à la mort : rien ne put le sauver (2). Il périt en sage; disons plutôt en chrétien, en martyr, en pardonnant à ses accusateurs, à ses juges, à ses bourreaux.

Il se laissa conduire, comme un agneau, à sa prison.

---

(1) Voir aux *Pièces justificatives*, p. 329, le texte du jugement par lequel il fut condamné.

(2) Pour les sinistres bandits contre lesquels s'était levée et combattait la Vendée, c'étaient autant de titres à la guillotine. Combien d'autres, dans la France entière, sont montés à l'échafaud pour expier de tels crimes!

Il y passa la nuit en prières : il implorait le Ciel pour sa femme, pour ses enfants. Il offrait à Dieu son sacrifice; il le priait de l'agréer avec complaisance, de le fortifier contre la crainte de la mort et de lui donner toutes les grâces dont il avait besoin dans ce triste moment. Que cette nuit dut lui paraître cruelle! C'était la dernière qu'il passait sur la terre.

Le matin du jour de son exécution, il pensait à ses enfants et fit remettre pour nous à notre tante Marchais quelques effets qu'il avait conservés pour ses pauvres orphelins.

L'heure de midi étant sonnée, on le conduisit avec plus de vingt autres victimes sur la place du Bouffay, où était préparé l'instrument de son supplice. Il marcha à la mort avec un front serein; il montra à ses derniers instants un courage, une résignation, une patience digne d'un martyr! Il mourut en prononçant le nom de sa femme et de ses enfants, en se recommandant, en nous recommandant à Dieu, en pardonnant à ses accusateurs. J'ai su tous ces détails par des personnes qui assistaient à son jugement et par un jeune homme qui était présent à son exécution. Je les tiens encore de Chouteau, chez qui il avait été caché et qui fit à Nantes tout ce qu'il put pour le sauver (1).

Ainsi périt, le 11 avril 1794, à l'âge de quarante-huit ans, mon bon père, le plus doux, le plus sensible, le plus estimable des hommes; je ne lui ai connu que des vertus et pas un défaut. Son cœur était noble et généreux, tendre et délicat; son caractère doux et affable, bon et sensible à la pitié; son esprit vif, solide, éclairé; son âme

---

(1) « M. Adrien Delhumeau, qui vit encore (1872), alors âgé de douze à « treize ans, m'a raconté que le hasard le conduisit sur la place du Bouf- « fay, à Nantes, le jour de l'exécution de Marin-J. Boutillier de Saint- « André, qu'il le reconnut parfaitement bien, l'ayant vu souvent à Cho- « let, qu'il le vit monter sur l'échafaud, chapeau bas et donnant le « bras à une vieille dame infirme et boiteuse. » (Extrait des *Notes de M. Charles* Boutillier *de* Saint-André.)

grande et belle. Chéri, admiré de tous ceux qui le connaissaient, la dignité du magistrat, qu'il joignait aux manières les plus gracieuses, le faisait aimer et respecter à la fois.

Ombre chère et sacrée! Reçois ici le tribut de mon tendre amour, de mes éternels regrets, de ma pieuse reconnaissance. Je désirais partager ton sort, m'associer à ta destinée. O mon père! tu sais qu'il n'a pas dépendu de ma volonté de mourir avec toi! Oh! combien il m'eût été doux de te suivre à tes derniers instants, d'expirer près de toi, dans tes bras peut-être, en recevant tes bénédictions! Mais Dieu, dont les desseins sont impénétrables, a voulu me conserver.

C'est pour vous, mes enfants, que le Ciel m'a laissé la vie; aussi je veux vous la consacrer désormais tout entière. Je veux l'employer à vous aimer, à vous rendre heureux. Je veux l'employer aussi au soin de mon salut que, dans le fracas du monde et dans les vicissitudes qui ont agité ma vie, j'ai malheureusement trop négligé.

Ma mère avait été, en effet, conduite à Angers. Jetée dans des cachots infects, privée de nourriture, d'habillements, de toute espèce de secours et de consolations, réunie avec une foule d'autres femmes et d'enfants, elle y contracta une maladie longue et cruelle qui la fit périr. Elle mourut loin de sa famille, dans les fers, en proie à toutes les douleurs, à tous les besoins; elle mourut de faim, de misère, dévorée par les souffrances. Son agonie a été plus longue que celle de mon père. Elle est morte en priant Dieu pour son mari et pour ses enfants. Je n'ai jamais su le lieu où elle a consommé son sacrifice; quelques-uns m'ont dit le Château; d'autres le couvent du Calvaire, transformé alors en prison. Oh! si je pouvais connaître le coin de terre où mes parents reposent! ma piété filiale y aurait élevé un modeste monument où je serais allé souvent déposer des fleurs et verser des larmes. C'est là que je serais venu entretenir et nourrir ma douleur et prendre des leçons de religion et de vertus. Vous vous y rendriez aussi, mes chers enfants, pour y prier Dieu de sauver les parents qui ont été les tristes victimes de la Révolution impie et barbare, qui a désolé longtemps notre malheureux pays. Mais, hélas! nous sommes plus malheureux que les enfants du désert qui peuvent au moins aller révérer la tombe de leurs pères.

Nous avons longtemps ignoré la mort de notre bonne mère : nous n'apprîmes son décès que dix-huit mois après sa captivité, de la manière que je vous rapporterai dans son temps.

Quand je perdis toute espérance de la revoir, mon âme fut plongée dans la plus vive douleur. Hélas! depuis ce jour, je n'ai pas cessé de la regretter, cette tendre mère, que j'aimais trop peut-être; car je ne pouvais, pendant sa vie, me faire à l'idée de lui survivre. Chaque jour, à chaque heure, je pense à cette bonne et sage institutrice de ma première jeunesse, à qui je dois tout. Il semble qu'étant l'aîné de mes frères et qu'ayant été plus particulièrement l'objet de son premier amour et de ses soins, le Ciel ait voulu me réserver le bonheur et le privilège de la voir, le dernier de ma famille, dans cette visite que je lui fis à Cholet.

Chère maman, objet de ma vive tendresse et de mes constants regrets, que de larmes j'ai versées sur ton sort! Ah! si du haut des cieux, où j'espère que tes vertus et ta sainte mort t'ont placée, tu peux voir tes enfants et entendre leurs vœux les plus ardents, jette les yeux sur mes frères et sur moi; jette-les surtout sur mes enfants. Intercède Dieu pour nous tous; attire sur nous les bénédictions du Ciel, afin que nous nous réunissions tous ensemble dans le séjour des délices éternelles.

O mon père! ô ma mère! malheureuses et tendres victimes de la Révolution la plus cruelle qui fut jamais, recevez ici l'humble tribut de mes hommages et de ma piété filiale. Vous êtes morts en pensant à vos enfants, en nous recommandant à Dieu, en nous mettant sous la protection de la très sainte Vierge Marie. Oh! je vous en conjure, ne nous oubliez jamais et, quand nous irons paraître au dernier jour devant notre Père et Juge commun, présentez-nous au pied de son trône et obtenez-nous miséricorde.

Hélas! mes père et mère n'ont pas été les seules personnes de notre famille qui ont péri, immolées aux fureurs révolutionnaires! Mon oncle et ma tante du Retail, mon cousin du Coin, mon oncle, mon cousin et ma cousine Merland ont aussi succombé aux coups de nos cruels, lâches et implacables ennemis (1).

Mon oncle du Retail était juge de paix à Pouzauges : il fut pris et conduit dans les prisons de Saumur, ensuite à Bourges, de là ramené à Chinon et bientôt après massacré sans jugement (2).

Sa malheureuse épouse, amenée à Poitiers, y fut condamnée par le tribunal révolutionnaire. Elle fut exécutée avec un jeune ecclésiastique, précepteur de ses enfants et qui, avant de livrer sa tête au bourreau, se tourna, étant sur l'échafaud, vers le peuple et prononça ces mémorables paroles : « Je meurs sans avoir rien à me « reprocher; mais il vaut mieux mourir innocent que « vivre coupable (3). »

---

(1) Vingt-deux membres de la famille Boutillier périrent pendant la Révolution.
(2) C'était l'oncle paternel de l'auteur des *Mémoires*. (Voir *Pièces justificatives*, p. 327.)
(3) L'abbé Verdon. (Voir p. 335.)

Ma tante eut beaucoup de peine à se résigner à faire son sacrifice. Elle dit avant de se laisser lier : « Encore « un moment, monsieur le bourreau. » Elle était d'un embonpoint extraordinaire, et l'exécuteur, pour la placer à l'endroit où elle devait recevoir la mort, lui abattit la poitrine.

Tant d'horreurs et de cruautés ont fatigué mon âme. J'ai besoin, mes enfants, de reprendre de nouvelles forces pour vous raconter les faits qui me sont personnels. Désormais, à l'époque où nous sommes rendus, je n'aurai plus à vous parler que de moi.

J'avais perdu mon père et ma mère, et je n'avais que treize ans. J'étais très faible de corps; mais mon caractère était formé par l'expérience et la réflexion. Mon éducation, qui avait été très soignée dans mon premier âge, me rendait plus instruit que ne le sont ordinairement les jeunes gens de dix-huit ans. J'étais surtout d'une sensibilité extrême, ma timidité était grande loin du danger; mais j'avais tant de fois vu et bravé la mort de près, que je me trouvais courageux quand le péril était proche.

CHAPITRE X

DEPUIS LA MORT DE M. ET Mme DE SAINT-ANDRÉ JUSQU'A MON ARRIVÉE A POITIERS

Nous en sommes restés à l'évacuation de Mortagne par les débris de la garnison de cette ville, pendant la nuit qui suivit le combat et le siège.

A peine les premiers rayons du jour eurent-ils frappé mes yeux que les Vendéens vinrent s'emparer de Mortagne. Nous fûmes avertis de leur arrivée par de nombreux coups de fusil qu'ils tiraient sans raison sur les remparts déserts et sur les portes ouvertes. Je n'avais point perdu le souvenir de leur ancienne habitude; aussi je ne fus point surpris de ces détonations; mais je savais qu'ils étaient irrités de la vigoureuse résistance qu'ils avaient éprouvée, et qu'ils venaient avec des desseins sinistres, ce qui m'alarmait beaucoup, non pour nous, qui n'avions rien à craindre, mais pour de pauvres habitants bien inoffensifs, qui devaient éprouver les effets de leur colère.

En effet, les Vendéens signalèrent leur entrée dans notre petite ville par des actes de barbarie qui contrastaient avec leur ancienne clémence et avec la conduite pleine d'humanité dont la garnison républicaine avait usé envers nous qui étions cependant proscrits. Ce n'étaient plus ces pieux soldats armés pour la défense de la Religion et du Roi, aussi recommandables par leur valeur que par leur douceur timide : c'étaient des bandes qui ne respiraient que pour la vengeance.

En entrant à Mortagne, ils incendièrent tout ce qui était échappé au mois d'octobre précédent. Ils massacrèrent, presque sous mes yeux, deux sœurs lingères, les Drapeau, dont je vis porter les cadavres mutilés sur une civière; une mère de famille, la Bureau, notre voisine, dont les prières de ses nombreux enfants ne purent attendrir les assassins; un paysan, nommé Brémond, dont j'entendis les cris à deux pas de notre jardin; un pauvre tailleur, nommé Brosset, qu'on sabra en ma présence, sous les Halles; enfin, ils sabrèrent, à coups de sabre, la Gelot, boulangère, qui était enceinte et qui a eu le bonheur de survivre à ses blessures : elle vient encore à tous les marchés, à Cholet (1).

Mais le meurtre le plus affreux que je leur ai vu commettre, celui qui me remplit le plus d'indignation, et contre ceux qui l'exécutèrent, et contre les chefs qui le laissèrent consommer (je me garderai bien de les nommer;

---

(1) Il est curieux de rapprocher ce récit si impartial de la *Déclaration* faite par dix-neuf citoyennes de Mortagne devant le comité de surveillance de Vincent-la-Montagne, à Nantes, le 3 avril suivant. On verra que les souvenirs de M. Boutillier de Saint-André, à quarante ans de distance, sont aussi frais et plus précis encore que ceux de ces dix-neuf citoyennes.

« ...Avertis par un nommé Landreau-Leroux, à sept heures du matin, les brigands sont entrés six mille... Ils ont d'abord coupé l'arbre de la liberté... Ils se sont ensuite portés vers les magasins de grains et farines, qu'ils ont vidés ce jour et le lendemain, sur des charrettes conduites sur la route des Herbiers...

« A cinq heures du soir, ces scélérats de brigands ont brûlé le château; le 26, dans la soirée, douze à quinze maisons de républicains. Ils avaient brûlé, le soir de leur arrivée, les portes de la ville et démoli les fortifications, en disant que les patauds n'auraient plus tant de force. Le général Marigny, déguisé en chaudronnier et décoré de deux croix, a tué la citoyenne Drapeau, en lui reprochant d'avoir travaillé pour les républicains, et Catherine Brouard, femme du citoyen Louis Bureau; il a maltraité et sabré la citoyenne Gelot... » (SAVARY, t. III, p. 324.)

je flétrirais deux beaux noms), fut celui du jeune Pariset, cet enfant de mon âge qui avait été blessé si cruellement au combat qui avait précédé le siège et que j'avais vu rapporter tout sanglant. Ce pauvre enfant blessé à mort était couché chez sa tante, Masson-Lamotte, une de nos plus proches voisines. Les misérables, qui le virent, ayant su qu'il était échappé du combat, résolurent de l'achever dans son lit. En vain sa tante fit les plus grands efforts pour empêcher cet horrible assassinat; en vain mon ayeule, qui connaissait beaucoup les généraux, fut-elle solliciter à genoux la grâce de cet enfant : rien ne put le sauver. Je vis le cavalier, qui avait déchargé son pistolet sur le pauvre petit blessé, souffler dans son arme pour la nettoyer et se vanter et rire de ce meurtre abominable, comme d'une prouesse. Mes parents et moi éprouvâmes une telle horreur de ce trait détestable, que nous ne pûmes supporter la vue de ces hommes féroces : nous nous renfermâmes et gémîmes en secret des crimes auxquels l'exaspération des esprits excite les individus, même honnêtes, dans les guerres civiles.

Un autre fait bien barbare, dont je fus aussi le témoin, fut la mort d'un pauvre chien, qu'un enfant, un petit paysan de quatorze ans, fit périr dans des tourments indicibles en lui enfonçant dans la gorge une baguette de fusil pour le traverser de part en part. Cette atrocité, qui prouve jusqu'à quel excès de cruauté le cœur peut se porter, quand il est entraîné par la haine et par la rage, me remplit d'un horrible dégoût.

Une jeune et grande fille, qui servait dans les Vendéens parmi les cavaliers, signala surtout sa fureur dans ce jour exécrable : elle sabra de sa main plusieurs personnes avec un sang-froid qui annonçait qu'elle n'en était pas à ses premiers essais. Ainsi l'âge le plus tendre, le sexe le plus doux et le plus humain, partageaient la férocité des hommes les plus barbares. Tous les cœurs étaient fermés à la pitié : cette fille du Ciel n'avait plus d'empire sur la terre (1).

La fureur des Vendéens était telle que notre maison et nos personnes mêmes n'eussent pas été épargnées, si deux de nos cousins ne fussent venus nous protéger et n'avaient pas placé sur notre porte un écrit où étaient ces mots : « Au nom du Roi, il est recommandé de respecter « cette maison. »

(1) « Les Vendéens certainement commirent quelques crimes ; mais ils « étaient exaspérés par les cruautés des républicains, des gardes natio- « naux et surtout des guides. Ceux-ci, qui étaient du pays, le rava- « geaient ; ils conduisaient les colonnes incendiaires et commettaient des « meurtres, des viols, qui font frémir ; quelquefois ils se faisaient accom- « pagner par de jeunes enfants qui leur servaient d'espions et attiraient « les victimes dans des pièges. Les guides de Cholet, commandés par un « monstre, étaient les plus cruels de tous. Ils étaient pris en général parmi « le rebut de la société : c'étaient des banqueroutiers, des hommes de « mauvaise vie et tarés. J'ai entendu raconter sur leur compte, par des « témoins ou des victimes, des choses qui font frémir. A Tiffauges, ils vio- « lent les femmes et les tuent ; à la Tessouale, ils vont chercher les habi- « tants sous prétexte de plaisirs de carnaval, les amènent à Cholet et les « massacrent, etc. Rien n'échappait à leur fureur. » (*Note de M. Charles* Boutillier *de* Saint-André.)

Les Guides de Cholet étaient commandés par un nommé Guillou. « Guillou (Esprit-Antonin), né à Cholet en 1764, de cœur convaincu et dévoué aux idées de 1789, reçut le commandement, en 1793, du régiment des Guides, composés de Vendéens patriotes et qui rendit de si éminents services à la pacification du pays. » (C. Port, *Dictionnaire de Maine-et-Loire*, article *Guillou*, t. II, p. 333.)

Souvent, en effet, après le passage de la Loire et [surtout après les excès horribles des colonnes infernales, les Vendéens ne furent plus les simples et les doux de la première période de la guerre. A se voir poursuivis par un ennemi sans pitié et sans foi, à voir brûler leurs maisons, leurs chaumières, leurs récoltes ; à voir surtout massacrer chaque jour leurs vieillards, leurs enfants, leurs malheureuses femmes déshonorées, un vent de colère emporta leur vertu première. De quels yeux pouvaient-ils regarder des hommes qui avaient décrété de faire disparaître jusqu'au sol arrosé de leur sang ? Ils furent sans pitié, cruels quelquefois. Est-ce à dire qu'on doive les excuser, parce qu'on les comprend ? Dieu m'en garde ! Ces excès sont abominables, et l'on ne saurait trop les flétrir ; mais, en le faisant, on doit n'oublier pas et la cruauté impitoyable de leurs ennemis, de la première heure à la fin, et la douceur et la mansuétude des Vendéens, qui ont rendu à la liberté tant de milliers de prisonniers, alors qu'il est inouï qu'aucun ait été épargné par les autorités patriotes.

Je fus un instant dans la maison de mon père; je la trouvai dans le plus grand désordre. Les républicains en avaient fait leur magasin d'eau-de-vie, et ils avaient laissé huit barriques pleines dans la salle. Les Vendéens, qui s'en étaient emparés, en buvaient à outrance. Un très grand nombre étaient ivres morts; beaucoup d'autres, exaltés par cette liqueur traîtresse, se livraient aux plus grands excès; ils pillaient, ils incendiaient, ils menaçaient toutes les personnes de la maison. Ils furent vingt fois sur le point de tuer ma tante du Plessis, qui fut obligée de se sauver de leur rage et de se retirer à Châtillon. En passant dans la rue, un petit paysan qui m'aperçut s'écria : « Voilà le fils d'un républicain! » A ces mots, on s'apprêta à me faire un mauvais parti, et j'aurais été massacré, si un domestique de mon ayeul, qui se trouva auprès de moi et me reconnut, n'eût empêché qu'on ne me fît du mal.

Malgré mon extrême attachement à la cause sacrée qui défendait la Vendée et ma haine trop juste contre la République, qui avait fait périr un si grand nombre de mes parents et ruiné mon pays, mon cœur était révolté de tant d'horreurs, et je me disais parfois : « Non, les Vendéens ne sont plus dignes de combattre pour la cause qu'ils défendent. Ce ne sont plus les soldats de Bonchamps, de d'Elbée, de la Rochejaquelein; les braves, les hommes humains sont morts; il ne reste plus que des lâches, que des barbares, qui se couvrent aujourd'hui de honte et d'ignominie. »

Je manifestais avec indignation et une grande franchise ces sentiments à qui voulait les entendre; je ne les cachais pas à mes parents, et l'un d'eux me dit un jour : « Mon
« enfant, j'approuve ton indignation; mais il faut, pour
« être juste, ne pas oublier que ce sont les républicains

« qui, les premiers, ont donné l'exemple de la cruauté.
« Ce sont eux qui ont massacré, incendié et commis tous
« les crimes. Nos paysans ne sont que leurs imita-
« teurs. »

En effet, le désir de la vengeance s'était emparé de tous les cœurs dans la Vendée, après les excès de tout genre que les républicains y ont commis. Chacun se livrait à sa haine, à sa fureur ; on exerçait les plus cruelles représailles sur tout ce qu'on jugeait aveuglément digne de les éprouver. Un doute, un soupçon, suffisait pour armer le bras d'un assassin, et un grand nombre de Vendéens se livraient aux plus grands crimes sans honte et sans remords. Tristes résultats des guerres civiles, où l'exaspération des esprits et la fureur des partis enfantent des haines éternelles et des vengeances inouïes, et laissent pour longtemps dans les âmes des germes de discordes et des colères implacables !

J'ai dit que plusieurs colonnes incendiaires sillonnèrent la Vendée en tous sens : deux jours après l'évacuation de Mortagne, une de ces colonnes, forte d'environ deux mille hommes, commandée par Cordellier, arriva et fut bivouaquer sur l'emplacement de l'ancien Calvaire, maintenant la carrière du Chantreau. Elle y passa un jour et une nuit. Nous fûmes contraints d'aller coucher à ce camp, où je souffris beaucoup du froid et de la fumée, me chauffant avec les soldats au feu qu'ils avaient allumé avec des arbres verts tout entiers (1).

Quand cette troupe arriva des Herbiers, je crus qu'elle allait mettre tout à feu et à sang dans la ville, surtout dans notre maison signalée pour royaliste, et je fus me

(1) La colonne de Cordellier entra à Mortagne le 28 mars, à deux heures après midi ; la colonne de Grignon y était entrée à onze heures. Les deux colonnes en partirent le 29, à huit heures du matin. (Voir la *Déclaration* de dix-neuf citoyennes citée plus haut. — Savary, t. III, p. 324.)

cacher dans le bas jardin, au milieu des roseaux qui croissaient dans le réservoir. De là, je voyais et j'entendais la marche des républicains qui entraient en ville. Je restai à peu près trois quarts d'heure dans cette très mauvaise cache; bientôt je m'y ennuyai et je pensai qu'il valait mieux, si je devais périr, être tué avec mes parents que de mourir seul, sans consolation et sans espérance. Je sortis; mais je commis une grande imprudence en descendant le bas jardin sans précautions et en allant me cacher encore seul, malgré mes réflexions, dans une masure donnant sur la rue, près l'ancien collège de M. Renou. Il y avait dans ce lieu une solitude si affreuse, un abandon si effrayant, que je n'y pus demeurer, et je sortis tout à coup dans la rue. Je me trouvai au milieu de la colonne républicaine, qui marchait les rangs serrés. Les soldats furent bien étonnés de me voir sortir ainsi d'une maison nouvellement incendiée. Ils respectèrent ma jeunesse. Je fus retrouver mon ayeule.

Mon frère et mes sœurs avaient suivi mes grands-parents maternels. Toute cette famille d'enfants et de vieillards était allée se cacher en un champ de genêts près la métairie de la Méchonnière (1). A peu de distance de leur retraite, M. Poidras et plusieurs autres personnes, qui étaient aussi cachées, furent massacrés. On entendit leurs cris...

La colonne, qui avait bivouaqué à Mortagne, emmena le lendemain à Nantes plusieurs habitants qui résolurent de fuir un pays devenu un véritable champ de carnage (2). J'eusse été bien d'avis de partir aussi; mais mon ayeule,

---

(1) Commune de la Verrie et à quelque distance de Mortagne.
(2) En particulier, les dix-neuf femmes qui firent, le 3 avril, la *Déclaration* dont il est parlé plus haut et qui permet de voir à quel point notre auteur est précis dans sa narration.

qui ne me consultait pas, voulut rester et attendre les événements, se soumettant à tous les dangers et aux malheurs qui pouvaient survenir.

Après le départ de cette colonne, un traînard, ivre, entra dans notre maison et voulut piller, incendier et nous tuer. Nous étions destinés à souffrir ses barbaries; car comment eussions-nous pu nous y soustraire? Nous n'étions que quatre femmes âgées et deux enfants, sans aucuns moyens de défense et restés presque seuls à Mortagne. La Providence vint à notre secours d'une manière visible et nous sauva d'un des plus grands périls que nous ayons courus. Un officier, honnête homme, était par hasard resté en arrière; il entendit le tapage que faisait ce furieux et le força de sortir. Il nous délivra ainsi d'un danger imminent.

Cette colonne fut à Montfaucon, où elle commit les massacres dont j'ai parlé précédemment (1).

Nous restâmes quelques jours assez tranquilles, voyant brûler de temps à autre le peu de maisons qui restaient et qui étaient incendiées tantôt par les Vendéens, tantôt par les républicains; car il y avait alors une espèce de défi à qui commettrait le plus de crimes.

Un matin, nous aperçûmes, vers la mi-avril (2), une

---

(1) Voir plus haut, note, p. 244.
(2) Il y eut bien, vers la mi-avril (le 13), une rentrée de troupes républicaines, par le pont, à Mortagne; mais c'était un corps de troupes auxiliaires, qui accompagnait un convoi de ravitaillement. Depuis le 4 avril, en effet, les républicains étaient revenus dans la place abandonnée par les royalistes; aussi, tout en admettant la réalité du fait rapporté par l'auteur des *Mémoires*, nous croyons qu'il se trompe sur la date exacte de la rentrée de la garnison. Il ne peut y avoir de doute sur la présence des quatre officiers, qui vinrent frapper à la porte amie de M. Jacques Boutillier de Saint-André; mais, d'un autre côté, il est certain, par le contexte, que la troupe qu'ils accompagnent est la première qui soit rentrée dans la ville évacuée; or, cette troupe arriva le 4 avril. La présence seule de ces officiers suffirait à établir que c'est bien l'ancienne garnison qui revint ce jour-là à Mortagne. Mais nous en avons une autre preuve.
Une lettre du représentant du peuple Garreau, du 11 germinal an II

troupe républicaine qui venait de Montaigu par le pont. C'était l'ancienne garnison de Mortagne, qui revenait plus nombreuse, mieux armée et munie de tout ce qui était nécessaire pour l'approvisionnement de la place. Nous ignorions quelles gens c'étaient : aussi notre frayeur était grande, ne sachant pas le sort qui nous était réservé.

(31 mars 1794) (*Pièces justificatives*, p. 355), au Comité de salut public, nous apprend que, le surlendemain (1er avril), les républicains devaient être à Mortagne à poste fixe ; que Turreau, général en chef, et Prieur venaient de partir pour y rétablir *la même garnison*. C'est la même garnison, avec son corps d'officiers au complet, puisque Naudon, qui va être destitué et arrêté avec onze autres de ces officiers, est avec elle. Seulement la route fut plus longue que ne l'avait annoncé Garreau ; elle arriva seulement le 4. Turreau écrivait, en effet, le 5 avril, au ministre de la guerre, de Montaigu : « On doit entrer *aujourd'hui* à Mortagne, que les ennemis ont, *dit-on*, évacué sur-le-champ. Il serait à désirer qu'ils y fussent restés, les troupes *que j'y envoie* en auraient eu bon marché. » (SAVARY, t. III, p. 366.) Quelles étaient ces troupes ? A n'en pas douter, les six mille hommes dont Turreau parlait au ministre de la guerre dans la lettre du 12 avril, datée de Montaigu, qui continuait son rapport daté du 5. « Il y apprenait au ministre qu'il avait envoyé, dans les premiers jours d'avril, une colonne forte de six mille hommes, commandée par Grignon et Dusirat, contre Stofflet, dans la direction de Mortagne, et que douze cents hommes d'infanterie et cinquante chevaux devaient s'en détacher pour former la garnison de cette ville. » (SAVARY, t. III, p. 395.) Cette troupe, formée de l'ancienne garnison de Mortagne et d'un corps de renfort, était sous les ordres de Barbier, qui commandait à Montaigu et avait été remplacé dans cette ville par l'adjudant général Dufour. Barbier écrivait au général en chef, le 5 : « Je suis arrivé *hier* à Mortagne, à midi. » Le 13 avril, Barbier recevait bien aussi des secours d'hommes et des munitions de Montaigu, envoyé encore par Turreau ; ces secours lui arrivaient également par la route de la Verrie : ces troupes furent même attaquées au pont de Mortagne et se laissèrent enlever une partie du convoi par les Vendéens. Mais, quoique cette colonne soit arrivée *vers le milieu d'avril*, pour deux raisons, on ne peut admettre que ce fut l'ancienne garnison de Mortagne, d'abord parce que les douze cents hommes, qui étaient entrés dans la ville le 4 avril, auraient mis les habitants à l'abri de toute crainte à la vue de cette troupe nouvelle ; ensuite parce que *Naudon*, en particulier, ne pouvait faire partie de ce convoi, puisqu'il était, depuis le 6 ou le 7, destitué et incarcéré à Nantes.

Dès le lendemain, en effet, du retour de l'ancienne garnison à Mortagne, ses ennemis triomphaient d'elle et la frappaient cruellement dans ses chefs, comme nous l'avons dit plus haut. (Voir note, p. 267.) Or, Naudon est expressément nommé parmi les officiers destitués et incarcérés à Nantes. Il avait été l'un des plus vifs contre Turreau et les généraux incendiaires.

Ainsi, le fait rapporté par M. Boutillier de Saint-André est incontestable, mais s'est produit le 4, et non *vers la mi-avril*.

Au bout de quelques minutes, nous entendîmes frapper de grands coups à la porte. On fit ouvrir. C'étaient les quatre officiers que nous logions : MM. Guyot, Naudon, Blanchet et Desnoyers. Ces braves militaires avaient précédé les troupes pour nous préserver de toute insulte et venaient reprendre leur logement. Nous les revîmes et les reçûmes avec grand plaisir. Leur retour nous rassura : nous nous crûmes sauvés ; cependant, le soir, nous eûmes une grande frayeur.

M. de Fouquerolle, ancien commandant de la place, noble d'extraction, ne remplissait plus cette place supérieure. Frappé par le décret qui proscrivait à jamais la noblesse, il n'avait conservé que son grade seulement. Le commandement supérieur avait été confié à Lefort (1), de Nantes, qui avait reçu l'ordre de tout détruire à Mortagne.

Dès le soir de son arrivée, il fit ordonner de rassembler tous les habitants sans distinction dans l'église. A cette nouvelle, nous pensâmes que c'était pour nous faire fusiller tous à la fois. En effet, je crois qu'il en avait été question, et que c'est à l'ancienne garnison de Mortagne que nous dûmes notre salut. Nous ne nous pressions point de nous rendre au rassemblement général, et nous vîmes qu'on ne nous contraignait point d'obéir. Nous étions cependant en des transes mortelles. Nos bons officiers, qui étaient aussi inquiets et aussi affligés que nous, vinrent à la nuit nous dire : « Rassurez-vous : le commandant avait l'ordre de tout exterminer ;

---

(1) La mémoire fait ici défaut à l'auteur. Lefort avait été commandant de place avant l'arrivée de la nouvelle garnison, partie de Cholet sur l'ordre de Huchet, comme on le voit par une lettre de Lefort, du 28 février. (Voir Savary, t. III, p. 93.) Il fut remplacé par le commandant Fouquerolle, et lui-même, au 4 avril, par le commandant Barbier. C'est de Barbier qu'il s'agit ici.

mais il est bon et humain, il ne fera de mal à personne. Il n'a donné l'ordre de vous réunir à l'église que pour mettre sa responsabilité à couvert. Restez tranquilles chez vous. » Ces paroles nous rendirent la vie (1).

La garnison, qui avait été augmentée de quelques bataillons d'infanterie, au nombre desquels étaient ceux de la Côte-d'Or et d'Ille-et-Vilaine et de quelques chasseurs de Beysser et guides de Cholet (ces derniers étaient les seuls méchants), pouvait compter environ quinze cents hommes de bonnes troupes. C'était assez pour rester maîtresse de la ville et pour résister à toute attaque de la part des Vendéens, qui, dénués d'artillerie, ne pouvaient rien entreprendre, les murs de la ville ayant été relevés et fortifiés. Aussi, pendant deux mois, il n'y eut aucune tentative de leur part.

Quinze jours environ après le retour de la garnison (2), j'étais seul; je me mis à réfléchir sur ma triste destinée. A treize ans, je me voyais éloigné peut-être pour toujours de mon père et de ma mère, sans savoir si je les reverrais jamais. Quand je vins à penser au bonheur dont j'avais joui dans ma première jeunesse et que je le comparai avec l'abandon où je me trouvais réduit, manquant de tout, privé d'éducation, exposé à des dangers sans cesse renaissants, car les meurtres et les incendies continuaient toujours dans la Vendée, je tombai dans un accablement tel que je n'ai jamais rien éprouvé de pareil. Je me retirai, pour pleurer tout à mon aise et pour donner un libre cours à mes tristes pensées, dans la salle brûlée de notre maison, et là, me remettant devant les yeux tous les sujets de peines et de craintes qui se présentaient en

---

(1) Barbier était, en effet, loin d'être ami de Turreau, ainsi que le constate M. Chassin (*loc. cit.*, p. 371).

(2) Sept jours seulement, comme on va le voir. La garnison est rentrée le 4 avril, M. Jacques Boutillier de Saint-André est mort le 11.

foule à mon imagination, je sentis redoubler les chagrins qui accablaient mon âme. Je pensais surtout à mon père, qui m'avait quitté pour se livrer à ses implacables ennemis. Je regrettais amèrement qu'il ne m'eût pas emmené avec lui pour partager son sort. Je pleurais ce tendre père, si bon, si sensible, cet ami de mon enfance que je chérissais tant et dont j'étais si chéri. Je pleurais cette chère maman, dont j'avais reçu les touchants et derniers adieux. Rien ne pouvait me consoler et tarir la source de mes larmes. La prière même la plus fervente fut alors impuissante à me ranimer.

Tout à coup, le croirez-vous, mes chers enfants? je sentis une commotion violente, comme si j'eusse été frappé d'une main invisible, comme si l'on m'eût soudain arraché une partie de moi-même : « Dieu! m'écriai-je, mon père a « cessé de vivre; j'ai ressenti le coup qui l'a frappé; il a « retenti jusqu'à mon cœur; je ne reverrai plus mon père : « me voilà orphelin... pour toujours. Seigneur! ayez pitié « de mes parents et de moi. Que vais-je devenir, seul, « isolé sur la terre, privé de ceux que j'aimais le mieux, « de tout ce que j'avais de plus cher au monde? »

C'est ainsi que j'exhalais mes plaintes. Hélas! mes pressentiments ne m'avaient pas trompé. Je venais de perdre en effet ce bon père, que je regretterai toujours. Il venait de périr de la manière que je vous ai racontée, victime de sa confiance et de son dévouement pour nous, frappé par de vils et lâches ennemis. Celui qui, dans Rome encore barbare, eût mérité et obtenu dix couronnes civiques, fut impitoyablement mis à mort comme un malfaiteur! Mais, comme l'a dit un grand poète :

Le crime fait la honte, et non pas l'échafaud.

J'ai toujours cru aux pressentiments. Le rapprochement que j'ai fait depuis du jour où je reçus cet avertissement surnaturel, avec celui où je devins orphelin, me confirma davantage encore dans ma croyance.

Les officiers de la garnison parlaient souvent de mon père et de l'éloquent discours qu'il avait prononcé pour leur défense. Je ne savais pas encore positivement de ses nouvelles, mais des bruits sinistres étaient parvenus jusqu'à moi, et c'en était assez pour alarmer vivement mon cœur (1). Je vis quelques jours après un enfant de mon âge qui revenait de Nantes et qui m'annonça la fatale nouvelle : il eut la barbarie de me dire qu'il avait assisté à l'exécution de l'auteur de mes jours, et qu'il avait remarqué, comme tout le monde, son courage et sa résignation.

Que devins-je à ce coup accablant? Je ne saurais vous dire, mes chers enfants, la situation fatale où me jeta cet événement, le plus funeste qui pût m'arriver. Je ne pouvais d'abord le croire; j'aimais à me faire illusion. Hélas! je la perdis bientôt. L'affreuse vérité détruisit alors la légère lueur d'espérance qui me restait encore. Consultez votre cœur, mes chers enfants; il est tendre et sensible; il comprendra combien je dus être malheureux.

Hélas! depuis ce jour fatal, rien n'a pu me faire oublier ma perte cruelle : elle est toujours présente à mon cœur. Mes regrets sont encore aussi vifs, aussi amers que lorsque je devins orphelin. Ni les autres peines, ni les vicissitudes de la vie, ni les divers événements qui ont marqué mon existence, n'ont pu me distraire de ma douleur.

Je reviens à ma narration.

Mon ayeul maternel, son épouse et mes frère et sœurs,

---

(1) Il est très probable que les officiers revenus de Nantes, après le 17 avril, avaient tenu cachée à l'enfant la mort de son père.

qui les avaient suivis, s'étaient retirés à Châtillon. Ils trouvèrent le moyen d'envoyer savoir de nos nouvelles par un exprès. Je chargeai leur commissionnaire de leur dire que nous étions aussi bien que possible. Je pris même sur moi une chose très grave, qui pouvait avoir des résultats importants. Si j'avais été plus expérimenté, je me serais bien gardé d'une pareille démarche; mais la Providence, qui avait ses vues sur moi et qui voulait me sauver, me guidait dans cette circonstance, sans que je pusse le prévoir.

J'écrivis à mon ayeul que l'ancienne garnison était revenue à Mortagne, que nos officiers avaient repris leurs logements, qu'ils nous protégeaient avec leur bonté ordinaire, et *qu'il ne nous arriverait aucun mal* sous leur autorité tutélaire.

Cette dernière assertion était bien hasardée dans la position où nous nous trouvions; car la garnison pouvait changer, et je ne pouvais savoir quel eût été notre sort. Enfin je finissais par l'engager à revenir avec sa famille, lui assurant qu'il serait respecté comme il l'avait été jusqu'alors.

Mon grand-père reçut ma lettre avec un grand intérêt et y ajouta une foi entière. Il revint deux jours après avec toute sa suite et fut très bien accueilli. Le commandant Lenormand fut loger chez lui et partageait avec lui ses rations de pain et de viande. Je fus bien joyeux de revoir ce bon et respectable ayeul que j'aimais tant et qui avait adopté mes jeunes frère et sœurs. Ces derniers étaient alors bien malheureux, n'ayant pour gouvernante qu'une vieille domestique aveugle qui ne pouvait les approprier et qui était si intéressée qu'elle les soignait et nourrissait très mal. Pour moi, j'étais beaucoup mieux pour les soins du corps; mais mon cœur était accablé de chagrins, de troubles et d'alarmes.

Ne sachant que devenir et ne voyant point de terme à ma triste position, ayant perdu mes père et mère, je désirai entrer chez M. Jeannet, garde-magasin des vivres, en qualité de commis écrivain. Là, j'eusse trouvé au moins à m'occuper et des ressources pour subsister, par mon travail.

Ce M. Jeannet était un très bon homme. Il connaissait ma famille : il plaignit mon sort et, s'étant attaché à moi, il me promit de me prendre dans son bureau, aussitôt son retour de Nantes, qui devait être prochain. Je fus enchanté de cette résolution et je me flattai de l'espoir de voir améliorer mon sort. *O vanæ hominum mentes!* Je lui montrai une telle sensibilité, un tel attachement, une si vive reconnaissance, qu'il me regarda dès lors comme son fils.

Bientôt l'ordre d'évacuer Mortagne et d'emmener tous les habitants arriva (1). Ceux qui ne suivraient pas les troupes devaient être tués impitoyablement. Un détachement partit pour Nantes. M. Jeannet le suivit et me laissa; je pleurai amèrement cet abandon que je regardai

---

(1) Le 13 mai 1794, le Comité de salut public se décidait enfin à donner une suite à l'affaire de Mortagne et, relevant Turreau de ses fonctions de général en chef de l'armée de l'Ouest, lui donnait provisoirement le général Vimeux pour successeur. En même temps, il adressait à celui-ci une instruction, en date du même jour, dont le premier article commençait ainsi : « *Évacuer Mortagne et le détruire.* » (Savary, t. III, p. 500.) Le général Turreau lui-même, écrivant d'Angers au Comité de salut public, lui disait maintenant : « Quant à Mortagne, son évacuation me paraît indispensable, *et je l'avais demandée à vos collègues près l'armée de l'Ouest.* » (*Ibid.*, t. III, p. 504.) Enfin, le général Cambray, écrivait, du camp de Mortagne, au général Vimeux, le 30 : « L'évacuation de Mortagne aura lieu demain à huit heures. » (*Ibid.*, p. 513.) En effet, l'adjudant général Dusirat écrivait le 1er juin, de Montaigu, au général en chef : « La garnison de Mortagne est arrivée hier à onze heures du soir. » (*Ibid.*, p. 537.) M. Chassin (*Vendée patriote*, t. IV, p. 506) nous dit que les bandes de Stofflet vinrent aussitôt, non pas occuper, mais incendier Mortagne. Mais l'instruction donnée au général Vimeux lui commandait de le *détruire*, et les *Mémoires* montrent que, si Stofflet vint l'incendier avec ses bandes, il trouva la plus grande partie de la besogne faite.

alors comme un malheur et qui fut la cause de mon salut, ma destinée étant conduite par la main invisible de la Providence qui ne voulait pas que je périsse.

Avec ce détachement partit le quartier-maître du 77ᵉ régiment, M. des Rochettes, jeune homme aimable et plein de moyens. Nous l'aimions beaucoup, et il eut l'extrême bonté de proposer à mon ayeule de se charger de ses commissions pour Nantes. Ce fut la cause de sa perte, qui nous causa une excessive douleur.

Mon ayeule profita de son obligeance pour écrire à ma tante Marchais, sa sœur. Elle était âgée et n'écrivait qu'avec une extrême lenteur. Sa lettre retarda le départ de ce jeune homme, qui ne put rejoindre le détachement. Il avait avec lui un domestique encore enfant; tous deux étaient bien montés, et ils espéraient, en hâtant le pas, retrouver bientôt la colonne. M. des Rochettes prit, comme la troupe, le chemin des Herbiers pour aller à Montaigu; mais, quand il fut à l'embranchement du chemin de Saint-Martin et de la Verrie, ne connaissant point les lieux, il prit pour son malheur la dernière route, tandis qu'il devait prendre l'autre. Plus il avançait, plus il s'éloignait du détachement; bientôt il tomba entre les mains des paysans, qui le tuèrent.

Son petit domestique se sauva à travers champs la nuit et arriva à Mortagne le lendemain, où il nous raconta ce triste événement, qui nous causa d'autant plus d'impression que ce fut la complaisance de son maître qui avait été peut-être la cause de son malheur.

Le mois de mai finissait : c'était l'époque fixée pour l'évacuation de notre infortunée ville (1). Le jour étant déterminé, chacun se prépara au départ. Depuis quelque

---

(1) On vient de voir (note, p. 290) que l'évacuation de Mortagne eut lieu le 31 mai.

temps, mon ayeule était tombée malade : les chagrins, les inquiétudes et un très mauvais régime l'avaient affaiblie bien plus que les ans. Il fallut cependant suivre la colonne qui nous emmena avec tous les autres habitants.

Quand le moment du départ fut arrivé, j'étais tellement dégoûté de vivre et lassé de souffrir que je refusai de marcher et demandai à grands cris à demeurer dans cette ville en ruine, pour y partager le sort de tant de victimes innocentes que j'y avais vues périr. Mon ayeule, qui connaissait tous les dangers que j'aurais courus, si je fusse resté, me força de la suivre. Nous nous mîmes en route. A peine fûmes-nous sortis de nos murs, qu'on les livra aux flammes. C'était un triste spectacle que celui d'une nombreuse troupe de femmes et d'enfants éplorés, fuyant leur ville enflammée et conduits par des soldats qui pressaient les pas de cette foule, qui pleurait à la vue de l'incendie et saluait ses pénates pour la dernière fois.

Rendus à la porte de ville du pont, qui s'ouvrit pour nous laisser passer, quand je franchis cette enceinte, où je laissais mes plus chers souvenirs avec les tombeaux de mes pères, je sentis mon cœur se briser. Jamais ma ville natale ne m'avait paru si attendrissante qu'à cette heure où je la contemplais détruite et où je croyais la voir pour la dernière fois. Je jetai un regard de pitié sur elle et pleurai amèrement ses malheurs. Cependant, prévoyant que nous étions tous destinés à la mort, je dis avec fermeté à mon ayeule : « Maman ! croyez-moi : mourons ici. « N'allons pas plus loin. Ne voyez-vous pas qu'on va nous « tuer à quelques pas dans la route ? Mourons dans notre « ville enflammée ! Terminons ici notre triste sort ! » Mon ayeule ferma avec raison l'oreille à ma prière et me contraignit à marcher. Je lui obéis, mais avec un grand regret.

A peine eut-elle fait quelques pas qu'elle perdit l'usage de ses jambes. Nous obtînmes avec peine de la faire monter en charrette. La colonne était nombreuse et occupait un grand espace. Je marchais et accompagnais toujours mon ayeule, car je m'attendais à mourir et voulais expirer sous ses yeux. Nous arrivâmes aux Landes-Génusson (1) sans accident. Nous passâmes la nuit à deux lieues de Montaigu. Je couchai dans un fossé avec mes frère et sœurs qui m'avaient rejoint. Le lendemain, on se mit en route ; mais ma grand'mère était si fatiguée des secousses de la misérable charrette où elle avait voyagé, qu'elle voulut absolument descendre et faire le reste de la route à pied. Je savais qu'elle ne pourrait plus marcher et je la priai instamment de ne point s'exposer à rester en route, d'autant mieux que nous n'avions qu'une légère distance à parcourir pour arriver. Elle fut sourde à ma prière.

Ce que j'avais prévu arriva. Elle ne put faire un seul pas. Elle se reposa pour reprendre haleine, voulut se remettre à marcher et tomba de fatigue et de faiblesse. Vainement nous voulûmes la soulever : elle avait perdu tout mouvement.

Pendant ce temps, la colonne avançait toujours : déjà les derniers hommes de l'escorte nous avaient dépassés. Mon ayeule restait couchée auprès de moi, de mon frère, qui ne nous avait pas abandonnés, et de Perruchon, notre cuisinière, qui ne voulut pas nous quitter aussi.

Nous étions restés seuls, sans connaître les chemins, exposés à tous les dangers, tant de la part des traînards, qui sont ordinairement voleurs et cruels, que de la part des Vendéens, qui rôdaient autour de nous et qui, s'ils

---

(1) Les Landes-Génusson, canton de Mortagne-sur-Sèvre, arrondissement de la Roche-sur-Yon, à trois lieues environ de Mortagne.

nous eussent aperçus, auraient pu nous faire un mauvais parti, nous trouvant à la suite de la colonne républicaine et ne nous connaissant pas.

La réflexion nous plongea tous dans les plus vives inquiétudes, que nous n'osions pas nous communiquer, de peur de les augmenter encore. Mon ayeule m'ordonna d'aller sur-le-champ avec mon frère à Montaigu lui chercher et lui amener un cheval. A cet ordre, je me mis à pleurer amèrement et lui dis que je ne l'abandonnerais pas; que, s'il fallait mourir avec elle, j'étais prêt à faire de grand cœur le sacrifice de ma vie; mais que, pour aller mourir seul, dans un chemin, je ne m'y exposerais pas pour tout au monde. Mon ayeule prit la chose très sérieusement et me réitéra l'ordre qu'elle m'avait déjà donné, me menaçant de sa colère et de toute son indignation si je ne lui obéissais pas sur-le-champ. Je la suppliai en vain, en me jetant à ses genoux, de me permettre de ne pas l'abandonner : elle fut inflexible et me força de partir avec mon frère, qui se montra, dans cette circonstance, beaucoup plus résigné que moi.

Je partis avec lui; mais je jetais des cris pitoyables et je n'eus pas fait deux cents pas que, la terreur et le chagrin s'étant emparés de moi à un haut degré, je revins trouver mon ayeule et lui déclarai positivement que je n'irais pas plus loin. Elle fit tout ce qu'elle put pour me forcer à poursuivre mon chemin; mais je m'obstinai opiniâtrément (ce que je me suis bien reproché depuis) à demeurer auprès d'elle.

Voyant qu'elle ne pouvait rien obtenir de moi, elle fit partir sa domestique avec mon frère, et nous restâmes tous deux dans le chemin. Nous nous attendions à tout; mais il ne nous arriva aucun malheur. Quelques heures après, on amena un cheval sur lequel monta mon ayeule, et nous nous rendîmes à Montaigu, où tous nos parents étaient bien inquiets de nous.

Nous trouvâmes dans cette ville, encombrée de troupes et de fuyards, toute notre famille réunie, à l'exception de nos deux tantes maternelles, des Barroires et des Granges, qui s'étaient rendues à Nantes avec la garnison et mon pauvre père et qui y avaient été mises en prison, dans l'ancien monastère du Bon-Pasteur. Montaigu avait été presque totalement incendié, et nous trouvâmes bien difficilement à nous y loger. Nous nous retirâmes, toute la famille ensemble, chez une pauvre femme, dans une chambre basse où nous sommes restés trois semaines exposés à tous les besoins et couchant sur le carreau.

Nous reçûmes à Montaigu la visite de nos anciens officiers de Mortagne et de deux nouveaux qui étaient arrivés avec la nouvelle garnison et qui logeaient aussi chez nous; mais ces deux derniers différaient bien des autres. Ils étaient de Rennes et faisaient partie du troisième bataillon d'Ille-et-Vilaine. Le lieutenant, qui était le plus jeune, appartenait à des parents honnêtes et avait reçu une assez bonne éducation; mais, au lieu d'en avoir profité, il s'était jeté dans la dissipation et l'incrédulité religieuse, et avait conçu un grand mépris pour la Religion et ses ministres et une haine violente contre les nobles et les rois. Il causait souvent avec mon ayeule, qui entreprenait toujours, mais en vain, de le rendre à des sentiments plus raisonnables.

Le capitaine, qui était plus âgé, avait les mêmes opinions; mais il y joignait un grand fonds de dissimulation et de contrainte. En général, tous les militaires qui composaient les bataillons des gardes nationales et qui étaient volontaires, étaient beaucoup plus méchants, plus exaspérés que ceux des anciens régiments habillés de blanc.

Quelques jours après notre arrivée à Montaigu, il se livra une grande bataille auprès de cette ville, où le bataillon d'Ille-et-Vilaine donna et éprouva de grandes pertes. Le lieutenant y fut tué, et Charette y obtint une victoire complète (1).

Nous entendîmes distinctement la fusillade. Mon ayeule regarda la mort de ce jeune officier comme une punition du Ciel pour son impiété manifeste. Elle ne put s'empêcher de regretter ce jeune homme, qui eût été très intéressant si de mauvaises doctrines et des principes faux et pervers n'eussent pas gâté son bon naturel et perverti son esprit et son cœur.

Un ordre vint de faire rendre à Nantes tous les Vendéens qui se trouvaient à Montaigu. On nous fit monter dans des chariots avec une très faible escorte, et nous arrivâmes sur les trois heures aux Sorinières (2). Là, les républicains avaient établi un camp nombreux. Il y régnait un grand mouvement. L'aspect de ce camp, où les tentes de toiles étaient toutes alignées, me surprit beaucoup. Nous étions dans un autre monde. Je n'avais rien vu de pareil encore : ici, des soldats manœuvraient; là, des officiers à cheval et bien équipés faisaient des rondes; des vivandières, des cruches à la main, portaient, offraient, versaient des verres de vin et d'eau-de-vie. Il y avait plus de sécurité; nous n'étions plus dans le pays désolé par la guerre civile la plus cruelle; mais nous approchions de Nantes, et des malheurs nous

---

(1) Ce n'est pas *quelques jours après*, mais le jour même, 1ᵉʳ juin, que se livra le combat de Mormaison. Voir la lettre de l'adjudant général Dusirat au général Vimeux, du 1ᵉʳ juin (Savary, t. III, p. 537), et surtout celle du 4, où il dit : « L'affaire du 1ᵉʳ nous a coûté deux cent quarante-trois hommes, un drapeau et dix-neuf charrettes; elle a jeté le découragement parmi les troupes, qui semblent voir partout des drapeaux blancs. » (Savary, t. III, p. 539.)

(2) Les Sorinières, camp républicain, au sud de Nantes.

attendaient encore dans cette ville fatale à ma famille.

Nous entrâmes à Nantes à cinq heures du soir : on nous conduisit au Département qui siégeait à l'ancienne Chambre des comptes, où j'avais autrefois un oncle maternel, M. Boutillier de la Chèze, et un cousin, M. Bourasseau de la Renollière, anciens conseillers-maîtres.

Quand nous nous trouvâmes tous réunis dans la grande chambre basse qui servait de vestibule, ce grand nombre de femmes et d'enfants que nous étions présentait le spectacle le plus attendrissant. La misère, la fatigue, les pleurs que nous avions tant versés depuis deux ans, au milieu des dangers et des malheurs que nous avions éprouvés, avaient répandu sur tous les visages une telle empreinte de tristesse que je ne saurais la peindre.

Nous croyions tous qu'on allait nous noyer, comme on avait fait à tant d'autres pauvres femmes et enfants aussi innocents que nous. Cependant, après nous avoir gardés jusqu'à huit heures du soir, on nous laissa libres d'aller où nous voudrions. Mon ayeule, que je n'avais pas abandonnée, nous quitta pour se rendre chez ma tante Marchais, sa sœur (1).

Quand je me vis délaissé et seul sur le pavé, le chagrin le plus violent s'empara de mon âme. Je ne savais où donner de la tête, faible, exténué de fatigues et de besoins. Que devenir au milieu d'une grande ville où je ne connaissais ni les lieux ni les personnes? Je pleurais amèrement, je me désolais. Quelqu'un, qui me vit si

---

(1) « Mme Marchais était sœur de la mère de notre grand'mère. C'était « une demoiselle Soulard de la Roche, ainsi que Mme Coppat. Ces dames « avaient pour père M. Soulard, à Poitiers. Il y avait encore d'autres frères « et d'autres sœurs dont je n'ai pas entendu parler. La famille de la Roche « est ancienne à Mortagne; un de leurs ancêtres était notaire aux Her- « biers en 1632. » (*Note de M.* Charles Boutillier *de* Saint-André.)

affligé et qui, à mon costume et mon langage, me reconnut pour un enfant de la Vendée, me dit avec beaucoup de douceur : « Ne vous désolez pas, mon petit ami, vous ne courez plus de risques d'être noyé; on a cessé ces exécutions barbares. Mais, si vos parents ont péri comme Vendéens et qu'on le sache, vous courez le danger d'être pris et placé comme mousse sur un vaisseau. Ainsi, cachez bien le nom de vos parents et leur sort funeste, si, comme je le présume, ils ont péri victimes des révolutionnaires. » Cet avertissement me fit changer le nom de Boutillier Saint-André, sous lequel mon père avait été jugé et condamné, en celui de de la Chèze, qui était le nom de ma mère, que je crus moins exposé à la persécution.

La consolation que m'avait donnée la personne compatissante qui m'avait abordé, ne me rassura guère. Je lui dis : « Ah! monsieur, ce n'est pas la crainte de la mort qui me fait verser des larmes; c'est la perte de mon père assassiné dans cette ville; c'est l'enlèvement de ma mère dont j'ignore la triste destinée; c'est enfin l'abandon où je viens d'être laissé, ayant été séparé des seuls parents qui me restaient et ne sachant où les trouver au milieu de cette ville où je suis errant. »

Ce bon Nantais me consola en me flattant de l'espoir de retrouver mes parents. La Providence, qui veillait sur moi, me fit apercevoir de loin mon ayeul de la Chèze et son épouse, mes frère et sœurs, qui marchaient vers la rue du Change. Je courus de toute la vitesse de mes jambes vers eux et les rejoignis. M'étant réuni à mes frère et sœurs qui étaient à la charge de mes vieux parents, je repris un peu de courage. Mon ayeul avait soixante-quinze ans et la goutte, et son épouse, du même âge, était tombée en enfance, accablée de chagrins et de misère. Ces bons parents eurent la complaisance de me prendre avec eux pour quelques jours, et je les suivis à l'auberge du Cheval blanc.

Il y vint un fils de mon ayeul, qui s'était engagé dans les volontaires et qui avait été détaché dans la Vendée pour y combattre dans les bataillons des Vengeurs. Son opinion, très exaltée en faveur de la Révolution, lui inspira en ma présence des propos si inconvenants sur mon père, que j'en éprouvai une indignation marquée. Mon ayeul le blâmait de son républicanisme outré et tâchait de le ramener à des sentiments plus modérés; mais il ne put y parvenir (1).

Nous demeurâmes deux jours au Cheval blanc et nous fûmes logés chez M. Touchy, correspondant de M. de Mortagne, armateur, rue de la Fosse. Quelque temps après, mon ayeul me conduisit chez ma tante Marchais, où s'était réfugiée ma grand'mère paternelle, et représenta à cette dernière qu'étant déjà chargé de trois de nous, il ne pouvait me garder; qu'il la priait de vouloir bien me prendre avec elle, d'autant mieux que j'étais sous sa conduite avant d'arriver à Nantes. Mon ayeule lui objecta qu'elle était très âgée et malade; qu'elle habitait chez sa sœur, où elle n'était maîtresse de rien, et qu'il lui était impossible de me garder; qu'au surplus, il devait se regarder comme notre tuteur, et que cette qualité l'obligeait à prendre soin de nous.

(1) C'était le huitième et dernier fils de René-Marin Boutillier de la Chèze, grand-père maternel de l'auteur des *Mémoires* : il se nommait *Charles-Jacques* Boutillier *de la* Coussaye. Il avait donné dans les idées révolutionnaires et s'était engagé dans les armées républicaines. Il mourut à la Rochelle, comme le prouve le document suivant; c'est un extrait d'une lettre écrite de Niort, le 24 germinal (13 avril 1800) an VIII, par le citoyen Desbuttes :
« Jacques Boutillier de la Chèze, fils, lieutenant du premier bataillon d'élite, deuxième compagnie, natif de Mortagne, département de la Vendée, est décédé, le 13 vendémiaire an III (3 octobre 1794), d'une fièvre putride, à l'hospice militaire ambulant de l'*Espérance*, de la commune de Rochelle. »

Pendant ce débat, j'étais bien triste ; je pensais à mon père, à ma mère, qui nous aimaient tant, et je pleurais. Mon grand-père me reconduisit chez lui. Quand je fus un peu remis de ma douloureuse émotion, je lui dis en me jetant dans ses bras : « Mon cher papa, vous savez que j'ai eu le malheur de perdre mon père et ma mère ; mon ayeule m'a abandonné... à cause de son grand âge, de sa maladie et du malheur des temps. Je n'ai plus que vous ! M'abandonnerez-vous aussi ? »

Je prononçai ces derniers mots avec un tel accent de sensibilité que mon bon ayeul se mit à pleurer. Je profitai de ce moment et j'ajoutai : « Vous avez tant aimé ma mère ; n'aimerez-vous pas aussi son fils ? » A ces paroles, mon grand-père, qui avait le cœur le plus sensible, me prit dans ses bras, m'embrassa tendrement et me dit : « Va ! mon fils, tu ne nous quitteras jamais ! »

Je fus touché de cette bonté : en effet, mon ayeul n'était guère dans le cas de prendre soin de moi. Outre son âge, sa goutte et sa surdité presque complète, il éprouvait un profond chagrin de voir ses filles en prison, quand il avait si grand besoin de leurs soins et de leurs consolations. Hélas ! ce pauvre père ne devait plus les revoir ! Sa mort devait arriver avant qu'elles eussent recouvré leur liberté.

Ce bon père, qui désirait tant revoir ses filles, faisait chaque jour des démarches pour les faire sortir d'esclavage ; mais, hélas ! elles étaient infructueuses ! La Terreur régnait encore dans toute sa force. J'eus le bonheur de l'aider et de l'encourager dans toutes ses courses : je lui servais d'interprète à cause de sa surdité. Nous nous donnions beaucoup de peine ; nous sollicitions partout pour obtenir la liberté de mes tantes, tantôt auprès du département, tantôt auprès du district, et plus souvent encore auprès des représentants. On nous renvoyait de comité en comité, sans que nous pussions rien obtenir. Carrier, après avoir été trop longtemps le fléau de Nantes, avait été dénoncé à la Convention par Phelippes de Tronjolly (1) et appelé à la barre. D'autres prétendus représentants, moins cruels, l'avaient remplacé; mais la Terreur n'en continuait pas moins ses ravages, et les exécutions journalières étaient toujours aussi nombreuses.

Mes tantes étaient toujours en prison et y auraient péri de misère, comme tant d'autres de leurs compagnes de captivité (entre autres Mlle de Lépinay, leur amie, jeune personne de vingt ans, remarquable par son esprit), sans les soins et les bontés de Mme Clavier, épouse d'un membre du département, qui les assista dans leurs malheurs et qui leur envoyait chaque jour leur nourriture, les blanchissait et leur fournissait tous leurs besoins. Notre famille ne saurait trop conserver de reconnaissance pour cette respectable dame et pour son mari. Ce dernier est mort directeur des droits réunis à Angers, où il a eu l'extrême bonté de protéger mon frère en le faisant recevoir employé dans les contributions indirectes : il y est parvenu à un poste sédentaire assez avantageux et qui lui a été d'une grande ressource pour élever sa nombreuse famille (2).

---

(1) Phelippes de Coatgoureden de Tronjolly naquit à Rennes le 15 février 1751 ; il avait été premier avocat du Roi au Parlement de Bretagne et député aux Etats de la province en 1788. Il fut élu, en 1790-1791, juge à Paimbœuf et administrateur du département de la Loire-Inférieure, puis président du tribunal révolutionnaire de Nantes et enfin accusateur public près le même tribunal. Il fut l'ennemi de Carrier, et c'est à peu près sa seule vertu. Dénoncé par le proconsul, il fut acquitté par le tribunal révolutionnaire de Paris et rentra dans la vie privée. Ce grand ennemi des Vendéens et des rois s'adoucit plus tard, et son farouche républicanisme ne l'empêcha pas d'accepter de l'Empereur et Roi un siège de juge au tribunal de Pontivy. Il mourut en 1830, à Rennes.

(2) *Maurice-Casimir* Boutillier *de* Saint-André eut quatre enfants :
1° *Casimir*, marié aux Ponts-de-Cé, en secondes noces (il n'avait pas eu

Les services que M. et Mme Clavier nous ont rendus dans nos malheurs seront toujours gravés dans mon souvenir, et je prie Dieu de les en récompenser.

Un jour, mon ayeul et moi fûmes solliciter le conventionnel Bo (1), qui logeait à l'hôtel Villestreme, sur l'île Feydeau. La sentinelle, qui gardait la porte de son cabinet, laissa entrer mon grand-père, mais elle me refusa le passage. Ce contre-temps affligea beaucoup mon ayeul, qui insista fortement pour obtenir mon entrée, qui me fut enfin accordée. Je pénétrai avec lui chez le proconsul, qui nous reçut assez bien et nous promit de nous rendre justice; mais bien du temps se passa encore avant que nous vissions accomplir ses promesses. Je servis avec assez d'intelligence de truchement à mon ayeul dans cette conférence, où j'examinai à loisir, mais avec un grand sentiment d'indignation, un des quatre cents tyrans de la France, qui se targuait du titre usurpé de représentant du peuple, sans avoir d'autres droits à cette qualité que ceux qui peuvent résulter de la force brutale et de la révolte audacieuse, principe de notre funeste et odieuse Révolution.

Les fatigues et les chagrins, bien plus encore que les

---

d'enfants de sa première femme), à Mlle Gourreau, et mort, le 1er septembre 1870, docteur-médecin et conseiller d'arrondissement.

2° *Euphrasie*, qui épousa M. *Eugène* Reullier, docteur-médecin à Brissac; morte à Brissac, le 6 mai 1869.

3° *Eugène*, docteur-médecin à Jallais.

4° *Augustine-Eugénie*, mariée aux Ponts-de-Cé à M. *Auguste* Mézières, notaire à Mortagne; morte le 8 mars 1871.

D'*Eugène*, sont nés cinq enfants, dont *Elmire*, mariée à Mortagne, en juillet 1873, à M. *Adolphe* Boutillier de Saint-André, banquier à Cholet, mort le 2 février 1890. C'est à sa veuve que la Vendée doit la publication des *Mémoires* de leur grand-père.

(1) *Jean-Baptiste-Jérôme* Bo naquit à Mur-de-Barrez (Aveyron) le 1er juillet 1743; docteur-médecin à Montpellier en 1770, il fut membre de la Législative et réélu à la Convention. Après diverses missions, il fut envoyé à l'armée de l'Ouest. Il vota la mise en accusation de Carrier. Il est mort à Fontainebleau le 15 mai 1814.

vicissitudes de l'âge, rendirent mon ayeul malade. Après six semaines de séjour à Nantes, une révolution de goutte l'emporta en vingt-quatre heures; mon ayeule paternelle l'avait précédé de quelques jours (1).

Je perdis, dans ce bon père, mon vénérable et cher protecteur, le seul appui qui me restait sur la terre. Je le regrettai et pleurai bien sincèrement. Je lui rendis avec zèle et empressement, quoique avec douleur indicible, les derniers devoirs de la piété filiale. Je n'abandonnai son corps que lorsqu'on l'emporta pour l'enterrer, et la nuit je me relevais avec mon frère pour le veiller.

Il mourut sans secours religieux et fut inhumé sans aucuns honneurs funèbres, comme c'était la coutume du temps affreux où nous avions alors le malheur de vivre. Deux portefaix venaient prendre le cercueil, le plaçaient sur leurs épaules et seuls, sans convoi de parents et d'amis, allaient pour un écu le déposer au champ de repos, où souvent un chien servait de garde à la porte des morts.

Ce bon père, ce sensible et tendre père, s'éteignit sous mes yeux loin de ses enfants, qui étaient tous proscrits, pendant que ses deux plus jeunes filles gémissaient en prison. Hélas! c'était pour elles qu'il s'était donné tant de fatigues et de peines, et il mourut sans recevoir leurs adieux, sans les bénir de sa main paternelle. Mon chagrin fut extrême, et ma situation, ainsi que celle de mes frère et sœurs, devint bien plus triste encore après sa mort. Son épouse, accablée d'âge et d'infirmités depuis la mort de mon grand-père, tomba dans le plus fâcheux état, et nous n'avions pour nous soigner qu'une vieille domes-

---

(1) *René-Marin* BOUTILLIER *de la* CHÈZE mourut à Nantes, le 6 messidor an II (24 juin 1794), section de la Halle.

La grand'mère paternelle de notre auteur, *Marie* SOULARD *de la* ROCHE, mourut le 10 juillet 1794.

tique presque aveugle qui nous laissait manquer de tout.

Un jour je rencontrai M. Jeannet. Ma joie fut grande ; je lui rappelai la promesse qu'il m'avait faite de me prendre dans ses bureaux. Il m'en donna de nouveau l'assurance et me fit déjeuner avec lui dans un très bel appartement de la rue Crébillon. J'acceptai de grand cœur cette invitation qui me promettait un bon repas ; épuisé de besoin, j'espérais réparer un peu mes forces. Je trouvai chez lui plusieurs officiers de l'ancienne garnison de Mortagne, que je revis avec grand plaisir ; mais leur bienveillance me devint fatale ; car, croyant me faire honneur, ils me firent boire du vin rouge pur, et, n'étant point accoutumé à cette liqueur, je me trouvai ivre à la fin du repas. M. Jeannet me fit coucher dans son lit, où je dormis quelque temps ; je me levai et courus à la maison dans un état d'ivresse complet.

Mon ayeule de la Chèze crut que j'étais allé m'enivrer au cabaret ; j'eus beau protester de mon innocence et raconter les choses comme elles s'étaient passées, je fus bien grondé ; la vérité était pourtant que je m'étais trouvé pris sans le savoir et malgré moi, car je n'aimais le vin que mélangé avec beaucoup d'eau. Je me couchai, et bientôt après, ayant été pris d'un vomissement violent qui me fit rendre tout ce que j'avais dans l'estomac, je me trouvai dans mon état ordinaire.

Je fus le lendemain pour trouver M. Jeannet et partir avec lui pour Châteaubriant, où il devait aller exercer ses fonctions de garde-magasin. Quelle fut ma surprise, quand je ne le trouvai plus dans son logement de la rue Crébillon ! Je le cherchai partout où je crus pouvoir le rencontrer. J'appris enfin, au Cheval blanc, qu'il était parti la nuit même pour sa destination.

Je vis évanouir ainsi ma dernière espérance ; je crus

avoir perdu ma seule ressource en me voyant délaissé de la personne qui s'intéressait à moi et qui m'avait promis si positivement de ne jamais m'abandonner. Mais voyez, mes chers enfants, combien la Providence veillait sur mes jours! Ce que je regardais alors comme mon malheur devint la cause de mon salut. Cet abandon, qui m'affligeait tant, me sauva d'une mort certaine. M. Jeannet fut tué dans sa voiture avec son secrétaire, à quelques lieues de Nantes, et, si je l'eusse accompagné, j'aurais éprouvé le même sort. *O arcana Dei consilia!* Ne jugeons donc les événements que sur leurs résultats. La Providence, dont les desseins sont incompréhensibles, dispose les choses à son gré, suivant ses vues impénétrables. J'avais déjà fait l'épreuve de cette vérité quand je vis revenir mon ayeul de la Chèze à Mortagne; car, si je n'eusse pas pris sur moi, poussé par une main invisible, de hasarder cette démarche qui pouvait devenir dangereuse, que serais-je devenu à Nantes, quand j'y fus abandonné par mon ayeule paternelle, aux soins de laquelle seule j'étais alors remis? Le moindre mal qui eût pu m'arriver aurait été d'être jeté sur un vaisseau, comme le furent, dans ce temps, une quantité d'enfants vendéens; et quelle eût été ensuite ma triste destinée?

Je vous ai dit, mes chers enfants, que nous étions tombés dans une grande misère, surtout depuis la mort de mon ayeul de la Chèze. Presque nus, rongés de vermine, réduits à nous nourrir d'un pain de fèves le plus grossier, dont l'odeur et le goût étaient insupportables, nous en étions réduits à manquer même du nécessaire et à souffrir tous les besoins. Nantes souffrait alors, outre les autres fléaux qui l'accablaient, d'une famine horrible. L'on ne pouvait, sous peine de mort, avoir des grains et du pain chez soi. Chaque habitant recevait à sa section sa ration journalière, qui était loin de suffire à ses besoins. Nous étions tous les jours obligés d'aller au département chercher notre portion de pain. Je ne pouvais le manger; quand je le mettais dans ma bouche, il s'attachait à mon palais et ne pouvait pénétrer dans mon estomac. Quand, à force de besoin, j'en avalais quelques morceaux, il me causait de grandes nausées, et je le rejetais aussitôt. Nous n'avions pour y joindre que de mauvais légumes mal apprêtés et aigres qui nous causaient encore plus de dégoût. Enfin, nous fûmes contraints, mes frères et moi, à manger des coquillages, comme moules, huîtres et autres, qui tombaient en assez grand nombre des bateaux qui les apportaient, et que nous allions chercher sur le port et les quais bas de la Fosse pour soutenir notre malheureuse existence.

Je me sentais maigrir et affaiblir de plus en plus chaque jour. Une diarrhée alarmante, causée par l'usage de l'eau de Loire et des aliments malsains auxquels j'étais réduit, me jeta dans un état très fâcheux. Mon estomac ne faisait plus ses fonctions, et il me vint à la jambe un ulcère qui y resta dix-huit mois et dont je porterai toujours les marques.

Un jour, mon ayeule de la Chèze me confia le portefeuille de son mari, qu'elle m'ordonna, je ne sais pour quel motif, de porter chez M. Touchy. La curiosité me le fit ouvrir pour voir ce qu'il contenait. J'y remarquai un grand nombre d'assignats de toute valeur et pour des sommes considérables (à cette époque les assignats avaient déjà beaucoup diminué de crédit) : j'éprouvai alors une tentation extraordinaire de m'en approprier quelques-uns. J'étais si malheureux, si souffrant, qu'il me prit l'envie, bien criminelle sans doute, mais aussi bien naturelle, d'améliorer mon sort et de m'emparer de quelques assignats pour soutenir ma faible existence si gravement compromise; je m'en suis bien repenti depuis; j'en ai fait l'aveu à mon ayeule, qui m'a pardonné généreusement ce larcin; mais je succombai au désir de me procurer une nourriture un peu plus abondante et plus saine que celle dont je faisais un usage journalier.

J'hésitai longtemps avant de succomber à la tentation, car j'avais toujours eu une grande horreur pour les actions mauvaises; mais enfin je succombai seulement au désir d'apaiser des besoins inouïs et une faim qui me dévorait.

Quand je fus possesseur illégitime de quelques assignats, je courus acheter des aliments autres que du pain qu'on ne pouvait se procurer et dont j'avais un besoin si pressant. Quelques fruits cuits, des pâtés de viande, des sucreries, voilà quels furent les objets que je me procurai. Quand les premiers besoins de ma faim furent apaisés, j'éprouvai de grands remords et fus vingt fois sur le point de reporter à mon ayeule ce que je lui avais dérobé et de lui avouer mes fautes, en implorant mon pardon; mais la pensée de voir renaître mes besoins dès le lendemain, et le désir aussi de soulager mon frère et mes sœurs, me retinrent. Je continuai à acheter clandestinement quelques aliments pour notre nourriture, ce qui servit à nous soutenir.

J'attribue à ces légers secours la conservation de notre existence; car, sans eux, j'ai la ferme persuasion que nous serions tous morts de besoin.

Quelquefois aussi je prélevais sur le fruit de ma rapine quelques sommes avec lesquelles je me procurais le plaisir du spectacle dont j'étais avide. Voici comment ce goût m'était venu. J'étais allé quelques jours avant la mort de mon ayeul voir Mlles M... qui étaient comme nous exilées de Mortagne. Nous y trouvâmes M. Jeannet qui devait ce soir-là conduire ces dames à la comédie; il demanda à mon grand-père la permission de m'y mener aussi. Ce bon vieillard, qui était pour moi rempli de complaisance, me l'accorda.

J'accompagnai Mlles M... et M. Jeannet au Grand-Théâtre, sur la place Graslin. Quand j'entrai dans la salle, la pièce était commencée. La richesse des décorations, l'éclat de la scène, les loges garnies d'une foule de femmes élégamment parées, les lumières du lustre et de la rampe qui faisaient ressortir et embellissaient tous les objets, les costumes des acteurs, le charme de la musique et des chants, cet air embrasé et voluptueux que j'y respirai, l'illusion magique qui résulta pour moi de la réunion de tant de choses nouvelles, tout ce qui m'entourait enfin jeta mes sens dans le ravissement et l'extase. Mes yeux ne suffisaient pas à regarder, mes oreilles à écouter, mon esprit à comprendre. Je fus accablé de tant de sensations diverses à la fois que je tombai dans l'anéantissement causé par l'ivresse du plaisir. Mes sens, tout neufs encore, furent plongés dans une espèce de délire que je ne saurais exprimer.

Depuis ce jour qui m'avait jeté dans l'enchantement, je ne cessai de désirer de me procurer le même plaisir; mais la deuxième fois que je retournai au spectacle, mes sensations furent moins vives, et l'habitude finit bientôt par détruire chez moi toute illusion, sans pourtant m'ôter le goût immodéré de ce genre de délassement.

Mon estomac se rétablit peu à peu; mais mon ulcère à la jambe, qui avait été très négligé, continua toujours à faire des progrès.

Mes tantes sortirent enfin de prison vers la mi-août. Notre sort alors fut amélioré. Elles prirent soin de nous :

notre nourriture, excepté le pain, fut plus saine, plus abondante. Nous quittâmes la maison de M. Touchy, qui était noire et triste, et fûmes loger sur la place de Bretagne.

Le 9 thermidor (25 juillet 1794) était arrivé, et cette époque remarquable, qui fit cesser en France la Terreur qui y régnait depuis plus de deux ans, fut le signal à Nantes, comme dans les autres villes de notre infortunée patrie, de la mise en liberté d'une foule innombrable de malheureux de tout sexe et de toute condition, qui n'attendaient dans les prisons que le moment de monter sur l'échafaud.

Tout changea alors. On fit disparaître de la place du Bouffay cet affreux instrument de mort, qui y était permanent depuis si longtemps et qui avait fait périr tant de victimes innocentes. Les noyades et fusillades cessèrent, et l'on commença à respirer un peu. Cependant la disette, ou plutôt la famine, continuait toujours ses ravages, parce que le *maximum* (1) avait fermé tous les magasins et qu'aucunes denrées n'arrivaient plus dans cette ville infortunée.

Cette disette inspira à mes tantes le dessein de quitter Nantes et de se rendre à Poitiers chez une excellente parente que nous y avions. Elles lui écrivirent pour lui demander de nous recevoir, et elle eut la bonté de nous inviter à nous rendre chez elle, où elle voulait, disait-elle, nous consoler dans nos malheurs.

Une réponse si généreuse nous remplit de joie. Nous fîmes nos préparatifs de départ. Avant ce temps, ma tante Marchais avait eu la bonté de prendre chez elle et d'adopter ma plus jeune sœur Camille. Elle l'a depuis

---

(1) La loi du *maximum*.

mariée et a laissé tous ses biens à son fils, né quelques jours seulement avant la mort de sa mère. Ma tante Coppat, qui habitait les Sables d'Olonne, mue aussi par un sentiment de commisération, ayant appris la triste position où nous étions réduits, fit venir chez elle ma sœur Augustine.

On ne pouvait se rendre aux Sables que par mer. Nous embarquâmes cette chère sœur au bas de la Fosse, en la recommandant bien aux gens de l'équipage et à quelques femmes qui se trouvaient dans le même chasse-marée et qui se rendaient à la même destination. Elle descendit la Loire et, étant entrée dans la haute mer, elle arriva aux Sables après avoir couru mille dangers et manqué d'être prise par les Anglais, dont les bâtiments encombraient tous les arrivages en France, jusqu'aux moindres ports. Elle resta chez notre tante, jusqu'à ce qu'elle vînt me rejoindre à Angers, quatre ans après.

Nous fûmes obligés, pour nous rendre à Poitiers, de remonter la Loire jusqu'à Saumur, toutes les routes par terre étant interceptées; mais des dangers d'une autre espèce nous attendaient encore sur ce fleuve. Nous étions en grand nombre sur le bateau que nous avions frété et tellement pressés que nous éprouvâmes pendant tout le voyage un malaise insupportable.

Quand nous fûmes rendus vis-à-vis Montjean, nous aperçûmes un drapeau blanc qui flottait à une des fenêtres du vieux château. Il y avait sur le bord de l'eau un poste de Vendéens qui nous lâcha une vingtaine de coups de fusil. Nous faisions tous nos efforts pour nous jeter sur le bord opposé et nous mettre hors de la portée des balles; mais la force du courant nous portait toujours malgré nous vers le rivage de Montjean, et nous étions exposés à recevoir les coups de feu qu'on nous tirait.

Nous aurions été infailliblement atteints si une barque canonnière qui mouillait dans ces parages ne fût venue à notre secours et ne se fût placée entre la rive gauche et nous. Elle tira sur le poste deux coups de pierrier qui firent taire le feu des Vendéens. Nous fûmes obligés d'aller passer la nuit sur cette barque, crainte d'être surpris.

Nous arrivâmes à Saumur où nous passâmes huit jours. Nous remontâmes la Vienne jusqu'à Chinon; je fus dans cette dernière ville pris d'une colique si violente, que je crus succomber à mes vives souffrances. Une tasse de vin chaud bien sucré me soulagea complètement. Là, nous trouvâmes du pain et de la nourriture en abondance, ce qui nous fit grand bien.

Nous nous aperçûmes bientôt que le pays où nous étions n'avait pas été travaillé par la Terreur comme la ville de Nantes. Nous ne trouvâmes que des amis à Chinon. La municipalité nous accueillit avec beaucoup d'humanité, nous logea, nous fournit des vivres et des voitures pour nous conduire à Richelieu. Cet accueil, ces soins empressés nous parurent bien doux après tant de persécutions et remplirent nos cœurs d'une véritable reconnaissance.

Nous nous rendîmes à Richelieu et y arrivâmes à minuit. Les officiers municipaux se montrèrent encore plus généreux pour nous que ceux de Chinon. Ils se levèrent avec empressement, nous logèrent et nous fournirent des vivres en abondance. Nous restâmes cinq jours à Richelieu, comblés de témoignages de bienveillance des habitants et surtout des autorités, qui rivalisaient de zèle pour nous.

Durant notre séjour dans cette ville, nous fûmes visiter le superbe château, qui, ainsi que la ville même, avait été bâti par le cardinal, premier ministre de Louis XIII. J'admirai les appartements somptueux, les statues magnifiques, les tables incrustées, qui faisaient de ce séjour une résidence royale et une des merveilles de la France. J'ai retrouvé depuis plusieurs de ces statues et tables incrustées au musée de Paris.

Nous rencontrâmes à Richelieu un M. Bernier, qui avait autrefois beaucoup connu mon ayeul de la Chèze, tandis qu'il habitait le château d'Oiron. Il nous fit beaucoup d'accueil et nous donna des lettres de recommandation pour M. Bachelier-Bernier, son beau-frère, orfèvre à Châtellerault.

Nous nous rendîmes dans cette dernière ville sur des voitures que la municipalité nous avait fournies, et nous fûmes descendre chez M. Bachelier, où nous fûmes reçus avec une grande cordialité. Mon frère, qui était fort sujet aux maux d'oreilles, fut atteint de ce mal avec tant de vivacité qu'il se trouva à Châtellerault hors d'état de continuer la route pour Poitiers. Nos hôtes eurent l'extrême bonté de le garder chez eux, de le soigner, de l'élever comme leur fils. Il y est resté quatre ans, et M. et Mme Bachelier auraient fini par l'adopter si, en 1798, on ne l'eût fait revenir à Mortagne. Il ne resta plus que moi avec mon ayeule et mes deux tantes.

Ne voyez-vous pas, mes chers enfants, dans tous les événements que je viens de vous rapporter et surtout dans les secours que mes frère, sœurs et moi, trouvions chez des parents et même chez des étrangers, qui compatissaient avec tant de bonté à nos misères, une preuve évidente de cette divine Providence, qui prend soin des petits oiseaux dans les champs et des orphelins sur la terre? N'y voyez-vous pas surtout une marque spéciale de la protection de la très sainte Vierge Marie, à laquelle nous avions été recommandés d'une manière si touchante par nos parents? N'est-il pas inouï qu'au milieu des dangers de toutes espèces qui nous ont entourés et menacés pendant plus de deux ans, et qui ont fait périr un si grand nombre de victimes de notre âge, quatre pauvres enfants abandonnés, dont l'aîné n'avait que douze ans et le plus jeune trois ou quatre, aient été miraculeusement conservés? Pour vous donner une idée seulement de ceux qu'a courus mon frère, je vous dirai qu'il a été tiré un jour presque à bout portant, à trois reprises différentes, en passant de la maison à notre jardin, dans la rue, par un misérable soldat, dont le fusil ne partit pas, l'amorce brûlant seule et le coup sans doute arrêté par la main invisible et puissante qui veillait sur ses jours. L'on a donc bien raison de dire : « Ce que Dieu garde est bien gardé. »

CHAPITRE XI

DEPUIS MON ARRIVÉE A POITIERS JUSQU'A MON DÉPART POUR ANGERS

Notre petite troupe, composée de mon ayeule de la Chèze, mes deux tantes, notre domestique et moi, partit sur un chariot pour se rendre à Poitiers. Nous n'arrivâmes que très tard dans cette dernière ville : il était plus de onze heures du soir, et, comme nous ne connaissions point la demeure de ma tante Chevallereau, nous courûmes les rues une partie de la nuit sans pouvoir la rencontrer.

Nous la trouvâmes enfin auprès du Puits de la Celle, rue de Gervivert. Notre tante se leva, ainsi que toutes les personnes de sa maison, et nous fûmes reçus avec une cordialité si touchante qu'elle nous fit oublier nos fatigues et nos peines.

La maison de ma tante se composait, outre la maîtresse âgée de soixante-dix ans, de sa fille, âgée de vingt-cinq ans, de notre grand-oncle Soullard, ancien chanoine titulaire de la collégiale de Saint-Hilaire, et d'une domestique affidée (?).

Je dois, mes enfants, vous faire connaître ces bons parents, qui m'ont donné tant de marques de leur affection, que je serais bien coupable si je n'en conservais pas une vive reconnaissance.

Ma tante, pleine de bonté et de générosité, tenait, quoique peu riche, un très bon état de maison bourgeoise. A l'époque dont je parle, les fortunes étaient très rares à Poitiers; cependant on y vivait honorablement, tous les habitants récoltant le blé, le vin, l'huile, et n'ayant d'autres dépenses à faire que celles du luxe, qui était alors sévèrement banni de la France. Chacun était logé chez soi et se trouvait heureux de sa médiocrité. Les seuls plaisirs que l'on se procurait étaient ceux de la société. On se voyait souvent entre personnes choisies, et les épanchements de l'amitié faisaient passer les heures avec plus d'agrément que les réceptions brillantes. Les toilettes, les repas d'apparat avaient été abandonnés; à peine était-on revenu de la stupeur où la Terreur avait jeté tout le monde.

Ma cousine Chevallereau, grande et belle personne, très aimable et très spirituelle, possédant un ton parfait, avait dans le regard et dans la physionomie un air de finesse remarquable, qui lui avait fait donner le surnom de *Souris*: nous l'appelions tous de ce nom qui souvent la faisait sourire de plaisir. C'est elle qui faisait les honneurs de la maison de sa mère, avec une grâce, un tact, une aisance admirables. Elle avait pris les manières de la bonne compagnie dans la société intime de la marquise de Saint-Georges et de Mlle Songis, nièce de la marquise, avec lesquelles elle était très liée. Le marquis était émigré, et sa femme et ses enfants, dont tous les biens étaient séquestrés et qui sortaient de prison, étaient alors dans une position si fâcheuse, qu'ils en étaient venus à vendre leurs derniers bijoux pour subsister.

Mon oncle le chanoine, qui sortait aussi de prison où il était resté plus de trois ans et où il aurait péri sans l'événement du 9 thermidor, était un digne et respectable ecclésiastique, plein de vertu, d'esprit et de piété. D'une société aimable, d'un commerce doux, il avait possédé pendant son canonicat une fortune considérable : il tenait alors une très bonne maison ; il y recevait beaucoup de monde, et c'est chez lui que mon père, ma mère et tous mes oncles et tantes avaient demeuré pendant le temps qu'ils étaient restés à Poitiers. Il avait conservé un très grand attachement pour mon père et ma mère ; il m'en parlait sans cesse, me disait qu'il les aimait comme ses enfants, et ses plus doux entretiens étaient de me rappeler leurs bonnes qualités, enfin de m'encourager à marcher sur leurs traces. Nous n'avions pas encore la certitude de la mort de ma mère ; nous conservions encore l'espoir de la revoir, et il me dit un jour, avec une effusion de cœur qui me toucha jusqu'aux larmes, que si nous pouvions la retrouver, il ne nous abandonnerait jamais et partagerait avec nous jusqu'à son dernier morceau de pain.

J'étais bien sensible à ces marques de bonté ; aussi je m'attachai à ce parent d'une manière bien touchante. Il profitait de son ascendant sur moi et de la confiance que je lui témoignais pour me donner de bons conseils sur la religion et la morale. Ayant appris que j'allais quelquefois au spectacle pour lequel je conservais un goût désordonné, il me fit à cet égard des représentations bien sages, en me disant que je m'exposais beaucoup en fréquentant des lieux où les passions étaient sans cesse excitées, et en m'annonçant que l'effet que les jeux scéniques produisaient sur moi serait de développer trop tôt pour mon bonheur des passions qui naîtraient dans mon cœur avec un grand empire. J'ai bien reconnu depuis la vérité et l'efficacité des prédictions de mon oncle ; mais j'étais jeune, ardent pour le plaisir de la musique, et rien n'aurait pu me détourner de ce délassement, qui enchantait toujours mes yeux et mon esprit.

Les personnes que nous voyions le plus fréquemment et qui composaient la société intime de ma cousine étaient, outre Mme de Saint-Georges et sa famille, M. et Mme Marquet, M. Guimard, avocat; M. de Cressac, médecin très distingué, qui mourut pendant notre séjour à Poitiers; M. Montois, ancien avocat, et M. Ribaud, notaire. C'étaient tous des personnes très recommandables, très polies, d'un très bon ton et d'une société agréable.

Nous faisions tous les soirs le piquet au cent, et mon oncle, qui aimait beaucoup ce jeu, prenait grand plaisir à me le faire jouer et à diriger ma partie. Ce bon parent, qui avait obtenu la maison de sa sœur pour prison et qui n'en pouvait sortir, savait bon gré aux personnes qui venaient le voir et faire leur partie. J'attribue au plaisir que j'avais de voir jouer ce jeu de piquet le goût très vif que j'ai conservé pour ce délassement, le seul que je pourrais me procurer à présent, mais dont je n'use pas souvent. Ainsi, mes chers enfants, quand vous me verrez jouer avec plaisir à ce jeu, rappelez-vous que le goût m'en a été inspiré bien jeune par d'anciens parents, qui ont eu pour moi bien des bontés et dont j'ai conservé un bien tendre souvenir...

APPENDICES

PIÈCES JUSTIFICATIVES

I

NOTES SUR LA FAMILLE BOUTILLIER (1)

« Nous descendons d'une famille assez ancienne et nom-
« breuse, qui a toujours joui d'une considération flatteuse pour
« sa probité et à cause de ses alliances honorables et des
« charges distinguées que beaucoup de ses membres ont
« occupées dans les magistratures de notre pays.

« Mon trisayeul, Maurice Boutillier, père de vingt-quatre
« enfants, habitait Roussay et possédait la confiance entière
« des seigneurs de Beaupréau, de Cholet, de Mortagne, et
« autres terres voisines. Il tenait ces terres à ferme, faisant

---

(1) Le nom de *Boutillier, Boutiller, Boutellier,* est très commun en Vendée, surtout aux environs de Montfaucon-sur-Moyne, département de Maine-et-Loire. Tous ceux qui le portent sont probablement issus de la même souche et parents plus ou moins éloignés de ceux qui nous sont connus. Il est probable que le nom de Boutillier fut primitivement celui de quelque gentilhomme verrier.

« Il existe une généalogie de la famille Boutillier. Elle remonte au père
« de Maurice, qui aurait eu trois enfants, dont deux filles. Elle a été écrite
« en 1771, par Joseph-Louis Boutillier, sieur de Belleville, avocat au Par-
« lement, sénéchal de la baronnie de Montfaucon, petit-fils de Maurice
« par Joseph Boutillier, sieur des Oullières, le vingt-quatrième enfant.
« L'original que j'ai vu appartenait à J.-B. Ragueneau, notre parent, doc-
« teur-médecin. Il y a ajouté quelques documents. Je l'ai copié et y ai fait
« quelques adjonctions. Elle indique la descendance de sept des vingt-
« quatre enfants de Maurice. Mon père ne la connaissait pas, et il a com-
« mis quelques erreurs, ce qui était facile pour une famille si nombreuse
« et où de nombreuses alliances avaient eu lieu entre parents proches. »
(*Note de M. Charles* BOUTILLIER DE SAINT-ANDRÉ.)

C'est grâce à cette généalogie, reprise et complétée par M. Charles Boutillier de Saint-André, que l'on a pu donner beaucoup de notices et indications concernant la famille Boutillier, au cours de ces *Mémoires*.

« passer tous les ans aux propriétaires le prix représentatif
« de leurs revenus. Ces seigneurs étaient riches, puissants,
« généreux; ils vivaient à la cour ou vivaient à Paris et se
« faisaient un plaisir de laisser à leur fermier général un
« bénéfice honnête. Mon trisayeul acquit une fortune qui le
« mit dans le cas d'élever comme il faut et d'établir avanta-
« geusement dix-sept de ses enfants qu'il avait eus de la même
« mère, qu'il plaça autour de lui et dont il prit soin de diriger
« la conduite.

« Ce nombre considérable d'enfants, auxquels Dieu donna
« sa sainte bénédiction, fut une des causes qui enrichirent notre
« famille, en intéressant à son sort les seigneurs dont Mau-
« rice avait la confiance. On raconte, à ce sujet, une histoire
« que la tradition a conservée dans notre pays.

« On dit que le marquis de Beaupréau, étant allé voir un
« jour son fermier général, fut si content de sa gestion qu'il
« lui accorda l'honneur d'aller dîner avec lui. Le bon Maurice
« fut aussi joyeux que flatté de l'honneur qu'il recevait de
« posséder son seigneur à sa table. Le marquis lui recom-
« manda de le recevoir sans dépenses et sans cérémonies.
« Quand l'heure du dîner fut sonnée avec celle de l'*Angelus*,
« car dans ce temps-là on mangeait à midi, Maurice pria le
« marquis de Beaupréau de passer au salon. Quelle fut la
« surprise du marquis quand il aperçut une table de trente
« couverts! Il gronda beaucoup mon ayeul et lui reprocha de
« n'avoir pas suivi ses intentions; « car, lui dit-il, je ne vou-
« lais dîner qu'avec vous, votre femme et vos enfants. » —
« Eh bien! monsieur le marquis, répliqua mon trisayeul, vous
« ne serez aujourd'hui qu'avec moi, ma femme et mes enfants. »
« Alors il tira le cordon d'une sonnette, et ses vingt-quatre
« enfants arrivèrent, depuis le plus âgé jusqu'au plus jeune.
« Maurice les présenta à M. de Beaupréau et leur dit : « Mes
« enfants, voici celui qui nous fait vivre, celui qui me donne
« les moyens de vous élever; c'est notre bienfaiteur, c'est
« notre père à tous : offrez-lui l'hommage de vos respects et
« de votre reconnaissance. »

« Le marquis fut touché de cette scène attendrissante; il ne
« quitta Maurice et ses enfants qu'après les avoir assurés de
« sa bienveillance et de son affection, et depuis il redoubla

« toujours de bontés et de désintéressement envers eux.

« J'ai dit que mon trisayeul établit dix-sept de ses enfants. Le
« second des vingt-quatre, Jacques Boutillier (1), fut sénéchal
« de Mortagne, en Bas-Poitou, et eut trois enfants : René,
« curé de Saint-Gervais (2), près Marans; Jacques-Grégoire
« Boutillier du Coin (3), et Marin Boutillier (4) de la Chèze (5).
« Il a toujours été d'usage dans notre famille de donner des
« noms de terres aux enfants pour les distinguer entre eux.

« Grégoire épousa, à vingt ans, Marie Soulard, âgée de
« treize ans et demi, et occupa, à Mortagne, les places de
« procureur, de notaire royal et de contrôleur des actes; on
« pouvait alors cumuler ces diverses fonctions. Il obtint les
« fermes de l'abbaye de la Haye (6) et du Temple (7). Pour
« donner une idée de ce qu'étaient alors les fortunes particu-
« lières, il me suffira de vous dire qu'il avait eu en se mariant
« 200 livres de rente et son épouse 300; ils passaient cependant
« l'un et l'autre pour riches. Il est vrai que dans ce temps
« toutes choses étaient peu chères. Une journée d'homme se
« payait 10 sols, une douzaine d'œufs six liards (8). Les prix
« ont bien changé depuis!

« Une conduite réglée, une économie sévère, un travail

---

(1) Il se nommait non pas *Jacques*, mais *François-René* BOUTILLIER *du*
COIN. Il fut contrôleur et receveur des francs-fiefs à Mortagne. Il épousa,
à Machecoul, le 20 octobre 1714, *Renée* LHOMÉDÉ *des* GRANGES, et mourut à
Mortagne, le 15 août 1724. Sa femme se remaria, le 2 mai 1727, avec *Nicolas* SOULARD.

(2) Saint-Gervais, aujourd'hui commune du canton de Challans (Vendée).

(3) Le Coin des Pierres-Blanches, commune de Saint-Martin-de-Beaupréau (Maine-et-Loire).

(4) *René-Marin* BOUTILLIER *de la* CHÈZE, avocat au Parlement, sénéchal
de la châtellenie de Bazoges-en-Pareds, fermier général de la terre et seigneurie de Mortagne, ancien sénéchal de la même seigneurie, décédé à
Nantes, le 6 messidor an II (24 juin 1794); marié aux Herbiers, le 19 mai
1749, avec sa cousine *Renée-Simonne* BOURASSEAU *de la* PIGNOLLERIE, fille de
BOURASSEAU et de *Madeleine* BOUTILLIER. Il eut onze enfants, d'après les
Mémoires; je n'en ai retrouvé que huit : il est probable que, s'il en
eut davantage, les autres sont morts au berceau.

(5) La Chèze ou la Chaise, commune de Roussay (Maine-et-Loire).

(6) La Haye, abbaye de l'Ordre des Bénédictins, située en la paroisse de
Saint-Christophe-du-Bois (Maine-et-Loire).

(7) Le Temple, situé près de Mortagne, sur la route de Nantes, aujour-
d'hui de la commune de Saint-Christophe-des-Bois.

(8) Le liard était une petite monnaie de cuivre valant trois deniers, le
quart d'un sou.

« assidu, augmentèrent bientôt leur fortune. Mais aussi les
« enfants venaient en grand nombre; ils restèrent sept que
« j'ai tous connus. On les nommait Boutillier du Coin; Saint-
« André (1); Marie; Pélagie; du Retail (2); du Coteau (3);
« des Hommelles (4). Je descends du second, qui eut pour
« parrain Marin Boutillier de la Chèze, son oncle paternel,
« qui lui donna son nom, et c'est ainsi que, dans notre bran-
« che, le nom de *Marin* a été depuis affecté aux aînés. Mes
« ayeux avaient trouvé le moyen, par leurs travaux et leurs
« économies, de laisser à leurs enfants plus de 3,000 livres de
« rente chacun.

« Marin Boutillier de la Chèze fut sénéchal de Bazoges-en-
« Pareds (5) et avocat au Parlement. Il obtint la confiance de
« M. le duc de Villeroi et régit les terres d'Oiron, près
« Thouars, et de Mortagne. M. de Villeroi vendit l'une et
« l'autre. La dernière fut acquise par M. de la Tremblaye,
« qui continua de donner à Marin les témoignages les plus
« honorables de sa confiance.

« Boutillier de la Chèze eut onze enfants dont j'ai connu
« huit : René, prêtre, Marie, Marin, Magdeleine, Victoire,
« Renée, Rosalie et la Coussaye. Mon père épousa, en 1781,
« Marie, sa cousine germaine, et je suis venu de ce mariage,
« contracté sous d'heureux auspices, mais que les malheurs
« des temps ont accablé de peines et de revers.

« Mon grand-père maternel possédait le plus heureux carac-
« tère. Bon, franc, sensible à l'excès, obligeant, loyal ami,
« père tendre, époux fidèle, il eut toutes les vertus qu'il rele-
« vait par la gaieté la plus aimable. Il avait épousé sa cousine
« germaine, venue de la troisième branche des vingt-quatre,
« Renée Bourasseau, et ils sont morts tous les deux auprès
« de moi. Ma grand'mère maternelle fut une excellente mère

(1) Saint-André-Goule-d'Oie (Vendée), ou Saint-André-de-la-Marche (Maine-et-Loire).
(2) Le Retail, commune de Saint-Michel-Montmalchus (Vendée) (Charles de Saint-André). On trouve fréquemment ce nom de terre en maintes communes.
(3) Le Coteau, commune de Saint-Laurent-sur-Sèvre (Charles de Saint-André). On trouve ce nom de terre en plusieurs communes, notamment à la Verrie (Vendée).
(4) Les Hommelles, en Saint-Macaire (Maine-et-Loire).
(5) Bazoges-en-Pareds (Vendée).

« de famille : économe, pleine d'ordre et de largesse, elle
« éleva ses enfants avec beaucoup de soins; mais son carac-
« tère sévère contrastait avec l'indulgence de son mari.

« Mon ayeule maternelle avait deux frères dont je crois
« devoir vous parler d'une manière plus particulière, à cause
« de leur mérite et de la réputation honorable qu'ils ont lais-
« sée : MM. Bourasseau de la Renollière, sénéchal de Cholet,
« et Bourasseau de la Roussière, sénéchal des Herbiers (1).
« Tous deux furent d'excellents jurisconsultes et de respec-
« tables magistrats. »

Voici, d'après les notes de M. Charles Boutillier de Saint-André, un extrait de la généalogie des Boutillier, que le lecteur consultera utilement pour l'intelligence de ces *Mémoires*.

Le plus ancien Boutillier connu, dont on peut suivre la descendance est

I. — Michel Boutillier

propriétaire d'une maison sise à Beaupréau, dans la rue qui descendait de la porte Angevine à la porte Guinefole; il l'habitait en 1574. Il eut trois enfants : *Julien, Maurice* et *Guillaume*.

II. — Maurice Boutillier

sieur du Coin (des Pierres-Blanches), sis en Saint-Martin-de-Beaupréau. Il épousa, en 1598, *Renée* Le Breton. Fermier général de la terre de Beaupréau, il vivait encore en 1616.

---

(1) 1° *Jacques-Louis* Bourasseau, sieur *de la* Renollière, en la Séguinière, avocat au parlement de Paris, sénéchal de Cholet et de Mortagne, marié à Maulévrier le 15 février 1746, avec *Catherine* Poupard, mort en août 1781; sa femme mourut à Cholet le 16 janvier 1789. Ils eurent deux enfants : *Anne-Louise*, née le 24 décembre 1746, religieuse cordelière de Cholet; et *Jacques-Joseph-Marie* Bourasseau *de la* Renollière, membre du Conseil supérieur des Vendéens, l'un des esprits les plus remarquables de l'insurrection.

2° *Louis* Bourasseau *de la* Roussière, avocat à la Cour, sénéchal des Herbiers, mort sans enfants.

Un document indique, en 1629, que *Renée* Le Breton est veuve. Il est qualifié de maître apothicaire, demeurant à Beaupréau. Les deux frères étaient aussi médecins, Julien à Gesté, Guillaume à Beaupréau. Maurice eut quatre enfants : trois filles, *Jeanne, Hélène* et *Louise,* et un fils

III. — Jacques Boutillier du Coin

qui épousa *Catherine* Levrault, de Neuvy. Un acte de l'état civil de la Renaudière le signale, en 1690, comme habitant Roussay. Il eut six enfants : deux fils, *Jean,* curé de Saint-Séverin, en Poitou, et *Maurice;* et quatre filles : *Renée, Catherine, Anne-Marguerite* et *Marguerite.* Son fils

IV. — Maurice Boutillier du Coin

né au May, en 1633, inhumé en la chapelle du cimetière de Roussay, le 17 septembre 1701, à l'âge de soixante-huit ans. Il exerçait la profession de chirurgien. Il avait dû épouser, à la Séguinière, vers 1661, *Élisabeth* Foyneau, fille de *Mathurin* Foyneau, procureur fiscal de la Séguinière, et de *Anne* Bonnomeau. Il a surtout habité Roussay. Il eut vingt-cinq enfants et non vingt-quatre. L'aîné de ces vingt-cinq enfants

V. — François-René Boutillier du Coin

fut contrôleur et receveur des francs-fiefs à Mortagne. Il épousa à Machecoul, le 20 décembre 1714, *Renée* Lhomédé des Granges et mourut à Mortagne-sur-Sèvre le 15 août 1724. Sa femme se remaria, le 2 mai 1727, avec *Nicolas* Soulard. François-René eut trois enfants : *Jacques-Grégoire, François-René,* prêtre, mort en 1752, curé de Saint-Gervais, et *René-Martin* Boutillier de la Chèze. L'aîné

VI. — Jacques-Grégoire Boutillier du Coin

fut notaire et procureur fiscal à Mortagne, sénéchal de la Séguinière et marquisat de Beauveau, receveur des domaines du Roi, fermier général de l'abbaye de la Haye. Il naquit en 1717 et mourut à Mortagne le 11 décembre 1789. Il avait épousé, à Mortagne, le 30 mai 1740, *Marie* Soulard de la Roche, née à Mortagne en 1726, décédée à Nantes, le 22 messidor an II (10 juillet 1794), fille de *Guy* Soulard de la Roche, sénéchal de la châtellenie de Chambretaud, notaire et procureur de la cour de Mortagne, et de *Marie* Guérin. Il en eut sept enfants, qui ont tous joué un rôle dans ces *Mémoires*.

1° *François-Marie* Boutillier du Coin, né à Mortagne le 5 juillet 1742, décédé dans cette ville le 4 juillet 1789; contrôleur, notaire royal, procureur fiscal à Mortagne, marié à sa cousine *Louise-Perrine* Boutillier de la Surballière. Il eut plusieurs enfants qui furent tués pendant la guerre de Vendée, à l'exception d'une fille.

2° *Marie-Françoise*, née le 4 mars 1745, mariée à Mortagne, le 28 janvier 1771, à *René* Merland, conseiller du Roi, président du grenier à sel de Châtillon, exécuté à Poitiers en 1794. Ils eurent un fils et une fille morts en 1793 ou 1794; leur dernier enfant est mort à la Verrie en 1824.

3° *Marin-Jacques* Boutillier de Saint-André, avocat au Parlement, sénéchal de Mortagne, maire de cette ville en 1790, président du tribunal du district de Cholet, etc., né à Mortagne le 1er septembre 1746, exécuté à Nantes le 11 avril 1794; marié à Mortagne, le 17 juillet 1780, à sa cousine germaine, *Marie-Renée* Boutillier de la Chèze, née le 28 août 1752, décédée au château d'Angers, sinon guillotinée, le 12 mars 1794.

4° *Charles-Candide* Boutillier du Retail, né le 16 février 1748, conseiller du Roi, commissaire aux saisies réelles à Poitiers, officier vendéen, fusillé près Blois, en 1794; marié le 19 septembre 1774, à Poitiers, avec *Marie-Louise* Du Pont, exécutée à Poitiers, le 3 janvier 1794. (Voir plus loin, Pièces justificatives, p. 334.)

5° *Louis-Charles* Boutillier du Coteau, né le 20 janvier 1752, mort à Saint-Hilaire-de-Mortagne, en 1825, garde de la porte de Monsieur frère du Roi, marié : 1° à *Augustine* Chauvière de la Pagerie, laquelle mourut en couche d'un enfant qui n'a pas vécu, le 30 juillet 1788; 2° à sa cousine et belle-sœur *Marie-Victoire* Boutillier de la Chèze, dite de la Coussaye, décédée à Burguet, près Mortagne, en 1825.

6° *Jacques-François* Boutillier des Hommelles, né à Mortagne le 12 avril 1754, conseiller du Roi à l'élection de Châtillon, membre du Conseil supérieur de la Vendée, mort le 26 août 1800, marié, en août 1796, avec sa cousine et belle-sœur *Renée-Marie* BOUTILLIER DE LA CHÈZE, dite DES BARROIRES, morte au château de la VACHONNIÈRE, commune de la Verrie, le 21 septembre 1722.

Le troisième enfant de Jacques-Grégoire

VII. — MARIN-JACQUES BOUTILLIER DE SAINT-ANDRÉ

eut quatre enfants :

1° *Marin-Jacques-Narcisse* BOUTILLIER DE SAINT-ANDRÉ, baptisé à Mortagne le 23 avril 1784, notaire à Cholet, décédé dans cette ville le 17 septembre 1836, marié à Cholet, le 16 janvier 1809, à *Sophie-Jeanne* MESNARD DUPIN, née à Cholet le 5 octobre 1784 et morte le 17 septembre 1860. Marin est l'auteur de ces *Mémoires*.

2° *Maurice-Casimir* BOUTILLIER DE SAINT-ANDRÉ, baptisé à Mortagne le 30 septembre 1844, receveur du droit de navigation aux Ponts-de-Cé, décédé dans cette ville en 1850 ; marié à Chemillé à Mlle GOGUET, décédée elle-même à Brissac, le 28 novembre 1856.

3° *Marie-Louise-Augustine*, baptisée à Mortagne le 8 mars 1786, mariée le 23 avril 1813, à Cholet, avec *Louis* DESMÉ DE L'ISLE, conseiller de préfecture, décédé près Saumur, le 23 avril 1833. Elle est décédée à Cholet le 23 avril 1784. Ils eurent un fils, *Ludovic-Louis* DESMÉ DE L'ISLE, né à Cholet, le 1ᵉʳ mars 1814, avocat, marié à Angers à Mlle O'DIETTE, dont un fils, *Rene-Joseph-Alexandre*, mort le 15 avril 1872, à Paris, et *Marie*, mariée le 29 novembre 1871, à M. *Camille* LETOURNEUR DE LA BORDE.

4° *Marie-Pélagie-Camille*, baptisée à Mortagne, le 22 août 1788, mariée à Nantes, le 15 juin 1808, à *Alexandre* LORETTE DE LA REFOULAYS, fondateur de l'hôpital de Mortagne, décédé le 15 août 1862 ; morte elle-même le 29 août 1810.

VIII. — MARIN-JACQUES-NARCISSE BOUTILLIER DE SAINT-ANDRÉ

eut quatre enfants :

1° *Marin-Charles*, prêtre, né à Cholet, le 30 septembre 1809, auteur lui-même de *Mémoires* fort curieux, décédé à Cholet, le 13 mars 1869.

2° *Adolphe-René,* né le 21 mai 1811, notaire, puis banquier à Cholet, membre du conseil général de Maine-et-Loire, marié à la Gaubretière, le 11 septembre 1837, avec *Alexandrine* Le Breton, mort à Cholet, le 16 juin 1868.

3° *Charles-Auguste,* né le 5 décembre 1814, docteur-médecin, marié à Cholet, le 24 mai 1846; à Mlle *Claire-Ursule* Leroy, née à Paris, le 18 mai 1828.

IX. — Adolphe-René Boutillier de Saint-André

eut trois enfants :

1° *Gabrielle-Aglaé,* née à Cholet, le 8 janvier 1839, mariée dans cette ville à M. *Auguste* Leroux, le 23 avril 1861.

2° *Louis-Adolphe,* né à Cholet le 4 avril 1840, marié à Mortagne, avec Mlle *Elmire* Boutillier de Saint-André, sa cousine, le 15 juillet 1873; mort le 2 février 1891. C'est à sa veuve que revient surtout l'initiative de la publication tant désirée de ces *Mémoires*.

3° *Louise-Alix,* née à Cholet, le 6 juillet 1841, mariée dans cette ville, le 23 avril 1861, à *Marie-Stanislas* Leroux, décédé à Nantes, le 17 février 1868.

II

JUGEMENT DE MARIN-JACQUES BOUTILLIER DE SAINT-ANDRÉ

21 germinal an II (10 avril 1794).

Jacques Boutillier, dit Saint-André, condamné à la peine de mort.

Au nom du peuple français,

Le vingt-et-un germinal de l'an deux de la République française, une et indivisible,

Les juges formant le tribunal révolutionnaire du département de la Loire-Inférieure, séant à Nantes, après avoir entendu Lecoq, accusateur public, dans son accusation contre Jacques Boutillier, dit Saint-André, ci-devant sénéchal de la baronnie de Mortagne et maire audit lieu, aussi ci-devant président du tribunal du district de Cholet, âgé de quarante-huit ans, natif et domicilié de Mortagne, marié, ayant quatre enfants, présent. Lecture faite, en présence des témoins ci-après, de la loi du cinq pluviôse relative aux faux témoins;

Les témoins assermentés, dans leurs dépositions orales, reçues en présence de l'accusé, ce dernier dans ses interrogatoires et Lecoq, accusateur public, dans ses conclusions, chaque juge ayant donné son avis séparément et à haute voix, le président a prononcé le jugement suivant :

Le tribunal, considérant qu'il est appris par les dépositions des témoins, *aveux et reconnaissance de l'accusé* (1), que ce dernier a toujours été l'ennemi déclaré de la Constitution; qu'il a fait volontairement partie des révoltes et émeutes contre-révolutionnaires qui ont éclaté dans les villes de Cholet, Mortagne et dans toute la Vendée; qu'il a été membre du comité de brigands établis à Mortagne; l'a déclaré et convaincu des dits faits et, le regardant comme chef et instigateur, le condamne à la peine de mort, conformément aux lois du 19 mars, 10 mai et 5 juillet 1793, et d'après l'article 7 de ladite loi du 19 mars, a déclaré ses biens confisqués au profit de la République, ordonne pour la conservation desdits biens qu'une expédition du présent jugement sera adressée au département, lequel jugement sera exécuté de jour et dans les vingt-quatre heures, imprimé et affiché partout où besoin sera.

Fait en l'audience publique où présidait Lepeley et assistaient Le Normand, Leroux et Pellerin, juges du tribunal qui ont signé la minute du présent. Lecoq, accusateur public.

(1) Jamais l'accusé n'a avoué ni reconnu les faits qui lui sont reprochés; mais les juges n'y regardaient pas de si près.

III

MORT DE MADAME BOUTILLIER DE SAINT-ANDRÉ

« Notre grand'mère est décédée à Angers, dans la maison
« du *Calvaire,* le 13 frimaire an XII, suivant déclaration faite
« par témoins le 3 février 1808. L'état civil d'Angers, en
« l'an II, était si mal tenu, il périssait tant de monde par
« maladie, jugements ou massacres, que ce décès, comme
« beaucoup d'autres, n'a pas été inscrit sur les registres. Notre
« grand'mère est décédée au *Calvaire;* mais je suis porté à
« croire que cette date est approximative. »

(Extrait des notes de M. Charles BOUTILLIER DE SAINT-ANDRÉ.)

Voici l'acte auquel l'auteur de cette note fait allusion :
La date de la mort de Mme Boutillier de Saint-André a été longtemps ignorée. En 1808, ses enfants ayant eu besoin d'un acte notarié certifiant la mort de leur mère, firent des recherches qui aboutirent à la constatation suivante :

« Des registres des actes de l'état civil des décès du 3ᵉ arrondissement de la ville d'Angers, département de Maine-et-Loire, a été extrait ce qui suit :

« L'an mil huit cent huit, le 3ᵉ de février. . . . . . .
Par devant nous, maire et officier public de l'état civil de la ville et commune d'Angers. . . . .
est comparu Maurice-Casimir Boutillier de Saint-André, commis à cheval dans les droits réunis, demeurant commune de Noyant, arrondissement de Baugé. . . . .
. . . . lequel nous a représenté un jugement rendu par le tribunal de première instance de cette ville, le 18 février dernier, signé sur l'expédition : *Briochet,* greffier, et duement en forme, lequel est resté joint à ces présentes, qui constate que Renée Boutillier de la Chèze, sa mère, épouse de Jacques Boutillier de Saint-André, est décédée en la maison du Calvaire de cette ville, le 13 (frimaire) an II

(3 décembre 1793) et que son décès n'a pas été enregistré à cette époque sur les registres de l'état civil de cette ville, et qui ordonne l'inscription dudit jugement pour servir et constater le décès de la dite Renée Boutillier de la Chèze et que mention en sera faite en marge du registre de l'an II, à la date du 13 (frimaire), ce qui a été fait par nous. . . . .

« *Signé* : BOUTILLIER DE SAINT-ANDRÉ et PAPIAU, adjoint. »

(Extrait des notes de M. Charles BOUTILLIER DE SAINT-ANDRÉ.)

Pourtant cette date était fausse, comme le prouve la lettre et l'acte suivants :

Lettre de M. Ludovic Desmé de Lisle, notre cousin, du 12 avril 1881.

« J'ai trouvé à la mairie d'Angers l'acte de décès de notre pauvre grand'mère Boutillier de Saint-André. Le répertoire n'était sans doute pas fait en 1808, époque à laquelle ton père, ou l'oncle Casimir, voulant se marier, furent obligés d'avoir un acte de notoriété constatant que leur mère était morte dans les prisons d'Angers. On croyait qu'elle avait été enfermée au Calvaire. Comme tu le vois par la copie de l'acte que je t'envoie, c'est au Château qu'elle était en prison.

« C'est douze jours après son décès que le gardien vient en faire la déclaration. Ce jour-là, il déclare le décès de cinq à six de ses prisonniers. Il les déclarait ainsi par fournées. Et je crois bien que ces pauvres malheureux ne sont point morts sur la paille de leur cachot, mais qu'ils ont été guillotinés. La même formule est employée pour tous les prisonniers qui, certainement, ne sont pas tous morts en prison.

« La pauvre grand'mère a donc dû subir le même sort que son mari.

« Quand l'a-t-on arrêtée à Mortagne? Je l'ai lu dans les *Mémoires* si intéressants de ton père; mais je ne me rappelle plus la date; si tu peux me la dire, je t'en serai reconnaissant; je saurais ainsi combien de temps la pauvre femme est restée en prison, loin de son mari et de ses enfants. Ton père avait pu la voir à Cholet avant son départ pour Angers.

« Quels tristes temps ! Et nous pouvons craindre d'en avoir de pareils en perspective !

« J'ai pensé que cet acte de décès compléterait les souvenirs que tu as sur la famille et que cela t'intéresserait. »

Copie de l'extrait des registres de l'état civil de la ville d'Angers, par M. Ludovic Desmé de Lisle, mon cousin.

« Aujourd'hui, quatre germinal (1) l'an deux de la République française une et indivisible, avant midi.

« Par devant moi, Mathurin Fresneau, membre du conseil général de la commune d'Angers, département de Maine-et-Loire, élu le vingt-sept ventôse dernier officier public pour constater l'état civil des citoyens, est comparu en la maison commune Jacques Brien, concierge à la maison de détention, à la citadelle de cette commune, âgé de vingt-huit ans, y demeurant, paroisse Saint-Maurice, lequel m'a déclaré que la femme Saint-André, native de Mortagne, âgée de quarante-sept ans environ, est décédée le vingt-deux ventôse dernier (2), en la dite citadelle ; de laquelle déclaration et sans autres renseignements, j'ai rédigé le présent acte que le dit Brien a signé avec moi.

« Fait en la maison commune d'Angers les jour et an que dessus. Brien, gardien, Fresneau. »

Délivré pour copie conforme, à l'Hôtel de ville d'Angers, le cinq avril mil huit cent quatre-vingt-un.

Pour le maire,
Montprofit, adjoint.

(1) 24 mars 1794.
(2) 12 mars 1794.

IV

ACTE DE NOTORIÉTÉ DE LA MORT DE CHARLES-CANDIDE BOUTILLIER DU RETAIL

« Le dernier jour complémentaire de l'an IV de la République (21 septembre 1796).

« Par devant nous, Charles-François Duquesne, notaire public demeurant commune de Martigné-Briand, département de Maine-et-Loire, soussigné.

« Furent présents : René Legeay, cultivateur, demeurant commune de Martigné-Briand, Michel Bordereau et Louise Gamichon, demeurant au même lieu, aussi cultivateur, Françoise Groyez, femme de Jacques Gasnault, demeurant à Cornu, même commune, Barthélemy Jamineau, tonnelier, demeurant à Saint-Aubin.

« Lesquels nous ont attesté que le 18 frimaire l'an II (8 décembre 1793) de la République, étant détenus à Saumur avec quantité d'autres comme suspects, du nombre desquels était Charles-Candide Boutillier du Retail, résidant au canton de la Flocellière, commune de Saint-Michel-Montmalcus, ils furent sortis des dites prisons et transférés à Chinon et de là à Bourges et à Orléans; que ceux qui, comme malades, étaient hors d'état de marcher, furent massacrés dans l'intérieur de la maison d'arrêt du dit Saumur, du nombre desquels malades et massacrés fut le dit Boutillier.

« Ce qu'ils affirment sincère et véritable, dont nous leur avons donné acte de leur dire et réquisition.

« Fait et passé....... présents : Charles Boussinot, sellier, Mathurin Hacault, vigneron, témoins...........

« *Signé*.......

« Enregistré à Brissac, le 1ᵉʳ vendémiaire an IV, folio 115 verso, case 5...

« *Signé* : Lieutaud. »

Autre déclaration de 1796, qui se trouve dans les minutes de l'étude de Mᵉ Hanoteau, notaire à Cholet.

« Marie Aubin, supérieure des dames religieuses Cordel-
« lières de Cholet, et Marguerite Hérault, déclarent qu'en 1793,
« elles étaient prisonnières à Saumur; que, en même temps
« qu'elles, était aussi prisonnier Charles-Candide Boutillier
« du Retail, ci-devant juge de paix du canton de Mortagne,
« demeurant à Nouzillac, près de Saint-Michel-Montmalcus,
« lequel, quoique malade, fut dirigé sur Bourges avec un con-
« voi de prisonniers, mais qu'en route, près Blois, il fut
« fusillé par les conducteurs.
« Déclaration du 21 thermidor an IV. »

(Extrait des notes de M. Charles BOUTILLIER DE SAINT-ANDRÉ.)

V

EXTRAIT DES REGISTRES DU GREFFE DU TRIBUNAL CRIMINEL
DU DÉPARTEMENT DE LA VIENNE

« Au nom de la République française, une et indivisible,
2 janvier 1794. — Du treizième jour de nivôse an second de
la République et le premier de la mort du tyran.

« Le tribunal criminel du département de la Vienne, vu
une lettre des citoyens composant le comité de surveillance à
Fontenay-le-Peuple aux administrateurs du département de la
Vienne, en date du trentième jour du 1er mois de l'an IIe
(21 octobre 1793) de la République une et indivisible et le
premier de la mort du tyran, par laquelle ils déclarent que la
femme du Retail est aussi coupable de brigandage que l'abbé
Verdon, précepteur de ses enfants;

« Vu la déclaration de plusieurs témoins qui tous affirment
que la dite du Retail a pris une part très active dans la révolte
de la Vendée, en conseillant aux brigands de faire désarmer
les patriotes et en faisant retenir un prisonnier et le gardant
à vue, en se réjouissant de la captivité des patriotes, en leur
promettant ironiquement de les faire sortir un sous trois
jours et l'autre à peu près dans le même temps, ce qu'elle n'a
pas fait;

« Vu l'interrogatoire de la femme du Retail, pris le vingtième du présent mois, par devant les membres du comité de surveillance révolutionnaire établi à Poitiers, signé de ladite Retail et du secrétaire dudit comité;

« Attendu qu'il est constaté par les pièces ci-dessus dénommées que ladite du Retail a pris part aux émeutes contre-révolutionnaires et aux révoltes de la Vendée, qu'elle a été instigatrice et chef des révoltés, autant qu'il était en elle, en exerçant des actes d'autorité;

« Le tribunal, après avoir entendu l'accusateur public dans ses conclusions,

« Ordonne que Marie-Louise Dupont, femme de Charles-Candide Boutillier du Retail, juge de paix au canton de la Flocellière, district de la Châtaigneraie, département de la Vendée, native de Poitiers, sera dans les vingt-quatre heures remise entre les mains de l'exécuteur des jugements criminels et mise à mort conformément à la loi du 19 mars 1793;

« Ordonne que le présent jugement sera exécuté à la diligence de l'exécuteur public, imprimé au nombre de 150 exemplaires, envoyés dans les chefs-lieux de district et de canton pour y être publié et affiché;

« Ordonne pareillement que les biens de la dite du Retail seront et demeureront acquis et confisqués au profit de la République;

« Fait et prononcé en la salle des audiences publiques du tribunal criminel du département de la Vienne, par nous Pierre-Jean Planier, président, en présence des citoyens Jean-Hilaire Papillault, juge au tribunal du district de Châtellerault, Étienne-Hilaire Morton, juge au tribunal du district de Poitiers, Pierre-Alexis-Auguste Durand, juge au tribunal du district de Loudun, tous juges en ce tribunal, pendant le présent trimestre de nivôse, et encore en présence du citoyen Motet, accusateur public, qui tous ont signé la minute du présent jugement. — A Poitiers, le 13ᵉ jour de nivôse, 2ᵉ année de la République... »

(*Suivent les signatures.*)

(Extrait des notes de M. Charles Boutillier de Saint-André.)

VI

ARRÊTÉ DES REPRÉSENTANTS CONCERNANT L'ÉVACUATION
DE CHOLET

Armée de l'Ouest   *Liberté*   *Égalité.*

19 février 1794.

AU NOM DE LA RÉPUBLIQUE FRANÇAISE,

À Nantes, le premier ventôse de l'an deux de la République française, une, indivisible et impérissable. — Les représentants du peuple français, près l'armée de l'Ouest.

Sur les observations à eux faites par le général en chef de l'armée de l'Ouest : que le décret qui ordonne que les repaires des brigands de la Vendée seront brûlés, excepte la ville de Cholet de la juste et salutaire rigueur de cette mesure;

Que cependant l'existence de ce poste est on ne peut pas plus contraire aux intérêts de la République : 1° En ce qu'il emploie inutilement à sa garde quatre à cinq mille hommes qui n'y sont pas même en sûreté; ce qui est tellement reconnu, que les rebelles ne s'y sont jamais fixés, quand ils se sont vus attaqués. — 2° En ce qu'il n'offre aucun moyen de défense pour ceux qui l'occupent, à qui on peut même couper la retraite, comme il est arrivé tout récemment, quand un nombre de rebelles bien inférieur à celui des soldats de la République, a mis ces derniers en déroute;

Qu'il sera toujours pour les rebelles un objet de convoitise, ne fût-ce que pour le piller et enlever les subsistances, les diverses munitions et se ravitailler; ne fût-ce aussi que pour accréditer l'opinion de leur existence, ce qui encourage les traîtres et sert de ralliement à tous les contre-révolutionnaires; que les rebelles le surprendront et l'attaqueront toujours avec succès du côté des bois qui l'environnent sur une partie, tant à cause du site que de l'inquiétude et même de la terreur qui se répand dans l'armée chargée de sa défense, qui ne se connaît point de retraite assurée;

Que Mortagne, au contraire, qui avoisine cette ville, présente toutes les facilités et la défense la plus aisée et la plus sûre au point qu'il y faudrait moins de deux mille hommes pour y soutenir toutes les attaques possibles des rebelles, que rien n'empêcherait que les habitants patriotes de Cholet transportassent leurs habitations à Mortagne, où ils seraient plus en sûreté, où ils trouveraient de la place très abondamment par la fuite ou la destruction des traîtres qui l'habitaient;

Considérant qu'il est de la plus haute importance de *faire rapporter le décret qui a excepté cette ville de la destruction,* quoiqu'il soit le lieu le plus convoité des rebelles;

Que si on le garde, il n'est plus tenable, et que, si on l'abandonne, il sera occupé par les rebelles qui le pilleraient (et se ivreraient) aux excès les plus cruels sur les patriotes qui peuvent s'y trouver;

Arrêtent que le Comité de Salut public sera invité à faire rapporter le décret qui excepte la ville de Cholet de la destruction et qu'ils envoient (*sic*) l'expédition du décret par un courrier extraordinaire.

Signé : GARREAU, HENTZ, FRANCASTEL.

(Dépôt de la Guerre : *Archives historiques,* armée de l'Ouest, section 5, carton 6.)

(Communiqué par M. BAGUENIER DÉSORMEAUX.)

VII

1

L'AFFAIRE DE MORTAGNE. — MORTAGNE. — ÉTAT DE LA SITUATION

24 février 1794.

CITOYEN GÉNÉRAL,

Vu les représentations faites par les commandants de la garnison de Mortagne;

Le corps d'officiers, composant ladite garnison, assemblés, après avoir mûrement réfléchi et pris en considération l'exposé qui leur a été fait de la position dangereuse dans laquelle ils se trouvent, avec aussi peu de troupes, pour garder un endroit cerné de tous côtés par un rassemblement des brigands qui ne font que s'accroître et augmenter de jour en jour ;

Exposent aux généraux et à qui la connaissance en appartient, qu'ils ne peuvent exister dans une situation pareille à la leur : non seulement par le peu de troupes, mais encore manquant de munitions, si peu qu'il y a de volontaires, la plupart nu-pieds, sans vêtements, et la majeure partie malade de fatigue par le grand service qu'il y a pour garder cette place de la férocité de cette horde d'esclaves, qui peuvent malgré tous ces soins y entrer facilement et égorger les braves défenseurs qui ne pourraient résister à la force qui leur serait opposée.

La force de cette garnison consiste, tout compris, en six cent soixante-cinq hommes, dont deux cents non armés, en y comprenant quatorze hommes de cavalerie pour les ordonnances et les postes et le bivouac.

Mais, malgré ce peu de troupe, cela n'a pas empêché de faire différentes sorties, dont nous n'avions point été victimes, sinon avant-hier, cinquante hommes ont été à la Verrie, proche la Gobretière (*sic*), endroits où se rassemblait (*sic*) les brigands ; différentes fois on a réussi ; mais qu'ont fait ces scélérats ? Ils se doutaient qu'on marcherait encore sur eux, ils se sont embusqués dans les genets et ont fait plusieurs décharges sur le détachement. Le détachement a fait résistance et ce n'est qu'après qu'ils ont manqué de munitions, que les brigands à grand nombre armés de fourches, de piques et les autres de fusils, qu'ils ont foncé comme des déterminés et nous ont égorgé malheureusement un officier, trois volontaires et un tambour, un autre officier poursuivi et pris par sa redingote, leur a lâchée (*sic*) en escaladant une haie ; sans cela il aurait été victime de leur rage.

Vu toutes ces circonstances, l'armée passant à un quart de lieue de la Verrie, une lieue de la Gobretrière, où est le poste des brigands, nous avons exposé au général de l'armée Du Quesnoy, qu'il serait on ne peut plus urgent de tomber sur eux; il nous a répondu *qu'il ne le pouvait, vu les ordres du général en chef et qu'il suivait sa route;* que cependant nous étions exposés avec aussi peu de forces à être égorgés dans deux fois vingt-quatre heures, par l'armée de Charette qui venait d'égorger un poste de cinq cents hommes.

A cela, nous lui avons fait la demande de marcher en avant-garde pour les attaquer et que, s'il voulait nous seconder, nous marcherions aux endroits où nous avons vu différentes fois leurs avant-postes, qui est entre la Gobretière et la Verrie.

Pourquoi, d'après les expositions ci-dessus faites, nous espérons que vous voudrez bien prendre en considération des motifs aussi justes, qui n'ont pour but que l'intérêt de la République.

Et nous sommes, en attendant avec impatience, de la force, des munitions, des chaussures pour les volontaires et les ordres que votre prudence vous dictera, afin de nous mettre à portée de pourvoir aux moyens de détruire des ennemis qui ne cessent de nous environner.

Fait et arrêté en conseil, à Mortagne, le trois ventôse l'an deuxième de la République française et le deuxième de la mort du tyran.

Vos affectionnés frères d'armes,

Signé : Drouillet, capitaine,   Boudouard, capitaine,
Moulin, capitaine,   Lemoine, commandant,
Paris, capitaine,   Le Rebours, lieutenant,
Coignard, adjudant-major,   Barbey, sous-lieutenant,
Dieusy, capitaine,   Cottin, sous-lieutenant,
Deschamps, capitaine,   Reulmier, sous-lieutenant,
Bernard, capitaine,   Gobey, sous-lieutenant,
Lefort, commandant de
la place,   Gugeur, sous-lieutenant,
Criquet, quartier-maître,   Foynois (?), capitaine, etc.

(Dépôt de la Guerre : *Archives historiques,* armée de l'Ouest, section 5, carton 6.)

2

MORTAGNE. — SIÈGE ET ÉVACUATION DE LA PLACE

27 mars 1794.

Extrait d'un rapport de la commune de Mortagne, joint à la lettre de Naudon, lieutenant au 77e de Nantes; du 9 germinal an II.

Après les affaires d'Angers et du Mans, cinq à six mille brigands avaient repassé la Loire. Sur une proclamation du citoyen Cambon, pour lors commandant de Cholet, une grande partie des révoltés était rentré dans ses foyers et avait même rendu les armes; il est de notoriété publique dans le pays que, si tout ce qui restait d'hommes dans les campagnes a repris les armes et se bat avec le courage du désespoir, c'est parce que l'armée du Nord et la division aux ordres du citoyen Huchet, ont mis à mort hommes, femmes, enfants et vieillards. Les brigands n'avaient point de canons, ou du moins on ne les entendait pas.

Le citoyen Lefort, commandant la ville de Mortagne, commença à faire relever les brèches des anciens remparts; les travaux en sont continués avec plus d'activité encore par le citoyen Fouquerolles, qui lui a succédé. Sept à huit cents hommes des 92e, 77e bataillons et du troisième bataillon de l'Orne, joint à environ 150 républicains, tristes restes des citoyens de Mortagne, morts en défendant la liberté, formèrent toute la garnison.

Pendant plusieurs semaines, il a été impossible à la commune et au commandant d'apprendre aucune nouvelle des colonnes républicaines, ni des garnisons de Montaigu et de Tiffauges; et ce qu'il y avait de plus triste, c'est que tous les cavaliers que le commandant envoyait en ordonnances ne revenaient jamais; il y a toute apparence qu'ils étaient massacrés par les brigands qui obstruaient tous les chemins au point que personne n'osait voyager.

Le trois germinal, la garnison ayant besoin de fourrages détacha deux cents hommes environ pour protéger le convoi.

De ce nombre étaient trente à quarante citoyens de Mortagne. Une armée de brigands qui parut tout à coup les cerna et les battit de manière qu'il n'en rentra que dix à douze dans la ville. Du reste, cette armée, qui pouvait être de deux mille hommes, se présenta en bataille, hors de la portée du fusil, devant les remparts et se retira le soir sans rien tenter.

Le lendemain, sur les neuf heures du matin, cette armée qui s'était beaucoup grossie, parut au même endroit et y planta deux pavillons blancs. Deux autres colonnes se présentent devant la porte Nantaise et la porte Rochelaise, où elles firent de fausses attaques; les trois colonnes pouvaient monter à cinq ou six mille hommes. La générale eut bientôt rassemblé la garnison et tous les citoyens en état de porter les armes furent occuper le poste qui leur était connu d'avance.

A onze heures, les brigands attaquèrent les portes de Saint-Louis et de Poitiers par un feu épouvantable; le commandant de la place, le citoyen Le Normand, chef du 3e bataillon de l'Orne, dont le nom était particulièrement connu, et les autres chefs volaient sur les remparts, recommandant spécialement de ne tirer que lorsque les brigands seraient à portée sûre.

Les assiégeants, prenant pour timidité cet acte de prudence, s'avancèrent alors avec des échelles pour monter à l'assaut, poussant des cris épouvantables. Ce fut pour lors qu'il se fit un feu d'enfer de part et d'autre, qui dura pendant six heures et demie presque sans relâche. Les brigands ne pouvant plus tenir contre le feu de la place, furent contraints de se retirer, promettant de revenir le lendemain.

Le commandant de la place, les chefs et tous les soldats étaient bien disposés à vaincre ou à mourir, puisque les portes de la ville avaient été murées en dedans, au contentement général; à dix heures du soir, la commune apprit que le conseil de guerre venait d'arrêter qu'on évacuerait la ville à une heure après minuit, avec le plus de secret possible pour se rendre à Nantes; le parti était nécessaire, parce que la ville était sans munitions de guerre et qu'à peine en restait-il pour se défendre pendant la retraite en cas d'attaque.

Le bruit de l'évacuation s'étant répandu dans la ville, ceux qui furent avertis et qui eurent assez de force pour entreprendre le voyage, partirent sans hésiter... Presque tous ceux qui restèrent auraient (sic) également parti sans leur âge, ou leurs infirmités, ou des enfants en bas âge; car il n'y avait aucune voiture de transport; néanmoins le nombre qui partit fut considérable. Le départ se fit sur les deux heures. Le secret, l'ordre et le silence furent profondément observés pendant la retraite. Rendus à Tiffauges, le pont se trouva coupé et le fort évacué depuis deux jours. Dans cette cruelle position, le commandant, au lieu d'aller à Montaigu, comme était le projet, fit prendre la route de Clisson; à peine arrivés au bourg incendié de Gétigné, à demi-lieue de la ville, l'avant-garde trouva des brigands armés, déterminés à disputer le passage; il fallut se battre; les brigands furent repoussés jusqu'à Clisson, où ils furent encore délogés.

Rendus au Pallet, on aperçut encore trois ou quatre cents paysans embusqués dans une gorge de montagne, au bas de laquelle était une petite rivière, dont ils avaient grossi le gué en fermant les palles (sic) d'un moulin. Les républicains, réunis aux citoyens de Mortagne, sans avoir égard à l'avantage du poste, attaquèrent les brigands avec un feu si vif, qu'ils n'y purent tenir; ils voulurent se retrancher sur la montagne, ce fut inutilement : les soldats passèrent la rivière et les chassèrent encore. Les brigands perdirent plusieurs d'entre eux dans ces trois actions et la République n'eut qu'un homme blessé.

Tout le convoi fut contraint de passer la rivière à gué, les enfants n'en furent pas exempts eux-mêmes, ainsi que les femmes. Enfin, après vingt-six heures de marche sans arrêter, par des chemins difficiles et détournés qui firent faire treize lieues pour dix, qu'il y a de Mortagne à Nantes, la troupe et le convoi arrivèrent à trois heures du matin sous les murs de Nantes; à neuf heures tout est entré dans la ville (1).

Nota. — Il existe au dépôt de la guerre une copie imprimée du rapport de la commune de Mortagne aux représentants du peuple. Cette pièce est composée de 7 pages in-12 et datée de

---

(1) Ce texte ne concorde pas avec celui de M. Chassin (*Vendée patriote*, t. III, p. 368).

Nantes : 9 germinal an II (29 mars 1794). Elle est signée : *Certifié conforme à l'original et délivré par nous soussignés, membres de la commune de Mortagne : Bureau*, maire; *Saclier*, officier municipal; *Lafuye, Laurier,* officiers municipaux; *Baré*, notable; *Gourin* aîné, notable; *Grolleau,* notable; *Lucas*, officier municipal; *Bodin*, secrétaire greffier. Elle est suivie immédiatement d'une *Déclaration des citoyennes de Mortagne réfugiées à Nantes et arrivés le 13 germinal, dix heures du soir.*

(L'extrait ci-dessus est copié sur un extrait du temps existant au Dépôt de la guerre, même dossier.)

(Dépôt de la Guerre : *Archives historiques,* armée de l'Ouest, section 5, carton 6.)

3

MORTAGNE. — JUSTIFICATION DE LA CONDUITE DE LA GARNISON.
IMPRIMÉ 28 MARS 1794
[AU CAMP DE RAGON, LE 8 GERMINAL AN 2ᵉ

28 mars 1794.

Exposé de la conduite de la garnison de Mortagne depuis son entrée dans la place jusqu'à l'époque de son évacuation.

On peut donc oser tout vous dire, à vous les amis du peuple et les ennemis de la tyrannie. Où en serions-nous, citoyens si c'était la vérité qui dût se taire et se cacher et si c'était le vice qui pût tout oser avec impunité.

(*Paroles de Saint-Just.*)

AVERTISSEMENT.

Lorsque la garnison de Mortagne, en butte à la plus noire calomnie, s'est vue contrainte à se justifier, son premier soin a été de s'épancher dans le sein de la société populaire de Nantes.

Son premier besoin eût été de porter ses plaintes aux représentants du peuple; son empressement à se rallier autour de la Convention nationale et de ses mandataires, son extrême confiance en eux, tout lui en faisait un devoir. Mais, sans relations quelconques depuis plus d'un mois, privée de la lecture des Bulletins; privée de celle des arrêtés des autorités constituées, elle ne savait pas avoir si près d'elle des sentinelles vigilantes, dont tous les instants sont consacrés à l'affermissement de la République et à la destruction de ses ennemis.

Maintenant qu'elle est assurée de leur présence, c'est à eux qu'elle fait hommage de ce qu'elle a souffert au poste qui lui était confié. C'est eux qu'elle charge de proclamer son innocence. Déjà ses frères de Vincent-la-Montagne, tous les réfugiés qui ont été témoins de son courage, l'ont solennellement reconnue. Elle se flatte que les membres de la Représentation nationale lui rendront la même justice; elle en a pour garant l'approbation qu'un de leurs collègues, le vertueux Prieur (de la Marne) a donné publiquement au récit de sa conduite et la déclaration qu'il a faite qu'il en verrait l'impression avec plaisir.

Les officiers, sous-officiers et soldats, soussignés, de la garnison de Mortagne, à la Société populaire de Vincent-la-Montagne, séante à Nantes.

FRÈRES ET AMIS,

On nous a accusés d'avoir abandonné notre poste sans avoir vu l'ennemi. Des individus, sans doute intéressés à prolonger la guerre de la Vendée, ont eu l'audace de dire qu'il n'y existe plus de brigands; c'est dans votre sein que la vérité se fait entendre avec énergie; c'est dans votre sein que nous voulons faire éclater notre innocence par le simple exposé de notre conduite. Vous verrez, par les faits que nous allons vous révéler, qu'il existe encore des traîtres qui cherchent à nous endormir dans une fausse sécurité. Peut-être regarderez-vous comme une ramification du grand complot qu'on vient de découvrir, cette obstination scandaleuse à cacher la vérité des choses, comme si nous n'étions pas assez forts pour tout dire. Vous préférerez sans doute le témoignage désintéressé de sol dats qui ont déjà scellé de leur sang leur attachement à la République et qui brûlent de voler sur la frontière combattre les esclaves des despotes coalisés, aux déclamations de certains généraux qu'on ne voit jamais à la tête de nos armées, ou qui, pour être d'accord avec leurs principes, sont connus pour marcher à droite quand ils savent que l'ennemi est à gauche.

Nous sommes partis de Cholet le 4 ventôse, au nombre de 831 hommes pour garder Mortagne; le général Huchet, qui nous donna cet ordre, avait déjà commencé quelques ouvrages; mais il en restait beaucoup à faire pour que l'enceinte de la place fût totalement fermée. Quelque pénible que fût le service des officiers et des soldats, tous s'empressèrent de se joindre aux patriotes réfugiés et de consacrer leurs jours de repos à augmenter les moyens de défense. Bientôt, par leurs soins, toutes les maisons voisines qui pouvaient favoriser le feu de l'ennemi, furent démolies. Bientôt, avec leurs débris, on vit s'élever une muraille à pierre sèche, derrière laquelle les fusiliers étaient suffisamment retranchés pour soutenir un feu de mousqueterie. C'était le seul genre de fortifications dont le poste était susceptible; nous y travaillâmes sans relâche. Malheureusement, nous n'avions aucune pièce de canon et nous savions que, si l'ennemi nous en eût opposée, ce en quoi nous croyions qui consistait notre force aurait bientôt causé notre perte.

Le 19 ventôse, Cholet fut évacué et bientôt réduit en cendres. Les habitants de cette ville commerçante ne furent point prévenus assez tôt de cet incendie et ils perdirent tout ce qu'ils possédaient. Des magasins immenses de vivres, d'habillements pour les troupes, y furent abandonnés et la majeure partie fut consommée par les flammes. Des volontaires blessés et malades furent trouvés morts dans leur lit; sans doute qu'on n'avait emmené des hôpitaux que les moins infirmes.

Nos communications avec nos colonnes de Saumur devinrent alors plus éloignées, plus difficiles; on chercha cependant à les entretenir. Des ordonnances furent incessamment envoyées au général en chef Thurot (*sic*) pour le prévenir de notre besoin de munitions; point de réponse. Un cavalier, porteur d'une dépêche qui contenait la même demande, passe a l'ennemi et l'informe de l'état de nos moyens de défense.

Voyant l'impossibilité de rien obtenir par Saumur, on s'adresse à Montaigu. On demande des munitions au commandant de la place; celui-ci répond qu'il est tout prêt à nous en envoyer, mais qu'il n'a pas assez d'hommes pour fournir un détachement. De notre côté, nous sommes trop faibles pour conserver la place, si nous envoyons une escorte à sept lieues de nous.

On s'adresse au commandant d'une garnison intermédiaire entre ces deux points, à celui de Tiffauges; on lui propose de recevoir nos munitions et de nous les faire conduire jusqu'à moitié chemin; point de réponse encore. On dépêche un patriote réfugié pour savoir ce qui était résolu; il est contraint de revenir sans avoir rempli sa mission.

Enfin nous voilà sans relation quelconque, abandonnés à nous-mêmes et n'ayant d'autre perspective que l'approche de quelque colonne qui nous donnera du secours : vain espoir! Aucune colonne ne passe; aucun renfort n'arrive. Les détachements, les bivouacs ont déjà considérablement diminué le nombre de nos cartouches. La garnison est résolue à tout; mais elle n'est pas exempte de soupçons ; elle ne peut oublier que, par les ordres du général Huchet, on lui a donné pendant neuf jours les mêmes mots d'ordre et de ralliement; elle ne se dissimule pas que de nouveaux traîtres peuvent en instruire les brigands et que ceux-ci, pour mieux nous tromper, portent l'uniforme des troupes républicaines. Nos soldats, fatigués de service, tombent malades de jour en jour. Déjà on en compte soixante à l'hôpital et il n'y a aucun médicament à leur administrer. On en avait demandé instamment au général Huchet : la demande reste infructueuse malgré ses promesses.

Cependant l'ennemi nous serre de toutes parts ; pour mieux nous surprendre, il met lui-même le feu aux environs. Chaque jour, il vient nous harceler, nous braver devant nos avant-postes; l'instant approche où il doit nous attaquer avec des forces considérables. Les colonnes arrivent successivement et se déploient. Le 3 germinal, on envoie un détachement de 149 hommes à une lieue chercher des fourrages. Il rencontre l'ennemi, le met d'abord en fuite, mais il est bientôt enveloppé par une colonne embusquée et taillé en pièces; il ne revient que huit hommes (1), la plupart couverts de blessures et laissés pour morts sur le champ de bataille.

Nous voilà donc affaiblis d'un cinquième et réduits à combattre des forces supérieures! Le jour suivant, nous les voyons se déployer sur tous les points; à onze heures et demie nous sommes attaqués par plus de cinq mille hommes; nous faisons bonne contenance. Nous avons peu de munitions, nous laissons épuiser celles de l'ennemi et nous tenons ferme, protégés par nos retranchements. L'ennemi bat la charge et tente plusieurs fois de monter à l'assaut; nous lui faisons un feu terrible qui le repousse. Jusqu'à sept heures, le feu continue et les efforts pour monter à l'escalade se renouvellent. Mais notre résistance augmente en raison de l'audace des brigands; ils sont contraints d'abandonner la partie, après avoir eu au moins deux cents des leurs tant tués que blessés. Parmi nous, nous n'avions perdu qu'un homme et douze blessés, dont deux officiers.

Quoique nous ayons épargné nos cartouches autant que la nécessité nous y contraignait, il ne nous en restait plus qu'un petit nombre, à peine suffisant pour soutenir une nouvelle attaque moitié moins chaude que la première. Quel parti prendre? Attendra-t-on que l'ennemi nous fasse épuiser le reste de nos munitions et nous égorge ensuite à son loisir? La défaite de nos frères l'a déjà mis en possession de plus de 140 fusils : le laissera-t-on s'emparer de ceux qui nous restent? D'une voix unanime, on propose une évacuation pendant la nuit. La garnison la regarde comme la dernière ressource qui lui est offerte : on la demande au commandant de la place; celui-ci, combattu par la résolution de s'ensevelir sous les ruines de la ville et le désir de veiller à la sûreté de ses compagnons d'armes, sent qu'elle est indispensable. Mais il ne veut pas prendre sur lui de l'ordonner. Il préfère convoquer un conseil de guerre, qui se décide pour la retraite, à une grande majorité. L'espoir de rentrer dans la place, dès qu'on aura des munitions, fait regarder l'abandon des comestibles comme provisoire et momentané. Le défaut de voitures

---

(1) Dix à douze, dit l'*Extrait* plus haut cité; trois, disent les *Mémoires*. La restriction ici indiquée peut mettre d'accord les *Mémoires* et le *Rapport*.

ne permet pas d'ailleurs de songer à leur enlèvement. On ne croit pas devoir y mettre le feu, parce qu'on s'attend à les reprendre tous incontinent. En effet, il n'y a que trois lieues de Mortagne à Tiffauges ; on ne pouvait douter qu'on ne trouvât du renfort à ce dernier poste. En retournant alors sur l'ennemi, on était sûr, soit de l'empêcher d'entrer, soit de lui arracher sa proie, soit au moins de l'empêcher de l'emmener dans ses repaires.

Nous nous mettons en marche à deux heures après minuit, emmenant avec nous nos malades, nos blessés et tous les patriotes réfugiés à Mortagne. Arrivés à Tiffauges, nous sommes obligés de prendre une autre route : le pont est coupé et le poste évacué depuis deux jours. Aux environs, nous voyons le bivouac où l'ennemi se postait pour égorger nos ordonnances. Nous continuons notre route vers Clisson ; à l'approche de cette ville, nos tirailleurs sont aux prises ; la fusillade se prolonge, mais bientôt elle devient plus vive. Nous avons un pont à passer ; l'ennemi nous le dispute. Après un combat où, de part et d'autre, l'acharnement se manifeste, nous l'emportons avec impétuosité. Plusieurs de nos voitures qui étaient restées en arrière, sont prêtes de tomber en son pouvoir ; nous les sauvons, à l'exception d'une seule traînée par des bœufs qui ne pouvaient marcher. Notre passage se fait par un lieu périlleux où les habitants cachaient leur noire perfidie, sous les emblèmes du patriotisme ; non loin de l'arbre de la Liberté, nous comptons cinq endroits nouvellement imbibés de sang et couverts de lambeaux d'habits de cavaliers. Nous ne pûmes douter que ce fût un des lieux où on égorgeait nos ordonnances.

Nous avons ensuite à passer un long défilé à une lieue de là. L'ennemi s'en était emparé et il faisait sur nous un feu roulant. Il lâche les écluses d'un moulin ; il renverse de distance en distance de grands arbres, avec lesquels il croit nous barrer le chemin. Nous fondons sur lui au pas de charge et l'eau jusqu'aux genoux, nous le débusquons et le mettons en fuite ; en vingt minutes, nous enlevons un poste où, avec des pierres seules, dix hommes peuvent en arrêter cent ; depuis lors, tous les obstacles sont renversés. Enfin, après vingt-six heures de marche, nous arrivons, excédés de fatigues, aux portes de Nantes. Nous avions passé trois nuits; depuis un jour nous n'avions pas mangé; nous tombions presque tous d'inanition et de faiblesse; nous étions tous traversés jusqu'à mi-jambe et la plupart les pieds nus : nous méritions bien qu'on nous accordât l'entrée de la ville; mais point du tout. Sans considération pour nos malades et nos blessés, pour les femmes et les enfants des réfugiés qui nous accompagnaient, on nous laisse bivouaquer par un brouillard très froid et très épais, dans un lieu dépourvu de bois. Cependant, sur les sept heures et demie, nous entrons, mais sans billet de logement. A notre arrivée même, on veut nous faire retourner pour camper; les soldats étaient sans pain et sans cartouches, et après avoir (sic) resté sur le pavé jusqu'au soir, ils marchèrent au poste qui leur fut indiqué, quand on leur eut promis l'un et l'autre.

Arrivés au camp, nous acquérons une nouvelle preuve que l'état d'abandon où nous avons été laissés ne peut être que le fruit d'une trahison combinée. Au moment où le détachement, parti le 3 germinal pour fourrager, était aux prises avec l'ennemi, le commandant de la place avait dépêché dix cavaliers et un officier pour réitérer à Tiffauges la demande des cartouches qui lui étaient si nécessaires. Aucun d'eux n'était revenu le lendemain; nous les crûmes tombés au pouvoir de l'ennemi.

Point du tout : nous apprenons au camp, de l'officier qui commandait ces ordonnances, qu'elles rencontrèrent dans le jour la colonne de Cordelier et lui remirent leurs dépêches; que celui-ci ne voulut en tenir aucun compte et dit que cette démarche était dictée par la peur.

Nous apprenons qu'un cavalier, prenant alors la parole, peignit la détresse de la garnison et les malheurs qui la menaçaient, si elle n'était pas secourue; que le général l'accusa de chercher à répandre la terreur et le découragement dans son armée et de suite donna l'ordre de le faire conduire en prison à Nantes.

Nous apprenons qu'au moment où l'ennemi nous attaquait, le lendemain, la fusillade devait se faire entendre de Cordelier; que sa colonne était même assez près des assiégés pour leur donner du secours; qu'il ne prit aucune mesure pour cet effet et qu'il n'envoya pas même des cavaliers pour savoir l'issue du combat.

Lorsque la garnison de Mortagne, contrainte à la retraite, faute de munitions, s'approcha de Tiffauges, elle vit sur sa droite, à environ une lieue, les feux d'un bivouac; on nous assure que c'était celui de la colonne Cordelier.

Nous apprenons qu'à la même époque, deux convois de souliers et un convoi de pain, destinés pour Tiffauges, sont abandonnés au pouvoir de l'ennemi.

Telle est la conduite de la garnison de Mortagne; telle est celle qui a été tenue à son égard. Tels sont les faits que la malveillance a profondément dénaturés. Qu'on vienne donc encore répéter qu'il n'y a plus de brigands dans la Vendée, quand il est démontré que dans trois jours on les a combattus quatre fois en des lieux différents et qu'on a remporté sur eux trois victoires! Qu'on ose donc encore accuser de lâcheté des hommes qui, presque sans munitions, ont percé des colonnes de brigands et franchi des défilés à la pointe de la baïonnette! Mais sans doute les incrédules par système mettront encore en balance un témoignage constaté par 700 hommes, par un grand nombre de réfugiés, avec l'assertion contraire répétée gratuitement et jusqu'à la satiété, par une poignée d'intrigants et de conspirateurs. Quelques manœuvres qu'ils emploient, forts de la pureté de notre conduite, nous espérons que l'opinion de nos frères nous rendra justice et que leur estime nous vengera de la calomnie.

Nous réitérons le serment de verser tout notre sang pour achever la destruction des brigands royalistes malgré tous les efforts employés pour prolonger leur existence, malgré les menaces d'être fusillés, malgré la perfidie de ceux qui ont intérêt d'étendre le théâtre du pillage et de la dévastation, pour se partager les dépouilles de leurs concitoyens ruinés; malgré l'ivrognerie et l'ignorance crasse de ceux des chefs que la voix publique a frappés de réprobation; malgré la rivalité de ceux qui, loin d'agir de concert, ne cherchent qu'à se supplanter; malgré la lâcheté de ceux qui craignent que la fin de la guerre ne supprime trop tôt leurs chers appointements; malgré l'atroce iniquité de ceux qui, par les horreurs qu'ils ont commises au nom d'une République essentiellement juste et fondée sur les vertus, sont parvenus à augmenter le nombre de ses ennemis et à changer des citoyens paisibles en rebelles désespérés; malgré les obstacles de tout genre que la cupidité, la malveillance et l'ambition nous opposent pour nous empêcher d'aller au nord ou au midi signaler notre dévouement inviolable au salut de la Patrie.

Au camp de Ragon, le 8 germinal l'an second de la République, une et indivisible.

Signés (*sic*), tous les républicains composant la garnison de Mortagne.

Pour le détachement du second bataillon du soixante-douzième régiment :

>CARON, capitaine commandant le détachement,
>SEGUIN, capitaine,
>BIEN-AIMÉ, sergent-major des grenadiers,
>PANNETIER, caporal des grenadiers,
>KANGULF, appointé des grenadiers,
>MORLIER, sergent,
>LALLEMANT, caporal, etc. (*sic*).

Pour le détachement du premier bataillon du soixante-dix-septième régiment :

REDINGER, capitaine,	RAPP, fusilier,
KESLER, sergent,	MARCEAU, *idem*.
SCHELLING, caporal,	

Pour le second bataillon du soixante-dix-septième régiment :

FOUQUEROLE, chef,	SIMON, fusilier,
COLIGNON, caporal,	NAUDON, lieutenant,
FRITSCH, adjudant-major,	NEGLY, sous-lieutenant,
CAYAT, fusilier,	MORAX, sergent,
KEMPFEURATH, capitaine,	FLORANT, capitaine.
VALOIS, fusilier,	

Et enfin pour le troisième bataillon des volontaires du département de l'Orne :

NORMANT, chef,	GODARD, sergent-major,
DESPREZ, capitaine,	CONSTANT, caporal-fourrier,
BRUGÈRE, lieutenant,	PHILLIPPEAUX, volontaire,
PIERRE, sous-lieutenant,	ROUILLON, *idem*.

Copie de l'arrêté pris en conseil de guerre.

Le quatrième jour de germinal, l'an second de la République, une et indivisible, sur les huit heures du soir, les officiers soussignés des différents corps composant la garnison de Mortagne se sont successivement présentés chez le citoyen commandant de la place et l'ont requis de prendre sur-le-champ les mesures nécessaires pour conserver à la République les braves soldats qui l'ont si bien défendue dans cette journée, contre une horde considérable de ses ennemis.

Il a été unanimement représenté :

1° Que la place est bloquée depuis quinze jours et que, malgré toutes les tentatives et les moyens de prudence employés par le citoyen commandant pour se procurer des secours en hommes et des munitions de guerre, celui-ci n'a pu, jusqu'à ce jour, obtenir aucune réponse aux dépêches envoyées par les ordonnances et dont le besoin était si impérieux;

2° Que l'ennemi qui, depuis plusieurs jours, nous harcèle sans cesse, s'est présenté hier en bien plus grand nombre qu'à l'ordinaire; qu'il a enveloppé un détachement de cent quarante-sept hommes envoyés pour fourrager et qu'à la réserve de huit qui sont revenus couverts de blessures, ces malheureux républicains ont dû périr victimes de leur courage et qu'ainsi la garnison est diminuée d'un cinquième;

3° Qu'aujourd'hui même, la garnison restant à environ 400 fusiliers a combattu pendant sept heures avec la plus grande opiniâtreté, contre plus de cinq mille brigands; que le feu des assiégés a consommé la majeure partie des cartouches qui restent dans les gibernes et qu'une nouvelle résistance en cas d'attaque devenait absolument impossible, puisqu'il restait à peine à chaque soldat assez de munitions pour soutenir une retraite;

4° Que, d'après la faiblesse de la garnison, l'impossibilité absolue de faire des détachements et de se procurer des voitures, vu le défaut d'organisation d'un bureau de charrois, l'approvisionnement des fourrages était sur le point de manquer; qu'il était même constant par la déclaration du citoyen Baron, garde-magasin, qu'il n'en restait plus que pour deux jours, que l'approvisionnement du bois pour le service des fours et le chauffage de la garnison cessait même dès l'instant;

5° Qu'un cavalier de la garnison et une ordonnance chargés d'une lettre pour le général en chef et relative à la situation de la place, ayant tous deux passé chez l'ennemi, l'ont certainement informé de notre état d'abandon et de dénuement; qu'il est évident que sa retraite n'est que simulée et qu'il se prépare à une nouvelle attaque;

6° Enfin que, d'après toutes ces considérations, il devenait impossible au citoyen commandant, malgré son attachement inébranlable à son poste, d'y tenir plus longtemps, sans s'exposer à sacrifier inutilement les honorables restes de la garnison et à grossir ainsi les forces des brigands et que, dans la circonstance, une retraite était indispensable.

Le citoyen commandant, requis de prendre en considération ces motifs et désirant d'ailleurs connaître le sentiment de ses compagnons d'armes, a interpellé chaque militaire individuellement, de déclarer sur son âme et conscience et en vrai républicain, le parti qu'il croyait le plus convenable au bien de la Patrie.

Le citoyen commandant a déclaré que, quoiqu'il fût pleinement convaincu de l'authenticité des motifs ci-dessus développés, il ne croyait pas devoir prendre sur lui une détermination et qu'il était décidé à s'en référer aux lumières d'un conseil de guerre.

A Mortagne, les dits jour et an que dessus.

Signé : DESPREZ, capitaine; CHARPENTIER, capitaine; BRARD, capitaine; SEGUIN, capit.; BASSET, capit.; SCHUAGER, capitaine; FOUCHER; FRITCH, adjudant-major; MERCIER; KEMPFEURATH, capit.; NORMAND, chef du 3ᵉ bataillon de l'Orne; TELLIER, lieutenant; JOUSSE, lieutenant; NAHLER, sous-lieutenant; ERMY, capit.; GUYOT, lieutenant, et DRESSEN, sous-lieutenant.

Dudit jour, le citoyen commandant de la place a immédiatement convoqué un conseil de guerre. Lecture faite aux membres qui le composent, au nombre de 21, des motifs de leur réunion et de son objet, tous, à l'exception des citoyens Fouquerolle, commandant de la place, Hellouh, Schuager, Rheter, capitaine au 77ᵉ régiment, Caron, capitaine au 72ᵉ régiment, et Fournier, commandant de la garde nationale de Mortagne, ont approuvé le vœu des officiers de la garnison. Ils ont déclaré, sur leur âme et conscience, que l'évacuation était la seule ressource qui restait dans la circonstance et ils ont chargé le commandant de la place de donner des ordres à cet effet.

A Mortagne, les dits jour et an que dessus.

Signé : Desprez, capitaine; Charpentier, capit.; Brard, capit.; Guyot, lieutenant; Fournier, commandant de la garde nationale; Schuager, capitaine; Mercier, Carron, Basset, capit.; Normand, chef du 3ᵉ bataillon de l'Orne; Tellier, lieutenant; Seguin, capit.; Larose, Rheter, capit.; Kempfeurath, capit.; Jousse, lieutenant; Dressen, sous-lieutenant; Ermy, capitaine, et Fouquerolle, commandant de la Place.

(Imprimé de 16 pages. — Dépôt de la Guerre : *Archives historiques,* armée de l'Ouest, section 5, carton 6.)

4

Mortagne. — Rentrée des troupes dans la place

Liberté   Égalité   Fraternité

31 mars 1794.

au nom du peuple français.

A Nantes, le 11 germinal l'an deuxième de la République française une et indivisible. — Les représentants du peuple dans les départements de l'Ouest, aux membres du Comité du salut public:

Citoyens et collègues,

Je vous envoie copie d'une lettre du général de brigade Crouzat. Vous y verrez que les brigands, qui ne forment plus que des bandes errantes çà et là, n'ont pas osé occuper les postes de Mortagne et que nos troupes y sont entrées sans aucun obstacle. Je vous instruis de cette nouvelle pour faire taire la malveillance. Après-demain, nos braves républicains y seront à poste fixe. Turreau, général en chef, et Prieur, notre collègue, viennent de partir pour y rétablir la même garnison. Je les aurais suivis si j'eusse été bien portant; mais, depuis deux à trois jours, j'éprouve un terrible mal de tête.

Au reste, soyez tranquilles, tout va bien et comptez sur notre énergie.

GARREAU,
BLAVIER, secrétaire de la Commission.

(Dépôt de la Guerre : *Archives historiques,* armée de l'Ouest, section 5, carton 6.)

Nota. — La lettre de Crouzat manque au dépôt de la guerre. C'est probablement celle que publie Savary, t. III, p. 328, 329.

5

MORTAGNE. — ARRÊTÉ DES REPRÉSENTANTS
CONTRE LES CHEFS DE LA GARNISON DE MORTAGNE

5 avril 1794.

Armée de l'Ouest.

RÉPUBLIQUE FRANÇAISE.

Copie de l'arrêté des représentants du peuple près l'armée de l'Ouest, en date du 16 germinal.

Les représentants du peuple, instruits que des malveillants font circuler avec profusion un imprimé intitulé : *Exposé de la conduite de la garnison de Mortagne, depuis son entrée dans la place jusqu'à son évacuation;*

Que cet imprimé propage les plus scandaleuses assertions ou calomnies et tend à ravaler les opérations militaires qui terminèrent la guerre de la Vendée; qu'il ne peut être envisagé que comme l'ouvrage d'une faction que la Convention nationale vient de livrer à la justice;

Il parle de *traîtres qui cherchent à nous endormir dans une fausse sécurité sur la Vendée*, et ce langage perfide est celui des chefs des brigands, qui vont disséminant dans la Vendée et autour de la Vendée, que cette guerre n'est rien moins que finie; que leur parti est plus nombreux et plus puissant que jamais, tandis qu'ils sont aux abois, réduits à user de semblables manèges, pour conserver en rassemblement des hommes que l'armée républicaine poursuit sans relâche.

Il dénature l'événement de l'évacuation de Cholet, pour rendre odieux ceux qui l'ont exécuté et qui ont besoin de la confiance publique; il y est annoncé que *les habitants de cette ville n'ont point été prévenus assez tôt de l'évacuation et ont perdu tout ce qu'ils possédaient;* ce qui est faux sur le fait de l'avertissement, puisque les ordres d'évacuation ont été envoyés à Cholet plusieurs jours d'avance; ce qui est faux sur le fait de la perte, puisque les bestiaux, les voitures chargées d'effets qui ont été transportés à Nantes, attestent que les objets précieux n'ont pas été perdus; ce qui est faux dans les conséquences, si ce n'est aux yeux des contre-révolutionnaires, qui doutent du succès de notre révolution et qui insinuent que les patriotes ne seront jamais indemnisés de leurs pertes.

Il y est rapporté que des magasins immenses de vivres, d'habillements pour les troupes, y furent abandonnés et la majeure partie consumée par les flammes; que des volontaires blessés ou malades furent trouvés morts, et ces assertions sont les plus impudentes impostures que l'armée qui était là démentira.

Cet écrit audacieux porte que des horreurs *ont été commises dans la Vendée au nom d'une République essentiellement juste et fondée sur les vertus, et qui a* (sic) *augmenté le nombre de ses ennemis et a changé des citoyens paisibles en rebelles désespérés;* et ce langage est celui de Charette et de Stofflet : il fut celui de la Cathelinière, il est celui de tous les amis des brigands; ils sont désolés de ce que l'armée républicaine ne leur a pas laissé de relâche, a détruit le projet qu'ils avaient formé de paraître paisibles pendant l'hiver, pour réorganiser et recommencer la guerre au printemps; ils appellent *horreurs* l'incendie de leurs repaires et de leurs moulins, ordonné par un décret de la Convention nationale ; ils appellent citoyens paisibles des scélérats qui ont porté les armes contre leur patrie, qui ont massacré leurs frères, qui exercent des cruautés énormes sur les républicains, des hypocrites qui fuient et se cachent à la vue de nos colonnes et qui assassinent nos postes, nos escortes et nos volontaires séparés de leurs corps. Ils appellent citoyens paisibles ces rebelles désespérés ; mais qui donc autre que Charette appellera *citoyens paisibles* des rebelles ? Les bons citoyens ne sont-ils pas accueillis, quand ils abandonnent la Vendée, n'ont-ils pas des secours provisoires, l'annonce de l'indemnité ? Toutes les invitations n'ont-elles pas été mises en usage, tous les bons citoyens ne sont-ils pas sortis de la Vendée, et y reste-t-il autre chose que des brigands ? Et ce sont là des citoyens paisibles !

Considérant que c'est par de semblables discours que les malveillants cherchent à donner de la consistance à la guerre de la Vendée, en grossissant l'opinion (*sic*), aujourd'hui qu'elle touche à sa fin, aujourd'hui que les brigands ne sont plus que des bandes éparses et fugitives ;

Qu'un système de calomnie persécute les généraux révolutionnaires qui ont le courage de braver l'égoïsme et d'exercer un pénible et rigoureux devoir ; que ce système, qui est la dernière ressource de nos ennemis, tend à tout confondre et tout bouleverser, au moment où l'on porte les derniers coups, qu'il est évidemment l'ouvrage d'une connivence avec celui de Philippeaux, qui décriait le gouvernement en critiquant les opérations militaires, qui répandaient (*sic*) l'inquiétude sur le succès de nos armes ;

Que l'évacuation de Mortagne est le tocsin d'alarme dont se servent tous les menteurs contre-révolutionnaires modernes ; ils disséminent (*sic*) que Mortagne est repris par les brigands, eux qui ne quittent plus leurs forêts ; eux *que les braves soldats, qui avaient la défense de cette place, avaient battus dans toutes les attaques;* ils ont des émissaires qui travaillent les citoyens de première réquisition et en ont porté plusieurs à la désertion ;

Que ceux qui décrient les généraux actuels font en même temps l'éloge d'un général que le gouvernement a destitué ; d'un intrigant connu par ses friponneries et plus encore par les éloges que Philippeaux lui a prodigués ;

Que tel est évidemment le but proposé dans l'imprimé ci-dessus; que les militaires qui l'ont souscrit sont indignes de commander à de braves soldats de la République, qu'ils devraient plutôt imiter dans leur bravoure que de servir, dans leurs discours et dans leurs écrits, de vils conspirateurs qui bientôt porteront leurs têtes sur l'échafaud;

Arrêtent ce qui suit :

ARTICLE PREMIER

Caron, Séguin, capitaine du deuxième bataillon du soixante-douzième régiment d'infanterie; Redinger, capitaine au premier bataillon du soixante-dix-septième régiment d'infanterie; Fouquerolle, chef de bataillon; Fritch, adjudant-major; Kempfeurath, capitaine; Naudon, lieutenant; Mixly, sous-lieutenant au deuxième bataillon du soixante-dix-septième régiment d'infanterie; Normand, chef de bataillon; Desprez, capitaine; Bryère (*sic*), lieutenant; Pierre, sous-lieutenant au troisième bataillon de l'Orne, qui ont signé l'imprimé ci-dessus désigné, sont destitués; ils seront sur-le-champ mis en état d'arrestation et conduits en la maison d'arrêt de Nantes.

ARTICLE 2

Il sera sur-le-champ procédé à leur remplacement conformément à la loi du 21 février 1793 (vieux style).

Le présent arrêté sera imprimé et affiché à Nantes, Angers et Saumur, et autres villes qui avoisinent la Vendée, et sera envoyé au général en chef, chargé de le mettre à exécution, d'en faire distribuer des exemplaires et d'en faire mettre la lecture à l'ordre.

Signé : Hentz, Garreau, Francastel et Prieur de la Marne.

Pour copie conforme,

Signé : Prieur de la Marne et Garreau.

Pour copie,

Le général divisionnaire, chef de l'état-major général,
Robert.

6

Copie de l'arrêté des représentants du peuple près l'armée de l'Ouest. — A Nantes, le 16 germinal, l'an deux de la République française, une et indivisible.

Les représentants du peuple dans les départements de l'Ouest, instruits que la place de Mortagne a été évacuée dans la nuit du 24 courant, contrairement aux ordres donnés par le général en chef;

Que cette évacuation est une vraie désertion d'un poste important; qu'elle est d'autant plus criminelle que les soldats qui la défendaient n'ont pas cessé de signaler leur bravoure et de chasser l'ennemi; que les citoyens mêmes de la ville ne l'eussent pas abandonnée;

Qu'ainsi cette désertion n'est un crime que pour les officiers qui l'ont ordonnée, ou qui ont concouru à la délibération prise à cet effet;

Arrêtent que l'accusateur public près la commission militaire établie au Mans par les représentants du peuple et actuellement à Nantes, fera toutes les poursuites nécessaires contre les auteurs du délit commis par ceux qui ont ordonné l'abandon du poste de Mortagne, exécuté dans la nuit du 24 courant; recueillera tous les documents relatifs à cette évacuation et livrera les prévenus à la commission militaire.

Signé : GARREAU, PRIEUR, de la Marne,
HENTZ, FRANCASTEL.

Pour copie conforme,

Signé : GARREAU et PRIEUR,
de la Marne.

Pour copie conforme,

Le général divisionnaire, chef de l'état-major général,
ROBERT.

(Placard imprimé in-plano. — Dépôt de la Guerre : *Archives historiques*, armée de l'Ouest, section 5, carton 6.

N. B. — Il existe enfin, sur cette affaire de Mortagne, une pièce très précieuse dans le *Rapport sur les papiers trouvés chez Robespierre,* par Courtois, député du département de l'Aube, dans la séance du 16 nivôse an III. Paris, chez Maret, an III, p. 248 à 260 ; elle a pour titre : *Moyens de justification des détenus de la garnison de Mortagne,* datée de la maison d'arrêt de Nantes, le 1ᵉʳ floréal an II (20 avril 1794), et signée : Desprez, le républicain ; Monguyon, sergent-major ; Charpentier. Ce plaidoyer justifie tout ce que nous avons dit sur l'évacuation de Cholet et de Mortagne. Il fut écouté, et, quelques jours plus tard, les officiers incarcérés étaient rendus à la liberté : seul, leur ami, M. Boutillier de Saint-André, avait succombé sous les efforts de la haine de Turreau et de ses partisans.

TABLE GÉNÉRALE

DES NOMS DE PERSONNES ET DE LIEUX

Les *italiques* indiquent les noms de lieux; les petites capitales, les noms de personnes.

A

Agra (Guillot de Folleville, dit évêque d'), 85, 91, 139, 155.
Allard, XLII.
Alouettes (les), 228.
Ancenis, 32, 78, 85, 92, 157, 197.
Angers, XV, XVII, 8, 13, 51, 52, 63, 64, 66, 75, 77, 83, 85, 91, 97, 98, 102, 112, 133, 134, 139, 140, 145, 156, 157, 201, 241, 242, 256, 269, 272, 290, 303, 314, 327, 331, 332, 333, 341.
Annibal, 133.
Arnaudeau (Marie), 234.
Artois (comte d'), 52, 102.
Aubert-Dubayet (général), 155.
Aubiers (les), XLIV, 254.
Aubin (Marie), 335.
Aulard, 200.
Aurillac, 266.
Avallon, 119.

B

Bachelier-Bernier, 312.
Badrouet (Jeanne-Julie), 234.
Baguenard, 236.
Baguenier Desormeaux, XXXIII, LII, 67, 106, 201, 238, 253.
Bahuaud, 22.
Balard, 60, 63, 66.

Barante, 104.
Barante (Bara de), XL, XLII, XLIII, XLVII, 104.
Barbey, 340.
Barbier, 284, 286.
Barbotin (abbé), 61.
Baré, 344.
Baron, 242, 267.
Baronnière (la), 75.
Barré (Lin-Laud-Loup-Luc), 59.
Barrère, 242.
Barthélémont-les-Bauzemont, 50.
Basset, 354, 355.
Baudry (Radegonde), 102.
Baudry-d'Asson (Esprit), 558.
Baudry-Duplessys (Alexandre-Pierre-Marie), 12.
Bazoges-en-Pareds, 323, 324.
Beauchamp (Alphonse de), XXXI, XXXIX, XL, XLI, XLII, XLVIII, 104.
Beaupréau, III, 50, 59, 75, 141, 178, 190, 191, 195, 196, 321, 325, 326.
Beaupréau (marquis de), 322.
Beaupuy (général), XXIV, 178.
Beauregard (Costa de), LI.
Beaurepaire, 231, 232, 252, 255.
Beaurepaire (de), 233.
Beauvau (marquisat de), III, 326.
Beauvau (marquis de), 60, 62, 63, 67.
Beauvollier (Pierre-Louis), 85, 135.
Bégrolles, 67.
Bejarry (de), 87.

Bellac, 157.
BERNARD, 340.
Bernay, 245.
BERNIER, 312.
BERNIER (abbé), 85, 92, 102, 107, 108, 110.
BERQUIN, 7.
BERTHIER (DE), 35.
BEYSSER (général), 146, 286.
BIEN-AIMÉ, 352.
Blain, 157.
BLANCHET, 239, 285.
BLAVIER, 356.
Blois, 44, 327.
Bo (J.-B.-Jérôme), 302.
BODIN, 216.
BODY, 102.
BOISARD, 66, 67.
Bois-Grolleau, 50, 63, 71, 94, 196.
BOISLÈVE (Antoine), 218.
BOISLÈVE (Henri), 218.
BONCHAMPS (DE), XXI, XXXIII, XXXIV, XXXVII, XXXVIII, XLI, XLII, XLIII, XLIV, XLV, XLVI, XLVIII, LI, LIV, 50, 75, 78, 85, 86, 107, 121, 134, 141, 146, 147, 186, 196, 199, 230, 254, 280.
BONCHAMPS (Mme DE), XXIII.
BONNOMEAU (Anne), 326.
Bordeaux, 83, 141.
BORDEREAU (Michel), 334.
BOUCHOTTE, 178.
BOUDOUARD, 340.
BOUËRE (Mme DE LA), XXIII, XXXVII.
BOUËRE (comtesse DE LA), LI, 59.
Bouffay (le), XII, 271, 309.
BOUILLÉ (DE), 199.
Boulaye (la), XLV, XLVII.
BOURASSEAU DE LA PIGNOLLERIE (Renée-Simonne), 8, 10, 305, 306, 314, 323, 324.
BOURASSEAU DE LA RENOLLIÈRE, IV, 325.
BOURASSEAU DE LA RENOLLIÈRE (Anne-Louise), 325.
BOURASSEAU DE LA RENOLLIÈRE (Jacques-Joseph-Marie), 64, 102, 108, 109, 110, 111, 296, 325.
BOURASSEAU DE LA ROUSSIÈRE, 325.
BOURBOTTE, 119, 125, 128, 184.
Bourges, 218, 272, 334, 335.
Bourgneuf, 76.
Bourgon, 11.
Bourneau, 125, 126, 128, 129.

BOURNISEAUX DE THOUARS, XXXI, XXXVIII, XLVIII, XLIX.
BOUSSINOT (Charles), 334.
BOUSSION, 90.
Boutarlière (la), 227.
BOUTETIÈRE (DE LA), LIV, 68.
BOUTILLIER (Anne-Marguerite), 326.
BOUTILLIER (Catherine), 326.
BOUTILLIER (Guillaume), 326.
BOUTILLIER (Hélène), 326.
BOUTILLIER (Jacques), 323.
BOUTILLIER (Jean), 326.
BOUTILLIER (Jeanne), 326.
BOUTILLIER (Joseph), 321.
BOUTILLIER (Joseph-Louis), 321.
BOUTILLIER (Julien), 325.
BOUTILLIER (Louise), 326.
BOUTILLIER (Madeleine), 328.
BOUTILLIER (Marguerite), 326.
BOUTILLIER (Marie), 13, 45, 324.
BOUTILLIER (Marie-Jacqueline), 15, 37, 324.
BOUTILLIER (Maurice), 321, 322, 325.
BOUTILLIER (Michel), 323.
BOUTILLIER (Renée), 326.
BOUTILLIER DE SAINT-ANDRÉ (Adolphe-Louis), 302, 329.
BOUTILLIER DE SAINT-ANDRÉ (Adolphe-René), 329.
BOUTILLIER DE SAINT-ANDRÉ (Augustine), 172, 175, 176, 310, 328.
BOUTILLIER DE SAINT-ANDRÉ (Augustine-Eugénie), 302.
BOUTILLIER DE SAINT-ANDRÉ (Camille), 172, 173, 175, 177, 309, 328.
BOUTILLIER DE SAINT-ANDRÉ (Casimir), 42, 175, 177, 301, 309, 332.
BOUTILLIER DE SAINT-ANDRÉ (Charles-Auguste), XVIII, 67, 217, 237, 271, 279, 297, 321, 324, 329, 331, 332, 339.
BOUTILLIER DE SAINT-ANDRÉ (Elmire), 302, 329.
BOUTILLIER DE SAINT-ANDRÉ (Eugène), 302.
BOUTILLIER DE SAINT-ANDRÉ (Euphrasie), 302.
BOUTILLIER DE SAINT-ANDRÉ (Gabrielle-Aglaé), 329.
BOUTILLIER DE SAINT-ANDRÉ (Louise-Alice), 329.
BOUTILLIER DE SAINT-ANDRÉ (Marin-Charles), 328.
BOUTILLIER DE SAINT-ANDRÉ (Marin-

Jacques), I, II, IV, V, VI, VII, VIII, X, XII, XIV, XVI, 2, 4, 136, 175, 234, 241, 252, 253, 267, 271, 276, 283, 286, 324, 327, 329, 330, 331, 361.

BOUTILLIER DE SAINT-ANDRÉ (Marie-Jacques-Narcisse), XV, XVIII, XIX, XXIII, XXVIII, XXX, XXXI, XXXII, XXXIV, XLVIII, LIV, 6, 11, 29, 50, 55, 106, 107, 155, 157, 160, 174, 229, 266, 277, 284, 328, 332.

BOUTILLIER DES BARROIRES (Renée-Rosalie ou Marie), 13, 14, 207, 238, 295, 324, 327.

BOUTILLIER DE BELLEVILLE (Jacques), 15.

BOUTILLIER DE LA CHÈZE (Marin-Jean-Baptiste), 12, 260, 324.

BOUTILLIER DE LA CHÈZE (Marie-Renée), IV, 8, 17, 174, 209, 218, 244, 276, 324, 327, 331, 332.

BOUTILLIER DE LA CHÈZE (Renée-Charlotte), 12, 324.

BOUTILLIER DE LA CHÈZE (René-Marin), 8, 10, 37, 135, 238, 293, 297, 303, 305, 323, 324, 326.

BOUTILLIER DE LA CHÈZE (René-Marin-Jacques), 11, 30, 324.

BOUTILLIER DU COIN (Adélaïde-Pélagie), 13, 92, 327.

BOUTILLIER DU COIN (François-Marin), 13, 92, 274, 324, 327.

BOUTILLIER DU COIN (François-René), 323, 326.

BOUTILLIER DU COIN (Jacques), 326.

BOUTILLIER DU COIN (Jacques-Grégoire), II, 24, 53, 324, 326.

BOUTILLIER DU COIN (Maurice), 326.

BOUTILLIER DU COTEAU (Louis-Charles), 13, 14, 37, 92, 324, 327.

BOUTILLIER DE LA COUSSAYE (Charles-Jacques), 12, 299, 324.

BOUTILLIER DE LA COUSSAYE (Marie-Victoire), 13, 14, 324, 327.

BOUTILLIER DES GRANGES (Marguerite-Rosalie), 13, 207, 238, 295, 324.

BOUTILLIER DES HOMMELLES (Jean-François), VIII, X, 13, 14, 72, 102, 112, 136, 158, 210, 323, 327.

BOUTILLIER-DELISLE, 187.

BOUTILLIER DU RETAIL (Charles-Candide), VIII, 14, 272, 324, 327, 334, 335, 336.

BOUTILLIER DE LA SURBALLIÈRE (Louise-Perrine), 13, 175, 238, 327.

Brebire, 262.
BRÉMOND, 277.
Bressuire, XL, 48, 60, 64, 76, 86, 102, 150, 151, 155, 161, 186, 201, 254.
BRETON (Alexandrine LE), 329.
BRETON (Renée LE), 325, 326.
Bretonnais (le), 187.
BRIAUDEAU, 59, 60.
BRIAUDEAU (Tristan), 59.
BRIEN (Jacques), 333.
BRIOCHET, 331.
British Museum, XLVI.
BROSSEAU, 251.
BROSSET, 277.
BROUARD (Catherine), 277.
BROUSSE (DE LA), 17.
BRUEL (dom), 15.
BRUGÈRE, 352.
BRUNEAU, dit SIX-SOUS, 61, 66, 67.
BRYÈRE, 359.
BUFFIER, 8.
BUREAU, 164, 216, 269, 344.
BUREAU (LA), 277.
BUREAU (Édouard), 165.
BUREAU (Jean-Baptiste), 13.
BUREAU (Louis), 277.
Burguet, 13, 14, 260, 327.

C

CAFFIN, 243.
CAMBON, 341.
CAMBRAY, 290.
CANCLAUX, 178.
Capoue, 133.
CARNOT, 83.
CARON, 352, 355, 359.
CARRIER, XI, 83, 253, 266, 267, 301, 302.
CASSANDRE, 136.
CATHELINEAU (Jacques), II, XIV, XXII, XXVIII, XXXIV, 50, 59, 61, 79, 80, 85, 86, 105, 106, 120, 121, 137, 141, 143, 144, 145, 146, 147, 200.
CATHELINEAU (Pierre), 50.
CATHELINIÈRE (DE LA), 82, 357.
CATINAT, 23.
CAYAT, 352.
CAZOTTE, 138.
Cerisay, 86, 254.
CESBRON DE LA ROCHE, XVIII, 13.
CESBRON-LAVAU (Charles), 78.
CHAILLOU, 164, 174, 175, 204, 205.

Chaise (la), 323.
Challans, 76, 323.
Challonnes, 59, 156.
CHAMARD (dom), XLVI, 52, 145.
Chambretaud, III, 3, 24, 49, 327.
CHAMPAGNE, 30, 260.
Champlanc, 233.
CHANONIE (DE LA), XXXIII, LII.
Chantoceaux, 102.
Chantonnay, 50.
Chanzeaux, 157.
Chapelle-Saint-Florent (la), 75.
CHARETTE (général), XLI, XLII, 37, 52, 76, 81, 82, 83, 86, 106, 107, 120, 140, 141, 142, 143, 145, 147, 148, 160, 255, 296, 340, 357, 358.
CHARETTE DE BRIORD, 83.
CHARLES X, 198.
CHARPENTIER, 354, 355, 361.
CHARREAU, 67.
Chasserat, 168.
CHASSIN (Ch.-L.), XX, XXXIII, LIV, 55, 69, 83, 91, 155, 160, 176, 200, 238, 242, 243, 244, 245, 246, 252, 253, 267, 286, 290, 343.
Châtaigneraie (la), 50, 76, 87, 116, 336.
Château-Gaillard, 151, 153.
Château-Gonthier, 86.
Châteauneuf-sur-Sarthe, 75.
Châtellerault, 312, 336.
Châtillon-sur-Seine, I, IV, XX, XXIV, XXX, XLVI, 5, 12, 13, 14, 47, 49, 52, 75, 85, 91, 102, 106, 107, 112, 120, 139, 146, 147, 149, 150, 151, 152, 153, 155, 161, 162, 163, 164, 186, 244, 259, 280, 289, 327.
Chaudron, 115, 147.
CHAUMONT (DE), 31, 32.
CHAUVEAU, XXXI, XLVIII, 107.
CHAUVIÈRE DE LA PAGERIE (Augustine), 14.
Chemillé, XXVIII, 49, 50, 59, 61, 67, 68, 76, 146, 157, 158, 255, 328.
CHETOU, 102.
CHEVALIER, 191.
CHEVALLEREAU (Mlle), 315.
CHEVALLEREAU (Mme), 314.
CHEVRIER, 160.
Chinon, 134, 272, 311, 334.
Cholet, I, IV, V, XII, XV, XVIII, XXIV, XXXVII, XLIV, 5, 13, 30, 35, 39, 50, 57, 58, 59, 60, 62, 63, 65, 66, 67, 74, 75, 80, 85, 90, 93, 104, 108, 120,
131, 139, 149, 150, 152, 153, 155, 157, 158, 161, 163, 168, 174, 175, 177, 178, 179, 185, 186, 190, 192, 195, 196, 200, 201, 202, 205, 209, 218, 221, 222, 223, 238, 241, 243, 244, 247, 249, 251, 253, 255, 259, 260, 277, 279, 287, 288, 321, 325, 327, 328, 329, 330, 332, 334, 335, 337, 341, 346, 357, 361.
CHOUDIEU, XXIV, 184.
CHOUTEAU, 74, 238, 271.
CLAVIER, 301, 302.
Clenet (bois de), X, 175, 176, 181, 185.
Clisson, XLII, 13, 49, 69, 161, 264, 343, 349.
Clisson (château de), 86, 160, 244.
CLOUZOT (H.), 50.
COCHIN, 4.
COIGNARD, 340.
COLBERT (Édouard-Charles-Victorin), 61.
COLIGNON, 352.
Cologne, 87.
Combrand, 102.
CONCOURSON, 50.
CONSTANT, 352.
Constantinople, 155.
COPPAT (Mme), 255, 297, 310.
CORDELLIER, XXII, 243, 244, 245, 252, 253, 267, 281, 350.
Corinthe, 153.
Cornu, 334.
Coron, 75, 114, 119, 126, 157, 255.
COSTE, 8.
Coteau (le), 324.
COTIN, 340.
Couffé, 52.
Courlay, 87.
Courtison (le), 36.
COURTOIS, 361.
CRESSAC (DE), 317.
CRÉTINEAU-JOLY, L.
CREUZÉ, 160.
CRIQUET, 340.
CROUZAT, 244, 267, 355, 356.
Cubières, 150.

D

DAILLY (O'DALY), 87.
DANTON, 83.
Daon, 85.

DARONDEAU, III.
DAUGE, 37, 38.
DAUGE (fils), 260.
DAVID, 163.
DAVID D'ANGERS, 199.
DEGOUY, 130.
DELÉAGE DE RIVAU (Marguerite), 14, 20.
DELHUMEAU, 271.
DENIAU (abbé), LI.
DENIAU (abbé Félix), XXXIII.
DESBUTTES, 299.
DESCHAMPS, 340.
DESCRANCES, 194.
DESMÉ DE LISLE (Louis), 175, 328.
DESMÉ DE LISLE (Ludovic), 328, 332, 333.
DESMÉ DE LISLE (Marie), 328.
DESMÉ DE LISLE (René-Alexandre), 328.
DESNOYERS, 239.
DESPREZ, 352, 354, 355, 359, 361.
DESVIGNES, 101.
DIEUSY, 340.
Dol, 85, 92.
DOMMAIGNÉ (DE), 50, 77, 78, 115, 116, 120, 127, 141.
DONNISSAN (Mlle DE), 75, 102.
DONNISSAN (Mme DE), XLII.
DONNISSAN (marquis DE), XLIII, XLIV, XLV, 80, 85, 116, 135.
Doué, 76, 93, 126, 156, 245.
DOUET *ou* DOUHET (DE), 55, 56, 57.
DRAPEAU, 277.
Dresde, 49.
DRESSEN, 354, 355.
DROCHON, LE P. L.
DROUILLET, 340.
DUCHÊNE, 164, 165.
DUCRAY DU MESNIL, 261.
Durbellière (la), 80.

E

Échaubroignes (les), 152, 153.
ELBÉE (D'), I, II, XIII, XXII, XXVI, XXVII, XXVIII, XXIX, XXXI, XXXII, XXXIII, XXXVII, XXXVIII, XLI, XLII, XLIII, XLIV, XLV, XLVI, XLVIII, XLIX, L, LI, LII, LIV, 49, 50, 52, 67, 75, 76, 79, 81, 85, 102, 103, 105, 106, 107, 115, 116, 120, 121, 137, 141, 146, 147, 152, 160, 230, 354, 280.
ELBÉE (marquis D'), I.

ÉPINAY (COUSSEAU DE L'), 102.
ERMY, 354, 355.
Essarts (les), 255.
Évreux, 243.
Évrunes, 49, 58, 163, 264.

F

Faremoutiers, 243.
FESQUE (DE), 101.
FILLON (Benj.), 55.
Flèche (la), 132.
FLÉCHIER, 127.
FLEURIOT DE LA FREUILLIÈRE (Jacques), 79.
FLEURIOT DE LA FREUILLIÈRE (Jacques-Nicolas), 79.
FLEURY (cardinal DE), 110.
Flocellière (la), 334, 336.
FLORANTIN, 352.
FLORIAN, 7.
Fontainebleau, 302.
Fontenay-le-Comte, 50, 61, 76, 102, 115, 116, 117, 118, 335.
FORESTIER, 141, 231, 233, 236.
FOUCHER, 354.
Fougères, 76, 85.
FOULON (DE), 35.
FOUQUEROLLE (DE), 256, 285, 344, 352, 355, 359.
FOURNIER, 355.
FOX, 52.
FOYNEAU (Élisabeth), 326.
FOYNEAU (Mathurin), 326.
FOYNOIS, 340.
FRANCASTEL, XI, 184, 267, 338, 359, 360.
Francfort, 87.
FRESNEAU (Mathurin), 333.
FRITSCH, 352, 354, 359.

G

GAIN, 87.
GAMICHON (Louise), 334.
GARREAU, XI, 267, 283, 284, 338, 356, 359, 360.
GASNAULT (Joseph), 334.
Gaubretière (la), 231, 233, 252, 329, 339, 340.
GELLUSSEAU, 60.
GELOT (Mme), 277.

GENAY (Jean), 87.
GENAY (Joseph), 87.
GENÊT, 64, 65.
GENLIS (Mme DE), XXXI, 7, 107.
Gérardière (la), 86.
GERBIER, 4.
Gesté, 326.
GILLIERS (DE), 52, 145.
GIRARD, 218, 222.
GOBEY, 340.
GODARD, 352.
GOGUET, 352.
GOURCUFF (DE), XXXIII, LII, 107, 146.
Grange (la), 188.
Granges (les), 58, 168, 170.
GRAUX (Mme), XLVIII.
GRIGNON (général), XXII, 83, 243, 245, 281, 284.
GRIGNON DE MONTFORT, 184.
GROLLEAU, 344.
GROYEZ (Françoise), 334.
GUÉRIN, 82.
GUÉRIN (Marie), 24, 327.
GUGEUR, 340.
GUILLOU (Esprit-Antonin), 279.
GUIMARD, 317.
GUY-GUERRY, 55.
GUYOT, 239, 284, 354, 355.

H

HACAULT, 334.
Haie (la), 190, 191.
Haie-Bureau (la), 234.
HANOTEAU, 334.
Haye (abbaye de la), 24, 181, 323, 326.
HELLOUH, 335.
HENTZ, 267, 338, 359, 360.
HÉRAULT, 335.
Herbiers (les), 49, 50, 69, 83, 116, 161, 226, 228, 229, 230, 231, 232, 262, 277, 281, 291, 297, 323, 325.
Hommelles (les), 324.
HUCHET, XXII, XXV, 245, 247, 251, 341, 346, 347.
HULLIN DU GUÉRAPHIN, 13.

J

JAGAULT, 102.
Jallais, 13, 50, 51, 59, 86, 137, 139, 302.

JAMINEAU, 334.
Jaunaie (la), XXXVIII
JAUNET (Mme), 69.
JAUNET (Marguerite), 69.
JEANNET, 290, 304, 308.
Jemmapes, 178.
Jersey, 12.
JOBART (Marie), 234.
JOHANNET, L.
JOMINI, XXXVI, XLVIII.
JOUSSE, 354, 355.
JOZON, 204, 205, 206, 268.
JULLIEN, 267.
Juvardeil, 75.

K

KANGULF, 352.
KEMPFEURATH, 352, 354, 355, 359.
KEPLER, 256, 258, 259.
KESLER, 352.
KLÉBER, XXIV, XXXVI, 108, 155, 160, 178, 184, 196.

L

LAFAYETTE, 28, 155.
LA FONTAINE, 7.
LAFUYE, 216, 344.
LALLEMAND, 352.
LALLIÉ (Alfred), XII, 83.
LAMULLE, 50.
Landebaudière, XLVI.
Landes-Genusson (les), 293.
LANDREAU-LEROUX, 277.
LARÉVELLIÈRE-LÉPEAUX, III.
LAROSE, 355.
LAURENTIN, 259.
LAURIER, 216, 344.
Laval, 85, 139, 178.
LAVAU, 196.
LEBOUVIER-DESMORTIERS, XLII, XLIII.
LEBON, 83.
LECOQ, 330.
LEFORT, 285, 340, 341.
LEGEAY (René), 334.
LEGOUVÉ, III, 4, 5.
LEIGONNYER, 60, 108.
LEMOINE, 340.
LENORMAND, 330.
LEPELEY, 330.
LEPELETIER-SAINT-FARGEAU, 246.

TABLE GÉNÉRALE.

Lequinio, xxxv.
Le Ragois, 7.
Lerebours, 340.
Leroux (Auguste), 329.
Leroux (Marie-Stanislas), 329.
Leroy (Claire-Ursule), 329.
Leschelle, x, 178, 191.
Lescure (de), xxxv, li, 252.
Lescure (général de), xxix, xli, xliii, xliv, xlv, 50, 75, 80, 85, 91, 104, 115, 116, 120, 137, 139, 141, 152.
Lesueur, 37.
Letourneur de la Borde (Camille), 328.
Levrault (Catherine), 326.
Lhomédé des Granges (Renée), 323, 326.
Lieutaud, 334.
Locminé, 37.
Loiré, 243.
London, 168.
Londres, 141, 145, 150.
Longeron (le), 55.
Lorette de la Refoulays, 175, 328.
Loudun, 85, 134, 336.
Louis XIII, 312.
Louis XVI. 46, 69, 119, 189, 198.
Louis XVII, viii, 193.
Louis XVIII, 138, 243.
Louis-Philippe, 244.
Lucas, 216, 344.
Luçon, xlv, 69, 83, 86, 147, 148, 149, 150.
Lusignan, 93.
Lyon, 119, 124.
Lyonnais (la), 214.
Lyrot (de), 79, 141.

M

Machecoul, 76, 82, 83, 86, 323, 326.
Mallièvre, 151, 152, 154.
Mans (le), 85, 133, 267, 341, 360.
Mansion (dom), 15.
Mantes, 243.
Marboire (la), 175, 179, 185, 186.
Marbot (de), 29.
Marceau (général), xxiv, 178.
Marceau, 352.
Marchaix, 271, 291, 297, 299, 309.
Maret, 361.
Marie-Antoinette, 119, 133.

Marie-Jeanne, 114, 115, 116, 117.
Marigny (de Bernard de), xxii, xlv, 86, 87, 90, 96, 97, 122, 135, 141, 158, 254, 255, 257, 259, 260, 277.
Marmenières (Marie Garnier des), 87.
Marmoutier, 102.
Marot (Étienne-Hilaire), 336.
Marquet (M. et Mme), 314.
Marsanges (de), 157.
Marseille, 101.
Martigné-Briand, 156, 157, 158, 334.
Martin, 86.
Martineau, 41.
Martinière (la), 58.
Masson ou Le Masson (dom), 15.
Masson-Lamotte, 278.
Mauléon, iv.
Maulévrier, 50, 61, 67, 77, 93, 102, 121, 255, 325.
May (le), 61, 168, 196.
Mayenne, 87, 108, 130, 155.
Méchonnière (la), 280.
Meilleraie (la), 75.
Menantière (la), 102.
Mercier, 354, 355.
Mercier du Rocher, 153.
Merland (Alexandre), 237.
Merland (René), 13, 272, 327.
Merlet (Louise), 234.
Merlin de Thionville, 178, 200.
Meslier (Antoinette Brunet de), 87.
Mesnard-Ducoudray, 218.
Mesnard-Dupin (M.), 93, 201, 202, 218.
Mesnard-Dupin (Mme), 187, 188, 192, 201, 218.
Mesnard-Dupin (Sophie-Jeanne), 187, 327.
Mesnil (le), 79.
Mezières (Auguste), 302.
Michelet, 54.
Mioche (dom), 15.
Mirabeau, 27, 28.
Missionnaire (le), 59, 66.
Mixley, 359.
Moigas, 69.
Molière, 6, 109.
Molsheim, 150.
Monaco, 104.
Monguyon, 361.
Montaigu, 55, 69, 161, 284, 291, 293, 294, 295, 296, 341, 343, 347.
Montbrison, 4.
Monte-au-ciel, 155.

24

Montfaucon-sur-Moyne, 55, 149, 244, 283, 321.
Montjean, 79, 310.
MONTOIS, 317.
Montpellier, 60, 67, 302.
MONTPROFIT, 333.
Montrelais, 80.
Montreuil-Bellay, 95, 97, 125, 129.
Montrevault, 75, 85, 86, 120.
Mont-Saint-Michel, 60.
MORAX, 352.
MORICET (Mlle), 78.
MORLIER, 352.
Mormaison, 296.
Morosière (la), 255.
Mortagne, I, III, IV, V, VII, IX, XI, XII, XX, XXI, XXII, XXIII, XXIV, 1, 3, 5, 6, 9, 11, 12, 13, 14, 15, 16, 19, 20, 24, 25, 30, 35, 37, 38, 41, 49, 54, 55, 56, 57, 68, 71, 75, 86, 87, 88, 94, 97, 98, 100, 101, 112, 116, 118, 131, 149, 150, 151, 155, 158, 161, 163, 167, 168, 169, 175, 176, 179, 181, 183, 184, 185, 186, 190, 201, 202, 203, 210, 214, 216, 229, 267, 276, 277, 281, 282, 283, 284, 289, 290, 291, 293, 296, 297, 302, 305, 308, 312, 321, 323, 325, 326, 327, 328, 329, 330, 332, 333, 337, 339, 341, 342, 344, 345, 346, 349, 351, 352, 353, 355, 356, 360, 361.
MORTAGNE (Robin, baron DE), VIII, 69.
MORTON, 336.
MORTONVAL, L.
MOTET, 336.
Motte (la), 222.
MOULIN, 340.
MOULIN (général), XXII, 83.
MOZART, XXV.
MUMMIUS, 153.
Munich, 108, 155.
Mûr-de-Barrez, 302.
MURET, L.

N

NALHER, 354.
Nantes, X, XI, XII, LII, 7, 12, 17, 24, 48, 50, 76, 79, 82, 83, 86, 87, 88, 106, 137, 140, 141, 142, 145, 147, 149, 160, 175, 178, 195, 242, 253, 256, 264, 265, 266, 267, 268, 271, 277, 282, 284, 285, 290, 291, 296, 299, 301, 303, 305, 309, 311, 323, 327, 330, 337, 341, 344, 345, 350, 355, 357, 359, 360, 361.
NAPOLÉON BONAPARTE, 53, 93, 121, 138, 201, 243.
NAUDON, 239, 246, 283, 284, 341, 352, 359.
NÉGLY, 352.
Nerwinden, 178.
Neuvy, 255.
Niort, 50, 68, 83, 299.
NOGARÈDE, 201.
Noirmoutier, 50, 106.
NORMAND ou LE NORMAND, 238, 256, 289, 342, 352, 354, 355, 359.
Nort, 141, 142.
NOUHES (DES), LII, 82.
Nouzillac, 335.
Noyant, 331.
Nuaillé, 60, 80, 93, 168, 190, 254.

O

O'DALY (Jacques-André-Maurice), 87.
O'DALY (Jean-Barthélemy), 87.
O'DIETTE, 328.
Oie (l'), 83.
Oiron, 312, 324.
Oiseaux (les), 20.
Omblepied, 79.
Orléans, 104, 124, 133, 134, 334.

P

Paganes (les), 62.
PAGERIE (CHAUVIÈRE DE LA), 327.
PAHAN, 229.
Paimbœuf, 76, 301.
Palentia, 44.
Pallet (le), 264.
PALLIERNE (Élisabeth DE), 102.
PANNETIER, 352.
PANTAGRUEL, XLIX.
PANURGE, XLIX.
PAPILLAUT (Jean-Hilaire), 336.
Papinière (la), 196.
Paris, III, 4, 8, 20, 36, 37, 83, 85, 88, 97, 118, 119, 133, 134, 141, 146, 150, 151, 321.
PARIS, 340.
PARISET, 278.
PAROI (Mlle DE), 14, 20.
Parthenay, 41, 76, 141, 150.
PASQUIER (Laurent), 67.

PECCADILLY, 150.
PEINEAU, *dit* LA RUINE, 121.
PELLERIN, 330.
PELLETIER, 150.
PETIT OU LE PETIT (dom), 15.
PHELIPPES DE TRONJOLLY, 301.
PHILIPPEAUX, XXV, 35, 352.
PIERRE, 352, 359.
Pierres-Blanches (les), 325.
PILLOU, 67.
PINEAU (Renée), 15.
Pin-en-Mauges (le), 50, 59, 106.
PIRON (DE), 157.
PLANIER (Jean-Pierre), 336.
Plissonnière (la Grande), IV, 87.
POIDRAS, 41, 282.
POIRIER DE BEAUVAIS, XIII, XXXII, XXXIII, XXXVII, XXXVIII, XLII, XLIV, XLVII, 107, 175, 254, 259.
Poitiers, III, XVIII, 2, 3, 8, 13, 14, 38, 85, 241, 272, 276, 309, 310, 314, 315, 316, 327, 336.
Pommeraye-sur-Loire (la), 141.
PONT (Marie-Louise-Antoinette DU), 14, 327, 335, 336.
Pont-Barré (le), 66.
Pont-Charrault (le), 68.
Pont-Charron (le), 83.
Pontivy, 301.
Ponts-de-Cé (les), 48, 76, 175, 301, 328.
PORT (Célestin), XXXIII, LI, LII, 50, 54, 59, 60, 79, 105, 130, 279.
POULLAIN, 229, 230, 231, 232.
Pouzauges, 272.
PRIAM, 136.
PRIEUR DE LA MARNE, XI, 267, 283, 345, 356, 359, 360.
PRINCE, 63.
PUISAYE, XLVI.
Puy-Saint-Bonnet (le), 49, 186, 258.

Q

Quatre-Chemins (les), 148.
QUIBERON, 52.

R

Rablay, 64.
RADIGON (Mme), 162.
Ragon (le), 344, 352.
RAGUENEAU 321.

RANGOT (DE), 38.
RAPP, 352.
REDINGER, 352, 359.
RENAUD (abbé), 25.
RENAUDIER, 21, 22, 23.
Rennes, 4, 141, 142, 143, 301.
RENOU (abbé), XVII, 25, 42, 43, 44, 282.
Retail (le), 324.
REULLIER, 302.
REULNIER, 340.
RHETER, 355.
RIBAUD, 317.
Ribeauvillé, 146.
Richelieu, 311, 312.
RICHELIEU (cardinal DE), 110.
Rimini, 61.
ROBERT, 355, 360.
ROBESPIERRE, 201, 361.
ROCHAMBEAU, 155.
ROCHE (DE LA), 64.
ROCHE-BARNAUD (DE LA), XLVII.
Rochefort, 54.
ROCHEJAQUELEIN (Henri du Vergier DE LA), XLI, XLIV, XLV, 80, 85, 90, 104, 115, 116, 117, 120, 125, 129, 134, 139, 141, 142, 144, 146, 148, 152, 154, 254, 280.
ROCHEJAQUELEIN (Louis DE LA), 104.
ROCHEJAQUELEIN (marquis Julien DE LA), LIII.
ROCHEJAQUELEIN (Mme DE LA), XXIII, XXVII, XXXI, XXXIV, XXXIX, XL, XLI, XLII, XLV, XLVI, XLVIII, LI, 76, 86, 102, 104, 107, 121, 157, 162.
Rochelle (la), XXXVI, 12, 54, 178, 243, 299.
Roche-sur-Yon (la), 68, 69, 83, 151, 255, 293.
ROCHETTES (DES), 291.
ROGUET, XXXVI.
RONSIN, 178.
ROUILLON, 352.
ROUSSARDIÈRE (Mme DE LA), 162.
Roussay, 12, 30, 321, 323, 326.
ROUSSE, 164, 203.
ROUSSEAU (J.-J.), 27.
ROYRAND (DE), LIV, 30, 50.
RUILLÉ (de la Planche DE), 139.

S

Sables (les), 15, 225, 310.
SACLIER, 74, 216, 344.

TABLE GÉNÉRALE.

Saint-André-Château-Renault, 83.
Saint-André de la Marche, 324.
Saint-André-Goule-d'Oie, 324.
Saint-Aubin, 267, 334.
Saint-Christophe-du-Bois, 36, 49, 58, 178, 261, 323.
Saint-Cyr-en-Talmondois, 82.
Saint-Florence, 148, 255.
Saint-Florent-le-Vieil, 50, 59, 75, 79, 106, 145, 197, 199.
Saint-Fulgent, 83.
Saint-Gemme, 61.
Saint-Georges-du-Puy-de-la-Garde, 61.
Saint-Gervais, 323.
Saint-Hermine, 48, 76, 83, 255.
Saint-Hilaire-de-Mortagne, 14, 49, 164, 259, 327.
Saint-Jacques de Galice, 49.
Saint-James, XLVI.
Saint Jouin, 152, 154.
Saint-Lambert-du-Lattay, 66, 75.
Saint-Laud, 92, 110.
Saint-Laurent-sur-Sèvre, 49, 184, 260, 324.
Saint-Macaire, 324.
Saint-Malo, 85.
Saint-Martin de Beaupréau, 49, 323, 325.
Saint-Melaine, 190.
Saint-Michel-en-l'Herm, 15.
Saint-Michel-Montmalchus, 324, 334, 335.
Saint-Philbert, 359.
SAINT-GEORGES (Mme DE), 315, 317.
SAINT-JUST, 83, 344.
SALOMON (général), 245.
SANTERRE, 119.
SAPINAUD (Mme DE), XXIII, 50, 72.
SAPINAUD DE BOISHUGUET (Mme), 15.
SAPINAUD DE LA VERRIE, VII, XXX, LIV, 15, 50, 68, 76, 78, 83, 137.
SAPINAUD DU SOURDY, 15, 50, 255, 257, 259, 260.
Saugrenière (la), 51.
SAULAYE (Mme DE LA), 194.
Saumur, XX, 60, 65, 76, 77, 85, 88, 93, 106, 119, 125, 126, 128, 130, 132, 133, 134, 135, 137, 139, 140, 141, 218, 244, 254, 272, 310, 311, 328, 334, 335, 347, 359.
SAVARY, XXXI, XXXIX, XLVIII, 60, 104, 174, 176, 185, 190, 195, 244, 251, 267, 277, 281, 284, 285, 290, 296, 356.

Savenay, 79, 157, 233.
SAVIN, 147.
SCHELLING, 352.
SCHUAGER, 354, 355.
SEGUIN, 352, 354, 355, 359.
Séguinière (la), III, 24, 67, 190, 325, 326.
SERVANTEAU DE L'ÉCHASSERIE, 55.
Seuxes, 85.
SICOTIÈRE (DE LA), XXXIX, 108.
SIMON, 352.
SIMON (Jules), XLVIII.
SIX-SOUS, 66, 67.
Soissons, 245.
SOLAND (DE), 63.
SOLON, IX, 210.
SONGIS (Mlle), 315.
Sorinières (les), 296.
SOUCHU, 83.
SOULLARD, 3, 53, 314.
SOULLARD (Nicolas), 326.
SOULLARD DE LA ROCHE (Guy), 3, 24, 327.
SOULLARD DE LA ROCHE (Marie), III, 24, 53, 303, 323, 327.
SOYER (François), 157.
SOYER (François-René), 157.
SOYER (Jean-Aimé), 52, 59, 157.
SOYER (Louis-Pierre), 157.
Spire, 108.
STOFFLET, XXII, 50, 52, 61, 67, 77, 85, 93, 116, 121, 139, 141, 152, 254, 255, 257, 259, 260, 284, 290, 357.
Strasbourg, 108, 155.
SUGER, 110.
SUZANNET (DE), 37.
SYLVANECTE, XLVIII.

T

TALMONT (Antoine-Philippe de La Trémoïlle, prince DE), XLIV, 85, 102, 124, 135, 141, 198, 254.
TALOT, 201, 202.
TELLIER, 354, 355.
Temple, 151, 152.
Temple (abbaye du), 323.
Tessouale (la), 49, 190, 201, 279.
THIBAUDEAU, 97, 160.
THOREIL, 17.
Thouarcé, 64, 75.
Thouars, XXXIX, 50, 64, 76, 85, 90, 102, 324.

Tiffauges, 50, 55, 161, 267, 279, 341, 343, 349, 350, 351.
TINTÉNIAC, XLV, XLVI, 52.
TOCQUÉ, 153.
TOCQUÉ (Mme), 161, 162.
Torfou, XXIV, XLI, 108, 149, 160, 244, 255.
Touche (la), 6.
TOUCHY, 299, 306, 309.
Toulon, 119, 124.
Tours, 130, 133, 134.
Treille (la), 196.
Tremblaye (la), X, XXIV, 14, 35, 175, 179, 186, 195, 196, 202.
TREMBLAYE (Anatole-Robin DE LA), 20, 35, 36, 299.
TREMBLAYE (Charles-Eugène Robin DE LA), 20, 35, 36.
TREMBLAYE (Henri-René Robin DE LA), 20.
TREMBLAYE (Mlle Robin DE LA), 14, 20, 21, 72, 96.
Trementines, 157, 254.
Trèves, 87.
TRIBERT, XI, 93, 94, 95, 96, 98.
Troie, 136.
Tuileries (les), 100, 123, 150.
Turin, 61.
TURREAU (général), XI, XXII, XXXV, XXXVII, XXXVIII, XLIII, XLIV, XLVII, 83, 239, 242, 243, 244, 245, 246, 252, 253, 267, 283, 284, 286, 290, 346, 356, 361.
TURREAU (Louis), 184.

V

Vachonnière (la), 328.
Vallet, 264.
VALOIS, 352.
Vannes, 141, 142, 143.
Varades, 78, 80.
VAUGIRAUD (Auguste DE), 37.

VAUGIRAUD (Jean-Gabriel DE), 37.
VAUGIRAUD (Pierre-Eusèbe DE), 37.
VAUGIRAUD (Mme DE), 37.
Vault, 119.
Venise, 61.
VERDON, 272.
Verrie (la), 13, 14, 15, 49, 58, 68, 237, 252, 282, 284, 291, 324, 327, 328, 339, 340.
VERTEUIL (DE), 233.
VEZINS, 62, 98.
VIAL, XXXV.
Viarmes, 143.
Vihiers, 65, 75, 93, 94, 114, 120, 125, 156.
VILLE-BAUGÉ (DE LA), XLII.
VILLEGOIS (Pasquier DE), 153.
VILLEROY (duc DE), IV, 20, 31, 324.
VILLOUTREYS (Ernest DE), 115.
Vimeux, 290, 296.
Vincennes, 60.
Vitré, 11, 65, 104.

W

WESTERMANN, 141, 150, 151, 152, 153, 161, 164.
Worms, 141.

X

XAINTONGE, 87.

Y

Yollet, 266.

Z

Zaïs (les), 164, 167, 265.

TABLE DES MATIÈRES

	Pages.
Introduction.	I
Dédicace.	LV
I. — Depuis ma naissance jusqu'à la Révolution.	1
II. — Depuis la Révolution jusqu'à la guerre de la Vendée.	26
III. — Depuis la guerre de la Vendée jusqu'à l'organisation de l'insurrection.	46
IV. — Première organisation de l'insurrection. Les chefs.	75
V. — Depuis la bataille de Coron jusqu'à la prise d'Angers.	114
VI. — Depuis la prise d'Angers jusqu'à la bataille de Cholet.	139
VII. — Depuis la bataille de Cholet jusqu'à l'arrestation de Mme de Saint-André.	174
VIII. — De l'arrestation de Mme de Saint-André jusqu'à l'évacuation de Cholet.	209
IX. — Depuis l'évacuation de Cholet jusqu'à la mort de M. et de Mme de Saint-André.	241
X. — Depuis la mort de M. et de Mme de Saint-André jusqu'à mon arrivée à Poitiers.	276
XI. — Depuis mon arrivée à Poitiers jusqu'à mon départ pour Angers.	314
Appendices.	319
Pièces justificatives.	321
Table des noms de personnes et de lieux.	363

PARIS. TYP. DE E. PLON, NOURRIT ET Cie, 8, RUE GARANCIÈRE. — 1903.

www.ingramcontent.com/pod-product-compliance
Lightning Source LLC
Chambersburg PA
CBHW051821230426
43671CB00008B/796